KB218227

어느
불교무신론자의
고백

Confession of a Buddhist Atheist

CONFESSION OF A BUDDHIST ATHEIST
by Stephen Batchelor

This Korean edition was published by Kungree Press in 2014
by arrangement with Stephen Batchelor
c/o Anne Edelstein Literary Agency, New York
through KCC(Korea Copyright Center Inc.), Seoul.

어느 불교무신론자의 고백

Confession of a Buddhist Atheist

스티븐 배철러 | 김옥진 옮김

환생과 업의 교리를 거부하며 인간 붓다의 삶을
다시 그려낸 어느 불교도의 이야기

궁리
KungRee

일러두기

• 본문에 *로 표시한 것은 지은이 주이고, ◆, ◆◆……로 표시한 것은 옮긴이 주이다.

제자들이여, 흰옷을 입고 감각적인 즐거움을 향유하면서도 나의 가르침을 실천하고 나의 충고에 반응하며 의심을 넘어섰고 당혹스러움에서 자유로워졌으며 용맹함을 얻었고 나의 가르침 속에서 타인으로부터 독립하게 된 백 명, 오백 명뿐 아니라 훨씬 더 많은 남녀 재가신자들이 있다.

- 싯닷타 고타마

이야기들은 불가능한 것이지만 그런 것 없이 산다는 것은 불가능한 일이다. 내가 바로 그런 혼란스런 상황에 빠져 있다.

- 빔 벤더스

서문

『어느 불교무신론자의 고백(Confession of a Buddhist Atheist)』은 37년에 걸친 불교 전통 속으로의 여정을 들려주고 있다. 이 이야기는 내가 열아홉 살의 나이에 인도에서 달라이 라마와 티베트 불교의 가르침과 우연히 마주치게 되는 것으로부터 시작하여, 프랑스 시골에서 특정 종파에 속하지 않은 쉰여섯 살 재가불자로 살며 사색하는 것으로 끝을 맺는다. 내가 불교도로 길러진 것은 아니므로 이것은 개종의 이야기이다. 여기에는 내가 불교에 매료된 것은 물론 받아들이기 힘든 교리—환생과 같은—와 비평과 혁신에 저항하는 권위적인 종교 조직을 받아들이려고 애쓴 나의 몸부림이 담겨 있다. 나의 개인적인 몸부림은 또한 전통적인 아시아 종교의 세계관과 세속적 현대성의 직관 사이에 존재하는 좀 더 넓은 문화적 갈등을 반영하는 것일 수도 있다.

전통적 형태의 불교와 만나면서 나는 더욱더 절박하게 이런 질문을 던졌다. 싯닷타 고타마라는 이 사람, 붓다는 과연 누구였나? 그는 어떤 세상에서 살았나? 그의 가르침에서 독특하고 독창적인 것은 무엇이었나? 나는, 다른 이들이 옳다고 믿고 내게 '불교'로 제시했던 것의 상당 부분이 붓다 사후 수 세기가 흐른 뒤, 그가 살았던 때와는 아주 다른 상황에서 발전된 교리와 관례라는 것을 깨닫기 시작했다. 불교는 그 역사를 통해 새로운 상황에 적응하고 새로운 추종자들의 필요에 적합한 형태로 스스로를 재창조하는 데 뛰어난 능력을 보였다. 그러나 다른 겉모습으로 자신을 나타내는 바로 이런 능력은 불교 전통의 기원과 그 창시자의 모습을 제대로 보기 어렵게 만들기도 했다. 오늘날 수많은 불교 유파에서는 좀처럼 싯닷타 고타마의 설법을 공부하지 않고 있으며, 그 사람 자체가 종종 신의 위치로 격상되어 있다.

불교의 기원을 추적하고자 하는 탐구를 하면서 나는 팔리 경전을 공부하게 되었다. 싯닷타 고타마가 한 것으로 여겨지는 가르침을 고대 팔리어로 담고 있는 것이 팔리 경전이다. 이런 텍스트가 붓다의 말을 글자 그대로 옮긴 것은 아니지만 그의 가르침의 가장 초기적 요소를 보존하고 있고 그가 살았던 세계의 고통스런 정치사회적 환경을 엿볼 수 있게 해준다. 이런 탐구를 하면서 또한 팔리 경전에 언급되어 있는 장소, 즉 거의 2,500년 전에 붓다가 살고 가르쳤던 곳을 방문하기 위해 나는 다시 인도로 향했다. 이런 공부와 현장 답사, 더불어 매우 귀중한 G. P. 말랄라세케라의 『팔리어 고유명사사전(Dictionary of Pali Proper Names)』을 통해 붓다의 후원자, 가족, 제자 들과의 관계 속에 자리하고 있고 그가 살았던 당시의 정치사회적 긴장 상황이 만들어낸 붓다의 삶에 관한 이야기를 재구성할 수 있었다.

이 책에 등장하는 사람들 중 많은 이들은 승려(Buddhist monk)이거나 승려였다. 그러나 불교에서 'monk(수도사, 수사, 승려 혹은 nun〔수녀, 여승〕)'라는 용어는 기독교적 맥락에서 쓰이는 것과 완전히 똑같은 것을 뜻하지는 않는다. monk에 해당하는 팔리어 단어 '빅쿠(bhikkhu, 비구)'는 말 그대로 '거지'를 뜻한다(nun은 빅쿠니〔bhikkhuni, 비구니〕이며, 같은 뜻이다.). 비구나 비구니는 붓다의 가르침을 행하는 데 자신을 바치기 위해 주류 사회에서 떨어져 나온 사람이다. 계를 받을 때 비구와 비구니는 200가지가 넘는 서원(그중 많은 것들이 매우 세세한 행동 계율이다.)을 한다. 그들은 순결하고 청빈한 삶을 사는 데 전념하며, 최소한 전통적으로는 떠돌아다니는 삶을 살고 보시를 구걸하며 살아가는 것이 권장된다. 소박함, 고독, 명상의 삶을 추구하는 것 외에도 비구나 비구니는 요청을 받으면 가르치기도 하고 필요한 이들에게 종교 지도자로서 조언과 상담도 해줄 것이다. 불교에서는 monk◆와 priest◆◆를 구분하지 않는다.

나는 10년간 승려(처음에는 사미〔예비승려〕였다가 비구가 되었다.)였으며, 환속한 이후에는 결혼한 재가신자로 살고 있다. 나는 그 어떤 불교 조직이나 전통에 소속되어 있지 않기 때문에 불교 세계에서 나의 '고향'은 없다. 나는 내가 알게 된 것을 함께 나누자는 요청을 받으면 세계 어디든지 달려가는 프리랜서 순회강사가 되었다.

『어느 불교무신론자의 고백』은 불교적 가치를 세속주의와 현대성의 맥락 안에 구현하는 삶을 살고자 하는 헌신적인 재가신자의 시각

◆ 순결과 청빈 등을 서원하고 외부 세계와 격리되어 종교 공동체의 일원으로 살아가는 수도자.

◆◆ 종교 의식을 집전하는 사제, 성직자.

에서 쓰였다. 나는 전통적인 아시아의 불교 형태들이 그것을 발생시켰던 조건과는 독립적인 본래의 가치를 가지고 있기라도 한 것처럼 그 교리와 조직을 지키는 데에는 관심이 없다. 나에게 불교는 살아 있는 유기체와 같다. 불교가, 스스로 울타리를 친 신자들의 구역 밖에서 융성하려면 그것이 발달해온 환경과는 확연히 다른 환경을 이해하고 상호작용하며 적응해야만 할 것이다.

이 책은 일반 독자를 위한 책이므로 팔리어 용어에서 발음 구별 기호를 모두 삭제했다. 하지만 주, 부록, 용어설명에서는 포함시켰음을 알려둔다.

2009년 9월 아키텐에서

스티븐 배철러

차례

서문 • 7

제1부 출가자 13

1 ·· 불교의 실패자(I) • 15

2 ·· 길 위에서 • 22

3 ·· 불교를 공부하다 • 39

4 ·· 뱀장어의 꿈틀거림 • 57

5 ·· 세계-내-존재 • 75

6 ·· 큰 의심 • 97

제2부 재가자 123

7 ·· 불교의 실패자(II) • 125

8 ·· 싯닷타 고타마 • 146

9 ·· 북로 • 164

10 ·· 흐름을 거스르다 • 183

11 ·· 길을 치우다 • 198

12 ·· 고통을 끌어안다 • 217

13 ·· 제타 숲에서 • 234

14 ·· 아이러니한 무신론자 • 248

15 ·· 비두다바의 복수 • 262

16 ·· 신들과 악마들 • 276

17 ·· 조심스럽게 길을 가다 • 299

18 ·· 세속불자 • 317

부록 339

I ·· 팔리 경전 • 341

II ·· 싯닷타 고타마는 탁실라에 있었나? • 347

III ·· 법의 수레바퀴를 돌리다 • 358

IV ·· 지도: 붓다의 인도 • 362

주 • 367

용어설명 • 381

참고문헌 • 390

감사의 말씀 • 394

옮긴이의 말 • 395

찾아보기 • 399

제1부

출가자

1

불교의 실패자(I)

1973년 3월 10일. 내가 이 날짜를 기억하는 이유는 이날이 1959년 라싸에서 발생한 티베트 봉기◆ 14주년이 되는 날이기 때문이다. 그 봉기로 인해 달라이 라마는 망명길에 올랐고 그 후 아직도 돌아가지 못하고 있다. 나는 티베트 망명 수도 다람살라에서 불교를 공부하고 있었는데, 그곳은 과거 영국인들이 피서지로 이용하던 히말라야 산맥의 산간 마을이었다. 그날 아침 하늘은 어두컴컴하고 눅눅하고 뭔가 불길했다. 앞서 구름이 미니 골프공만한 크기의 우박을 쏟아냈는데, 지금은 녹아서 맥그로드간즈 마을에서부터 기념식이 열릴 티베트도서

◆ 중국 공산당의 통치에 반발하여 1959년 티베트에서 발생한 대규모 민중 항쟁.

관에 이르는 길가에 하얗게 엉겨 붙어 있었다.

바람에 펄럭이는 팽팽한 하얀 천 차양이 도서관 앞에 매달려 있었다. 그 밑에 진홍색 승복의 원로 승려들, 회색의 긴 추바를 입은 귀족들, 코트왈리바자르에서 온 인도인 경찰서장이 모여 있었다. 나는 아래 넓은 계단식 대지에 모인 군중 사이에 끼어 행사가 시작되길 기다렸다. 머리를 깎은 38세의 원기왕성한 달라이 라마가 가설무대 위로 성큼성큼 걸어왔다. 청중은 마치 한 사람처럼 자연스럽게 진흙바닥에 엎드렸다. 그가 연설문을 읽었다. 그 소리는 바람을 뚫고 간신히 들릴 정도였고, 내가 아직 이해하지 못하는 티베트어로 속사포처럼 낭독되었는데, 내가 결코 통달하지 못할 속도였다. 어두워지는 하늘에서 이따금 비가 한 방울씩 떨어졌다.

티베트의 역경에 대해 생각하고 있던 나는 트럼펫 같은, 귀에 거슬리는 날카로운 소리에 주의가 흐트러졌다. 도서관 옆 급경사 산비탈 바위턱에서 안경을 쓴 라마가 연기가 피어오르는 불 옆에 다리를 구부리고 서서 넓적다리뼈◆를 불며 종을 울리고 있다. 헝클어진 머리는 위로 올려 틀어 맸고, 빨간 테두리의 흰 가사가 왼쪽 어깨에 아무렇게나 걸쳐져 있었다. 그는 피리를 불지 않을 때면 우르릉거리는 구름에 저주라도 하는 듯 중얼댔고, 오른손은 뻗어서 위험을 쫓아낼 때 쓰는 의식의 손짓으로 위협의 무드라 자세를 취했다. 가끔 그는 넓적다리뼈를 내려놓고는 불길한 안개 속으로 겨자씨를 던졌고 겨자씨는 포물선을 그리며 날아갔다.

◆ 넓적다리뼈로 만든 캉링이라는 피리가 티베트 불교 의식에 사용된다.

그러고는 엄청나게 요란한 소리가 났다. 도서관 저편 주거 건물의 물결무늬 철판 지붕에 비가 우두둑 떨어지며 달라이 라마의 소리를 삼켜버렸다. 이런 소음이 몇 분씩이나 계속되었다. 산비탈의 라마는 더욱 긴박하게 발을 구르고 넓적다리뼈 피리를 부르며 종을 쳤다. 귀빈과 군중에 떨어지기 시작했던 굵은 빗방울이 갑자기 멈췄다.

달라이 라마가 떠나고 사람들이 뿔뿔이 흩어진 뒤 나는 몇몇 인지(서양인) 동료들과 함께 어울렸다. 우리는 존경 어린 말투로 산비탈의 라마—그의 이름은 예셰 도르제였다—가 우리가 폭풍우에 젖지 않도록 어떻게 막아주었는지 이야기했다. 내 자신이 이렇게 말하는 소리가 들렸다. "우리 주변 사방에서는 여전히 비가 내리는 소리가 들렸어요. 저기 도서관 옆과 뒤쪽 정부 건물 말이에요." 다른 이들은 경외심에 가득 찬 미소로 동의하며 고개를 끄덕였다.

말은 이렇게 하면서도 나는 내가 진실을 말하고 있지 않다는 것을 알고 있었다. 나는 내 뒤의 지붕에 비가 떨어지는 소리를 듣지 못했다. 한 방울도, 전혀. 하지만 라마가 의식과 주문으로 비를 막은 것이 확실하다고 믿기 위해 나는 그가 군중을 위해 마법의 우산을 만들어 폭풍우를 막아줬다고 믿어야만 했다. 그렇지 않다면 아까 일어났던 일이 그다지 놀랍지는 않았을 것이다. 자신이 서 있는 마른땅에서 얼마 떨어지지 않은 곳에 비가 내리는 것을 목격한 적이 없는 사람이 어디 있단 말인가? 어쩌면 그것은 근처 산비탈에 내린 잠깐 동안의 소나기에 불과했을 것이다. 우리 중 그 누구도 감히 이런 가능성을 인정하려 하지 않았다. 그렇게 하는 것은 위험천만하게도 라마의 역량, 나아가 암묵적으로는 티베트 불교의 정교한 믿음 체계 전체에 의문을 제기하는 것에 가까운 일이 될 뻔했을 것이다.

나는 이 거짓말을 수년 동안 계속 퍼뜨렸다. 그것은 내가 티베트 라마의 초자연적 힘을 직접 경험한 예로 가장 좋아했던 (그리고 유일한) 사례였다. 희한하게도 그 이야기를 할 때마다 나는 거짓말하는 것 같은 느낌이 들지 않았다. 나는 불교 신자가 되는 계를 받았고 곧 승려 서원을 하려던 참이었다. 나는 거짓말을 하지 말라는 도덕적 경고를 아주 진지하게 받아들였다. 다른 상황에서는 사소한 거짓말을 하는 것도 아주 조심하며, 심지어 신경증적으로 피하곤 했다. 하지만 어찌된 일인지 이것은 해당되지 않았다. 가끔은 그게 진실일지도 모른다고 내 자신을 설득하려고 하기도 했다. 내 뒤에서 비가 내렸지만 내가 알아채지 못했다고 말이다. 다른 사람들도—비록 내가 유도하기는 했지만—내가 말한 것이 사실이라고 확인해줬다. 하지만 그런 교묘한 논리는 나를 그리 오래 설득시키지 못했다.

내 거짓말이 거짓말처럼 느껴지지 않았던 이유는 그것이 내가 좀 더 큰 진실이라고 믿는 것이 옳다고 단언하는 데 도움이 되었기 때문이 아니었을까라고 생각한다. 내가 한 말은 우리가 서로 열렬히 공유했던 확신을 진심 어리고 자발적으로 내뱉은 것이었다. 아주 이상하게 불안할 정도로 나는 '내가' 그런 말을 했다고 느끼지 않았다. 그것은 마치 우리 모두보다 훨씬 더 큰 뭔가가 내 입에서 그런 말이 나오게끔 한 것만 같았다. 게다가 그 큰 진실—그것을 위해 내 거짓말이 쓰였다—을 우리에게 전해준 이들은 완전무결한 도덕과 지적인 품성의 사람들이었다. 이 친절하고 박식하며 깨우친 승려들이 우리를 속일 리가 없었다. 그들은 자신이 가르친 것을, 금세공인이 금 조각의 순도를 분석하듯 꼭 세심하게 시험해본 뒤에 받아들이라고 되풀이해서 말했다. 그들 자신도 공부하고 명상하던 시절, 이 가르침에 대해 그런 종류의 철저한 검토를 했을 것이므로 확실히 그들은 맹목적인 확신이 아니라 그들 자신의 직접적인 지식과 경험으로부터 말한 것이 아니었을까? 그러므로 예세 도르제는 넓적다리뼈와 종, 겨자씨, 그리고 주문으로 비를 멈춘 것이다.

다음날 아침 누군가가 티베트도서관에서 우리를 가르치던 게셰◆ 다르계이에게 날씨를 통제하는 것과 관련된 수행에 대해 얘기해달라고 요청했다. 게셰-라(우리는 그를 이렇게 불렀다.)는 학구적인 겔룩파에 속했는데, 달라이 라마도 겔룩파에서 수련을 받았다. 그는 겔룩 교리에 대해 백과사전적 지식을 가지고 있었을 뿐 아니라 유쾌한 웃음에 넘쳐나는 기쁨과 행복을 발산했다. 그 요청은 그를 불편하게 한 것 같았다. 그는 얼굴을 찌푸리더니 탐탁지 않은 목소리로 말했다. "그건 좋지 않았어. 자비심이 없었지. 그런 것은 데바들을 다치게 한다." 문제의 데바들은 날씨를 다루는 하급 신들에 속했다. 그들을 주문, 수인, 겨자씨 등으로 제압하는 것은 폭력 행위였다. 이것은 대자비의 옹호자로서 게셰-라가 기꺼이 용납할 수 있는 것이 아니었다. 나는 그가 티베트 불교 (고대) 닝마파의 승려 예세 도르제를 거리낌 없이 비난하는 것에 놀랐다. 그리고 나는 그 의식이 데바들을 다치게 하는 것이었다면 달라이 라마—살아 있는 자비의 화신—는 그것이 행해지는 것을 왜 참았는지 궁금해졌다.

◆ 티베트 불교에서 승려에게 주는 학위 칭호.

티베트의 라마들은 내가 자란 세계와는 크게 상충되는 세계관을 가지고 있었다. 옛 티베트 사원에서 교육을 받은 그들은 자연과학에서 발견된 것들에 대해서는 무지했다. 그들은 우주론, 물리학 또는 생물학 등 현대 학문에 대해서는 아무것도 몰랐다. 또한 그들의 고국 밖에서 융성했던 문학, 철학, 종교 전통에 대한 지식도 없었다. 그들에게는, 사람이 알아야 할 모든 것은 수세기 전 붓다와 그의 추종자들이 만들어냈고 칸규르와 텐규르(티베트 불교 경전)에 보존되어 있었다. 거기에서는 지구가 드넓은 바다 위 삼각형 모양의 대륙으로 수메루 산(수미산)이 가장 높게 솟아 있으며 그 주변으로 태양, 달, 행성들이 돌고 있다고 배울 것이다. 거듭 태어나는 윤회에서 영원히 벗어날 수 있게 해줄 붓다의 가르침을 만나고 그것을 행할 정도로 운이 좋기 전까지 모든 존재는 영원한 전생에 행한 선행과 악행의 힘에 의해 신, 아수라, 인간, 동물, 귀신, 지옥의 거주자 등으로 되풀이하여 다시 태어났다. 게다가 마하야나(큰 수레, 대승〔大乘〕)를 따르는 자로서 티베트 불교도들은 모든 중생의 마지막 하나가 벗어날 때까지 그들에 대한 자비로 계속 태어나겠다는 맹세를 했다. 그들은 세계의 종교 중 불교만이 고통을 끝낼 수 있다고 믿었다. 그리고 불교의 여러 종류 중에서 가장 효과적이고 빠르며 완전한 것은 티베트에 보존된 그대로의 종교 형태였다.

나는 이 모든 것을 믿었다. 아니 더 정확히 말하자면, 이 모든 것을 믿고 싶었다. 나는 내가 기꺼이 거짓말을 감수하기까지 하는 그런 진실을 이전에는 결코 만난 적이 없었다. 하지만 지금에 와서 생각해보니 나의 거짓말은 확신에서 나온 것이 아니라 확신의 결핍에서 나온 것이었다. 그것은 믿기를 갈망하는 나의 마음이 부추긴 것이었다. 내가 부러워했던 일부 동시대 사람들과 달리 나는 전통적인 불교 세계관에 대해 결코 확고한 믿음을 갖지 못하게 된다. 또한 나만의 판단 대신 '뿌리' 라마◆의 권위에 무비판적으로 항복하는 일에는 결코 성공하지 못하게 된다. 그런 항복은 최고의 탄트라◆◆를 행하는 데 필수불가결한 것이며, 따라서 지금의 생에서 완전한 깨달음을 얻는 유일한 길이라고 주장되었다. 내가 아무리 열심히 무시하거나 합리화해버리려 해도 나 자신이 진실하지 않다는 점이 어둡고 폐쇄된 내 마음속 한 구석에서 계속 끈질기게 나를 괴롭혔다. 나의 티베트 스승들에 비춰보면 나는 불교의 실패자였다.

◆ 가르침을 주는 직계 스승.

◆◆ 불교에서는 붓다의 비밀스런 가르침과 수행을 말한다.

2

길 위에서

나는 수 세기 전 사암 절벽을 깎아 만든 승려들의 동굴에서 마리화나, 해시시, 담배를 섞은 강력한 혼합물을 피우며 하릴없이 하루하루를 보냈다. 그 동굴에서 좁은 통로를 따라가면 내가 성냥을 켜서 불을 밝히던 어두운 안쪽 계단이 있었다. 가파른 돌계단을 올라가면 구멍이 나 있고, 그곳을 지나 좁은 바위턱을 거치면 매끄러운 반구형의 거대한 불상 머리로 나가게 되는데, 사면이 약 55미터 아래 땅바닥으로 아찔하게 깎아질렀다. 위쪽의 움푹 들어간 천장에는 빛바랜 붓다와 보살 그림의 일부분이 보였다. 나는 균형을 잃고 미끄러져 땅으로 곤두박질칠까봐 무서워 위를 너무 오래 쳐다보지는 못했다. 강렬한 태양에 눈이 익숙해지면 나는 비옥한 바미안 계곡을 바라보곤 했다. 조각

조각 이어진 밭과 그 사이로 드문드문 자리한 낮고 납작한 지붕의 농가들이 내 앞에 펼쳐져 있었다. 1972년 여름이었다. 이것이 나와 불교 문명 유적의 첫 만남이었다. 그것은 11세기 가즈나 왕조◆의 마흐무드가 아프가니스탄을 정복하면서 끝이 난 문명이었다.

인도로 이어지는 히피트레일◆◆ 상에 있었던 다른 이들처럼 나는 스스로를 단순한 관광객이라기보다는 여행자로, 미리 정해진 시작과 끝이 있는 여행이라기보다는 정확히 규정되지 않은 탐색에 나선 사람으로 생각했다. 무엇을 찾고 있는가라는 질문을 받았더라면 내 대답은 아마 그다지 일관성 있지 않았을 것이다. 내게는 지리적인 것이든 정신적인 것이든 목적지가 없었다. 나는 잭 케루악, 앨런 긴즈버그◆◆◆ 등 당시 내가 존경했던 롤 모델들이 찬미했던 무정부적이고 무아지경의 의미에서 그냥 '길 위에(on the road)' 있었다◆◆◆◆.

내가 즐긴 것은 그저 다른 어딘가로 가는 길에 있다는 것에 불과했다. 나는 닭장에 갇힌 닭들이 통로를 차지하고 있는 덜컹거리는 버스의 지저분하고 기름때 묻은 창문 너머로 밭에서 몸을 구부리고 힘들게 일하는 농부들, 아기를 등에 업은 여자들, 먼지 속에서 노는 맨발의

◆ 페르시아, 중앙아시아 일부, 인도 북부를 지배했던 투르크계 무슬림 왕조.

◆◆ hippie trail. 1960~1970년대 유럽에서 육로로 인도와 네팔 등 남아시아로 오고 간 여행 혹은 그 경로.

◆◆◆ 1950년대 미국 비트세대의 대표적인 문인들. 비트세대는 기성질서에 반발하여 저항적인 문화를 추구했으며 물질주의를 거부하고 약물, 동양종교 등에 심취했다. 비트세대 문화의 요소들이 1960년대 히피 반문화에 흡수되었다.

◆◆◆◆ 잭 케루악은 친구들과 함께 한 자신의 미국 횡단 여행을 토대로 전후 비트세대를 묘사한 『길 위에서(On the Road)』라는 소설을 1957년 출간한 바 있다.

아이들, 그늘에 앉아 물담뱃대를 물고 있는 노인들, 그리고 달콤한 차와 발효제를 넣지 않고 만든 빵을 사기 위해 멈췄던 허름하고 작은 모든 마을과 동네를 몇 시간씩이고 바라보는 것에 아주 만족해했다. 하지만 우리들의 목적지인 도시가 가까이 있음을 숨기려야 숨길 수 없을 정도로 무질서하게 뻗어 있는 교외지역에 들어서자마자 내 위는 오그라들었고 나는 다시 불안해지며 가만히 있지를 못했다. 나는 멈추고 싶지 않았다. 계속 움직이려는 나의 갈망은 중독과도 같았다.

내가 가진 최초의 기억은 어머니의 무릎에 앉아 있던 일이다. 나는 모피코트에 싸여 비행기 창문 밖으로 토론토의 아주 작은 집과 자동차 들을 열심히 바라보고 있었다. 내가 세 살 때의 일이었다. 우리 부모님은 어떻게든 결혼을 지켜내고자 1957년 스코틀랜드에서 캐나다로 이민을 갔다. 그러나 1년 뒤 두 분은 별거에 들어갔다. 어머니는 나와 남동생 데이비드를 데리고 잉글랜드로 돌아왔고, 우리는 런던 외곽의 매력 없는 변두리 웟퍼드에서 자랐다. 어머니는 재혼하지 않고 혼자서 동생과 나를 키웠다. 그 후 나와 아버지 사이의 접촉은 더 이상 없었다.

처음에는 외할아버지 앨프레드 크레이스크가 우리를 부양했다. 그는 코벤트가든에 사진제판 회사를 가진 사업가였다. 앨프레드는 신을 두려워하던 어린 시절의 분위기를 거부하고 모든 종교는 사기라고 여긴 반면, 그의 아내 메이블—나의 외할머니—은 그 지역 웨슬리 교 목사의 얌전한 딸이었다. 어머니는 외할아버지의 견해를 받아들였고 스스로를 인본주의자라 여겼지만 정서적으로는 외할머니와 어머니의 이모인 소피와 여전히 가깝게 지냈다. 소피는 다르다넬스 해협과 플랑드르◆에서 복무했던 간호사로, 평생 결혼은 하지 않았고 성실하게 교회에 다녔다. 전면에 드러나지는 않았지만 앨프레드의 남동생 레너드의 수수께끼 같은 희미한 흔적이 맴돌았다. 레너드는 전도양양한 의사직과 젊은 부인을 버리고 미국으로 건너가 연극과 조각에 대한 열정을 추구했다. 그 후 크레이스크 집안은 레너드와 더 이상 아무런 관련이 없었다. 뒷마당에 비바람에 씻긴 채 놓여 있던 '조이'라는 춤추는 님프의 청동상만이 레너드의 존재를 알려주는 유일한 증거였다.

어린 시절 나는 교회에 다니지 않았다. 나는 학교에서 '성서'반 수업을 면제 받았기 때문에 영국 교육과정의 일부분이었던 기본적인 기독교 교육을 받지 않았다. 내가 여덟 살인가 아홉 살이었을 때 불교 승려들은 그 어떤 벌레도 죽이지 않기 위해 풀 위로 걷는 것을 피한다고 하던 어느 BBC 라디오 프로그램에 깊은 인상을 받았던 일이 생각난다. 나는 승려에 대한 이런 긍정적인 첫인상이 훗날 내가 불교를 받아들이는 데 어떤 역할을 한 것인지, 아니면 되돌아보니 그것이 승려가 되기로 한 나의 특이한 결정을 합리화하는 데 도움을 주기 때문에 기억을 하기로 한 것인지 종종 궁금했다.

어릴 때부터 나는 진정한 만족감을 좀처럼 경험하지 못해 괴로웠다. 나는 사소한 걱정이 자기인식의 중심이나 주변부에 얼마나 끊임없이 존재하고 있는가를 의식하고 있었다. 한밤중에 잠이 깬 채 누워서 불안한 생각이 끊임없이 쏟아지는 것을 막으려던 일이 기억난다.

◆ 제1차 세계대전시 전투가 벌어졌던 곳.

나는 학교 선생님들이 그 모든 것 중에서 가장 시급한 문제처럼 보이는 것을 다루지 않는다는 사실이 당혹스러웠다. 그것은 바로 혼란스럽고 뱃속을 뒤집어놓는 듯한 생존의 불안감이었다. 역사, 지리, 수학, 영어 등의 기본 교과목은 진짜 중요한 문제를 무시하도록 고의적으로 삐딱하게 고안된 것처럼 보였다. '철학'이 무슨 뜻인지 어렴풋이 알게 되자 나는 왜 그것을 가르쳐주지 않는지 어리둥절했다. 그리고 내가 만났던 교구 목사와 사제 들이 자신의 신앙에서 얻은 것이 도대체 무엇인지 알 수 없게 되면서 내가 종교에 대해 품었던 회의는 커지기만 했다. 그들은 진실하지 않으며 경건한 체하고 거리감이 있거나, 혹은 그냥 무능하게 착하거나, 그 둘 중 하나라는 인상을 내게 남겼다.

1960년대가 펼쳐지면서 나는 부르주아 중산층 영국의 '똑바른(straight)' 사회를 조롱하고 거부한 반문화에 자석처럼 끌렸다. 나는 나와 비슷한 이들이 사랑과 자유를 부르짖는 사색적인 노래를 통해, 그리고 허술하게 인쇄되었지만 혁명을 선동하는 선언서를 통해 그들의 좌절과 희망을 표현하는 소리를 처음으로 듣게 되었다. 그리고 마약이 있었다. 대마초와 LSD◆는 내가 전에 경험했던 것보다 훨씬 더 강하고 황홀한 의식을 제공했다. 교과서에서 힘들게 수집하는 정보가 아니라 가물거리고 프랙털◆◆처럼 펼쳐지는 인생 그 자체로 곧장 이어지는 문을 제시하는 것처럼 보였다. 목가적인(우주적이라기보다는) 히피로서 나는 약에 취해 위펜델우즈◆◆◆에서 거미집과 섬세한 그물무늬

◆ 환각 증상을 일으키는 강력한 향정신성 약물.

◆◆ 부분의 형태가 전체 형태와 비슷한 모양으로 되풀이되는 형상.

◆◆◆ 잉글랜드 윗포드 변두리의 아주 오래된 삼림지대.

잎사귀를 자세히 살펴보고, 딱정벌레가 풀잎 위로 기어오르는 모습에 감탄하며 몇 시간씩 돌아다니다 풀밭에 누워 페이즐리 문양의 후광이 드리운 소용돌이치는 구름을 바라보곤 했다.

이런 과외 활동에 푹 빠지면서 나는 학교 공부를 거의 팽개치게 되었다. 그럼에도 불구하고 책은 엄청나게 읽어댔다. 올더스 헉슬리의 『인식의 문』, 헤르만 헤세의 『황야의 이리』, 『유리알 유희』, 『싯다르타』, 앨런 워츠의 『선의 길(The Way of Zen)』 등을 읽었고 한편으로는 『바가바드기타』, 『도덕경』, 『티베트 사자의 서』 등에 조금씩 손을 댔다. 나는 머리를 길게 기르고 구슬을 걸고 다녔으며, 팔러먼트힐필즈◆에서 사이키델릭 조명쇼와 함께 밤새 열리던 록 콘서트에 가서 소프트머신, 핑크플로이드, 에드가브로턴 밴드의 음악을 듣곤 했다.

1971년 4월 나는 꿈속에서 또 꿈을 꾸었다. 나는 이제 막 열여덟 살이 되었고 학교에서 건성으로 A 레벨◆◆을 준비하고 있었다. 나는 프랑스에서 빗속에 캠핑 하는 꿈을 꿨다. 내가 텐트에서 잠이 들었을 때 또 다른 꿈을 꾸는 꿈을 꾼 것이다. 나는 그것을 이렇게 썼다:

> 끝이 보이지 않는 복도에 깔린 회색 카펫이 위로 올라가기 시작했다. 경사는 더 심해졌고 곧이어 반들반들한 나무 위에 놋쇠로 장식한 난간이 나타났다. 가면 갈수록 더 힘들어져서 마침내 거의 수직이 되었다. 꼭대기에 도달하려면 고통스러울 정도로 힘이 [들었지만] 그는 투지와 고집으

◆ 런던 북서부 햄스테드히스에 있는 녹지대인 팔러먼트힐의 동쪽면.

◆◆ 영국에서 중등교육을 수료하는 학생들에게 주어지는 자격으로, 많은 대학에서 입학 지원자들의 적합성을 평가하는 기준으로 활용된다.

로 자신을 겨우 올려 세웠다. 있는 것이라고는 작은 복도뿐이었지만 불빛이 희한했다. 그것은 아주 하얗고 깨끗했으며, 그의 주변에는 아름다운 꽃병들이 온 바닥에 널려 있었고 구석에는 나무로 만든 하얀 나선형 계단이 있었다. 그는 그것을 [올라갔고] 거기에는 또 다른 층계참이 있었는데 이번에는 빛이 훨씬 더 하얗고 강렬했으며 공기는 아주 깨끗했지만 그를 누르고 압도하기 시작했다.

그는 방으로 들어갔다. 이 방에는 침대가 하나 있었다. 그가 이불을 젖히자 누워 있는 소녀가 보였다. 그녀는 어렸고 아직 다 성장하지 않았고 맨몸이었으며 얼굴은 무표정했고 머리는 칙칙한 갈색을 띠었다. 그는 이불을 다시 덮어주고 방을 나왔다.

그는 동양풍의 꽃병과 보석을 지나고, 맨 몸의 동양 공주들을 지나고, 모든 유형의 세속적인 유혹을 지난 뒤 다음 층으로 올라가기로 결심했다. 이번 층은 다른 층들과 그 모양은 다소 비슷했지만 바닥은 덜 지나치게 장식되어 있었다. 단순한 나무문이 서너 개 있었다. 그는 이들 방 중 하나로 들어갔다. 여기 공기는 사실상 참을 수가 없었는데, 멍할 정도로 달고 강했다. 공기는 크렘드망트◆의 색을 띤 것 같았고 그 밀도는 대략 동일했다. 벽은 매우 연하지만 자연스러운 밝은 색을 띠고 있었고 모든 것이 초점이 약간 맞지 않았으며 빛과 공기는 쪼개지려고 안간힘을 쓰는 수백만 개의 분자들로 북적거리는 듯 했다.

서서히 이 에너지의 원천이 명확해졌다. 사면의 벽 중 하나가 거대한 문처럼 열리기 시작하더니 갈라지는 소리가 점점 더 커지면서 황금빛 햇

◆ 박하향의 달콤한 초록색 알코올음료.

살이 나왔다. 틈이 약 3피트(약 90센티미터) 폭으로 벌어지자 사람이 하나 나타났다. 최소한 사람처럼 보였다. 하지만 이 존재는 놀랄 정도로 키가 컸고 일종의 초자연적인 힘, 그리고 생기와 빛을 이글거리며 발산했다. 그는 우아하게 늘어뜨린 흰옷과 사프란 망토를 입고 있었다. 그의 머리는 보티첼리의 비너스처럼 묶여 있었다.

어떤 이유에서인지—아마도 이것을 작문과제로 학교에 제출했기 때문에(그래서 '그'라는 3인칭을 썼다.)—나는 이 이상하고 키가 큰 사람이 내게 한 말은 적지 않았다. 하지만 그가 한 말은 그때 이후 내 마음속에서 수수께끼처럼 메아리쳤다. 그 말은 거의 40년이 지난 지금까지도 나를 쫓아다닌다. 그가 말했다. "내가 너의 더블◆을 만들고 있다." 그러고는 잠에서 깼다.

나는 프랑스어만 빼고 A 레벨 과목을 모두 통과하지 못했고, 그래서 사진 공부를 위해 런던의 리전트스트리트 폴리테크닉에서 제시했던 자리를 놓치고 말았다. 어머니는 몹시 속상해했다. 나는 내 자신이 그 해 가을에 또 다른 따분한 교육기관으로 복귀할 가능성으로부터 자유로워졌다는 사실을 문득 깨달았다. 사진은 여전히 찍을 수 있을 것이다. 내가 거의 존중하지 않는 교육 체계의 평가를 받아야 한다는 압박 없이도 말이다. 나는 1년간 유럽을 여행하며 지내기로 결심했다. 표면상으로는 예술과 문화를 공부하기 위해서였다. 그런 다음 잉글랜드로 돌아와 사진 전공 공부를 계속하는 데 필요했던 A 레벨 시험을 다시

◆ double, 똑 닮은 사람, 대역.

치기로 했다. 하지만 교실 공부와 시험 보는 것을 더 해야 한다는 생각에 나는 몹시 두려웠다. 틀에 박힌 직업을 가지려 한다는 바로 그 생각 때문에 나는 우울해졌다.

그 해 여름 내 친구의 미국인 친구가 캘리포니아에서 왔는데, 방금 출판된 '바바' 람 다스의 『지금 여기에 살라(Be Here Now)』라는 책을 한 권 줬다. 리처드 앨퍼트라고도 알려진 람 다스는 학생들에게 실로시빈◆을 줬다는 이유로 1963년 티머시 리어리와 함께 하버드에서 쫓겨났다. 1967년 그는 인도로 가서 2년간 님 카롤리 바바 등 여러 구루◆◆와 함께 살다가 미국으로 돌아와 환각제에서부터 힌두교의 요가 및 종교 수행에 이르기까지 자신이 경험한 이야기를 썼다. 만화책 형식으로 쓰인 이 이해하기 쉬운 글은 내 세대의 많은 이들에게 마약 문화의 혼란스런 열망으로부터 아시아의 영적 전통으로 건너갈 수 있는 중요한 다리를 제공했다.

다음 6개월 동안 나는 영국에서 도망칠 수 있을 만큼의 돈을 모을 때까지 석면 공장 청소부로 일했다. 당시 나는 영국을 전적으로 내 불만의 근원으로 여겼다. 나는 유럽 지도를 들고 눈을 감은 뒤 손가락이 가는 대로 내려놓았다. 손가락은 프랑스 남서부의 툴루즈를 가리켰다. 나는 그곳으로 가는 비행편을 예약하고 1972년 2월 출발했다. 히치하이킹으로 이탈리아까지 갔고, 피렌체와 로마의 유명한 교회와 미술관을 충실하게 찾아다녔다. 하지만 내가 본 것들의 아름다움에도 불구하

◆ 일부 버섯 종류에서 발견되는 환각성 물질.

◆◆ guru. 스승, 영적 지도자 등을 칭하는 말.

고 모든 행위가 다 공허하고 가짜라는 느낌이 들었다. 나는 고상한 문화적 목표를 추구한다는 자만은 이내 버리고 다음에 탄 차가 향하는 곳이 어디든 그냥 그곳으로 갔다. 어쩌면 필연적이었는지 모르지만 나는 동쪽으로 흘러가기 시작했다. 나는 아테네에서 이스탄불로, 이어서 터키 남부를 거쳐 시리아, 레바논, 이스라엘, 그리고 요르단으로 갔다. 사막을 건너 바그다드로 갔고, 남쪽으로 바스라까지 갔으며, 그런 다음 히치하이킹으로 이란으로 들어갔다. 나는 시라즈, 이스파한, 테헤란, 마슈하드를 지나 마침내 6월 아프가니스탄에 이르렀다.

동쪽으로 멀리 가면 갈수록 나는 더 이상 20세기 유럽의 것이 아닌 시간 속으로 더 깊숙이 들어갔다. 아주 중요한 두 지점—보스포루스 해협을 건너 아나톨리아로, 그리고 아프가니스탄 국경을 지나 헤라트로 들어갔을 때—에서는 마치 한 시간도 안 되는 사이에 수 세기가 지워진 것 같은 기분이 들었다. 고국으로부터의 도피는 과거로의 비행이 되었다. 마치 과거는 아무것도 잘못될 게 없는 곳인 듯 말이다. 헤라트에서 나는 호텔 침대에 누워 어렴풋이 종소리를 내며 이륜마차를 끄는 조랑말들의 빠른 걸음, 노점상들의 외침, 어린 남자아이들이 즐거워 지르는 소리를 즐겼다. 이 모든 소리는 뒤에서 들리는 모터 달린 차량들의 불협화음을 완전히 씻어냈다. 서양의 기준으로 볼 때 아프가니스탄 사람들은 가난했고 '낙후'되었지만 그들에게는 내가 특혜의 교육을 받았어도 어찌된 일인지 결코 알지 못했던 그런 위엄—그들은 누군가가 자신의 눈을 똑바로 봐도 움찔하지 않았으며 숨기거나 창피해할 것이 하나도 없어 보였다—이 있었다.

바미안의 거대한 불상들을 본 뒤 카불로 돌아온 나는 계속 동쪽으로 향해 파키스탄으로 들어갔다. 페샤와르부터 함께 여행한 개리 자줄라와 나는 흔들리는 몸과 배낭 들이 높이 쌓인 지프를 타고 힌두쿠시의 산악 도시 치트랄까지 갔다. 그곳은 어느 왕자의 고향이었는데, 그는 우리가 티리치미르 산◆에서 맹렬하게 내려오는 강 옆에 자리한 자신의 대저택 마당에 캠핑하는 것을 허락해주었다. 우리는 치트랄에서부터 하루 종일 산을 올라 외진 카피리스탄 계곡까지 갔다. 그곳은 길도, 전기도, 이슬람교도 없는 부족 지역으로, 거기 사람들은 알렉산더 대왕과 함께 그곳을 지나간 그리스인들의 후손이라고 했다. 하지만 우리는 거기까지 가는 데 얼마나 걸릴지 계산을 잘 못 했다. 또한 황량한 산들 사이로 꿈틀대는 연녹색의 붐부레트 골짜기가 저 멀리 아래에 내려다보이는 고개에 도달했을 즈음 한낮의 뜨거운 열기 속에서 물도 다 떨어지고 말았다. 골짜기로 이어지는 자갈비탈로 비틀거리고 미끄러지며 내려간 우리는 목이 너무 말라 조심하지도 않고 관개용 수로의 물을 엄청나게 마셔버렸다. 저녁이 되자 우리는 지독하게 앓게 되었다.

카피리스탄에는 의사, 병원, 깨끗한 물, 위생시설이라곤 하나도 없었고 먹을 것도 거의 없었다. 우리는 며칠 동안 땀을 흘리고 열이 나는 상태로 지저분한 방에 누워 있었고 하루하루 더 쇠약해져 갔다. 우리는 선선해진 저녁때에만 집밖으로 나가, 우리를 내려다보는 산의 예리한 눈매를 닮은 뽕나무 아래 앉아서 골짜기의 소녀들과 젊은 여자들이 함께 팔짱을 끼고 흔들며 단조로운 가락으로 노래를 부르는 모습을 지

◆ 높이 7,690미터에 달하는 힌두쿠시 산맥의 최고봉.

켜봤다. 한쪽 편에서는 갑상선종을 앓는 노파들이 흙벽을 따라 웅크리고 의심에 찬 눈으로 우리를 바라봤다. 우리는 과연 어떻게 거기를 빠져나갈 수 있을지 생각했다. 우리는 고개로 다시 올라갈 힘도 없었다. 유일한 대안은 강 하류를 따라 치트랄로 가는 것이었지만 아주 중요한 다리는 최근 폭풍우로 쓸려 내려가고 없었다. 어느 날 아침 늘어뜨린 실크와 터번 차림에, 눈은 콜◆을 발라 시꺼먼 히피 세 명이 우리 방 문 앞에 나타났다. 동네 사람들은 그들에게 지금이 강을 건널 만한 때라고 말해줬다. 그들은 걸어서 돌아갈 수 있는 힘을 주려고 우리에게 '상당한' 각성제가 가미된 작은 자주색 LSD를 한 알씩 주었다.

우리가 다리가 있었던 곳에 이르렀을 때에는 양쪽 강둑에 지지대만 남아 있었다. 소용돌이치는 강은 태연히 거품을 만들어내며 두 개의 수직 돌벽 사이의 좁은 골짜기로 향했다. 우리는 바보처럼 활짝 웃고 넘어지면서 산산조각 난 정신을 차리려고 노력했다. 어디서 나타났는지 강단 있고, 햇살에 빛나는 피부에, 짧은 모직 작업복을 걸치고, 거친 가죽 샌들을 신은 남자가 우리 앞에 모습을 드러냈다. 그는 소리내어 웃더니 지팡이를 흔들며 우리에게 따라오라고 했다. 암벽으로 곧장 걸어간 그는 겨우 보일락 말락 하는 틈 사이로 잽싸게 올라갔다. 우리는 말없이 따라갔다. 나는 중간쯤 올라가다 멈추고 바로 아래 강을 내려다보았다. 강물은 이제 겨우 희미하게 쉭쉭거리는 소리를 낼 뿐이었다. 위를 올려다보니 우리들의 안내자는 사라지고 없었다. 빨간 배낭을 메고 벽에서 오도 가도 못하는 두 마리 파리처럼 우리만 남았

◆ 눈가에 바르는 검은 가루로, 남아시아, 중동 등지에서 널리 사용된다.

다. 그때 내가 매달려 있던 바위가 너무 미끄러운 것 같은 느낌이 들기 시작했다. 나는 무엇이 손발이고 무엇이 절벽면인지 구분하기 힘들다는 깃을 알게 되었다. 나는 사지가 돌과 합쳐지는 듯한 것을 보고 매료되었다. 그러다가 소름끼칠 정도로 가슴이 철렁하면서 내가 곧 죽게 되리라는 것을 깨달았다. 절벽에서 떨어져나가 입을 딱 벌리고 있는 저 아래로 미끄러지는 내 모습이 보였다.

영원처럼 느껴진 시간이 흐른 뒤 우리 구세주의 머리가 다시 나타났다. 아래로 내려온 그는 우리 둘이 덜덜 떨며 한 발 한 발 꼭대기까지 도달하도록 도와줬다. 우리는 여전히 공포에 떨면서 그에게 크게 고마워했다. 그는 미소를 짓고 손을 흔들더니 빠른 걸음으로 우리를 앞서 지나갔다. 이런 일이 있고 바로 뒤 우리가 치트랄로 다시 천천히 걸어 내려갈 때, 바로 그때 자줄라가 말했다. "붓다가 말씀하신 그대로구나. 삶은 고통이야." 우리가 방금 겪은 모든 것들에도 불구하고 나는 당혹스러웠다. 어쨌든 불교에 대한 나의 제한적인 지식은 그때 내게 감동을 주지 못했다. 나는 그 말이 난해하고 충격적이며 사실이지만 받아들일 수는 없다고 생각했다. 붓다라는 이 사람이 무슨 뜻으로 한 말인지 알고 싶은 호기심이 처음으로 내 안에서 생겨났다.

8월 말 나는 인도에 도착했다. 국경 도시 암리차르에서부터 산악지대로 곧장 들어가 다람살라까지 갔다. 나는 달라이 라마가 자신의 티베트 동포들과 함께 망명을 하여 그곳에 살고 있다는 소리를 들었다. 아직 우기였다. 구름이 평원으로부터 떠올라 나무와 길을 안개로 휘감았다. 조용하고 나른한 맥그로드간즈 마을로 들어서자 간간히 종이

쨍그랑거리는 하얀 돔 모양의 스투파가 어렴풋이 시야에 들어왔다. 색색의 앞치마를 두르고 성긴 머리를 땋은 구부정한 티베트 여인이 깨달음을 상징하는 이 건축물의 둘레를 돌면서 벽에 장착된 삐걱거리는 마니차◆를 돌렸다.

며칠 뒤 나는 매주 거행되는 달라이 라마 친견 행사에 참석했다. 15명 정도 되는 우리들은 맥그로드간즈 아래 작은 언덕에 있는 그의 초록색 지붕 저택 계단 앞에 줄을 섰다. 인도의 다른 정착지에서 온 티베트 사람들도 약간 있었다. 화려하게 차려입고 달라이 라마 성하에게 바칠 실크 스카프를 든 티베트인들이 꼼지락거리고 단정치 못한 한 무리의 서양인들과 함께 있었다. 젊은 달라이 라마가 갑자기 나타나 팔을 펼치고 웃으며 아래로 내려와 우리를 맞이했다. 그는 한 사람 한 사람에게 눈길을 던졌다. 우리들 각자에 대해서 대단히 궁금해하는 것 같았다. 그는 스카프를 받았다가 티베트 사람들에게 다시 돌려주었는데 일부는 지금 주체할 수 없을 정도로 흐느끼고 있었다. 그런 다음 달라이 라마는 외국인들을 향했다. "어디서 왔습니까?" 그가 물었다. 우리는 공손하게 나라 이름을 중얼거렸다. 그러다가 줄의 맨 마지막에 있던 장발의 남자가 취해서 몽롱한 상태로 이를 드러내고 웃으며 불쑥 말했다. "이런, 바로 그걸 알아내려고 제가 여기에 왔지요." 어리둥절한 달라이 라마가 통역을 요청하고는 웃음을 터뜨리며 그 히피의 손을 꽉 잡았다. "하하! 아주 좋아요. 아주 좋아." 나는 완전히

◆ 원통에 불경이나 기도문을 새겨놓은 것으로, 한 바퀴 돌리면 불경을 한 번 읽거나 기도를 한 것과 같다고 여긴다. 기도륜 또는 마니륜이라고도 한다.

반해버렸다. 나는 그가 거리감 있고 엄격한 고위성직자일 것으로 상상했었다. 이렇게 지적인 평온함의 유쾌한 소용돌이는 상상도 하지 못했다.

나의 방랑은 멈췄다. 아파서 죽을 뻔했던 경험이 나를 불안하게 만들었다. 내게는 이 짧고 연약한 존재의 이유에 대해서 생각해야 할 필요가 있었고 그것 때문에 불안했다. 9월 4일 나는 티베트도서관에서 실시하는 게셰 다르계이의 2개월짜리 불교 입문 과정에 등록했다.

나의 불교 전향은 다소 전격적으로 이뤄졌다. 철학적 논쟁이나 종교적 논증으로 나를 설득할 필요가 없었던 것이다. 게셰 다르계이에게서는 친절함이 뿜어져 나왔는데, 그것은 경건한 체하지도 않고 아랫사람 대하듯 하지도 않는 그런 친절함이었다. 그는 어느 한순간 근엄했다가도 곧바로 큰 웃음을 터뜨리기도 했다. 그는 자신이 전혀 알지 못하는 머나먼 나라에서 온 완전한 이방인인 나를 무조건적으로 보살펴주었다. 종종 무슨 뜻인지 알 수 없게 통역되기도 했지만, 그에게서 들은 것은 본능적으로 진실처럼 들렸다. 내게 가장 문제가 되었던 것에 대해 아무 거리낌이나 당혹스러움 없이 말하는 사람을 찾은 것이다. 그는 다르마(dharma, 법〔法〕)라는 단어가 '붙잡다'라는 뜻의 산스크리트어 어근 dhr에서 나왔다고 말했다. 붓다의 가르침은 누군가가 지옥을 비롯하여 고통스런 곳으로 떨어지는 것을 '붙잡아주는' 안전망과 같았다. 나는 말 그대로 지옥의 존재, 그 자체에 대해서는 의심을 가졌을지 모르지만 나의 삶이 일종의 자유 낙하와 같다는 것은 거의 의심하지 않았다.

이 시절에 나의 카메라와 렌즈는 배낭 밑바닥에 고스란히 그대로 있었다. 인도로의 여행은 필름으로는 담지 못했을 방식으로 나로 하여금 세계에 대해 눈을 뜨게 해주었다. 게셰 다르계이의 격려에 힘입어 나는 내 영혼의 보이지 않는 영역을 엿봤으며, 거기서 예술은 발을 디딜 만한 곳이 거의 없어 보였다. 그래서 나는 다람살라에서 공부하는 경비에 보태기 위해 사진 장비를 팔기로 결심했다. 나는 마지막 필름을 찍은 뒤 친구인 레이 제임스에게 카메라를 주면서 델리의 암시장에서 팔아달라고 했다. 하지만 카메라는 그가 구매자를 찾기도 전에 파하르간즈의 싸구려 호텔 방에서 도난당하고 말았다.

나에게 깊은 인상을 준 사람은 게셰 다르계이뿐만이 아니었다. 나는 평범한 티베트 남녀의 신앙과 용기에 감동 받았다. 그들은 버려진 나무판자와 납작하게 누른 식용유 깡통으로 만든 판잣집에 살았고, 도로 공사 일을 하며 서양의 자선단체들이 인도인들에게 기증한 스웨터를 팔아 생존했다. 그들은 자신이 입은 옷가지 외에는 변변한 것 하나 없이 달라이 라마를 따라 히말라야 산맥을 넘어 인도로 왔다. 많은 이들이 병들고 지쳤으며, 모두들 평원의 열과 습기를 참아내기 힘들었다. 이제 그들은 세계에서 매우 가난한 나라 중 한 곳에서 살고 있었다. 하지만 이 모든 것에도 불구하고 그들은 보기 드문 따뜻함과 맑음, 그리고 삶의 기쁨으로 빛났다.

지금에 와서 나는 당시 내게 생기를 불어넣었던 많은 것들이 이상주의적이고 소외되고 목적 없는 젊은이의 낭만적인 갈망이었음을 인정한다. 나는 내가 거의 알지 못하는 이 낯설고 이국적인 사람들에게 나의 문화에는 결여된 것처럼 보였던 온갖 덕목을 부여했다. 또한 내가 편모슬하에서 자랐기 때문에 부재했던 아버지를 찾고 있던 것은 아니었을까 의심이 들기도 한다. 하지만 나의 혼란스러운 탐구의 핵심에는 의심하거나 제대로 이름도 붙일 수 없는 진짜이고 진실한 뭔가를 우연히 발견했다는 조용한 확신이 자리 잡고 있었다. 내 생애 처음으로 길을 만난 것이다. 그것은 당혹감과 괴로움으로부터 '깨달음'이라고 하는 뭔가로 이끌어주는 목적이 분명한 길이었다. '깨달음'이 무엇을 뜻하는지에 대해서는 아주 막연하게만 알았지만 나는 그것으로 향하는 길을 받아들였다.

3

불교를 공부하다

나는 맥그로드간즈 근처 숲에 있는 영국 통치 시절의 웅장하지만 방치된 저택인 글렌모어 아래 계단식 비탈에 슬레이트 지붕과 무너져 내리는 벽으로 된 사용되지 않는 우사를 빌렸다. 나는 이로 들끓던 어깨 길이의 머리를 잘라버리고 대마초 사용량을 줄였으며 염주를 사고 티베트 글자를 해독하기 시작했다. 낡은 과일상자로 제단을 만들어 그 위에 싸구려 불상을 올려놓고 그 옆에 달라이 라마와 그의 두 스승, 그리고 게셰 다르계이의 말아 올라가는 흑백사진을 기대어놓았다. 매일 아침 나는 일곱 개의 놋그릇에 물을 채워 버터램프와 향과 함께 붓다와 시방(十方) 보살들에게 바쳤다. 나는 거의 하룻밤 사이에 아주 독실하고 진지하게 불교를 공부하는 학생이 되었다. 만트라◆를 암송하면서 책과 나무서판이 든 가방을 한쪽 어깨에 느슨하게 걸친 채 가파른 자갈길을 깡충거리며 뛰어내려와 도서관으로 가서 오전 내내 게셰 다르계이 앞에 책상다리를 틀고 앉아 그가 말하는 것은 무엇이든 정신없이 받아 적곤 했다. 매일 오후에는 마을에서 영어를 가르치고 티베트어를 배웠으며, 그런 다음에는 우사로 돌아와 등유 램프의 거무스름한 불빛에서 필기한 것들을 공부하며 단어를 외우고 시험 삼아 명상을 해보곤 했다.

나는 사람으로 생을 받는다는 것이 엄청나게 드문 일이라는 것을 알게 되었다. 게셰-라에 의하면 사람으로 다시 태어날 가능성은 100년에 딱 한 번 수면으로 나오는 눈 먼 거북이 위로 올라오면서 해수면에 던져진 황금 멍에에 그 목을 끼워 넣을 가능성만큼이나 아득했다. 다시 태어날 수 있는 모든 가능한 형태 중 사람이 가장 귀하다. 그것만이 고통의 끝으로 가는 길을 보여주는 다르마를 수행할 여유와 기회를 제공하기 때문이다. 그러나 사람의 생은 짧으며, 언제든 갑작스럽게 끝나버릴 수 있다. 따라서 시급히 모든 힘을 끌어모아 우리 자신뿐 아니라 우리처럼 고통 받는 살아 있는 모든 존재들을 위해 깨달음을 얻는 과업에 흔들림 없이 그 힘을 집중해야 할 필요가 있다.

게셰 다르계이가 이런 가르침을 전해줄 때 보여준 열정적인 확신은 내게 그 진리를 스스로 깨닫겠다는 열망을 불어넣었다. 다르마는 생각지도 못한 새로운 시야를 열어주었다. 나의 존재는 지상의 이 짧고

◆ mantra, 진언(眞言). 힌두교나 불교 등에서 신성한 효험이 있다고 여겨지는 소리나 단어, 구절 등을 말한다.

도 비극적인 수명을 훨씬 더 넘어서는 것이었다. 나를 살아 있게 한 의식은 시작을 알 수도 없는 시간부터 계속 생과 사를 거듭하며 흘러 다니고 있었다. 내가 신, 아수라, 축생, 남자, 여자, 새, 벌레, 귀신, 지옥의 존재였던 적은 셀 수 없을 정도로 많았다. 어쩌면 영겁의 시간이 흐르고 처음으로, 이제 나는 기복은 있어도 결국 아무 데도 이르지 못하는 이 반복적인 존재의 순환에서 빠져나갈 길을 보여줄 수 있는 스승을 만난 것이다. 그러므로 이 생의 일시적인 즐거움에 대한 모든 관심뿐 아니라 도덕적으로 삶으로써 주어질 천상의 보상에 대한 관심도 버릴 필요가 있다. 그래서 우리는 니르바나(nirvana, 열반)를 갈망한다. 그것은 좌절감을 주는 윤회 속으로 몰아넣는 행위를 촉발하는 무지와 갈망이 최종적으로 '꺼지는 것(blowing out)'을 말한다.

나는 이런 것들에 대해 매일 명상하고, 마음속에서 다르게 살펴보고 다른 각도로 생각함으로써 이번 생의 이유는 무엇이고, 내 자신을 비롯해 다른 사람들에게 가장 중요한 것은 무엇이며, 기꺼이 목숨을 내놓을 수도 있는 타협 불가능한 가치는 무엇인지 아주 진지하게 질문하도록 격려 받았다. 동시에 나는 모든 것이 슬프게도 덧없이 짧다는 사실을 알아채기 시작했다. 나는 죽음의 내재를 뼈저리게 느꼈다. 나는 지상에서의 오늘이 나의 마지막 날이 될 수도 있음을 아는 것이 얼마나 시급한 일인지 느꼈다. 그런 생각을 하면 우울하고 병적으로 과민해지기보다는 오히려 살아 있다는 느낌이 강해졌다. 그것은 일종의 희열을 불러일으켰는데, 나로 하여금 익숙한 것의 따분한 일상에서 재빨리 벗어나 매 순간 펼쳐졌다 사라지는 삶의 기적과 마주하게 만들었다. 나는 갈증에 목이 타는 사람이 신선한 물을 마시듯 가르침을 빨아들였다. 전에는 존재와 도덕에 관한 이런 문제에 대해 깊이 생각해보라는 소리를 들어본 적이 결코 없었다. 이제 나는 그런 문제를 중요하게 생각할 뿐 아니라 내 자각의 핵심을 뚫고 들어가며 그런 문제에 집중하는 체계적인 방법을 제시하는 전통을 만난 것이다.

게셰 다르계이는 살아 있는 모든 것은 그 유한한 수명의 어느 한순간 나의 어머니였다고 가르쳤다. 내가 아기였을 때 나를 먹여 키우고 나를 위해 자신의 행복을 희생했던 이들이 태어나고 죽는 악순환에 여전히 갇혀 있는데 어떻게 내가 반복된 존재의 고리로부터 나 자신을 해방시키겠다는 생각을 할 수 있겠는가? 분명 내게는 그런 친절에 보답할 의무가 있다. 나 자신을 위해서가 아니라 그들을 위해 깨달음을 얻음으로써 그 일을 해내는 것보다 더 나은 게 또 어디 있겠는가? 내가 진정으로 그들의 고통을 덜어주고 싶다면 다시 태어나는 것을 끝내는, 따라서 고통을 끝내는 길을 그들에게 보여줄 필요가 있기 때문이다. 하지만 다른 이들을 그런 길로 안내할 수 있으려면 내 자신이 그 목표에 도달해야만 했다. 그러므로 나는 '모든 어머니 중생들'을 위해 깨달음을 실현하는 데 내 삶을 헌신하고 하나의 예외도 없이 그들 모두가 태어남과 죽음에서 해방될 때까지 나의 노력을 늦추지 말아야 할 필요가 있었다. 이것이 바로 보살의 서원이다. 자신만의 개인적인 구원에 이르는 히나야나('소승〔小乘〕, 작은 수레') 불교에 반대되는 마하야나(대승〔大乘〕, 큰 수레) 불교에 생명을 불어넣는 이타적인 약속인 것이다.

나는 이런 보편적이며 이기적이지 않은 자비의 이상에 겸손해지고 고무되었다. 그것은 내게 깊은 목적의식, 즉 지금의 존재의 한계를 넘어 앞에 펼쳐진 수많은 생으로 무한히 뻗어 있는 소명 의식을 안겨주었다. 그래서 나는 게셰 다르계이 앞에서 보살 서원을 했고 자신을 소중히 여기는 태도를 버리고 다른 이들의 안녕을 위해 영원히 내 자신을 헌신하겠다는 맹세를 했다.

나는 티베트인들에게 최근 역사에서 어려움에 맞서고 극복하는 용기를 준 것이 이렇게 이기적이지 않은 약속이었음을 깨달았다. 그들은 망명으로 인해 과도하게 압박받는 것처럼 보이지는 않았다. 그들은 모든 것을 잃었지만 패배한 것과는 거리가 멀었다. 가끔 이 불공정한 세상의 고역이 아무리 참기 힘들다 해도 끝없는 시간과 공간에 걸쳐 모든 존재들이 겪는 고통에 비하면 하찮은 것이 되어버렸다.

가능한 한 빠르고 효과적으로 성불하기 위해서 티베트인들은 '금강승'(바즈라야나〔Vajrayana〕, 즉 탄트라 불교)이라고 하는 인도로부터 전승된 독특한 가르침의 체계를 실행한다. 일반 대중을 대상으로 한 설법을 담은 붓다의 경전과 달리 탄트라는 엄선된 제자들에게만 가르친 것이었다. 이것은 비밀스런 가르침이었으며, 이를 받아 수행하기 위해서는 자격을 갖춘 탄트라 스승으로부터 '힘을 부여 받아야만' 했다◆. 그 스승 역시 붓다까지 이어지는 끊어지지 않은 계보의 스승들로부터 그런 힘을 받았다. 가장 상위 수준의 탄트라에는 자신을 찬란한 만다라◆◆의 심장부에 있는 '신(a god)'으로 상상하는 것이 수반되며 그럼으로써

◆ 수행을 할 수 있는 힘을 전해준다는 뜻으로, 관정〔灌頂〕이라 한다. 수행을 하기 위한 입문 의식.

◆◆ mandala, 밀교에서 발달한 상징 형식을 시각화한 그림이나 문양을 말하는 것으로, 우주의 진리를 표현한다.

일상의 자아에 대한 '평범한 인식'을, 완전히 깨달은 붓다라는 '신성한 자부심'으로 대체한다. 일단 이런 지각의 변화를 얻으면 자신을 실제로 붓다로 변화시키는 것을 계속할 수 있는데, 이것은 미묘한 에너지, 신경 통로, 차크라◆ 등이 관련된 요가 수행을 통해 이뤄진다. 보살 서원을 하고 경전의 가르침에 대한 적절한 이해를 갖추게 되면 완전한 깨달음으로 이어지는 '빠른 길'로 들어서기 위해 관정을 받는 것이 강력히 권장되었다.

내가 다람살라에 머문 지도 1년쯤 지났을 때 게셰 다르계이는 우리가 달라이 라마의 원로 고문 중 하나인 첸샵 세르콩 린포체로부터 야만타카◆◆ 관정을 받도록 주선했다. 세르콩 린포체는 갈라진 땅처럼 생긴 얼굴에 반짝이는 눈이 박힌 평온한 노승으로, 맥그로드간즈 우체국 아래 방갈로에서 시자 두 명, 요리사 한 명과 함께 살았다. 관정 의식은 서너 시간이 걸렸으며 수많은 시각화(관상〔觀想〕), 염불, 타종, 손에 쥐는 작은 북 치기 등이 수반되었다. 야만타카 만다라 입문을 받은 나는 나를 이 탄트라 신으로 만드는 것을 설명하는 텍스트를 앞으로 매일 평생 암송하겠다고 엄숙히 약속했다. 그 뒤 매일 아침 나는 황소 머리를 한 수려하고 강력한 야만타카가 되게 된다.

검푸른 몸, 9개의 얼굴, 34개의 팔, 16개의 다리를 가지고 있는데, 오른

◆ chakra. 힌두 전통 및 기타 종교 전통에서 생명 에너지가 집중되는 신체 부분을 말하는 것으로, 탄트라 불교 수행에서 중요한 역할을 한다.

◆◆ 문수보살의 분노의 현현으로 여겨지며, 불법을 지키는 수호자의 역할을 한다. 야마 혹은 죽음의 정복자라는 뜻이다.

> 쪽 다리는 끌어당기고 왼쪽 다리는 길게 뻗고 있다. 내 혀는 위로 말아 올라가고, 송곳니는 드러나 있으며, 얼굴은 화가 나서 주름이 지고, 주황색 머리는 위로 곤두섰다……나는 인간의 피, 지방, 골수, 체액을 삼켜버린다. 내 머리는 다섯 개의 무시무시한 마른 해골을 쓰고 있으며, 축축한 인간의 머리 50개로 장식되어 있다. 나는 검은 뱀을 브라만의 실◆로 삼아 두른다. 나는 맨 몸이고, 배는 어마어마하게 크며 성기는 곧추 서 있다. 나의 눈썹, 속눈썹, 수염, 몸의 털은 세상이 끝날 때의 불처럼 활활 타오른다.

그 다음 여러 달에 걸쳐 나는 세르콩 린포체, 티장 린포체—달라이 라마의 스승(왕사(王師))—그리고 달라이 라마로부터 관정을 더 받았다. 머지않아 나는 내가 한 약속을 지키기 위해 하루에 최소 한 시간은 의식의 텍스트를 암송하는 데 써야 했다.

나는 티베트 불교의 세계에 완전히 열중하게 되었다. 내게 중요한 단 한 가지는 다르마였다. 나는 이 길이 인간 삶의 완전한 잠재력을 실현하는 유일한 길이라고 스스로를 확신시켰다. 이런 관정을 받기 위해 나는 그 의식을 집전한 라마를 평범한 인간이 아니라 살아 있는 붓다, 즉 나처럼 미몽에 빠진 중생에 대한 자비심만으로 이 세상에 태어난 깨달음의 완벽한 화신으로 여겨야 했다. 나는 내가 그에게서 발견한 흠은 모두 나의 부정적인 투영, 즉 그의 빛나는 완벽함을 가리는 나의 불순한 견해의 결과라고 인정해야만 했다. 나는 그런 스승을 결코

◆ 브라만은 신성한 실을 받는 의식을 통해 진정한 브라만으로 다시 태어날 때 비로소 의식을 집전할 수 있는 자격을 갖추게 된다.

폄하하지 않겠다고 맹세했다. 그에 대한 나의 탄트라 약속을 깨는 것은 모든 지옥 중 최악의 곳에 다시 태어나는 결과를 낳을 것이다. 이 특별한 사람들의 영감과 축복을 통해서만 깨달음으로의 길을 따라 전진하는 것이 가능하기 때문이었다.

승려가 되겠다는 나의 결심은 불교에 대한 이런 열정적인 헌신에서 나온 자연스런 결과였다. 그 어떤 구속이나 책임도 없고, 자신의 삶을 온전히 다르마에 집중하고 싶어 하는 젊은이에게 수도자의 단순함, 독신, 금욕의 삶은 공부하고 생각하고 명상하는 최적의 환경을 제공했다. 처음에 나는 스무 번째 생일이 지나고 바로 계를 내려달라고 게셰 다르계이에게 요청했지만 그가 거절했다. 그는 내가 그런 단계를 밟기 전에 좀 더 신중히 생각해보도록 나를 돌려보냈다. 1년 뒤 나는 다시 요청했고, 이번에는 그가 받아들였다. 그래서 나는 머리를 의식에서 상징적으로 깎을 수 있도록 약간만 남기고 밀어버렸고, 맥그로드간즈의 재단사에게 승복 한 벌을 맞췄다. 1974년 6월 6일 오후 3시, 나는 티베트도서관에 있는 게셰 다르계이의 개인 거처에서 다섯 명의 비구들이 자리한 가운데 예비승려의 계(사미계)를 받았다. 이제 막 스물한 살이 되던 때였다. 내가 불교도로 지낸 기간은 2년도 채 되지 않았다. 이제 나는 머리를 깎고 승복을 입은 독신의 수행자였다.

다람살라에서 어머니에게 정기적으로 편지는 보냈지만 내가 개인적으로 불교에 깊이 빠져들고 있다는 것에 대해서는 아무런 말도 하지 않았다. 어머니는 내가 인도의 티베트 난민촌에서 다소 별난 학문 분야를 공부하는 것으로 알고 있었다. 어머니는 내가 관심을 쏟을 뭔가를 드디어 찾았다는 것에 기뻐했고 내가 더 이상 마약을 하며 아시아의 이곳저곳으로 떠돌아다니지 않는다는 사실에 안도했다. 어머니의 주된 관심사는, 내가 괜찮은 직업을 찾는다는 차원에서 볼 때, 이런 공부가 어떤 길로 이어지게 될까 하는 것이었다. 어머니는 내가 무슨 일을 계획하고 있는지 전혀 감도 잡지 못했다. 승려가 되기 이틀 전 나는 장문의 편지에서 내가 이제 막 하고자 하는 것을 설명하며 불교 교리 용어로 내 자신을 합리화했는데, 이런 것들이 어머니에게는 그다지 의미가 없으리라는 것을 죄책감을 느낄 정도로 잘 알고 있었다. 어머니가 편지를 받았을 무렵 나는 이미 승복을 입은 상태였다. 그 소식을 듣자마자 어머니는 이렇게 말했다. "가슴이 철렁 내려앉는구나."

하지만 나는 절 없는 승려였다. 다람살라에는 달라이 라마를 섬기는 엘리트 승가 공동체 남갈 다창 외에 사원은 없었다. 옷과 머리 스타일을 제외하고 겉으로 보기에 내 삶은 이전과 거의 똑같았다. 일단 내가 새로운 역할에 익숙해지고 다른 사람들도 그것에 대해 더 이상 말을 하지 않게 되자 나는 내면적으로도 바뀐 것은 거의 없다는 것을 깨달았다. 나는 여전히 같은 감정, 갈망, 걱정에 시달리는 같은 사람이었다. 나는 면도도 하지 않고 씻지도 않은 채 시선은 앞쪽 약 1.8미터 지점의 땅에 고정시키고, 속이 비치는 옷을 입은 히피 아가씨들을 보지 않으려고 필사적으로 노력하며 단호한 결의로 맥그로드간즈를 지나가곤 했다. 나는 수도자 생활의 내면 성찰에 매력을 느꼈다. 그것은 내 안에서 점점 커가던 자기 성찰과 고독의 경향을 정당화시켜주는 것만 같았다.

승려가 되고 3개월이 지난 후 나는 티베트도서관에서 열린 S. N. 고엔카라는 인도인 선생의 10일짜리 위파사나(비파사나) 수련에 참여했다. 고엔카 씨는 만달레이에서 태어나고 자란 성공한 기업가로 미얀마◆ 독립 후 초대 정부의 장관이었던 우 바 킨으로부터 위파사나 명상을 배웠다. 그는 50세로 턱 아래 살은 축 처지고 목소리는 굵고 낮았다. 그는 사롱◆◆을 입고 가부좌를 튼 채 자신의 부인 옆에 앉아 있었는데, 그의 부인은 내내 한 마디도 하지 않았다. 이 '소승' 불교의 명상 강좌가 대승불교 기관에서 매일 실시하던 수업을 대체하게 된 이유는 알 수 없었지만, 달라이 라마의 지지를 받아 이뤄진 것 같았다. 게셰 다르계이는 수련 기간 동안 마날리에 있는 온천에 갈 기회를 얻었다.

첫 3일간 우리는 들숨과 날숨에 집중하면서 점차 숨이 윗입술에 닿을 때의 감각으로 주의를 좁혀 들어갔다. 이것은 집중하는 데 도움을 주었다. 나머지 7일 동안 우리는 감각을 느끼기 위해 정수리부터 발가락 끝까지, 그런 다음 다시 위로 천천히 몸을 '훑었다.' 이런 '몸 훑기'를 할 때 우리는 모든 감각이 영구적이지 않다는 사실에 특별히 주의를 기울였다. 완전히 정적인 분위기에서 하루에 몇 시간씩 이런 연습을 한 뒤 나는 전에는 결코 경험하지 못한 방식으로 내 자신을 경험하게 되었다.

그 어떤 신이나 진언, 만다라에 기대지 않고, 그 어떤 교리나 철학의 복잡한 내용에 통달할 필요도 없이 나는 연약하고 무상한 세상에서 연약하고 무상한 생명으로 존재한다는 것이 무슨 뜻인지 생생히 이해

◆ 옛 이름은 버마. 1886년에서 1948년까지 영국의 통치를 받은 바 있다.

◆◆ 주로 동남아시아에서 입는 옷으로, 천을 허리에 둘러 입는다.

하게 되었다. 알아차림(mindfulness, 염〔念〕) 명상은 내 안과 주변에서 돌아가고 있는 모든 것에 대해 더욱 민감하게 주의를 기울이게 해주었다. 내 몸은 얼얼하고 고동치는 감각의 덩어리가 되었다. 가끔 밖에 앉아 있을 때 마치 산들바람이 나를 통과해 부는 것 같은 느낌이 들었다. 풀은 더욱 찬란하게 윤이 났고, 바스락거리는 잎은 끝없이 펼쳐지는 교향악의 합창 같았다. 동시에 이 중대한 자각의 핵심에는 깊은 정적과 평정이 있었다. 그 경험은 그리 오래 강렬하게 지속되지는 않았다. 일단 수련이 끝나면 더욱더 일상적인 마음의 습관이 다시 돌아왔다. 그러나 그때 내게 보여준 것은, 지금이라면 내가 삶의 연기적 토대로 이해했을 뭔가를 알아차리는 방법이었다. 이 점에서 나는 고엔카 씨에게 영원히 감사하는 바이다.

위파사나와의 만남은 완전히 뜻밖의 행운이었다. 그것이 내가 공부하고 있던 티베트도서관에서 열리지 않았더라면 그 당시 다른 곳에서 찾으려고까지 하지는 않았을 것이다. 그 수련은 티베트 불교에 대한 나의 믿음 체계에 처음으로 균열을 만들었다. 고엔카 씨는 팔리 경전의 가르침에 기초하는 미얀마 테라바다(상좌부)에서 공부했다. 붓다가 행했던 설법이 모두 들어 있다는 확신을 주었던 티베트 경전에는 고엔카 씨가 가르침의 토대로 삼은 『염처경』(念處經, Satipatthana Sutta, 알아차림의 확립에 대한 경)을 포함하여 팔리어로 보존된 텍스트의 상당수가 빠져 있다는 것이 곧 분명해졌다.

위파사나를 접하고 나서 나는 이 수행을 심화시키기 위해 미얀마나 태국, 스리랑카의 사원에 가는 것을 잠시 고려해봤다. 그러나 내가 승려가 되게 해주었고 나를 금강승에 입문시킨 전통에 대한 나의 서약은 여전히 강했고, 티베트 스승들에 대한 나의 헌신 역시 그러했다. 나는 또한 고엔카 씨의 알아차림 수행이 효과를 본 것이 어느 정도는 게셰 다르계이의 지도를 받으며 불교의 토대에 대해 그동안 성찰한 덕분이라는 것을 깨달았다. 다른 형태의 불교를 탐구하러 떠나기 전에 내가 이미 속해 있는 것에 대한 기초를 더 충분히 닦을 필요가 있음을 깨달은 것이다. 그럼에도 불구하고 의심의 벌레는 조용히 내 안을 파고들어가기 시작했다.

1970년대 초 결국 다람살라까지 오게 된 우리는 전혀 손상되지 않은 중세 티베트 지역으로 옮겨진 우리 자신을 발견했다. 그곳은 현대의 손길이 거의 닿지 않은 사회로, 인도 불교의 논리, 인식론, 철학, 심리학, 명상, 의학, 천문학, 예술의 전통 전체를 보존하고 있었다. 그것은 마치 한 무리의 이탈리아 히피들이 아펜니노 산맥◆을 헤매다 어찌어찌해서 역사가 그냥 건너뛴 외딴 골짜기, 14세기 교황청이 완전하게 그 기능을 다하고 있는 곳을 발견한 것과 같았다. 공동체 전체의 축은 달라이 라마였다. 그는 인도에 있는 난민 10만 명의 정착지를 돌보는 한편 세계가 티베트의 비극적인 역경에 관심을 갖도록 하는 엄청난 임무를 감당하고 있었다.

그러나 세계는 그를 못 본 척했다. 1972년 내가 다람살라에 왔을 때 그는 유럽이나 미국에 가본 적도 없었다. 그 해 2월 닉슨 대통령의 역사적인 중국 방문 이후에는 그나마 미국이 티베트인들에게 제공했던

◆ 이탈리아 반도를 세로로 길게 지나는 산맥.

미미한 도움마저 중단되었다. 인도에서 오도 가도 못하는 상태에서 영향력 있는 친구도 하나 없던 달라이 라마는 자신의 나라가 홍위병들의 손에 고의적으로 파괴되고 있는 소식이 국경을 넘어 조금씩 새나오는 것을 두려움 속에서 그저 듣기만 할 뿐이었다. 1974년 런던을 비롯하여 유럽의 몇몇 수도에 초대되었지만, 달라이 라마는 미국 카터 행정부의 국무부가 그에게 비자를 발급하기로 동의하고 '내정간섭'이라는 중국의 분노에 맞서기로 한 1979년—티베트를 탈출한 지 만 20년이 지난 시점—까지 기다려야만 했다.

1974년 가을 나는 티베트인들이 무척이나 사랑하는 인도 대승불교의 전통적인 텍스트인 8세기 샨티데바의 『입보리행론』(入菩提行論, Bodhicaryavatara, 보살의 삶으로 가는 길에 대한 안내서)을 번역하는 작업과 관련하여 조언을 듣기 위해 티베트도서관에서 달라이 라마를 만난 소수의 학생들 사이에 끼어 있었다. 성하(聖下)는 그 계획에 매우 기뻐했고 우리들에게 일을 추진하라고 격려했다. 그 다음 한 해 동안 게셰 다르계이는 티베트어로 된 이 텍스트를 힘들게 샅샅이 훑어가며 단어와 문장을 일일이 설명해주었고, 그럼으로써 영어 번역본의 단단한 토대를 제공해주었다.

수수께끼 같고 통제되지 않았던 이 텍스트의 저자 샨티데바에 대해서는 알려진 것이 별로 없다. 그는 아마도 서기 8세기에 인도에서 살았던 것으로 보이며, 당시 아시아에서 불교 공부의 최고 중심지로 유명했던 날란다 사원의 승려로 있는 동안 이 저서를 쓴 것으로 여겨진다. 전설에 의하면 샨티데바는 하는 일이라고는 '먹고, 자고, 싸는' 것밖에 없는 게으름뱅이로 유명했다. 그런 쓰레기들을 사원에서 쫓아내기 위해 승려 각각의 지식과 경쟁력을 시험하는 공개적인 시험이 실시되었고, 시험에 통과하지 못한 이들은 쫓겨났다. 자신의 차례가 돌아오자 샨티데바는 단상에 오르더니 놀랍게도 이 대단히 독창적이고 시적인 산스크리트 텍스트를 외었다. 암송이 끝날 무렵 그는 공중으로 떠오르기 시작했고 목소리가 점점 더 희미해지면서 구름 속으로 사라져버렸다. 나중에 날란다의 승려들이 그를 찾아냈지만 그는 사원으로 돌아가기를 거부하고 남은 평생을 조용히 재가신자로 살았다.

다소 무미건조하고 추상적인 경향이 있는 수많은 전통적인 불교 저작물과는 달리 『입보리행론』은 다르마를 이해하고 행하고자 고군분투하는 매우 개인적인 이야기이다. 1인칭 화자로 말을 하고 있는 샨티데바는 자신의 단점에 대해 전혀 착각하지 않는다. 그는 자신을 점차 개선시키는 경로로서 길을 제시하기보다는 그 길이 한결같지 않고 어떻게 기쁨에서 실망으로 벗어나며, 암흑의 혼란이 어떻게 명료함의 순간으로 환해지며, 낯선 이의 고통이 어떻게 갑자기 내 자신의 것인 양 진짜처럼 느껴지는지—하지만 한순간 뒤엔 자기애가 새롭게 솟구쳐 잊게 된다—헤아린다. 나는 이런 것이 위안을 준다고 생각했다. 그것은 내 자신의 경험에 해당하는 것이었다. 나의 경험은 대부분의 불경에서 제기된, 정확하게 조정된 '영적 발달' 체계와는 불편한 상태로 함께 하고 있었다. 흔들림과 의심이 믿음과 확신과의 영원한 투쟁 속에 갇혀버린 것만 같았다. 승려인 나로서는 이 딜레마로부터 탈출할 수 있는 길이 거의 없었다. 나는 이 날뛰는 말이 나를 얼마나 고문하고 지치게 하건 그냥 그 위에 계속 앉아 있어야만 했다.

샨티데바의 『입보리행론』은 그 시와 저자 자신의 예를 통해 자신과 타인의 고통에 효과적으로 반응하는 일에 가장 적합한 인간 특성의 상을 제시한다. 이 특성은 간단히 정의할 수 없는 감성이며, 내가 달라이 라마에게서 가장 감동받은 바로 그것이었다. 돌이켜보니 내가 달라이 라마를 우러러본 이유는 그가 '자비'나 '지혜'와 같은 특별한 영적 자질을 가지고 있어서가 아니라는 것을 깨달았다. 나는 그라는 사람 전체에서 흘러나오는 진실함과 자발성으로써 다양한 상황에 반응하는 능력이 그에게 있음을 관찰했다. 이 감성의 중심에 놓인 것이 바로 다른 이들의 역경에 대한 깊은 공감이었으며, 그것은 아무런 노력을 기울이지 않아도 그에게서 철철 쏟아져 나오는 듯했다. 샨티데바에 의하면, 그런 공감을 갖기 위해서는 자기 자신을 고정되고 분리된 자아로 경험하기보다는 철저한 자기 비움을 거침으로써 세상의 구조 속에 어떻게 불가분하게 얽혀 있는지 봐야 한다.

자아는 분리되고 규정될 수 있는 어떤 사물처럼 내재적으로—티베트 사람들이 말하듯 '그 자체로부터(from its own side)'—존재하지 않는다. 명상, 철학적 탐구, 심리학적 분석, 혹은 뇌의 해부를 통해서건 그것을 찾으려 하면 할수록 결국 그것에 해당하는 그 어떤 '것(thing)'도 발견하지 못할 것이다. 그럼에도 불구하고 이것이 자아가 존재한다는 것을 부정하는 것은 아니다. 그것은 존재하지만 우리가 본능적으로 느끼는 그런 방식으로 존재하지 않는다. 비어 있는 자아는 변하고, 발전하고, 기능하고, 도덕적인 자아이다. 사실—이것은 예상 밖의 전개이다—자아가 이런 식으로 비어 있지 **않다면** 그것은 아무 일도 할 수 없을 것이다. 그런 가설적인 자아는 살아 있는 세계의 모든 것으로부터 철저하게 분리되어 순전히 형이상학적인 영역에 존재할 것이고 행위를 하거나 행위의 대상이 될 수는 없을 것이기 때문이다.

나는 다람살라에서 보낸 마지막 해에 많은 시간을 샨티데바의 『입보리행론』과 그 티베트어 주석서에 나오는 불교의 공(空) 사상을 공부하는 데 보냈다. 나는 '공'이 무엇을 뜻하는지 이론적으로는 이해할 수 있었지만, 내가 나로 존재하는 실제 경험에는 거의 아무런 영향을 미치지 못했다. 그러던 어느 무더운 오후 나는 수업이 끝난 뒤 도서관 아래 나무 그늘에서 가부좌를 틀고 앉아 안개 낀 평원을 응시하다 명상하기를 번갈아가면서 하고 있었다. 그러다 강렬하게 쏟아져 내리는 삶의 폭포수 속으로 던져진 내 자신을 발견했다. 내가 명상을 하기 위해 눈을 감을 때마다 변함없이 나를 맞이했던 그 불분명하고 나른한 내 자신의 느낌은 물러가고 대신 엄청나게 강렬하고 흐르는 듯한 뭔가가 있었다. 그것은 마치 모터가 돌아가는 것을 막고 있던 브레이크가 풀려 차 전체가 갑자기 살아 움직이는 것과 같았다. 하지만 그것은 전적으로 조용하고 고요했다. 나는 무너지고 분해되고 있었지만 동시에 떠오르며 복원되고 있었다. 실제 움직임은 전혀 없지만 어떤 궤적을 따라 나아가는 확실한 느낌이 있었다. 몇 초밖에 지속되지 않았던 것 같은 이 경험 도중인지 혹은 바로 그 뒤인지 하여튼 내가 스스로에게 이렇게 말했던 것이 기억난다. "나는 결코 뭔가에 도달하지 못할 것이다. 나는 결코 아무 것에도 도달하지 못할 것이다. 공은 만물의 무한함이다."

그것은 어머니의 손을 잡고 새럿 마을 호숫가에 갔던 때—아마 대여섯 살쯤 되었던 것 같다—를 떠올리게 했다. "호수 기슭에서 약 1미터 떨어진 곳에 개구리 한 마리가 있다고 상상해보렴." 어머니가 말했다. "개구리가 뜀을 뛸 때 매번 바로 전에 뛴 것의 절반만큼만 뛴다면 몇 번이나 뛰어야 물까지 갈 수 있을까?" 나는 이 아동용으로 각색된 제논의 역설이, 고엔카 씨의 무너져 내리는 무상함과 불교 교리 공에 의해 강화되면서, '만물의 무한함'을 예고하고 있었다는 것을 이제 깨달았다.

이때 즈음하여 나는 맥그로드간즈 위쪽, 나무가 우거진 산등성이 높은 곳에 있는 과거 영국인 사유지 일리지엄하우스의 별채에서 살고 있었다. 나는 상쾌한 산 공기, 검은 얼굴의 랑구르원숭이 무리, 청백색의 히말라야까치를 사랑했다. 근처 작은 오두막에는 내가 배우고 있고 매우 존경한 스승 게셰 랍텐이 살았다. 나는 곧 그를 따라 스위스로 가서 불교철학을 공부할 계획이었다. 일리지엄하우스는 다람살라에서 위파사나 명상을 하는 이들의 작은 공동체의 본거지이기도 했는데, 나는 아침저녁으로 그들과 함께 앉아 내 숨을 관찰하고 머리에서 발끝까지 내 몸을 훑었다.

어느 날 저녁 땅거미가 질 무렵 나는 근처 수원지에서 방금 길은 물로 찰랑이는 파란색 플라스틱 양동이를 들고 소나무 숲을 지나 좁은 길을 따라 숙소로 돌아가고 있었는데 갑자기 모든 것이 완전히 낯선 느낌이 강렬하게 솟구쳐 걸음을 멈췄다. 내가 마치 삶의 바다에서 솟아오른 거대한 파도의 꼭대기로 올려진 것만 같았는데, 그것은 뭔가가 아무것도 아니지 않고 존재한다는 것이 얼마나 신비로운가라는 생각이 처음으로 떠오르게 만들었다. 나는 내 자신에게 물었다. "어떻게 사람이 이걸 모를 수 있을까? 나는 왜 지금까지 이걸 알아차리지 못했지?" 눈에는 눈물이 가득하고 덜덜 떨며 말도 못한 채 가만히 서 있던 기억이 난다. 그러고는 밤이 되기 전에 가던 길을 계속 갔다.

이 경험은 내가 공부하고 있던 것과, 내 자신의 삶 속에서 일어났고 내게 매우 중요한 느낌을 준 뭔가의 사이에 틈이 있다는 것을 거북하지만 깨닫게 만들었다. 내가 익숙했던 불경은, 나를 전율하게 만들었던 것과 같은 경험을 가치 있게 여기는 것은 고사하고 그런 것에 대해서는 말하고 있지 않는 것 같았다. 나는 그것을 표현하는 티베트어 단어를 찾기 어렵다는 것을 알게 되었다. 그리고 영어를 구사하는 라마 예셰—게셰 랍텐의 카리스마 넘치는 제자로 네팔에서 많은 서양인 추종자들을 거느리고 있었다—에게 그것을 묘사했을 때 그는 내가 말하는 것이 무엇인지도, 내가 왜 그것을 중요하게 여기는지도 이해하지 못하는 것 같았다. 나는 어떤 것에 더 높은 권위를 주었어야 했나? 내가 엄청나게 존경하는 이들이 내게 가르쳐준 대로의 신성한 불교 경전인가, 아니면 답을 주기보다는 질문만 더 많이 일으키는 것 같은 내 자신의 본능적인 직관인가? 나는 이 둘 사이의 분명한 충돌은 내가 공부와 수련을 충분히 오래, 그리고 열심히 전념하면 해결되리라 믿었다(아니 믿고 싶었다). 스물세 살의 젊은 서양인 사미승으로서 나는 내 자신의 불완전한 이해보다는 불교 전통의 지혜를 더 신뢰하고 싶었다.

4

뱀장어의 꿈틀거림

게셰 랍텐의 얼굴은 마치 돌을 깎아놓은 것 같았다. 그의 방에 들어가면 그는 침대에 앉아 몸을 약간 옆으로 흔들며 손가락으로 염주를 돌리고 있곤 했다. 그러다가 얼굴을 들어 바라보곤 했는데, 그의 눈은 날붙이처럼 나를 찔러 꿰뚫는 것 같았다. 그는 나를 불안하게 만들었는데, 그에게는 아무것도 숨기지 못할 것 같은 느낌이 들었다. 게셰를 묘사하는 데 결코 사용될 것 같지 않은 말은 '비었다'라는 단어였다. 하지만 그가 우리에게 가르친 것이 바로 그것이었다. 사람은 금방 사라지는 몸과 마음의 요소들이 잠깐 배열되어 있는 것에 불과하며, 거기에 확실하고 오래 지속되며 변함없는 것은 하나도 없다는 것이다. 하지만 게셰는 확실함과 변함없음의 전형, 그 자체였다. 견뎌냈으며, 또 견떠낼 작정이라는 온갖 인상을 주는 이가 바로 이 사람이었다.

내가 게셰 랍텐 밑에서 불교 철학을 공부하기 위해 스위스로 가도 되냐고 묻자 그는 나를 재밌어하면서 약간 놀란 듯한 시선으로 한참 바라보다가 나지막하고 불분명한 소리로 허락했다. 게셰에게는 사명이 있었다. 그는 끊어지지 않고 이어 내려온 깨우친 스승들의 계보를 통해 그에게까지 전해진 붓다의 참된 말씀을 수호할 승가 공동체를 물질주의적인 서양에 세울 예정이었다. 우리는 그를 11세기에 티베트로 불교를 들여온 인도의 아티샤 존자에 비교했다. 게셰는 티베트 라싸에 있는 자신의 세라제 사원 대학을 본 딴 공동체를 세우고 싶어했다. 나는 예수회의 선발대와 같은 소규모 전문가 집단의 일부가 될 예정이었다. 내 마음은 논리체계의 중요한 세부사항들로 단련되었고 유럽과 그 너머에 다르마를 전파할 준비가 되어 있었다. 우리에게 요구될 일들은 텍스트를 외우고 구두 설명을 듣고 주석서를 공부하고 그 뜻을 티베트어(숙달하기 위해 내가 여전히 안간힘을 쓰고 있던 언어)로 토론하는 것이었다. 게셰는 최고 수준의 토론자로 유명했다. 세라 사원 시절 그는 추위로 손이 트고 피가 날 때까지 밤새 토론하곤 했다. 그는 다람살라에서 달라이 라마의 철학 조교 겸 논쟁 상대로 임명되었다.

게셰가 속해 있던 학구적인 티베트 불교 종파인 겔룩 전통은 정식 논리를 배우고 토론 실습을 통해 카르마(업[業])와 환생 등 주요 불교 교리에 대해 합리적인 확신을 얻을 수 있다고 주장했다. 나는 이 훈련이 이런 문제와 관련해 내게 남아 있는 의심을 풀어주고 승려로서 나의 소명을 위해 튼튼한 지적 토대를 제공해주기를 바랐다. 붓다가 했다고 여겨지는, 자주 인용되는 구절이 있다. "금을 다루는 이가 금을 문지르고 자르고 태워서 분석하듯이 내 말을 검토해야 한다. 나에 대한 믿음에서 우러나 그냥 받아들이지는 말아야 한다." 지금도 그렇지만 그때 나는 이런 비평적 탐구에 대한 개방성이 불교에서 행해지는 노력 전체의 핵심이라고 느꼈다. 게다가 그런 탐구는 명상 및 윤리와 더불어 깨달음으로 가는 길의 일부분으로 보였기 때문에 그것은 단지 이론을 늘어놓는 학문적 훈련은 아니었다. 나는 이런 접근에 매우 매력을 느꼈다. 불교는 그 진실주장이 이성의 시험을 견뎌낼 수 있는 합리적인 종교인 것 같았다.

나는 유럽에서 게셰 랍텐의 지도를 받으며 5년을 보냈는데, 주로 있었던 곳은 그가 스위스 마을 르몽펠르랭에 세운 타르파췰링 사원이었다. 브베라는 도시 위쪽에 자리한 그곳은 제네바 호수와 론 계곡이 내려다보이는 곳이었다. 12명의 승려와 일반 신도로 이뤄진 우리 그룹은 처음 2년 동안 다르마키르티(법칭〔法稱〕) 철학의 축약본을 공부했다. 다르마키르티는 7세기 인도의 학승으로, 티베트 사원에서 그의 저작은 논리학, 인식론, 비평분석의 토대를 제공하고 있으며 그 토대 위에서 공 사상의 중도(中道, 중관〔中觀〕) 철학으로 나아가게 된다.

다르마키르티의 접근법을 배우면 배울수록 나는 그 현실적인 명료함과 엄밀함의 진가를 더 잘 알아볼 수 있었다. 나는 다르마키르티가 신비주의적 관념론으로 기우는 경향이 있던 후대의 불교 사상가들과 달리 현실적이고 실용적이라는 것을 발견했다. 그의 철학은 나의 알아차림 명상 수행은 물론 내가 다람살라에서 겪은 또 다른 경험을 해석하는 데 훌륭한 개념 틀을 제공했다.

다르마키르티는 그때까지 내가 배운 것처럼 궁극적으로 모든 것에는 내재적 존재가 없다고 말하기보다는 일상적인 감각 경험과 정신적 경험에 존재하는 변화무쌍하고 기능적이며 인과적이고 조건 지어진 세계가 바로 궁극적으로 실재하는 것이라고 주장했다. 다르마키르티의 말을 빌리자면 실재한다는 것은 물질적 세계에서 어떤 결과를 만들어낼 수 있다는 것을 뜻한다. 따라서 씨앗, 주전자, 나무에 부는 바람, 욕망, 생각, 무릎 통증, 다른 사람……이들은 실재한다. 이와 대조적으로 내재적 존재의 공함은 관념적이고 언어적인 추상에 불과하다. 전략적 사고로 쓰일 수는 있겠지만 거기에는 장미꽃봉오리나 심장박동, 혹은 우는 아이 등의 생명력 넘치는 실재성이 결여되어 있다. 다르마키르티에게 명상의 목표는 공에 대한 신비한 통찰을 얻는 것이 아니라 변화무쌍하고 조건에 따라 일어나며 고통 받는 세계를 거르지 않고 직접 경험하는 것이었다.

당신이 세계를 그런 식으로 경험하는 것을 막는 것은 무엇인가? 문제는 자신이 영원하고 부분으로 이뤄져 있지 않고 자율적이라는 확신, 끊임없는 변화와 연기성과는 기본적으로 무관하고 그 영향을 받지 않는다고 믿는 인간의 본능적인 확신에 있다. 이런 확신이, 불안전하고 영원하지 않은 세계에서 안전하고 영원하다는 느낌을 줄 수도 있지만 그 대가로 치러야 할 것은 소외감, 환멸감, 지루함이다. 자기언급적인 자신만의 상상의 세계에서 표류하면서 주변의 삶으로부터 차단된 느낌을 받는 것이다. 그러나 다르마키르티에게 핵심은 그렇게 단절된 자아의 부재나 공함을 곱씹는 것이 아니라 일단 그런 자아에 대한 생각이 점점 사라지기 시작하면 활기차고 즉각적인 현상 세계를 만나는 것이다.

이것은 한 가지 예를 들어 아주 잘 설명할 수 있다. 내가 아내와 함께 프랑스에서 집을 샀을 때 본채 바로 뒤에 나무로 지은 커다란 헛간이 있었다. 헛간은 빛을 가로막고 전망을 차단했다. 게다가 인동덩굴과 담쟁이덩굴로 뒤덮이게 되어 매년 헛간의 크기가 커졌고 그것이 드리우는 그늘은 점점 더 짙어지고 헛간과 본채 사이의 통로에서 악취 나는 습기는 더욱 심해졌다. 헛간은 수십 년 간 손도 대지 않은, 더 이상 쓸모없는 독일산 공업용 기계로 가득 차 있었다. 헛간의 유일한 가치이자 그곳을 그대로 둔 주된 이유는 동네 도둑고양이들이 헛간을 새끼고양이들을 두는 장소로 쓴다는 것이었다.

결국 우리는 그 헛간을 없애버렸다. 그 해의 새끼고양이 무리가 떠나버리자 우리는 기계류를 고철로 팔았고, 나무가 필요했던 친구 파코를 불러 헛간을 철거하게 했다. 오랫동안 그토록 암울한 존재였던 것이 오후 한나절 만에 갑자기 더 이상 그곳에 있지 않았다. 다음 며칠 동안 나는 헛간이 있던 자리에 서서 그것의 부재를 의식적으로 만끽하곤 했다. 헛간이 만들어냈던 어둡고 축축한 길은 사라져버렸다. 집과 정원이 바뀌었다. 아래층 창문으로 빛이 쏟아져 들어왔고 여태껏 알지 못했던 정원과 주변 시골 풍경이 펼쳐졌다.

며칠이 지나자 '헛간이 없다'는 황홀한 경험은 사라져버렸다. 나는 한때 그 자리에 있었던 헛간은 잊어버렸고 그것의 부재로부터 더 이상 아무런 느낌도 받지 않았다. 나는 지금 있는 그대로의 정원과 집에 관심을 쏟았다. 다르마키르티에게 '공' 혹은 '비아(非我, not-self)'를 경험하는 것은 이것과 같았다. 영원하고, 부분으로 이뤄져 있지 않고, 자율적인 자아의 부재를 깨닫는 것은 자신의 삶에서 여태껏 알지 못했던 풍경이 펼쳐지게 한다. 어둡고 불투명한 자기중심주의는 물러나고 계속 변하고 조건에 따라 일어나는 몸과 마음의 과정을 좀 더 명쾌하고 민감하게 알게 된다. 일단 이것에 익숙해진 사람은 그런 자아의 부재를 자각하는 것을 중단한다. 그것은 다른 사람들과 함께하는 이 세상에서 또 다른 삶의 방식으로 대체되며, 얼마가 지나면 완전히 평범해진다. '공'을 뭔가 성스럽고 특별한 것이라고 계속 고집하는 일은 정원 손질을 하며 잘 지내는 대신 헛간이 없어졌다고 정원에 불당을 세우는 일과 같을 것이다.

나는 이런 공부를 굉장히 즐겼다. 게셰 랍텐은 생각을 분명하고 간결하게 전해주었고, 그런 다음 우리들에게 짝을 지어 토론하게 하면서 방금 그가 가르친 것을 면밀히 분석하게 했다. 이것은 아주 훌륭한 지적 훈련이었으며, 내 생각이 얼마나 뒤죽박죽인지 깨닫게 해주었다. 자신의 생각을 그렇게 철저한 검증에 맡기지 않으면 결국 검토되지 않은 엉성한 가정을 토대로 한 것이 드러날 의견을 갖기 쉬우며, 그런 의견을 갖고서도 안심하게 된다. 그러나 이런 철학적 분석 훈련은 양날의 칼이었다. 그것은 어느 수준까지만 효과가 있었다. 불교 교리 중 비평을 그리 잘 견뎌내지 못하는 것을 만나게 되자마자 그것은 믿음의 기반을 약화시키는 위험을 초래했다. 다르마키르티에 대한 나의 열광이 최고조에 달했던 당시에는 내가 몇 달 뒤 한밤중에 식은땀을 흘리며 깨어나 어떤 정신 상태의 주된 원인이 어쩔 수 없이 또 다른 정신 상태인 것은 아닌지를 두고 고민하게 되리라고는 전혀 생각하지 못했다.

이런 위기가 터진 것은 우리가 마침내 환생의 증거에 이르렀을 때 내 자신이 전혀 납득하지 못했기 때문이었다. 그 증거는 이러했다.

주어: 방금 태어난 아기의 마음은

술어: 전에 존재했었다

이유/예: 왜냐하면 그것은 이 마음과 같은 마음이기 때문이다

다르마키르티에게 마음은 '맑고 잘 알고 있는' 것이라고 한다. 맑다는 것은 마음이 물질적 성질을 가지고 있지 않다는 뜻이다. 그것은 볼 수도, 들을 수도, 냄새를 맡을 수도, 맛을 볼 수도, 만질 수도 없다. 하지만 마음은 단순한 추상적 관념도 아니다. 왜냐하면 그것은 사물을 알고 행위를 일으키는 능력을 가지고 있으며, 따라서 세계에서 결과를 만들어낼 수 있기 때문이다. 본래 비물질적인 마음은 기본적으로 몸이나 뇌처럼 뭔가 물질적인 것에 의해 만들어질 수 없다. 그러므로 갓 태어난 아기의 마음은 이전의 마음의 연속체에서 온 것이 틀림없으며, 마음이 없는 물질적 원인들만으로부터 나왔을 리가 없다.

나는 회의적이었다. 뇌에 대한 지금의 과학 지식을 고려하건대 나는 그런 기관이 생각과 감정, 지각을 만들어낼 수 있다는 것을 믿는 데 어려움을 느끼지 않았다. 그것은 정신 현상의 근원을 설명하는 완전히 합리적인 가설처럼 보였다. 하지만 다르마키르티는 뇌를 언급조차 하지 않는다. 그에게는 뇌에 대한 지식이 전혀 없다. 마음이 비물질적이고, 따라서 과거의 비물질적인 마음에 의해서만 만들어질 수 있다고

어떻게 확실히 알 수 있느냐는 질문을 받자 게셰 랍텐은 높은 수준의 명상 상태에서 직접적인 경험을 통해 곧장 알게 된다고 대답했다. 따라서 환생의 '증거'는 비-정상적인 자각의 상태에서 비-물질적인 실체의 주관적 경험에 달려 있었다. 내가 직접 그런 경험을 가지고 있지 않다면 내 자신보다 더 뛰어난 명상가의 말을 믿어야만 하는 것이다.

하지만 환생의 증거가 결국 다른 사람들이 그들 자신의 주관적 경험에 대해 말한 것에 좌우되는 것이라면, 그렇다면 신비주의자들—그들이 왜 거짓말을 하겠는가?—이 신을 직접 경험했다고 주장하기 때문에 신은 존재한다고 주장하는 것과 무슨 차이가 있단 말인가? 무슨 근거에서 나는 기독교 신비주의자, 아니 그렇게 보자면 외계인에게 납치되어 켄타우루스 알파별 너머에 세워둔 우주선으로 끌려 갔었다고 주장하는 이보다 불교 명상가를 더 믿어야 하는가? 그들 모두 똑같이 도덕적이고 진실하고 정직한 사람들로, 자신이 경험한 것이 진실이라고 열정적으로 확신하고 있다. 하지만 그들의 주장은 그것을 믿는 성향을 이미 갖고 있는 사람들만 설득하게 될 것이다.

이 모든 것이 그토록 중요한 이유는 무엇인가? 그것은 왜 그렇게 많은 밤 동안 나를 잠 못 들게 했을까? 그것이 중요한 이유는 전통적인 불교 사상 체계 전체의 성공 여부가 환생에 대한 믿음에 달려 있기 때문이다. 다시 태어나는 일이 없다면 무엇 때문에 자신을 생과 사의 윤회에서 자유로워지게 하려고 노력하겠는가? 환생이 없다면, 죽기 전에 무르익지 않은 도덕적 행위가 어떻게 결실을 맺는단 말인가? 그럴 경우, 만일 당신이 지금의 생에서 들켜서 벌을 받지 않게 된다면 살인을 하고도 그 결과에 직면할 필요도 없이 빠져갈 수 있을 것이다. 환생이 없다면 모든 중생들을 위해 깨달음을 얻겠다는 맹세를 왜 하겠는가? 그것은 수많은 생이 지나야 달성되는 과업이다. 환생이 없다면, 달라이 라마가 1391년에 태어난 티베트 승려의 맥을 잇는 14번째 화신이라고 말하는 것이 무슨 의미가 있는가? 환생이 없다면, 깨달았다고 하는 수 세대의 불교 스승들이 환생이 있다고 말한 이유는 무엇이었을까?

다시 태어나는 것이 가능하려면 뭔가가 몸과 뇌의 죽음을 뛰어넘어 살아남아야만 한다. 물질적(육체적) 죽음에서 살아남기 위해 이 '뭔가'는 비물질적일 뿐 아니라 미래의 생에서 '무르익을,' 이전에 행한 도덕적 행위(업)의 '씨앗'을 저장할 수 있어야 한다. 불교도들은 생에서 생으로 지속되는 영원한 자아를 거부하므로 무엇이 다시 태어나는지 설명하기 위해 비영구적이고 비물질적인 과정을 사실로 가정한다. 이것은 불가피하게 몸-마음의 이원론으로 이어진다. 다르마키르티의 물질적 몸에 사는 '맑고 잘 알고 있는' 마음은 데카르트의 **레스엑스텐사**(res extensa, 연장된 실체, 즉 몸)에 사는 **레스코기탄스**(res cogitans, 사유하는 실체)와 달라 보이지 않는다.

그런 비물질적인 마음이 물질적인 몸과 어떻게 연결될 수 있을까? 비물질적이므로 보일 수도, 들릴 수도, 냄새가 맡아질 수도, 맛이 느껴질 수도, 혹은 **만져질** 수도 없다. 만질 수 없다면 그것은 어떻게 뇌를 '만질' 수 있을까, 아니 뇌와 어떻게 연락할 수 있을까? 그것은 어떻게 뉴런과 연결되고 뉴런은 어떻게 그것과 연결되는가? 영화 〈사랑과 영혼(Ghost)〉에 남자 주인공(육체와 분리된 영혼)이 자신을 뒤쫓는 이를 피해 달리는 지하철을 통과하여 맞은편 플랫폼으로 뛰어 안착하는 추격 장면이 나온다. 나는 그가 방해받지 않고 열차를 통과하여 이동할 수 있다면 어째서 계속 방해받지 않고 콘크리트 플랫폼을 통과하여 이동하지는 않는 것일까 궁금했다. 물질적인 것이 비물질적인 것에 가할 수 있는 저항으로 어떤 것이 있을 수 있을까? 비물질적인 마음이 물질적인 몸과 연결할 때 겪게 될 어려움은, 영혼이 지하철 플랫폼과 연결할 때 겪을 어려움과 정확하게 똑같을 것이다.

나는 몸-마음의 이원론에 저항했다. 나는 내 경험이 비교할 수 없는 두 가지 영역, 즉 하나는 물질적이고 다른 하나는 정신적인 영역으로 존재론적으로 나뉜다는 것을 받아들일 수 없었다. 합리적으로 볼 때 나는 그 생각이 앞뒤가 맞지 않는다고 생각했다. 하지만 나는 바로 이 것을 믿으라고 요청받고(그런 말을 듣고) 있었다. 나는 불교도가 되기 위해서 경험에 입각한 세계의 본질에 대한 진실주장을 그대로 믿어야 한다는 것을, 그리고 그런 믿음을 받아들였다면 뇌와 마음의 관계에 대한 더 심화된 어떤 증거가 나오더라도 그 믿음을 붙잡고 있어야 한다는 것을 받아들일 수 없었다. 나는 불교에서 비물질적인 정신적 행위체의 존재에 대한 믿음이 초월적 신에 대한 믿음에 상응하는 것임을 깨달았다.

세계를 두 부분—하나는 물질적이고 또 하나는 영적인—으로 나누면 당신은 아마도 마음을 물질보다 더 특별하게 대할 가능성이 매우 높다. 마음—무상한 불교적 마음조차도—은 몸의 죽음에서 살아남고 도덕적 결정의 행위체이므로 단순한 물질보다 더 오래 지속되고 '진짜'일 뿐 아니라 운명의 심판자이기도 하다. 마음과 정신의 가치를 정하려고 하면 할수록 당신은 더 쉽게 물질을 폄하할 것이다. 머지않아 마음(mind)은 특별한 마음(Mind)이 되기 시작하고, 반면에 물질은 착각을 불러일으키는 진창의 세계가 된다. 그 다음으로 당신이 알고 있는 것은 마음이 신의 역할을 하기 시작한다는 것이다. 그것은 모든 것의 근거이자 근원, 즉 모든 형태의 생명을 살아 움직이게 하는 우주적 지능이 된다.

게셰 랍텐은 우리가 공부한 텍스트를 이성적 조사와 비평의 대상이 되게 하라고 우리에게 말했다. 하지만 또 그는 그런 텍스트의 저자들이 완전히 깨달은 이들이었다고 주장했다. 우리가 논리와 토론을 이용하여 환생의 교리가 진실인지 아닌지 밝히도록 기대 받고 있는 것은 아니라는 것이 점점 분명해졌다. 우리는 그저 전통을 세운 이들이 이미 진실이라고 밝힌 것을 증명하는 데 그런 것들을 이용하고 있을 뿐이었다. 그 주장이 우리를 설득시키지 못한다 하더라도 사실 그것은 중요하지 않았다. 왜냐하면 결국 이성은 신앙에 종속되기 때문이었다. 게셰는 우리에게 이런 문제들을 계속 파고들라고 격려했지만 우리가 전통과 동일한 결론에 도달하지 못한다면 그것은 분명히 우리가 충분히 파고들지 못했기 때문이었다. 붓다는 "[내 말을] 단지 나에 대한 믿음 때문에 받아들이지는 마라"라고 말했지만 현실에서는 그렇게 실천하기가 어려웠다. 나는 그때 티베트 불교의 승려로서 그 소명을 계속 추구하는 데 환생에 대한 믿음은 선택이 아니라 필수라는 것을 깨달았다.

이런 문제들은 단순히 학문적인 것만은 아니었다. 그것은 승려로서 나의 사회적 정체성과 세상에서 나의 물질적 생존과 직접적인 관계가 있었다. 개인적으로 불교의 핵심 교리 중 하나를 받아들일 수 없다는 사실을 알고 있는 상태에서 나는 위선자가 되지 않고서는 공개적으로 나 자신을 승려로 드러낼 수(게셰는 내게 일반 신도와 좀 더 젊은 사미승들에게 수업을 해줄 것을 요청하기 시작했다.) 없었다. 나는 외적인 인격과 내면의 마음 상태 사이에서 불안한 간극을 경험했다. 타르파첼링에서 찍은 사진을 보면 내 눈은 반짝이고 얼굴은 미소 짓고 있지만, 일기를 읽어보면 많은 시간을 걱정과 의심, 불안, 그리고 일방적인 갈망에 빠져 보냈다는 인상을 받는다.

그러던 어느 날 밤 잠에 들지 못하던 나는 설령 죽음 뒤에 삶이 없더라도, 마음이 뇌의 창발적 성질◆이더라도, 내 운명을 좌우하는 업의 도덕률이 없더라도, 이것이 내가 다르마를 행하겠다는 약속에는 그 어떤 영향도 미치지 않으리라는 것을 깨달았다. 나는, 비록 입으로는 동의하고 있었어도 미래의 생이나 윤회에서 해방되는 것과 같은 생각에는 전혀 관심을 두지 않았음을 인정해야만 했다. 하지만 티베트 불교에서는 죽음 이후의 운명보다 현생을 더 가치있게 여기는 사람은 자신을 불교도로 여길 수 없다고 가르쳤다. 하지만 나는 그랬다. 아무리 열심히 노력해도 가설적인 사후의 존재를 지금 바로 여기의 생보다 더 중요하게 여길 수 없었다. 더군다나 내게 가장 큰 영향을 준 불교의 가르침과 수행은 아주 정확하게 그렇게 하고 있었다. 그것은 이 세계에서 완전하게 살아 있고 반응하는 나의 감각을 고양시켜주고 있었던 것이다.

◆ emergent property. 개별 부분들이 합쳐져 전체를 이루면서 생겨나는 새롭고 환원 불가능한 특성. 흔히 전체는 부분의 합보다 크다는 말로 비유된다.

내가 환생을 믿는 데 대한 어려움을 말하자 게셰 랍텐은 충격에 빠졌다. 단순히 그 진실 여부를 시험하기 위해 그런 교리를 이성적으로 분석할 수도 있다는 생각 자체가 그에게는 논-파(non-pa), 즉 '미친' 짓이었다. 그는 이마를 찡그리더니 걱정스럽고 이해하지 못하겠다는 표정으로 나를 쳐다보았다. 그는 나의 문제가 무엇인지 파악하지 못하는 것 같았다. 마침내 그가 말했다. "여기는 불교 사원이다. 네가 환생을 안 믿는다면, 어떻게……" 그는 창문을 가리키더니 저 아래 제네바 호숫가의 마을과 도시를 향해 팔을 내밀었다. "그렇다면 우리가 저 밖의 모든 사람들과 무슨 차이가 있단 말이냐?" 게셰에게 환생에 대한 믿음은 단순히 지적으로 선호하는 것이 아니었다. 그것은 그의 도덕적 정체성에서 극히 중요한 부분이었다. 자신의 행위가 사후에 어떤 결과를 가져온다고 믿지 않는다면 이 지구에서 짧은 생애 동안 탐욕스럽고 자기중심적이지 않은 방식으로 행동하려는 이유가 무엇이겠는가?

결국—게셰에게 이 말은 감히 못했지만—나는 환생에 대해 불가지론적인 입장을 채택함으로써 이 딜레마를 해결했다. 나는, 이 주제에 대해 질문을 받게 될 경우 가장 솔직하고 유일한 답은 사후의 삶이 있는지 없는지 모른다고 말하는 것일 거라고 인정했다. 이런 불가지론적인 입장은 위선의 혐의를 벗어날 수 있게 해주는 한편 동시에 불교 신앙의 자명한 조항이라 여겨지는 것을 실질적으로 부인하지 않는 이중의 장점을 가지고 있었다. 그런 자기 충족적 궤변은 싯닷타 고타마—붓다—가 '뱀장어의 꿈틀거림'◆이라고 불렀을 그런 것이었겠지만

◆ 확답을 피하고 애매모호하게 회피하는 것을 말한다.

나로 하여금 의심의 혼란으로부터 잠시 한숨 돌릴 수 있게 해주었고 적어도 당분간은 티베트 불교 승려로서 수련을 계속할 수 있게 해주었다.

1978년 12월 한 달 동안 나는 내 안의 이 고단한 투쟁으로부터 휴식을 취할 수 있었다. 잉글랜드 북부에 자리한 티베트 불교 센터인 문수보살연구소(Manjushri Institute)에 초대를 받은 것이다. 그곳의 상주 교사이자 세라 사원 시절 게셰 랍텐의 동료였던 게셰 켈상 갸초가 자신이 샨티데바의 공 철학에 대해 강의한 내용을 영어로 받아 적은 것을 다시 티베트어로 번역하여 출판 가능한 초고를 완성할 수 있게 해줄 사람을 필요로 하고 있었다. 나는 기꺼이 이 일을 맡았다. 그것은 내가 즐기던 종류의 지적 도전이었다.

나는 비행기로 제네바에서 런던으로 간 뒤 기차로 웰시마치스◆ 슈롭셔에 있는 처치스트레턴까지 갔다. 그곳은 그 해 초 어머니가 취미 활동인 등산을 계속하기 위해 작업치료사 일에서 은퇴하고 지내던 곳이었다. 어머니는 플랫폼에서 나를 기다리고 있었다. 내가 기차에서 내리자 차가운 바람이 몰아쳐 붉은 승복이 부풀어 오르며 펄럭거렸다. 서로 편지를 쓰고 전화로 이야기는 했지만 내가 6년 전 인도로 떠난 후 어머니가 나를 본 것은 이번이 처음이었다. 어머니는 모성애로 나를 맞이했고, 그 사랑은 그렇게 길고도 긴장된 이별 이후 어머니가 나에 대해서 어떻게 생각할까 하는 나의 걱정을 즉시 지워버렸다. 어

◆ 잉글랜드와 웨일스의 경계지역.

머니는 지금 내가 인도가 아니라 쾌적하고 깨끗한 스위스에서 살고 있다는 사실에 확실히 안도는 했지만 내가 무슨 일을 하는지 혹은 왜 그런 일을 하는지는 이해할 수 없었다. 어머니의 주된 관심사는 여전히 내가 어떻게 벌어먹고 살 수 있을지, 특히 나이가 더 들어가면서 어떻게 할지, 유럽에서 불교 승려라는 이 주변적이고 희한한 직업을 계속 고집할지 등이었다. 어머니가 이렇게 말하던 것이 생각난다. "영원히 니르바나에 머무를 수는 없단다, 얘야."

이 작은 잉글랜드의 마을을 어머니와 함께 걸어가며 어머니의 이웃들, 그리고 개를 산책시키러 나온 사람들과 고개를 끄덕여 인사하면서 나는 어머니의 눈을 통해 내 자신을 볼 수 있었다. 겉으로 예의 바르고 상냥하게 공손한 태도를 유지하도록 잘 연마된 영국식 사교술에도 불구하고 나는 어머니가 나 대신 견뎌내야만 하는 마음속 당혹감의 괴로움을 느낄 수 있었다. 스위스에서는 외국인에게 주어지는 거리감의 특혜 속으로 늘 피해 있을 수 있었지만 여기서 나는 우리나라 사람들 사이에 그대로 노출되었고 그 어디에도 숨을 곳이 없었다. 동시에 나는 나의 외모가 잉글랜드 중산층의 자기만족과 자만을 뒤흔들어놓는 것에 비뚤어진 쾌감을 느꼈다. 나의 불교 사원 생활은 잘 어울리지 못하는 것에 대한 공포에 저항한 나의 청년다운 반항에 여전히 뿌리를 두고 있었는데, 그런 공포는 어머니 세대를 특징짓는 것이었다. 하지만 모든 것을 감안해보면, 이 고조된 사회적 격리감은 나의 은밀한 신앙의 위기를 더욱 악화시켰다. 물론 나는 어머니에게 이런 사실을 단 한 번도 언급하지 않았다.

문수보살연구소는 컴브리아 주 울버스턴 근처 코니셰드프라어리라고 하는 거대하고 낡은 빅토리아시대풍의 건물에 자리하고 있었다. 수년간 방치되었던 이 건물을 1975년 라마 예셰의 잉글랜드 제자들이 사들였고, 이들은 지금 건물에서 썩은 목재 부분을 제거하는 작업을 24시간 내내 하고 있었다. 어머니와 보낸 시간이 1주일도 안 되었지만 편안한 친숙감을 주는 또 다른 불교도들의 거주지로 돌아오자 안도감을 느꼈다. 나는 즉시 춥고 눅눅한 내 방에 자리를 잡고 게셰 켈상 갸초와 둘이서 매일 대부분의 시간을 보내며 강의 필기록을 천천히 살펴보고 필요한 부분은 바로잡고 수정했다. 그것은 힘들지만 만족감을 주는 일이었다. 나는 도착하고 나서 곧 일기에 이렇게 적었다. "게셰 켈상은 아주 훌륭하고 뛰어난 라마라는 인상을 준다. 그에게서는 겸손하고 조용한 태도 밑에 기쁨과 낙천주의가 흘러넘친다." 그는 또한 직관력 있는 학자이며, 샨티데바의 글을 통찰력 있고 정확하게 해석했다. 첫 번째 주가 끝날 무렵 나는 이렇게 썼다. "나는 그와 강한 유대감을 느낀다. 그는 굉장히 사랑스럽다."

아주 부유한 학생 하나가 흰색 알파로미오 승용차 한 대를 센터에 두고 가며 게셰 켈상(그는 운전을 하지 못했다.) 전용차로 사용하라고 했다. 주말이 되면 나는 게셰 켈상을 태우고 레이크디스트릭트◆를 지나며 나들이를 하곤 했는데, 윈더미어 호숫가를 이리저리 누비며 앰블사이드까지 가서 차를 세우고 차와 버터 바른 스콘을 먹곤 했다. 혹은 해안가의 배로-인-퍼니스라는 침체된 선박 도시까지 운전하고 갔는데, 그곳에서 붉은 승복을 입은 우리 두 사람은, 납작한 모자에 레인

◆ 호수가 많은 잉글랜드 북서부 지역.

코트를 입고 우리에겐 전혀 신경도 쓰지 않는 듯한 사람들로 가득 찬 칙칙한 거리를 걸어 다니곤 했다.

컴브리아에서 보낸 몇 주는 내게 한 발 뒤로 물러서서 승려로서의 나의 소명과 티베트 불교 전통에 대한 나의 서원을 다시 생각해볼 기회를 주었다. 일기에 적힌 것들은 내가 무엇을 찾고 있는지 결정할 수 없는 상태에서 서로 대립되는 욕구로 인해 밀리고 당겨지며 걷잡을 수 없이 흔들리고 있었음을 보여준다. 가끔 나는 기독교 수사가 되는 것을 고려해야 하는 건 아닌가라고 생각했다. 또 가끔 사원 생활이 나로 하여금 성적으로 남자에게 매력을 느끼게 한다고 걱정하기도 했다. 어느 날 저녁에는 늦게까지 깨어 그곳에 거주하는 다른 이들과 얘기를 나누곤 했는데, 이 때문에 다시 잉글랜드에서 살고 싶은 마음이 들기도 했다. 또 어떤 때에는 모두를 피해 내 방으로 들어가 장-폴 사르트르의 『영혼의 죽음』, 알베르 카뮈의 『페스트』, 존 매쿼리의 『실존주의』를 읽곤 했다. 그러던 중 나는 공동체를 대상으로 불교 논리와 인식론에 대해 일련의 강연을 해달라는 요청을 받았고, 이것이 인정과 칭찬을 받고 싶어 하는 나의 갈망에 다시 불을 지폈다.

나는 다시 처치스트레턴으로 가서 어머니와 동생 데이비드와 함께 크리스마스를 보냈다. 데이비드는 노팅엄의 트렌트폴리테크닉에서 미술 공부를 하고 있었는데, 당시 그가 행하던 '예술'은 그림 그리기와 같은 부르주아적 심취와는 아무런 상관이 없었다. 그는 동료 미술학도들과 함께 대부분의 시간을 혁명을 선동하는 체제전복적인 정치 소책자를 만들어내는 데 썼다. 그는 내가 보편적 자비와 공의 지혜로 살아 움직이는 불교적 관점의 삶에 대해서 어설프게 설명하는 것을 가까스로 경멸감을 숨기면서 들어주었다. 세상을 보는 눈이 서로 너무 멀리 떨어져 있어서 우리는 곧 심기 불편하고 어색한 침묵 속으로 빠져들었다. 돌이켜보니 우린 어쩌면 우리가 깨달았던 것보다 너 많은 공통점을 가지고 있었던 것 같다. 우리 모두 고결한 이상에 헌신하고 있었지만 그것을 어떻게 실현해야 할지 실마리를 못 잡고 있었다. 어머니는 호랑가시나무와 반짝이 조각들로 집을 장식하여 크리스마스 분위기를 불어넣으려고 했다. 그날 저녁 우리는 텔레비전 앞에 모여 앉아 〈에릭과 어니의 크리스마스 쇼〉를 봤다. 이 쇼는 어머니가 좋아하는 코미디언들이 나오는 크리스마스 철의 화려한 오락물로, 그 해에는 파이프 담배를 피우는 전 수상 해럴드 윌슨이 초대 손님으로 나와 에릭과 어니의 우스꽝스러운 방백의 표적이 되었다. 잉글랜드 체류가 끝나갈 즈음 내 안의 혼란은 잉글랜드에 도착했을 때보다 나아진 것이 없었다. 오히려 더 커져 있었다.

5

세계-내-존재

교리는 계속 내게 주입되고 있었다. 겉으로 보기에 열려 있고 비평적인 탐구에도 불구하고 게셰 랍텐은 자신의 학생들이, 중요한 점에서 겔룩의 정통 관점과 다른 불교관을 채택하리라고는 진지하게 생각하지 않았다. 나는 그의 지도를 받으며 공부를 계속한다는 것에는 그 권위나 원칙에 순응해야 하는 의무도 수반됨을 깨달았다. 이것은 구속복과 같은 속박처럼 느껴졌다. 나는 14세기 티베트에서 총카파가 세운 하나의 불교관이 다르마의 확정적인 해석이자 모든 시대, 모든 곳에서 유효하다는 것을 받아들일 수 없었다. 게다가 게셰의 입장에서 보면 정설을 반박하는 결론에 도달한다는 것은 혐오스러울 뿐 아니라 비도덕적인 일이었다. 환생과 도덕적 인과율이 없다고 믿는 것은 이 생에서는 혼란과 괴로움으로, 다가올 세상에서는 지옥불로 이어질 사악한 정신적 행위이다. 그런 짓을 저지르기 위해서는 말을 하거나 행동을 할 필요도 없었다. 맞지 않는 의견을 그저 자신의 내밀한 마음속에 품고 있기만 하면 되었다. 그런 '잘못된 견해(사견〔邪見〕)'는 사상 범죄로, 살인, 강도, 강간과 함께 고전 텍스트에 나열되어 있다. 사실 그것은 모든 사악한 행동 중 가장 무겁다고 종종 말해진다. 왜냐하면 다른 모든 나쁜 짓이 유래하는 관점이 거기서 만들어지기 때문이다.

1978년 6월 9일—나는 스물다섯 살이었다—나는 일기에 이렇게 썼다. "이 공동체의 취약점과 혼란이 드러나면서 또다시 위기가. 나는 게셰에 대해 가졌던 나의 신뢰가 급격히 줄어들고 있다는 사실을 직시해야 한다. 나는 많은 모순에 눈을 떴다. 나는 진정한 영적 탐구를 위해 이곳에 있지만, 솔직히 말해서, 정작 장려되고 있는 것은 그런 것과는 거리가 멀다. 대안이 없다는 것, 그리고 내가 계속 이곳 일에 관여하는 것이 걱정스럽다. 나는 자립해야만 한다." 세라제 사원의 분사를 스위스의 보◆로 옮겨놓으려는 이 시도에 의구심을 품은 이는 나만이 아니었다. 티베트어로 논리와 인식론을 공부하고 수 시간씩 탄트라 의식을 암송하며, 한편으로는 점점 커지는 불교 센터를 운영하는 부담 때문에 우리 중 많은 이들이 힘들어한다는 것이 드러났다. 9월 12일 나는 이렇게 썼다. "나는 지금의 결정이 앞으로의 내 역할에 영향을 줄 그런 시점에 서 있다. 상대적으로 독립적인 입장을 세우고 좀 더 많은 수행에 토대를 둔 '종합자(synthesizer)'로서 행동하고자 할 것

◆ 스위스 남서부의 주. 주도는 로잔.

인가, 아니면 이곳이 유럽 최고의 센터로 발전—이곳은 확실히 그런 잠재력을 가지고 있다—하도록 도울 것인가. 직감적으로는 전자가 더 가치 있다고 느껴지고, 안전함이 주는 매력은 나를 후자로 잡아당긴다."

1979년 이 모든 것이 그 정점에 달했다. 연초에 내가 컴브리아에서 돌아오자마자 게셰 랍텐은 7월로 예정된 달라이 라마의 프랑스어권 스위스 지역 방문을 계획하는 일을 도와달라고 요청했다. 성하의 역사적인 첫 번째 미국 방문길에서 타르파췰링은 첫 번째로 들르는 곳이 될 예정이었다. 이 복잡한 행정 업무를 맡게 된 나의 유일한 자격은 언어 실력(영어, 프랑스어, 티베트어)과 운전을 할 수 있다는 것이었다. 일의 양은 어마어마했고, 나의 불교 공부는 실질적으로 중단되었다. 어떤 면에서 이것은 다행이었다. 여러 달 동안 나는 불교형이상학의 세부사항을 받아들이느라 매일 고군분투하는 일에서 면제되었던 것이다. 또한 우리 중 많은 이들이 그랬듯이 나는 우리가 가르침을 받을 때 적용되는 전통적이고 (그리고 우리 중 많은 이들에게) 유연성 없는 방식 때문에 겪는 어려움에 대해 달라이 라마에게 의논할 수 있는 기회를 갖게 될 것으로 기대했다.

어떤 면에서 나는 벌써 스스로 일을 추진하고 있었다. 스위스에 도착하고 몇 달도 지나지 않아서 나는 취리히 근처 촐리콘의 심리분석학자인 도라 칼프와 함께 융 분석을 시작했다. 칼프 여사는 엠마 융—카를 융의 아내—에게서 수련을 받았으며, 더 나아가 '모래놀이(sandplay)'라고 하는 자신만의 독특한 분석 방법을 개발했다. 여기에는 모래상자에 가상의 장면을 장난스럽게 만들어내는 작업이 수반되며, 그런 장면은 꿈을 분석하는 것과 아주 비슷한 방식으로 분석된다. 카를 융은 서양인들이 동양의 종교를 믿는 것에 대해 의구심을 가졌지만 도라 칼프는 불교도였다. 그녀는 융 학파의 영향을 받아 아스코나에서 열린 에라노스◆ 회의에서 일본의 선 학자인 스즈키 다이세쓰(鈴木大拙)를 만났다. 칼프가 1960년대에 일본으로 가서 스즈키를 방문했을 때 스즈키는 그녀에게 인도에 있는 달라이 라마를 찾아가 만나볼 것을 권했다. 이어서 달라이 라마는 게셰 랍텐과 함께 공부하라고 조언했고, 이렇게 해서 그녀는 다람살라에 있는 달라이 라마의 오두막에서 그로부터 가르침을 받은 최초의 서양인이 되었다.

도라 칼프는 융 심리학이 서양의 문화와 불교 사이를 잇는 중요한 다리가 될 수 있을 것으로 믿었고 티베트 라마들과 그들의 서양인 학생들에게 모래놀이 치료법을 소개하는 데 열심이었다. 그러나 내가 심리치료에 대해 가졌던 관심은 내 안의 투쟁을 해결할 방법을 찾아야 했던 것과 좀 더 관련이 있었다.

나는 특히 수행 수련이 성에 관련된 것을 다루는 데에는 아무런 효과적인 길잡이가 되어주지 않는다는 점에 힘들어했다. 내가 게셰 랍텐에게 이 문제를 꺼내자 그는 피, 장기, 고름, 배설물, 내장 들로 이뤄진 사람의 몸을 시각화함으로써 인체의 더러움에 대해 명상할 것을 권했다. 이런 전통적인 불교 명상은 혐오감을 불러일으켜 성적 매력

◆ Eranos. 심리학, 종교, 철학, 영성 연구자들의 모임으로, 1933년에 시작되어 매년 스위스에서 회의와 강연 등을 개최하고 있다.

에 대한 감정을 극복하게 해준다고 했다. 나는 그것이 투박하게 환원주의적이라는 인상을 받았을 뿐 아니라 실제로 그 효과가 잠깐 이상은 지속되지 않는다는 것을 발견했다. 매우 아름다운 그림이 끈적끈적한 유화 물감으로 이뤄진 것일 수 있으므로 그림을 전적으로 이런 요소의 차원으로만 본다 해도 그것은 전체적인 아름다움에는 전혀 영향을 미치지 않는다. 마찬가지로 내가 이런 명상을 아무리 많이 해도 타르파췰링에서 수업을 듣는 젊고 아름다운 여성들에게 비참하게 빠져드는 나의 성향을 약화시켜주지는 못했다.

도라 칼프는 이런 딜레마의 뿌리는 충족되지 않은 성적 갈망에 있는 것이 아니라 내 자신의 여성적인 면을 나의 정신생활에 통합시키지 못한 데 있다고 말했다. 이것이 나로 하여금, 이성의 인간 구성원들과의 결합이 내가 갈망하던 완전한 느낌을 낳으리라는 헛된 믿음을 갖고 내 자신의 불완전한 느낌을 그들에게 낭만적으로 투영하게 만들었다는 것이다. 칼프 여사에게 이 '병'은 여성성, 즉 인간 존재가 가진 직관적이고 감정에 기초하며 보살피고 창조적인 차원에 대한 집단적 억압에 토대를 두는 지나치게 합리적이고 추상적이며 기술적인 서양 문화의 증상이었다. 그녀는, 이와 대조적으로 승려들이 자기 자신을 '다키니'라고 하는 춤추는 육감적인 신으로 시각화하는 티베트 불교의 탄트라 수행은 이런 불균형을 해소하고 좀 더 완전하고 충족된 사람을 만들어낸다고 믿었다. 그녀가 보기에, 수년간 자신이 만났던 심리적으로 통합된 티베트 라마들이 이 이론을 충분히 확인해주고 있었다. 내 경우에는 비록 매일 내 자신을 바즈라요기니—생리를 하는 선홍색의 열여섯 살짜리 다키니—로 시각화했지만 그런 수행이 효과가 있는 것 같지는 않았다. 그녀는 심리치료가 나의 서구적 심리의 기능 장애를 치유하는 데 도움을 줄 것이고 따라서 이런 탄트라 명상을 효과적으로 할 수 있을 것이라고 했다.

스위스에 있는 나머지 시간 동안 나는 공부와 업무가 허락하는 한 촐리콘에 있는 칼프 여사를 정기적으로 방문하여 모래놀이 치료를 받았다. 나는 그녀의 치료실 선반에 늘어서 있는 수많은 장난감과 물건을 가지고 어린애처럼 즉흥적으로 모래상자에서 어떤 장면을 만들어내고, 그런 다음 앉아서 그녀와 함께 그것을 분석하는 작업을 즐겼다. 그녀는 비지시적으로 접근했으며, 융 심리학의 정식 해석을 적용하기보다는 모래장면이 상징하는 것을 내 자신의 직관으로 살펴볼 수 있게 했다. 다른 무엇보다도 나는 그녀가 조성한 '자유롭고 보호받는 공간'을 소중히 여기게 되었으며, 그런 공간은 게셰 랍텐과 이야기하는 것으로는 찾기 힘들었을, 어쩌면 불가능했을, 내 인생의 문제들을 파헤치게 해주었다. 나는 내가 처한 어려운 상황에 대해 그녀가 보여준 모성적 수용과 지적인 공감이 너무나 고마웠다.

이런 치료의 시간이 내 심리의 억눌린 여성적 차원을 통합시키는데 성공했는지는 솔직히 말할 수 없다. 4년간 모래놀이를 한 뒤에도 나는 여전히 여자들에게 반했고, 매일 아침 스스로를 다키니라고 상상해도 아무런 차이는 없는 것 같았다. 결국 융 심리학에서 내가 얻은 가장 중요한 생각은 개성화(individuation)라는 개념이었다. 융이 볼 때, 어떤 사람이 일단 자신의 개인 무의식의 신경증을 다뤘다면 이제 그 심리치료 과제는 그가 인류의 집단무의식의 '원형(archetype)'이라고 부른 것의 우세한 상태로부터 '나'라는 느낌을 구분하는 것이 된다. 자신이 '어머니', '현자', '아이', 내 경우에는 '승려'라는 생각에 사로잡히기보다는 자신이 될 수 있는 능력이 있는 독특하고 복잡한 개인으로 발전시켜 나가도록 시도한다. 이것은 표면적으로 불교의 '아공(我空, emptiness of self)' 사상과 상충되는 것처럼 보일 수 있다. 하지만 개성화 개념은 유동적이고 도덕적이며 인과적인 자아라는 겔룩파의 중심 개념을 강화시켜주고 정교하게 해주었다. 게셰 랍텐이 우리들에게 반복해서 말했듯이 자아가 '비어 있다'는 것은 그것이 존재하지 않는다는 뜻이 아니다. 사람으로서 나의 정체성의 핵심에 정해지거나 내재적으로 진짜인 것은 없다는 뜻에서 나는 비어 있는 것이다. 따라서 그런 비어 있음을 인식하는 것은 자신을 해방시켜 스스로를 변화시키고 변형시키는 것이다. 그리고 이것이야말로 바로 융의 개성화 이론이 묘사—부정적이기보다는 긍정적인 언어로—하는 것으로 보인다.

치료를 받기 시작하던 때와 비슷한 시기에 나는 서양 철학과 신학도 파고들기 시작했다. 좌절과 호기심이 뒤섞여 나로 하여금, 나한테는 가장 시급한 문제—인도를 떠나기 바로 전 다람살라의 숲에서 겪은 그 엄청난 놀라움이 잘 보여주듯—였지만 나의 불교 스승들은 중요하다고 인정하지 않는 것 같았던 그런 문제를 다룬 내 문화권의 사상가들을 찾도록 이끌었다. **도대체 왜 아무것도 없기보다는 뭔가가 있는 것일까?** 이 질문을 하는 것만으로도 나는 전율했다. 나는 그 질문이 플라톤에서부터 기원했고 그 이후 줄곧 서구 전통에서 재등장했다는 것을 알게 되었다. 내게는 그 질문이 일신교 신앙에서 '하느님', 불교의 경우에는 '중생의 행위(업)'와 같은 전통적인 종교적 질문보다 훨씬 더 흥미로웠다. 나는 먼저 실존주의에 이끌렸고, 이것은 독일의 철학자 마르틴 하이데거의 현상학 저작, 특히 그의 책 『존재와 시간(Being and Time)』으로 나를 인도했다.

1979년 4월 27일 나는 이렇게 썼다. 하이데거의 생각은 "탐험하지 않은 영역으로 여행하는 짜릿함을 가지고 있다. 내딛어야 할 걸음은 종종 두려움과 무서움을 불러일으키며, 또 어떤 때 그의 말은 골짜기로 들어가는 통로처럼 나타나기도 한다." 하이데거는 정신과 물질의 분리라는 이원론적 가정을 완전히 버렸다. 『존재와 시간』에서 그는 주요한 인간의 경험을 '세계-내-존재(being-in-the-world)'의 하나로 이야기한다. 이것은 나중에 '주체', '객체', '정신', '물질'과 같은 모든 구분이 가해지는 기반이다. 우리는 그런 구분에 너무 익숙해졌기 때문에 그것이 존재 구조 자체에 본래부터 있는 것으로 가정한다. 하지만 하이데거가 보기에 우리의 상태는 근본적으로 이런 것들, 혹은 그런 계열에 따라 구분되어 있지 않다.

이것은 내 자신의 알아차림 명상 경험을 떠올리게 했다. 나는 새가 지저귀는 소리를 들을 때 산비둘기가 구구거리는 소리와 내가 그것을 듣는 것을 구분하는 일이 불가능하다는 것을 알게 되었다. 개념상으로 그 두 가지는 분명히 달랐지만 즉각적인 경험에서는 한쪽 없이 다른 쪽 하나를 가질 수 없었고, 그 사이에 선을 그을 수 없었으며, 어디서 새소리가 멈추고 나의 듣기가 시작되는지 말할 수 없었다. 유일하고 주요하며 구분되지 않는 새소리를-듣는-내가 있을 뿐이었다. 방석에-가부좌를-틀고-앉은-나도 마찬가지였다. 나는 내 엉덩이가 어디서 끝이 나고 방석은 어디서부터 시작되는지 말할 수 없었다. 그것들은 희한하게 모호해지며 서로의 속으로 들어갔다(몇 분간 가만히 앉아서 눈을 감고 스스로를 살펴보라.). 그런 경험은 나로 하여금 마음과 물질이 두 개의 서로 구분되는 것이라는 점을 받아들이기 더욱 힘들게 했다. 마음이 형체가 없고 영적인 일종의 '앎(knowing)'으로, 물질과는 독자적으로 존재한다는 생각은 말이 되지 않았다.

세계-내-존재라는 것은 남들과 공유하는 이 유동적이고, 분리할 수 없으며, 인과적인 현실의 구조 속으로 내가 불가분하게 엮여 들어간다는 것을 의미한다. 아무리 미묘하더라도 몸으로부터 분리된 마음 혹은 영혼이 이런 상태로부터 자유롭게 떠다닌다거나, 그것을 외부의 가설상의 아르키메데스 점◆에서 생각해볼 여지는 없다. 그런 마음이나 영혼이 없다면 이 생이 끝난 뒤 다른 생의 속으로 들어가는 그런 것을 생각하기는 힘들다. 죽은 철학자들의 말처럼 나의 행위는 내가 죽은 뒤 계속 오랫동안 반향을 일으키고 결실을 맺을 수 있지만 내가 남아서 그것을 목격하지는 못할 것이다.

하이데거는 불안'감'이 세계-내-존재에 어떻게 스며드는지 설명한다. 불안감은 사람을 '달아나게' 하며, 꼭 붙잡고 있을 수 있는 뭔가 안정적이고 확실한 것을 찾으려는 필사적인 시도에서 그로 하여금 세계의 어떤 특정한 것에 매달리게 한다. 하이데거가 볼 때 세계-내-존재는 계속 슬그머니 사라지고 있다. 그는 삶이란 것이 어떻게 변함없이 죽음을-향하고-있는지(being-toward-death) 자세히 설명한다. 죽음은

◆ Archimedean point. 연구 대상에서 뒤로 물러나 전체적인 차원에서 객관적으로 관찰할 수 있는 가설상의 유리한 지점이나 관점을 말한다.

여러 사건 중 하나가 아니며 나머지 다른 것처럼 어느 날 그냥 일어날 그런 것이 아니라 매 순간 우리 안에서 전율하며 항상 존재하는 가능성이다. 그런 생각은 불교의 가르침을 확인시켜주는 것이었지만 훨씬 더 생생한 언어로 내게 말을 해줬다. 하이데거는 실재와 현상, 주체와 객체, 정신과 물질이라는 친숙하지만 오해를 불러일으키는 이분법에 호소하지 않고 단순히 여기 존재한다는 것의 불가사의함을 가차없이 파헤쳤다. 그의 언어는 종종 모호하고 번잡했지만, 그가 시도하는 것의 근본적인 성질을 고려해볼 때, 그것은 전적으로 적절해 보였다. 하이데거는 플라톤과 함께 시작된 서구 사상의 과제 전체가 다 끝났다고 믿었다. 모든 것을 다시 시작하는 것, 새로운 사고방식을 출범시키는 것이 필요했으며, 그는 이것을 명상적 사유(besinnliches Denken)라고 불렀다.

곧 하이데거와 서양 사상가들의 저작은 우리가 사원에서 배우던 불교 텍스트보다 나의 관심을 더 사로잡았다. 게셰 랍텐은 내가 이런 데 관심을 갖는 것을 막지는 않았지만 이런 것들에 대해서 그와 깊이 토론하는 것은 힘들었다. 내 티베트어가 더 유창해지면서 나는 언어의 한계를 자각하게 되었다. 티베트어는 고전 인도 불교를 공부하는 데(이 과업을 위해 티베트어 문자가 발명되었다.)에는 이상적이었지만 실존적 소외나 카프카와 베케트의 중요성을 이야기하기에는 어휘, 맥락, 범위가 부족했다.

달라이 라마 방문을 준비하는 일이 내가 깨어 있는 시간 모두를 차지하기 시작했다. 그럼에도 불구하고 나는 짬을 내어 친구인 샤를 즈누—타르파췰링의 일반인 학생—와 함께 프리부르로 가서 에마뉘엘 레비나스가 하이데거의 스승이자 현상학의 창시자 에드문트 후설에 대해 강의하는 것을 들었다. 레비나스는 1920년대에 하이데거에게 사사했으며, 지금은 '대륙'철학(영미 분석철학에 반대되는) 분야의 주요 사상가였다. 나는 이 학파의 대표자, 티베트인들이라면 아마도 살아 있는 '계보 전승자'라고 불렀을 사람을 간절히 만나고 싶었다. 이런 사유의 방식으로 훈련된 사람이 그것을 자신의 삶에서 어떻게 구현했는지 보고 싶었던 것이다.

나는 5월 8일자 일기에 이렇게 썼다. "몇 년 만에 처음으로 학교 책상 앞에 앉았다." 그리고 교실 분위기가 '압도당할 정도로 지적'이라는 것을 발견했다. 에마뉘엘 레비나스는 키가 작았고 짙은 색 양복과 타이를 착용하고 있었으며 태도는 엄격했으며 자신있고 단호하게 말했다. 그는 후설이, 삶 자체의 원초적인 직접성과 만날 때까지 개념과 견해를 체계적으로 묶어나가면서 '생활세계'◆의 감각을 되찾는 방법을 어떻게 발전시켰는지 설명했다. 후설에 의하면, 인류가 지금 직면하고 있는 위기는 우리가 이 생활세계를 당연하게 여기고 아무 생각 없이 그 위에 논리학, 수학, 과학의 관념적 건물을 세웠다는 것이다. 과학과 기술이 발전하면서 인간은 생활세계의 토대와 접촉을 잃었고 기술적 성취에만 사로잡히게 되었다. 하이데거가 자신의 후기작에서 말했듯이 이것은 기술이 더 이상 사람들의 손에 든 도구가 아니라 인류

◆ Lebenswelt. 즉각적이고 직접적으로 경험되는 일상적 삶의 주관적 세계. 과학의 객관적 세계와 구별된다.

를 자멸의 벼랑 끝으로 몰아가는 무자비한 힘이 된 상황을 만들었다. 하이데거는 1976년 그의 사후《슈피겔》지에 실린 인터뷰에서 이렇게 말한 것으로 유명하다. "신만이 지금 우리를 구할 수 있다."

'생활세계'는 하이데거의 '세계-내-존재'와 마찬가지로 나의 흥미를 끌었다. 하지만 나는 생활세계가 다시 나타날 수 있게 해준 개념의 '괄호치기'◆를 후설과 그의 추종자들이 실제로 어떻게 해내는지는 볼 수 없었다. 레비나스는 이 문제를 분명하게 밝히지 않았다. 그렇게 해달라는 요청을 받자 그는 당황한 것 같았다. 이런 명백한 방법의 결여가 그에게는 문제가 되지 않는 듯했다. 그러한 '괄호치기'를 해내기 위해 엄격한 명상 훈련이 필요할 수도 있다는 생각은 완전히 이상한 생각이었던 것이다.

강의가 끝나고 나는 학생들과 어울려 레비나스와 함께 식사를 했다. 그는 불교를 경계—머리를 깎고 금속 테 안경을 쓰고 기다란 붉은 치마를 두른 남자와의 대면은 아마도 그런 경계심을 누그러뜨리는 데 거의 아무런 도움이 되지 못했을 것이다—하는 듯했다. 그는 동양 종교 전반에 대해 어떤 결론을 내린 것처럼 보였으며, 그 주제를 더 파고드는 것에는 아무런 관심을 보이지 않았다. 나는 그의 태도가 무시하는 것 같고 거만하다고 생각했다. 그의 행동거지도 조심스럽다는 인상을 받았다. 그는 좀처럼 미소를 짓지 않았다. 그는 그날 저녁 대부분을 그의 말 한 마디 한 마디에 귀 기울이는 경외심 가득 찬 학부생 무리에 둘러싸여 이야기하며 보냈다. 토론(프랑스어로 이뤄졌다.)의 대부

◆ bracketing. 정신적 경험 분석에 집중하기 위해 자연 세계에 대한 판단을 보류하는 것.

분은 현상학의 기술적인 문제들에 관한 것이었고 나는 따라가기가 힘들었다. 그러던 어느 순간 그는 하이데거 철학의 어떤 점을 칭찬하더니 갑자기 일어나서 선언했다. "Mais je détestais Heidegger. C'était un nazi!(하지만 난 하이데거를 증오했어. 그는 나치였어!)"(레비나스도 후설처럼 유대인이었다.)

마침내 레비나스가 불교라는 주제를 언급했을 때 그가 불교에 대해 가지고 있는 주된 의구심이 드러났는데, 그것은 그가 서구사상가에게는 자명하다고 여기는 죽음의 최종성(finality)을 불교는 부인한다는 점이었다. 나는 이 말에 대해서 종종 생각해봤다. 그가 한 말의 의미를 완전히 다 확신할 수는 없지만 그것은 내 자신이 환생의 교리를 받아들일 수 없다는 점을 또다시 분명히 해주었다. 다시 태어나는 것을 믿는다는 것은 죽음을 부인하는 일임을 깨닫게 해준 것이다. 또한 죽음의 최종성을 제거함으로써 지금 여기 당신의 삶에 영향을 줄 수 있는 가장 큰 힘을 죽음으로부터 빼앗게 되는 것이다.

레비나스 교수와의 만남은 내게 실망을 안겨주었다. 학위를 받기 위해 대학으로 돌아가 공부를 해볼까라는 생각을 할 수도 있었지만 그런 생각은 날아가버렸다. 그 만남은 내가 영국에서 학교를 다닐 때 거부했던 모든 것들, 즉 정보 습득에 대한 과도한 강조, 순전히 지성에만 의존하는 학습 접근법, 몸으로 느낀 경험을 대면하기 꺼려하는 바로 그 똑같은 자세 등이 다시 떠오르게 만들었다. 우리가 생활세계에 부여한, 괴리감이 들게 하는 개념들과 대조되는 생활세계 그 자체가 강의 주제였다는 점을 고려하면 이는 더욱 모순적이었다. 내가 아무리 레비나스의 생각에 끌렸다 해도 나는 불교적인 정서에 훨씬 더 가까운 유대감을 갖고 있다는 것을 깨달았다.

달라이 라마의 방문은 빠르게 다가오고 있었다. 나는 대형 천막을 빌리고, 브베 시에서 오는 셔틀 버스 서비스를 계획하고, 편의시설과 식사시설을 준비하고, 비공개 리셉션 초대자 명단을 만들고, 현지 시장 및 경찰과 연락을 취하고, 성하와의 개인 면담을 고집하는 사람들의 요구를 막아내는 일과 같은 복잡한 업무로 돌아갔다. 달라이 라마 도착 예정 이틀 전 게셰 랍텐은 우리 모두를 자신의 방으로 불렀다. 그는 우리들이 성하에게 묻고 싶은 질문이 있으면 그(게셰)에게 먼저 승인을 받으라고 요구했다. 그는 우리의 문제를 해결하기 위해 그를 넘어 더 높은 권위자에게 호소하는 것을 원하지 않았다. 그는 또한 티베트의 영적 지도자이자 세속의 지도자에게 자신의 사원과 교육 프로그램이 찬사가 아닌 다른 것으로 묘사되는 것은 원하지 않았다. 지나고 보니 달라이 라마가 우리의 문제를 기꺼이 해결해주거나 해결할 수 있으리라는 나의 생각은 비현실적인 것이었다.

방문은 매우 성공적이었다. 3일간 수백 명의 사람들이 사원 근처에 설치된 멋진 천막에서 달라이 라마의 〈마음을 다스리는 여덟 편의 시(The Eight Verses of Training the Mind)〉에 대한 강연을 들었다. 가르침이 끝났을 때 나는 성하의 소규모 수행단에 끼여서 체르마트로 하루 관광을 가도록 초대받았다. 크림소스를 곁들인 송아지 요리가 나온 호화로운 점심식사가 끝나고 우리는 작은 산악열차를 타고 고르너그라트까지 올라갔다. 그곳에서 우리는 테라스에 앉아 다소 진흙투성이의 빙하를 바라봤다. 달라이 라마는 마멋◆이 땅속 굴을 들락날락하는 것을 보며 특히 즐거워했다.

그날 밤 나는 일기에 이렇게 썼다. "처음으로 나는 그를 둘러싸고 있는 조직에서 벗어난 한 인간으로서 그의 모습을 잠깐 엿볼 수 있었다. 그는 단순하지만 믿을 수 없을 정도로 맑다. 그의 마음에는 뒤얽혀 있는 것이 거의 없는 것 같다. 그의 겸손함은 엄청나서 그것이 곧 카리스마가 된다. 떠받들어지거나 화려한 격식 없이 거리에서 사람들과 섞여 있는 그를 보니 놀라웠다." 하지만 아무리 내가 달라이 라마를 존경해도 나에게 그는 사사로운 관심사를 함께 나눌 수 있는 그런 사람이라기보다는 여전히 상징적인 인물이었다. 일부 동료들과 달리 나는 그에게 나의 '스승'이 되어달라고 공식적으로 요청하지 않았다. 부분적으로 이것은 내가 부끄럼을 타고 자존감이 부족하다는 점과 관련이 있지만 나는 그가 헌신하고 있는 다른 일들을 고려하면 현실적으로 그런 관계가 결코 상징적인 것 이상은 될 수 없으리라 생각했다.

이틀 뒤(7월 18일) 내 일기에는 이렇게 쓰여 있다. "올 연말에 떠나기로 확고하게 결심했다. 먼저 인도로 가서 족첸을 공부하고 천천히 일본으로 가기 위해서다." 족첸(Dzogchen, 위대한 완성〔대원만(大圓滿), 대구경(大究境)〕)은 티베트 불교 닝마파에서 가르치는 깨달음의 수행으로, 어떤 면에서는 위파사나와 비슷하다. 내가 이어서 일본에 가고 싶어한 것은 마찬가지로 선불교에서 발견되는 덜 정교하고 좀 더 직접적인 종류의 명상을 추구하는 것에 대한 관심 때문이었다. 두 경우 모두에서 나는 복잡한 신들과 만다라를 관상 수행하고 끝없는 진언

◆ 다람쥣과의 설치류.

암송을 요구하지 않는 수행에 끌렸다. 나는 매일 헌신의 푸자를 암송하고 야만타카와 바즈라요기니의 사다나를 외워야 하는 의무가 점점 무의미하다고 여기고 있었다. 나는 확신이라기보다는 충실하려는 마음에서 이런 일들을 계속 했다.

다음 날인 7월 19일 나는 모터스쿠터를 타고 구불거리는 길을 따라 제네바 호수 위쪽 산악지대 마을 자넨으로 갔다. 인도의 반(反)구루 지두 크리슈나무르티가 또 다른 천막으로 모여든 훨씬 더 많은 사람들에게 이야기하는 것을 듣기 위해서였다. 소년 시절 크리슈나무르티는 블라바츠키 여사의 신지학회◆에 의해 새로운 '세계의 스승'으로 선포되어 그 역할을 맡도록 교육 받았다. 1929년 서른넷의 나이에 그는 "진리는 길이 없는 곳"이며, 그것은 본래 체제로 조직되거나 종교조직이 통제할 수 없다고 선언함으로써 신지학회와의 관계를 공식적으로 끊었다. 그 후 그는 지칠 줄 모르고 전 세계를 돌아다니며 이 메시지를 전했다. 그의 유일한 관심사는 "사람을 자유롭게 하는 것"이었다. "나는 사람을 모든 우리와 모든 공포로부터 자유롭게 하고, 종교나 새로운 분파를 세우지 않고 새로운 이론과 새로운 철학도 만들어내지 않기를 원한다."

크리슈나무르티는 이제 여든넷의 쇠약한 노인이었다. 그는 흠 잡을 데 없는 차림새로 소박한 나무 의자에 앉아 두 시간 동안 열정적으로 중단 없이 이야기했다. 나는 청중을 그렇게 오랫동안 넋을 잃게 하

◆ Theosophical Society, 1875년 헬레나 블라바츠키, 헨리 스틸 올콧 등이 신비주의적 종교관에 토대를 두고 설립한 종교단체로, 인류의 영적 진화를 이끄는 고대 지혜의 위대한 스승들의 존재를 강조했다.

는 그런 능력의 소유자와 함께 있어본 적이 없었다. 나는 일기에 이렇게 썼다. "[그가 말했다.] '사람들은 단순한 삶을 살기 위해 수도자의 옷을 택하지만 단순함의 소음이 그들로 하여금 단순해지는 것을 막는다.' 그의 말은 속속들이 생각을 불러일으키는 것이었고 나를 질문에 몰두하게 했다." 나는 크리슈나무르티의 모든 교리와 종교적 제도의 종말을 내다보는 예언자적 시각에 공감했지만 동시에 뭔가 그의 접근법은 그가 가르치는 핵심 메시지와는 모순되는 것 같았다. "이것은 독단적인 선언이 아닙니다." 어느 순간 그가 말했다. "이것은 사실입니다." 청중 가운데 누군가가 어떤 구루가 자신에게 한 말을 인용하여 말하자 크리슈나무르티는 떨리는 손을 치켜들며 말로써 그를 질책했다. "선생님. 다른 사람의 권위에 절대, 결코 굴복해서는 안 됩니다." 그 권위란 것이 우연히도 크리슈나무르티의 것이 아니라면 그렇다는 것 같았다.

8월 8일 나는 티베트도서관이 다람살라에서 출판한 나의 첫 번째 번역서인 샨티데바의 『입보리행론』을 받았다. 5년에 걸친 작업의 결실을 손에 들고 있자니, 그리고 처음으로 내 이름이 인쇄된 것을 보니 아주 만족스러웠다. 불교가, 행복의 유일하고 진정한 근원으로서 마음의 내적 자질 함양이 중요하다는 것을 그렇게 강조했음에도 불구하고 나의 가치에 대한 이런 외적 인정—허술하게 제본된 인도의 페이퍼백 책의 형태로—은 명상만으로는 지금까지 내게 주지 못한 자부심과 충족감을 주었다.

여름이 끝나갈 무렵 나는 내 자신이 한쪽으로는 게셰 랍텐과 달라이 라마를, 다른 한쪽으로는 하이데거와 레비나스를 두고 이도저도 아닌 모호한 입장에 있다는 것을 깨달았다. 나는 이렇게 썼다 "나는 양쪽 진영 모두에 발을 담그고 있다. 그리고 기끔은 이게 극도로 불편하다." 결심은 했지만 나는 그해 말 사원을 떠나지 않았다(나는 족첸을 전혀 깊이 공부하지 않았고 일본에서 많은 시간을 보내지도 않았다). 나는 게셰 랍텐에게 다시 아시아로 가서 불교 공부와 수행을 더 하는 데 관심이 있다고 말했다. 8월 20일 나는 이렇게 적었다. "말할 것도 없이 그는 그런 생각을 얼른 받아들이지 않았고, 그렇다고 일축해버리지도 않았다. 그것은 시간의 문제였다. 나는 전보다 확신이 더욱 커지는 것을 느꼈고—이유는 그가 아니라 나한테 있었다—나의 의견을 용케 밀고 나갔다." 이것은 거의 희망사항이 틀림없었다. 게셰 랍텐은 족첸이나 선, 그 어떤 것에도 별로 호의적이지 않았을 것이다. 정통 겔룩파의 시각에서는 두 가지 모두를 이단으로 여겼다.

결국 나는 게셰 랍텐의 제자이자 게셰가 함부르크에 세운 새로운 센터에서 가르치기 위해 최근 인도에서 온 게셰 툽텐 응아왕의 통역사로 유럽에서 1년 반을 더 보냈다.

나는 8월 25일 엘베 강변 블랑케네제의 고풍스런 근교에 자리한 티베티셰스첸트룸(티베트센터)에 도착했다. 그것은 내가 안고 있던 딜레마에 대한 타협안이었다. 나는 일주일에 이틀 저녁만 통역을 하면 되었다. 게셰 툽텐은 매일 오후 내게 중관 철학을 가르쳐주었고 그 나머지 시간에 나는 내 공부와 명상을 할 수 있었다. 그러므로 나는 스위스의 사원과 거리를 두면서도 계속 게셰 랍텐을 섬기게 되었다. 아마도 게셰 랍텐은 자신의 제자가 지켜보는 가운데 머나먼 독일 도시에 한

동안 떨어져 있으면 나의 반항적인 열정이 식을 것으로 기대했을 것이다.

그러나 그렇지 않았다. 나는 갑자기 엄청나게 많은 자유 시간을 갖게 되었고, 그 시간에 전보다도 더 폭넓게 독서하고 내가 하고 있는 것에 대해 더욱 비판적으로 심사숙고하면서 나만의 생각을 정리하기 시작했다. 10월 22일 나는 이렇게 썼다. "어젯밤 잠이 들기 전 이 모든 기도와 진언을 아무 생각 없이 암송하는 것이 부조리하다는 생각이 강하게 들었다. 나는 즉각 멈췄다. 오늘은 그런 것들을 하지 않았다. 죄책감이 들지 않는다. 정신적으로는 이미 오래전에 그런 것들의 암송을 그만두었다. 기계적인 음성화의 마지막 흔적이 이제 막 떨어져 나간 것이다. 나는 무시무시한 지옥불이 나를 기다리고 있다고 믿지도 않는다. 나는 삶이 더 풍요로워지도록 도와주지 않는, 틀에 박힌 일을 계속하는 것을 정당화할 수 없다. 종교는 스스로 살아가는 생명이다. 위협과 두려움 때문에 교리를 기계적으로 되풀이하는 것이 아니다." 그래서 나는 지난 7년이 넘는 시간에 걸쳐 탄트라에 입문하면서 내가 했던 엄숙한 서약을 모두 버렸다. 다시는 나를 빛의 하늘 궁전에서 피를 마시는 바즈라요기니나 황소 머리의 야만타카로 시각화하지 않을 것이다. 전적으로 내 자신의 확신대로 행동함으로써 나는 티베트 불교 전통의 권위와 결별했다.

12월 12일 나는 글을 쓰기 시작했다. 그때 이후 멈춘 적이 없다. 원래 그 다음 해 1월 네덜란드에서 해달라고 요청받은 강연 요지로 시작한 것이 '불교의 실존적 토대(The Existential Foundations of Buddhism)'라는 제목의 에세이가 되었다. 이것이 내가 이해한 불교를 현대 서양 사상의 언어로 명확하게 표현해보려는 나의 첫 시도였다. 나는 이렇게 썼다. "문화적 · 역사적으로 이질적인 형태로 구현된 종교가 새로운 문화와 시대에 발판을 마련하려고 할 때마다 그 개념과 상징은 지배적인 '시대정신'과의 조화를 위해 근본적으로 재정비하는 것이 필요하다." 나는 이 에세이에서 불교와 실존주의가 기초하고 있는 공통의 토대를 밝히려고 했다. 나는 물었다. "우리 내부 깊은 곳의 무엇이 우리를 종교 쪽으로 움직이게 하는가? 그것은 삶이, 해결되지 않은 문제로서 그 모습을 드러내기 때문이다. 존재는 우리에게 미스터리, 수수께끼라는 인상을 준다. 이 경험이 '왜?'와 '무엇?'이라는 소리를 만들어내며 우리에게 반향을 일으킨다. 세계의 여러 종교들은 이런 질문에 대한 답을 체계적으로 표현한 것이다."

나는 마찬가지로 현상학적 · 실존주의적 사고의 렌즈를 통해 자신의 신앙을 해석하려고 시도한 몇몇 현대 신학자들에게도 영감을 받았다. 특히 마르틴 부버, 가브리엘 마르셀, 폴 틸리히, 존 매쿼리의 저작에서 영향을 받았다. 나는 또한 기독교 전통을 '비신화화(demythologizing)'시킨 루돌프 불트만의 사상에도 끌렸다. 그는 예수가 살았던 시대의 맥락에서 원래의 가르침이 뜻한 바가 무엇이었는지 좀 더 명확하게 알기 위해 기독교 전통에서 신화적이고 초자연적인 요소를 벗겨버렸다. 이런 저자들의 글을 읽으면서 나는 유사한 방법을 불교에도 효과적으로 적용할 수 있으리라는 것을 깨달았다. 아시아의 사원에서 수 세기 전에 가르친 것을 그대로 보전하기보다는 20세기 유럽과 미국에서 살고 있는 남녀의 관심사에 직접적으로 호소하는 현대 언어로 핵심 불교 사상을 다시 분명하게 설명할 수 있을 것이다.

'불교의 실존적 토대'는 같은 주제에 대한 책 길이 분량 연구의 기초가 되었다. 『따로 또 같이: 불교에 대한 실존적 접근(Alone With Others: An Existential Approach to Buddhism)』이라는 이 책은 그 다음 8월(1980년) 함부르크에서 완성했다. 나는 글을 쓰는 경험을 엄청나게 즐겼다. 그것은 나의 생각을 분명하게 하고 자극을 주었으며, 한편으로는 사람으로서 왕성하게 활약하는 것 같은 낯선 느낌을 갖게 해주었다. 나는 더 이상 그렇게 고립되고 혼자인 것 같은 기분이 들지 않았다. 어쩌면 오만하게도 나는 내 자신을, 종파적 정체를 초월하여 전통 종교 사상을 재정의하는 획기적인 실험의 참가자로 봤다. 이 실험은 기독교나 유대교 실험도, 불교 실험도 아니었다. 그것은 종교를 인간화, 세속화시키려는 시도, 그것을 형이상학과 초자연적 믿음의 감옥에서 해방시키려는 시도, 명료하고 열정적이며 헌신적인 목소리로 외치려는 시도였다. 『따로 또 같이』 저술을 마칠 무렵에는 내가 스위스에서 티베트 불교의 정통 교리를 공부하는 일로 되돌아간다는 것은 생각조차 할 수 없었다.

1980년 여름 어느 날(이 시기에는 일기를 이따금씩 썼다.) 나는 게셰 랍텐에게 연말에 함부르크를 떠나 한국의 절로 가서 선 수련을 하는 계획을 말했다. 그는 준엄하게 나를 보더니 말했다. "데 호샹 기 타와, 마 레와?"—"그것은 호샹(화상〔和尙〕)의 관점이지, 그렇지?" 그는 왜 내가, 인도의 현자 카말라실라가 중국의 선승인 마하연(摩訶衍) 화상을 논쟁에서 크게 물리친 이래 티베트에서는 금지된 종파에서 수행하기 위해 그와의 수련을 버리려 하는지 궁금했던 것이 틀림없다. 이 논쟁은 8세기 말 라싸 남쪽의 삼예 사원에서 일어난 일이었지만 게셰에게는 그것이 일주일 전에 일어난 것이었을 수도 있다. 그는 두 팔을 천천히 들어올렸다. 손은 주먹을 꽉 쥐고 있었다. 그가 말했다. "너와 잠파 켈상은 내 두 팔과 같다." 잠파 켈상은 이미 몇 달 전 사원을 떠났기 때문에 그것이 암시하는 것은 분명했다. 팔 하나는 이미 잘려나갔다. 이제 내가 나머지 팔을 자르려고 하는 것인가? 나는 침묵 속에서 바닥을 응시했다. 나는 뭐라 답할 말이 없었다. 죄책감과 자책의 고통 속에서 나는 1년 정도만 머물다 오겠다는, 뭐 그런 소리를 중얼거렸다. 하지만 나는 우리 둘 모두 이런 일은 일어나지 않으리라는 것을 알고 있었다고 생각한다. 마침내 그가 말했다. "드리그 기 마레 세르 기 마레."—"안 된다는 말은 아니다."

6

큰 의심

나를 깨운 건—앞으로 3년 반 동안 매일 아침 그렇게 되겠지만—승려가 막대기로 두드리는 똑! 똑! 똑! 목탁 소리였다. 그가 바깥의 칠흑 같은 마당을 지나가자 목탁 소리 박자와 엇박자로 깊고 애절한 목소리로 외는 염불 소리는 희미했다가 점점 더 커진다. 나는 더듬더듬 불을 켜고 안경을 움켜쥔다. 그러고는 아직 따뜻한 종이 장판 방바닥에 맨 발로 서서 허겁지겁 회색 바지와 윗도리를 입는다. 나는 나무로 된 마루로 나간 뒤 아래로 내려가 고무신을 신고 서둘러 돌로 된 수조로 가서 살을 에는 듯이 차가운 물을 얼굴에 끼얹는다. 2분 뒤 빠른 박자의 금속 종소리가 마당에서 울리자 나는 회색 승복에, 머리를 깎은 아홉 명의 다른 승려들과 함께 게슴츠레한 눈으로 법당 안을 반시계 방향으로 돌며 입승 스님이 오전 3시부터 5시까지인 그날의 첫 명상 시간의 시작을 알리는 죽비를 내리치기를 기다린다.

우리는 50분간 앉았다가 10분 동안 법당을 힘차게 돌며 걷는다. 다시 앉으라고 알리는 날카로운 죽비 소리가 난다. 조그마한 문수보살(지혜의 보살) 제단 외에 방은 텅 비어 있다. 벽은 하얗고, 칙칙한 황토색 방바닥에는 10개의 사각 방석이 두 줄로 놓여 있다. 천장에 매달려 있는 대나무 막대에는 우리들이 입는 소매폭이 넓고 주름진 회색 장삼과 갈색의 의식용 가사가 걸려 있다. 격자무늬의 문(창문은 없다.)에는 하얀 한지를 발랐다. 눈을 뜨면 내 앞의 똑같은 흰 벽만 보인다. 그리고 몇 시간 계속해서 하는 것이라고는 내 자신에게 질문하는 일이다. "이뭣고?"

나는 오랫동안 선과 그 난감한 질문들에 매력을 느꼈다. 내가 불교에 대해 가장 처음 읽은 책이 앨런 워츠의 『선의 길(The Way of Zen)』이었다. 웟퍼드의 학교를 나오고 바로 뒤인 열여덟 살 때 그 책을 읽으며 나는 무슨 소리인지 이해하려고 애를 썼다. 나는 선의 간결하지만 함축적이고 수수께끼 같은 말, 그 실질적인 단순함, 완전한 미학, 그 무자비한 솔직함에 끌렸다. 스위스에서 학승으로 있는 동안 나는 가끔 료칸(良寬)이나 바쇼(芭蕉)의 선 시집을 보고는 산길, 풀잎, 찻잔의 차에 대한 수정같이 맑은 이미지에 신선한 감동을 받곤 했다. 불교의 모든 종파 중 그것만이 유일하게 의식과 신앙의 장식적인 치장보다는 예술—시, 그림, 서예, 조경—을 그 수행의 필수적인 특징으로 포용한 듯했다.

티베트 불교의 겔룩파에서 가르치는 명상 형태로부터 마음이 멀어지기 시작하면서 나는 다른 곳에서 내 요구에 더 잘 맞을 수행법과 언젠가는 집중 수행을 할 수 있을 곳을 찾기 시작했다. 스위스에 도착하고 6개월이 지난 1976년 여름 나는 부르고뉴 지방의 오탕 근처에 있는 샤토드플레그를 방문했다. 그곳에는 티베트 카규파의 저명한 라마인 칼루 린포체가 소수의 서양인들을 위해 아시아 이외의 곳에서는 최초로 3년 3개월의 금강승 집중 수행을 준비하고 있었다. 하지만 나는 이 수행의 대부분이 탄트라 의식, 헌신과 정화 수행, 진언 암송 등에 대한 백과사전적 지식을 습득하는 것이 되리라는 사실을 알고 나서 급격히 흥미를 잃었다.

1979년 샤를 즈누가 동아시아 방문에서 돌아와 내게 송광사라고 하는 한국의 선 사원에 대해 말해줬다. 그곳에는 소수의 서양 비구와 비구니 들이 구산 스님이라는 선승의 지도를 받으며 공부하고 있다고 했다. 기본적으로 결혼한 성직자들을 수련시키는 학교인 일본의 선 '사원'과 달리 한국에서 승려들은 붓다가 부여한 독신의 승가 규칙을 아직도 고수하고 있었으며, 이는 티베트와 동남아시아에서 지키는 것과 거의 똑같았다. 게다가 일본에서는 일주일간의 집중적인 선 수련인 셋신(接心 혹은 攝心)에 초점을 두는 반면, 한국에서는 승려들이 매년 여름과 겨울 각각 3개월씩 앉아서 중단 없이 명상 수행을 했다. 샤를은 구산 스님이 선에 대해 설법한 것을 글로 옮긴 『구산(Nine Mountains)』 한 권을 내게 주었다. 대체적으로 이해할 수는 없었지만 구산 스님이 가르친 주된 수행법이 나의 관심을 끌었다. 그것은 자신에게 '이뭣고?'라는 공안을, 그가 '큰 의심'이라고 부른 것을 함양하는 수단으로 삼아 자신에게 반복해서 물어보는 것이다. 그런 훈련은 당혹스럽고 의심에 가득 찬 내 마음과 딱 맞아떨어지는 것처럼 보였다.

나는 함부르크의 티베트센터에서 송광사에 편지를 써 그곳 승가에 합류하는 것에 대해 조심스럽게 질문했다. 몇 주 뒤 구산 스님의 통역으로 있는 성일이라는 프랑스인 여승으로부터 답장을 받았다. 그녀는 내게 지금은 송광사에서 수련 중인 서양인 비구는 없지만 그럼에도 불구하고 내가 오는 것은 환영한다고 말했다. 그녀는 또한 송광사는 내가 받은 티베트 비구계도 인정해줄 것이라고 확인했다. 그렇게 함으로써 나는 절간 부엌과 밭에서 새벽부터 해질녘까지 일하는 것이 포함되는 일반적인 6개월간의 수습 기간을 면제받게 되었다.

다음 봄 함부르크 센터에서 통역으로 일하는 기간을 마친 뒤 나는 스위스로 돌아가 게셰 랍텐에게 정식 휴가를 받아 취리히에서 서울행 비행기를 탔다. 나는 배신감과 두려움에 괴로워하며 황량한 북극을 가로질러 날아갔다. 나는 성인이 되어 대부분의 시간을 보낸 티베트 불교 세계와의 고리를 끊고 한 번도 만난 적 없는 스승과 읽지도 말하지도 못하는 언어로 수행하기 위해 지금 머나먼 나라, 미지의 절로 가는 중이었다.

편지를 주고받던 프랑스인 비구니 성일이 서울의 김포공항으로 나를 마중 나왔다. 그녀는 내 또래의 빠릿빠릿하고 유능한 여성이었으며 한국어가 유창했다. 나처럼 그녀도 어렴풋하게나마 영적인 추구를 하며 육로로 아시아까지 왔지만 인도가 마음에 들지 않았고, 계속 여행을 하다가 한국까지 오게 되어 여기서 지금 6년째 비구니로 살고 있었다. 차를 타고 현대적인 콘크리트 건물들이 줄지어 선 길고도 칙칙한 거리를 지나 전통 한옥 건물에 자리한 법련사라는 작은 절에 도착할 때까지 내내 비가 왔다. 우리는 거기서 하룻밤을 묵었다. 다음날 우리는 여섯 시간 동안 버스를 타고 한반도 서남단에 있는 전라남도 도청 소재지 광주까지 갔다. 농부와 학생 들로 꽉 찬 덜컹거리는 시골버스가 우리를 절에서 가장 가까운 마을에 내려줬다. 1981년 5월 13일 저녁 나는 책으로 가득 찬 배낭 무게에 짓눌린 채 송광사 마당에 들어섰다. 그날은 3개월 동안의 여름 선 수행, 하안거가 시작되기 5일 전이었다.

송광사—'드넓은 소나무 절(松廣寺)'—는 둥그렇게 둘러싼 울창하고 가파른 산 속에 형형색색의 목재건물들이 아늑하게 들어가 앉은 곳으로, 옆에는 산에서 내려오는 깨끗한 물이 빠른 속도로 흐르고 있었다. 이 절은 1205년 한국 불교에서 아주 중요한 인물인 승려 지눌이 세웠다. 매년 여름과 겨울, 구산 스님의 지도하에 3개월간 선 수행을 하기 위해 한국 전역에서 40여 명의 승려들이 모여들었다. 봄과 가을에는 거의 빈 절이었다. 주지 스님, 행정 직원, 행자, 코쟁이(한국 사람들은 우리를 이렇게 불렀다.) 들만이 그곳에 남았다. 당시 송광사는 특이하게 생긴 외국인들이 머무를 수 있는 유일한 사원이었다.

성일은 절 본채에서 떨어진, 계곡물 건너 별채의 작은 방에서 다른 서양인 비구니 두 명과 함께 살았다. 비구인 나는 경내의 문수전에 거처하게 되었는데, 그곳은 담으로 둘러싸인 구역으로 자체 선방(명상실)이 있었다. 성일은 내가 입고 있던 티베트 승복 대신 입을 회색과 갈색의 한국 승복 한 벌을 주며 '바르게' 절하는 법과 식사할 때 사용하는 발우 네 개의 사용법을 가르쳐주었고, 어떻게 하면 나의 둔감한 서양식 태도로 인해 한국 사람들이 기분 나빠하지 않게 할 수 있는지

속성 강의를 해주었다. 그런 다음 그녀는 구겨지지 않는 폴리에스테르 승복으로 새로 갈아입은 나를 데리고 절 마당 위쪽 거처의 선승 구산 스님을 뵈러갔다. 나는 이렇게 썼다. "그는 방금 깎아 빛나는 머리의 일흔 살쯤 되는 작고 환한 사람이었다. 그는 아주 친절하게 미소를 지었다. 하지만 나는 그의 눈에서 혼란스러움이 잠깐 스치는 것을 느꼈다. 그는 면으로 된 헐렁한 회색 옷을 입고 가부좌를 틀고 앉아 있었는데, 그의 앞에는 커다란 나무 밑둥을 공들여 깎은 낮고 울퉁불퉁한 탁자가 있었다. 내가 왜 한국에 왔는지 설명하고 그분에게 배우고 싶다는 희망을 초조하게 피력하는 동안 그는 당혹스러우면서도 참을성 있게 내 말을 들어주었다. 그는 그냥 내 마음의 본성을 들여다보고 스스로에게 이렇게 물으라고 확신 있게 말했다. '이뭣고?'"

안거가 시작되고 내가 진지하게 '이뭣고?'라는 질문으로 명상을 시작하자 기발한 답이 내 마음속에서 계속 떠올랐다. 내가 나의 최신 가설을 구산 스님에게 이야기할 때마다 그는 한동안 참을성 있게 듣고 짧게 웃은 뒤 말하곤 했다. "법천[나의 한국 이름]아. 너는 그게 무엇인지 아느냐? 몰라? 그럼 다시 가서 앉아라." 내 대답이 얼마나 적당히 수수께끼 같은지와는 상관없이 그것은 진부하거나 예측가능한 답이었다. 얼마 뒤 나는 답을 찾는 것을 그냥 포기해버렸다. '이뭣고?'는 다루기 아주 힘든 질문이다. 그것은 대답을 내놓으려는 뇌의 습관을 방해하여 당신을 고요한 당혹의 상태에 남겨두기 위한 것이었다. 이런 의심(doubt)—나는 이것을 '당혹감(perplexity)'이라 부르기를 더 좋아한다—은 이어서 천천히 의식 전체에 스며들기 시작한다. 당신은 질문의 단어들과 씨름하기보다는 조용하고 집중된 놀라움의 기분 속으로 침잠하고, 여기서 그냥 기다리면서 단어가 사라진 뒤에 따라오는 의미심장한 침묵을 듣는다.

다음 3개월간 하루에 10시간씩 내가 한 일은 내 자신에게 이 질문을 하는 것이었다. 허리가 아프고 마음은 열띤 몽상과 무기력 사이를 오고갔던 처음 두 주와 안거가 끝나기를 고대하지 않으려고 헛되이 애를 쓴 마지막 며칠이 가장 힘들었다. 기나긴 중간 기간 동안에는 전례 없는 만족감을 경험했다. 명상이 나의 하루에서 한 시간 정도를 차지하는 활동이라기보다는 이제는 나의 하루가 명상 속에 포함되게 되었다. 명상 수행은 더 이상 기술적으로 능숙해지는 차원의 문제가 아니었다. 그것은 내가 하는 모든 것을 아우르는 감성을 유지시켜주는 일에 관한 것이었다. 한 달 정도가 지난 뒤 나는 명상이 전적으로 평범하고 전혀 특별하지 않은 것이 되는 수준에 이르렀다.

스위스를 떠날 즈음 내게는 답보다 질문이 훨씬 더 흥미로운 것이 되어 있었다. 8년 동안 나의 티베트 스승들은 삶에 대한 큰 질문의 답은 그들의 은밀한 믿음 체계 속에 소중히 간직되어 있다고 나를 확신시켰다. 그들이 수련하는 목적은 확실함에 도달하는 것, 즉 모든 문제들이 마침내 해결되고 모든 의심이 사라지는 지점에 도달하는 것이었다. 그들의 관점에서 보면 나는 실패했다. 나는 그들이 내게 준 귀중한 불교 사상의 틀을 소중하게 여겼지만 아무런 의심 없이 라마들의 권위에 내 자신을 맡기지도 못했고 그들의 세계관과 그 속에서 인간의 위치를 무비판적으로 받아들이지도 못했다. 확실함이 갖고 있는 문제는 그것이 정적(靜的)이라는 것이다. 그것은 할 수 있는 것이 거의 없지만 끊임없이 효력을 발휘한다. 이와는 대조적으로 불확실함은 알지 못하는 것, 가능성, 위험으로 가득 차 있다. 티베트 불교의 확실함은 내게 숨 막힐 것 같은 영향을 미쳤고, 반면 한국의 선에서 기리는 불확실함은 불안하기는 해도 내게 생생하게 활기를 불어넣었다.

구산 스님이 계속 반복해서 말했던 선의 경구로 "큰 의심이 있을 때 큰 깨달음이 있다."라는 것이 있다. 이것이 바로 열쇠다. 이해의 깊이는 그 사람의 혼란의 깊이와 밀접하게 상호연관되어 있다. 큰 깨달음은 큰 의심과 동일한 '소리의 높이'로 울려 퍼진다. 따라서 선은, 일반적인 종교 절차에서처럼 그런 의심을 믿음으로 대체하여 의심의 존재를 부인하기보다는 그 의심을 키워서 생생한 당혹감의 덩어리로 '엉겨 붙게' 만든다. 나는 다람살라에서 파란 플라스틱 양동이에 물을 길어 일리지엄하우스로 걸어 돌아갈 때 내게 일어났던 일이 바로 이것이었을 것이라고 추측했다. 큰 의심은 순전히 정신적이거나 영적인 상태가 아니다. 그것은 당신의 몸과 세계로 울려 퍼진다. 그것은 모든 것에 의문을 갖게 한다. 그런 의심을 키워나갈 때 당신은 '골수와 모공'이 온통 그 의심으로 가득 차게 질문하라는 소리를 듣는다. 당신은 '세 살짜리 어린아이처럼 전적으로 아무런 지식과 이해가 없는' 상태가 되라는 권고를 받는다.

질문을 한다는 것은 당신이 뭔가를 알지 못한다는 것을 필요로 한다. "주지스님이 누구지?"라고 묻는 것은 당신은 누가 주지스님인지 모른다는 뜻이다. "이뭣고?"라고 묻는 것은 당신은 이것이 무엇인지 모른다는 것을 뜻한다. 따라서 의심을 키운다는 것은 알지 못한다는 것을 가치 있게 여기는 일이다. "나는 모른다."라고 말하는 것은 약함이나 무지를 인정하는 것이 아니라 정직한 행위이다. 그것은 '태어남과 죽음이라는 큰 문제'에 직면했을 때 인간 조건의 한계를 솔직하게 받아들이는 일이다. 이 심오한 불가지론은, 통상적인 불가지론이 신이 존재하는지 혹은 마음이 육체의 죽음으로부터 살아나는지 여부에 대해 입장을 취하는 것을 거부하는 것, 그 이상이다. 그것은 유한하고 오류를 범할 수 있는 생명체의 근본적인 당혹감을, 확실함이 주는 표피적인 위안에 더 이상 매달리지 않는 삶을 살아가는 토대로서 기꺼이 받아들이는 것이다.

한국에 갔을 무렵 나는 아시아의 그 어떤 불교 유형도 나처럼 20세기 탈기독교 세속 실존주의자의 특별한 병폐를 치유하는 데 효과적일 것 같지는 않다고 깨달았다. 티베트 불교에 대한 환상에서 고통스럽게 벗어나면서 이런 교훈을 얻은 나는 한국의 선에 대해서도 똑같은 실수를 반복하지 않으려고 주의했다. 나는 티베트 전통을 처음 받아들이던 때 보였던 것과 같은 직역주의자적인 열정 없이 공부에 힘썼다. 나는 정통 한국 선에 대해 아이러니하면서도 경의를 표하는 거리를 유지했다. 나는 구산 스님의 가르침을 실행에 옮기되, 내 자신의 이해와 필요에 일치하는 방식으로 실행했다.

놀랍게도 구산 스님은 게셰 랍텐과 다를 바가 없었다. 대부분 양립할 수 없는 그들의 불교 종파에도 불구하고 그 외의 것에서는 아주 비슷했다. 둘 모두 보잘것없는 시골 출신이었으며 스스로의 노력으로 기독교 주교에 상당하는 자리까지 올라왔다. 그들은 보수적이었으며, 그들의 스승과 계보로부터 배운 것을 옹호하고 전파하는 데 헌신했다. 그들은 자신의 접근법이 유일하게 유효하다고 확신했으며 다른 것에는 관심을 가지지 않았다. 그들은 불변성과 도덕적 청렴함, 고결함을 상징했고, 이런 것들은 나를 겸허하게 만들었다. 내가 게셰 랍텐과 의견이 일치하지 않았을지는 몰라도 그런 것들이 그에 대한 나의 존경심에는 거의 아무런 영향도 주지 않았다. 그리고 내가 구산 스님이 가르쳐준 뭔가를 받아들일 수 없을 때에도 내가 그에게 품은 존경심이 약해지지는 않았다.

1980년 10월 나는 타르파췰링에서 같이 승려로 있던 친구 앨런 윌리스에게 편지를 썼다. "모든 것이 계획대로 되고 세계가 내년 봄 이전에 폭발하지 않는다면 나는 아주 비논리적인 질문에 대한 답을 찾아봄으로써 나의 혼란을 더욱 분명하게 하기 위해 한국으로 갈 것이다. 나는 가끔 이 모든 모험을 일종의 공안으로 여긴다. 엄청나게 지루할지도 모른다는 의심이 계속 든다. 글쎄, 두고 봐야지. 어쨌든 내 호기심은 충족될 것이다." 하지만 나는 전혀 지루해하지 않았고, 내 호기심은 충족되기는커녕 이상하게 더 늘어났다. 나는 이 머나먼 반도에서 마음이 아주 편안했다.

고백하건대 나의 '선'에는 꽤 여러 가지가 뒤죽박죽 섞여 있었다. 그것은 숨과 몸에 대한 알아차림에 토대를 두고 있었는데, 구산 스님은 그런 수행을 시체가 숨을 내쉬는 것을 보는 것보다도 더 무의미하다고 일축했다. "이뭣고?"라는 질문은 하이데거가 그의 자인스프라게(Seinsfrage)—잊혔던 '존재물음'—와 기술에 대한 에세이 끝부분에서 '묻는다는 것은 사유의 경건함'이라고 날카롭게 지적한 것을 아주 많이 상기시켰다. 나는 티베트 스승들이 가르쳐준 중관 철학에서 배운 것들도 잊지 않았다. 그것은 공이란 뭔가를 발견할 수 없는 것으로, 이는 그 본성에 대한 '궁극적 탐구'를 통해 도달할 수 있다는 것이다. 따라서 내가 "이뭣고?"라고 질문할 때마다 그것은 이렇게 연상되는 다른 것들과 함께 메아리쳤다. 3개월 계속되는 안거를 일곱 번 행하는 동안 선 수행에서 유명한 엄청나게 충격적인 통찰이나 돌파구 같은 것도 내게는 일어나지 않았다. 한국에 갔을 무렵 나는 그런 것들에는 별로 관심이 없었다. 내가 더 관심을 가졌던 것은 삶의 불가사의함에 대한 나의 감각을 갈고 닦아 그것이 깨어 있는 내 존재의 매순간에 스며들어감으로써 무슨 일이 일어나든 더 솔직하고 생생하게 반응하는 토대가 되게 하는 것이었다.

나는 구산 스님의 가르침의 기초를 이루는 철학의 상당 부분과 관련해 어려움을 겪었다. 나는 '이뭣고?'의 '이'가 나타내는 것이 초월적인 마음이라는 그의 견해와 씨름했다. 그는 그것을 '몸의 주인'이라고도 불렀다. 나는 '이뭣고?(What is this?)'라는 질문이 처음 등장한 중국 텍스트를 찾아보았는데, 마음이나 몸의 주인에 대한 언급은 없었고 단순히 이렇게 말하고 있었다. '이 물건(this thing)은 무엇이고, 어떻게 여기에 왔는가?' 나는 '물건'의 직설적인 투박함이 마음에 들었다. 그것은 상세한 형이상학적 설명에 대한 여지를 거의 남기지 않기 때문이다. 하지만 구산 스님은 우리가 하고 있는 것을 이렇게 설명했다. "선 명상의 목적은 마음을 깨닫는 것이다……이 몸을 지배하는 주인이 있는데, 그것은 '마음'이라는 꼬리표도, 붓다도, 물질적인 것도 아니며 빈 공간도 아니다. 이 네 가지 가능성을 부인하면 이 주인이 진짜 무엇인지에 대한 질문이 떠오를 것이다. 이런 식으로 계속 묻다보면 질문은 더욱 치열해질 것이고, 마침내 이 질문의 덩어리가 커져서 한계점에 달하게 되면 그것은 갑자기 터져버릴 것이다. 전 우주가 산산조각 나고 너의 원래 본성만이 네 앞에 나타날 것이다. 이런 식으로 깨우치게 될 것이다."

다시 한 번 나는 몸에서 분리된 정신의 망령과 마주친 내 자신을 발견했다. 구산 스님 주장의 논리는 나를 납득시키지 못했다. 그것은 몸을 지배하는 '어떤 것'(즉 마음)이 있고, 그것은 개념과 언어의 영역 너머에 있다는 가정에 기반하고 있었다. 동시에 이 '어떤 것'은 나의 진정한 원래의 본성, 내가 태어나기 전의 내 얼굴이었고, 그것은 어찌어찌해서 내게 생기를 불어넣었다. 이것은 붓다가 거부한 인도 전통의 아트만(자아/신)과 의심스러울 정도로 비슷하게 들렸다. 나는 선불교가 대나무에 내린 눈, 뜰 앞의 잣나무, 개구리가 연못에 뛰어들며 내는 퐁당! 소리를 사랑하는 것과 대나무, 잣나무, 개구리의 우주가 '산산조각' 나면 그 모습을 드러내는 초월적인 마음의 신비한 경험을 조화시킬 수 없었다. 마음은 상상할 수 없는 것이므로 구산 스님은 "이뭣고?"라고 물을 때 우리가 무엇에 대해서 묻는 것인가라는 생각은 버리라고 우리들에게 말했다. 깨닫지 못한 존재들인 우리는 그것이 무엇인지 조금도 알 수 없기 때문이었다. 그렇다면 "ksldkfja는 무엇인가?"라고 묻는 것과 무슨 차이가 있을까라고 나는 의아해했다.

묻기와 의심을 끊임없이 강조함에도 불구하고 나는 또다시 정설에 대해 이미 과거에 내렸던 결론을 확인하게 될 통찰에 이르도록 준비되고 있었다. 아이러니하게도 한국 선의 정통 관점의 기원은 인도 불교의 이상적인 유식론으로 거슬러 올라가는데, 이는 나의 티베트 스승들이 공의 중도 교리로 반박하려 애썼던 것이었다. 나는 이제 내가 거부하는 철학의 종파에서 명상 수행을 하고 한편으로는 내가 거부한 명상 수행을 하는 종파의 철학을 고수하는 희한한 위치에 있는 나 자신을 발견했다.

불교는 서기 4세기에 중국을 거쳐 한국에 들어왔다. 송광사에서 지내면서 나는 불교가 오랫동안 자리 잡았던 나라에서 다르마를 행한다는 것이 어떤 것인지 처음으로 깨닫게 되었다. 그때까지 나는 불교가 천 년 동안 존재하지 않았던 나라인 인도의 티베트 난민 공동체 아니면 불교가 거의 전해지지 않았던 스위스와 독일에서 살았다.

한국인들은 온갖 이유에서 승려가 되었다. 많은 이들이 물질주의적 열망이 점점 커져가는 보수적인 유교사회의 요구에 순응하기를 꺼려하거나 순응할 수 없었다. 하지만 1년에 두 번씩 있는 엄격하고 집중적인 선 수련에 끌린 이들은 이들 중 아주 소수였다. 대부분은 행정과 의식 관련 업무를 하고 절의 밭에서 일을 하고 건축일을 감독하고 종교지도자로서 신도들을 도와주고 작은 절을 관리하거나 서울에 있는 조계종 본부의 복잡하고 은밀한 모의에 휘말리기도 했다. 어린 고아에서부터 90세의 노쇠한 승려, 지식인에서부터 전직 가게주인, 불만 가득한 청소년에서부터 직업 성직자에 이르기까지 승가는 한국사회의 단면이었다. 망명 티베트인들과 기성체제를 거부한 20대 백인 중산층 사이에서만 불교를 알았던 내가 이제는 다르마가 그 고상한 영적 받침대로부터 떨어져 나왔을 때 매우 다양한 배경과 아주 다른 요구를 가진 사람들의 삶에 어떻게 영향을 미치는지 보게 되었다.

한국의 선 사찰에서의 삶은 '단체정신(group spirit)'이라는 개념에 중점을 두고 있었다. 여기에는 지나치게 점잔을 빼는 서구 개인주의적인 요구, 예를 들어 각자 독방을 써야만 하는 '필요성' 같은 것이 설 자리가 없었다. 어떤 승려가 내게 근엄하게 말했다. "단체로 지옥에 가기로 결정한다면 당신도 반드시 함께 지옥에 가야만 합니다." 절에서 어떤 위치를 차지하고 있는가에 상관없이 우리는 함께 살고 먹고 일했다. 승려들은 어느 때라도 일을 하러 불려나갈 수 있었다. 구산 스님에서부터 가장 어린 행자에 이르기까지 모든 사람들이 낫을 들고 보리를 수확하거나 호미를 들고 콩밭의 잡초를 뽑을 수도 있었다. 우리는 구부러진 적갈색 기왓장 더미를 트럭에서 내리거나 태풍이 지나간 뒤에는 죽 늘어서서 양동이로 강바닥을 파내곤 했다. 첫 서리가 내리면 이틀에 걸쳐 밭에서 배추를 수레에 실어 주방 쪽으로 나르고 씻어 소금에 절여 공동 욕조에 하룻밤 놓아두었다가 다음 날 아침 얼음같이 찬 강물에 헹군 다음 여신도들에게 넘겨 겨울에 먹을 김치를 담게 하곤 했다. 그리고 가을에는 환하고 짙푸른 하늘 아래 나무에 올라가 새빨간 감을 따서 대나무 막대에 꽂아 말리곤 했다.

한국은 유교사회였고 선 사찰은 그 축소판이었다. 각각의 개인들은 더 큰 전체의 조화를 유지하기 위해 자신에게 주어진, 시간이 지나면서 바뀌게 되는 역할을 받아들이고 그것을 충실히 이행해야 했다. 이것은 티베트 불교의 봉건적 구조와는 대조적이었는데, 거기서 라마는 특권을 가진 영적 귀족층을 형성하여 일반 승려와는 떨어져 생활하고 먹었으며 제자에 대해서 거의 절대적인 권위를 가졌다. 내가 보기에 불교는 아시아의 한 나라에서 다른 나라로 이동해가면서 서로 다른 지적 문화뿐 아니라 서로 다른 사회 규범에도 적응해간 것이 분명했다.

안거에 들지 않는 봄과 가을 3개월 동안의 '자유' 기간 동안 나는 시간을 나누어 선불교의 고전 텍스트를 공부하고, 한편으로는 한국을 더 탐험하고 저명한 스승들을 방문하기 위해 절과 암자를 찾아다녔는데, 이때 성일이 나의 안내자 겸 통역으로 함께했다. 나는 사진도 다시 찍기 시작했다. 한국에서는 비구나 비구니가 일종의 예술을 하는 것이 특이하다거나 부적절하다고 여기지 않았다. 이 나라에서 탁월한 재능의 화가, 시인, 서예가 중 일부는 수도자들이었는데, 그들은 좌선하는 시간만큼이나 많은 시간을 필체와 문체를 다듬는 데 썼다. 선에서는 예술을 깨달음의 길에서 벗어나게 하는 것으로 여기기—일부 불교 종파에서 그런 것처럼—보다는 명상 수행과 전적으로 양립할 수 있는 수련법으로 여겼다.

내가 한국에서 찍었던 수백 장의 사진들을 지금 보고 있자면 그것들은 만족할 만한 것이긴 하지만 다소 틀에 박힌, 예상 가능한 '선'의 주제들—눈 속의 대나무와 소나무, 밭을 가는 승려들, 석양에 발갛게 달아오르는 듯한 불상—의 탐구였다는 인상을 받는다. 사진으로 다시 돌아간 것은 내가 찍은 사진의 질보다는 겔룩파의 승려로 있던 수년 동안 잠자고 있던 미적 감수성을 다시 일깨웠다는 점에서 내게 중요했다. 이제 나는 내 자신이 창조적 표현을 다르마 수행과 통합시키는 것을 가치 있게 여기는 불교문화에 들어와 있다는 것을 깨달았다.

선의 영향을 받아 나의 글쓰기는 좀 더 실험적이고 유쾌한 특징을 띠게 되었다. 내가 절에서 쓴 것들은 나중에 『의심하는 믿음(The Faith to Doubt)』으로 출판되었는데, 여기서 나는 주도면밀하게 세운 단선적 주장을 펼치는 대신 개인적인 일화들을 텍스트에 대한 사유와 함께 엮어 넣고, 매우 이질적인 인용문을 소설화한 대화와 혼합하고, 선의 이야기를 일기 내용과 섞어 넣음으로써 간접적이고 전체적인 인상을 주는 식으로 주제를 다뤘다. 믿음보다 의심을, 확실함보다 당혹감을, 답보다 질문을 강조함으로써 선 수행은 내게 상상의 자유를 안겨주었다.

시간이 지나면서 선을 공부하는 미국과 유럽의 학생 몇 명, 싱가포르에서 온 중국인 승려 두 명, 스리랑카에서 온 한 쌍의 비구 등 소수의 다른 외국인들이 절에 오게 되었다. 계곡물 건너 비좁은 방 한 칸에서 지내던 비구니 네 명과 만수전 우리 구역의 비구 10여 명은 아주 가깝게 지내게 되었다. 송광사에서 보낸 이 몇 년이 내가 승려로 보낸 시간 중 가장 행복한 시간이었다. 나는 1년에 두 번씩 3개월 동안의 사색적 리듬을 즐겼고 우리를 공동체의 일부로 받아들여준 한국인들의 문화적 고상함과 따뜻한 정을 만끽했다. 나는 숲이 우거진 산을 오르고, 매년 봄이면 꾀꼬리를 발견하고 야생 진달래에 취했다가 황혼 무렵 온돌—방바닥 아래 설치하는 난방 시스템—에 장작을 피워 연기가 공기 중으로 구불거리며 올라갈 때가 되면 돌아오기를 즐기면서 시간을 보냈다.

1983년 성일과 나는 구산 스님의 가르침을 책으로 만드는 작업을 시작했다. 성일이 구산 스님의 강의를 번역하면 내가 그 초안을 편집했다. 이렇게 만들어진 텍스트가 우리 스승의 말씀을 잘 포착하고 영어로도 유연하게 잘 읽히는 원고가 될 때까지 작업에 작업을 거듭했다. 이런 일을 하면서 우리는 친구로서도 더욱 가까워졌는데, 나는 내가 승려로서의 소명을 계속 유지할 수 있을지 의문을 불러일으킬 정도로 이런 시간을 고대하게 되었다.

심지어 3개월의 안거 중에도 한국의 젊은 승려들은 가끔 승복 대신 위장복으로 갈아입고 트럭에 올라타 1일 군사훈련을 받으러 가곤 했다(지금도 그렇지만 한국은 엄밀히 말해 북한과 교전 중이었다.). 살생하지 않겠다는 서원에도 불구하고 승려들은 이런 의무에서 면제 받지 않는다. 나는 방아쇠를 잡아당기는 집게손가락을 붕대로 감싸고 기름에 담갔다가 불을 붙여 붓다에게 초로 바친 적이 있는 승려도 만났고, 오른손 손가락을 도끼로 몽땅 잘라버린 승려도 알고 있다. 하지만 이들은 예외였다. 대부분의 승려들은 예비군에서 자신의 위치를 받아들였는데, 이것은 아마도 그들에게 1592년 조선을 침략한 왜군을 격파하는 데 중요한 역할을 한 서산대사가 일으킨 승병을 떠올리게 했을 것이다.

내가 한국인 친구 '스트롱맨'(한국인 승려들의 진짜 이름은 우리 외국인들이 듣기에 너무 비슷해서 우리끼리 별명을 붙였다.)에게 국가의 살인 기구에 참여하는 것의 윤리에 대해 질문하자 그는 나를 쳐다보더니 못미더운 듯 물었다. "그럼 스님은 조국을 위해 싸우지 않으시겠습니까?" 나의 자동반사적인 평화주의에 그렇게 직설적으로 도전한 이는 아무도 없었다. 심지어 어렸을 때에도 나는 같은 사람은 말할 것도 없고 살아 있는 생물을 죽인다는 생각을 혐오스러워했다. 나는 특히 불교도도 이렇게 느낄 것이라고 늘 가정했었다. 나는 말했다. "솔직히 말하자면, 스트롱맨, 아니요, 저는 안 그럴 겁니다." 그는 놀라서 머리를 가로젓더니 비애국적인 코쟁이들만 방석에 앉아 생각하게 내버려두고 다른 승려 군인들과 함께 사격연습과 전투훈련을 하러 가버렸다.

1980년대 초 한국은 35년간의 일제 식민 지배와 곧바로 이어진 공산주의 북한과의 파괴적인 내전으로 인한 재앙에서 벗어나기 시작하고 있었다. 한국은 군사독재자 전두환이 통치하고 있었는데, 그는 1961년부터 통치한 또 다른 군사독재자 박정희 암살 이후의 혼란 속에서 1979년 12월 권력을 장악했다(박정희는 연회 도중 중앙정보부장의 연발 총격에 쓰러졌다.). 전두환과 박정희 모두 불교신자였다. 내가 도착하고 1년 뒤인 1980년 전두환이 우리 절에서 가장 가까운 도시인 광주에서 일어난 민중 봉기를 제압하기 위해 낙하산 부대를 보내 최소한 200명의 시민들이 살해되었으며(그 숫자는 아직도 논란 중이다.) 3천 명이 부상당했다.

최근의 이 실패한 봉기가 송광사 승려들의 마음을 무겁게 짓누르고 있었던 것이 분명했지만 우리들 앞에서는 그 이야기를 언급하지 않았다. 그들은 전두환을 농담조로 '문어'(그는 대머리였고 자기 손에 모든 것을 쥐고 있었다.), 그의 아내는 '주걱'(턱이 눈에 띌 정도로 돌출—한국인으로서는—했기 때문)이라 불렀지만 그들 나라의 상황에 대해서 좀 더 깊은 의견과 느낌을 말하는 것은 꺼려했다. 저명한 작가이자 반체제 인사로, 내가 있던 내내 절 위 숲 속 암자에 가택연금되었던 법정 스님의 존재만이 우리가 살고 있던 억압적인 정치 분위기를 깨닫게 해줄 뿐이었다.

서양인 개종자로서 나는 불교를 일련의 철학 교리, 윤리 계율, 명상 수행으로 보았다. 내게 있어서 불교도가 된다는 것은 단순히 자신의 삶을 불교 전통의 핵심 가치, 즉 지혜, 자비, 비폭력, 관용, 평온함 등에 부합되게 하는 것을 의미했다. 한국에서의 생활은 내가 얼마나 순진한지 깨닫게 해주었다. 나의 좁은 기준에 따르자면 폭력적으로 민중 봉기를 억누른 군사 독재자는 도저히 불교도가 될 수 없었다. 하지만 못 될 이유는 또 뭐란 말인가? 불교는 도덕적으로 올곧고 교리적으로 옳은 사람, 매일 경건하게 좌선하는 사람만을 위한 것인가? 나는 불교를 광의의 문화적 · 종교적 정체로 보기 시작했다. 실수할 수 있는 인간들에게 불안정하고 예측 불가능한 세계에서 복잡한 결정을 내리는 틀을 제공하는 것으로 보기 시작한 것이다. 1988년 자신의 정권이 저지른 도를 넘는 최악의 행위를 뉘우친다는 공개적인 몸짓으로 전두환은 2년간 강원도에 있는 백담사에 칩거했다. 이것이 그가 저지른 범죄(나중에 그는 이 범죄로 사형을 선고 받았으며, 앞서 그가 사형선고를 내렸던 가톨릭 신자 김대중 대통령으로부터 사면을 받았다.)를 무죄로 만든 것은 아니지만 그것은 그가 자신이 야기한 고통을 받아들일 수 있게 하기 위해 자신의 종교 자원에 어떻게 의지하는지를 보여준다.

1983년 9월 구산 스님은 병환으로 거처에만 머물게 되었다. 우리에게는 뭐가 잘못 되었는지 말해주지도 않았고 그를 보는 것도 허락되지 않았다. 힘든 시간이었다. 그 달 1일에는 한국의 민간항공기(KAL 007)가 뉴욕에서 서울로 날아오던 중 일본 근처 사할린 섬 서쪽에서 소련 제트 요격기들의 총격을 받고 추락했다. 미국의 하원의원 래리 맥도널드를 포함하여 269명 탑승자 전원이 사망했다. 한국은 국가 차원의 애도 상태에 있었다. 사람들은 작은 검정 리본을 달았고 상점 앞에는 커다란 근조 화환들이 진열되었으며, 문어는 그때를 이용하여 반공 분위기를 병적일 정도의 최고조로 높였다.

11월 19일 3개월의 동안거가 시작되었다. 그날 저녁 나는 이렇게 썼다. "[구산 스님께서] 많이 편찮으시다. 얼마나 더 오래 견디실 수 있을지 의문이다. 중풍을 맞으신 것 같다. 왼쪽 전체가 마비되었다. 가끔 좀 괜찮아지셨다가도 다시 안 좋은 상태에 빠지신다. 스님의 쇠약한 상태가 안거 내내 그림자를 드리우고 있다." 12월 4일 우리는 일주일간 '관세음보살'—자비의 보살의 이름—을 함께 염불하라는 지시를 받았는데, 이는 이렇게 하면 의학이 실패한 지금 상황에서 스님의 건강이 회복될지도 모른다는 희망에서 나온 일이었다. 12월 10일 나는 스님을 뵈러 그의 방으로 갔다. "도저히 알아볼 수가 없었다." 나는 일기에 이렇게 썼다. "그는 바닥에 누워 계셨다. 피부에서 광채가 다 빠져 나갔고, 뺨은 푹 들어갔으며, 걷지도 말하지도 삼키지도 못하신다. 내가 그에게서 본 유일한 움직임은 오른손 손가락으로 염주를 만지시고, 따뜻하게 하려고 이불을 끌어당기시려는 것뿐이었다. 마지막이 될지도 모르지만 스님을 뵙자 가슴이 뭉클했다. 나는 그가 내게 얼마나 소중한 분이었는지 깨달았다. 어떤 면에서 그는 나에게는 부족한 자질을 아주 강력하게 구현하신 가장 소중한 스승이었다." 내가 염두에 두었던 자질은 그의 거리낌 없고 비-지적인 엄격함과 단순함, 도덕적 불변성, 자기가 하고 있는 것에 대한 완전한 확신이었을 것으로 생각한다.

구산 스님은 12월 16일 오후 6시 20분에 돌아가셨다. 향년 일흔넷이었다. 2주 뒤 나는 이렇게 썼다. "그때 이후 내 삶은 내가 결코 예상하지 못한 방식으로 뒤집혔다." 나는 그 이전에 누군가를 그렇게 완전히 애도해본 적이 없었다. 절에서 장례를 치루는 동안 나는 겨우 정신을 차린 상태로 며칠씩 계속 깨어 있었고, 그런 상태는 솟구치는 오열로 중단되기도 했다. 처음 3일간 그의 관(죽음에 들 때 취해진 가부좌 자세에 맞추기 위해 L자 형태를 띠었다.)은 얼음 위에 있었고 승려들이 밤낮으로 순번에 따라 그 앞에 조용히 앉아 있었다. 장례식은 12월 20일에 거행되었다. 마지막 경의를 표하기 위해 수천 명의 사람들이 앞마당을 가득 채웠고 그들이 내쉰 숨은 살을 에는 차가운 공기 속에서 응결되었다. 그런 다음 관에 든 시체는 국화로 장식된 정교한 상여에 실려 사찰 위 계단식 밭으로 옮겨져, 목탄 위에 큰 장작더미를 쌓고 그 위에 올려 화장되었는데 다음 날 동이 틀 때까지 서서히 타올랐다.

잉걸불이 식은 뒤 재와 뼛조각을 모아서 구산 스님의 방으로 가져갔다. 그곳에서 우리는 사리—작은 결정체 방울로 영적 성취의 흔적으로 믿어지지만, 충분히 높은 온도에서 충분히 오랜 시간 동안 인체를 태우면 나오는 자연적인 결과물일 수 있다—를 찾기 위해 재와 뼛조각을 꼼꼼하게 추려냈다. 우리는 다양한 크기와 색깔의 사리 52개를 찾아내어 유리 접시 안의 붉은 벨벳 위에 경건하게 놓았다. 그런 다음 기왓장으로 뼛조각을 으깨어 거칠고 하얀 가루를 만든 뒤 청자 항아리에 넣었다. 다음날 우리는 일렬로 조계산을 걸어 올라가 그가 전에 묵었던 암자터에 이 유해를 뿌렸다. 나는 이렇게 썼다. "손가락을 펼치자 유골이 빠져나가 작은 구름 속으로 퍼졌다. 뿜어져 나온 하얀 먼지는 잠시 머물렀지만 바람이 영원히 낚아채 사라져버렸다."

구산 스님이 돌아가시자 마치 송광사에 불이 꺼진 것 같은 기분이

들었다. 그의 부재가 그곳에 얼마나 침울하고 혼란스런 영향을 미치게 될지 아무도 깨닫지 못하는 것 같았다. 그는 후계자를 임명하지 못했고 그를 대신하여 누가 선승의 자리를 맡을지 아는 승려는 아무도 없는 듯했다. 동안거가 끝나자 나이가 지긋한 일각 스님이 구산 스님을 대신한다는 발표가 있었는데, 그의 유일한 자격은 그가 승'가(家)'에서 가장 원로라는 것이었다. 일각은 지난 몇 년간 남해안 목포에 있는 작은 절의 주지로 있었으며 송광사에는 좀처럼 발을 들여놓지 않았기 때문에 외국인 비구와 비구니 들은 아무도 그를 알지 못했다. 우리가 가르침을 받으러 선승의 거처로 들어가면 구산 스님의 탁자 뒤에 이 친절하고 사려 깊은 이방인이 앉아 있곤 했다. 그는 나쁜 스승은 아니었지만 구산 스님이 아니었다. '옛 시절'부터 우리가 알고 지내던 한국인 승려 일부가 절을 떠나기 시작했다. 소수의 우리 외국인들도 마찬가지로 흩어지기 시작했다. 성일과 나는 과거로부터의 연속성 유지를 위해 1년 더 남아서 새로운 체제로 전환이 잘 되도록 감독하는 것을 도와달라는 요청을 받았다.

우리가 송광사에 남은 것은 일각 스님의 지도하에 선 수행을 하고 싶다는 바람보다는 감사와 의무감에서 우러난 것임을 우리 둘 모두 잘 알고 있었다. 또한 우리는 언젠가는 서로에 대한 사랑에 대해 행동을 취하여 함께 재가자의 삶으로 되돌아갈지, 혹은 서원에 충실하고 계속 더 깊이 수행하기 위해 헤어져야 할지 결정해야만 하리라는 것도 알고 있었다. 한 해 더 머무르기로 한 결정은 우리에게 이 딜레마를 심사숙고하고 해결하기 위해 숨 쉴 수 있는 공간을 주었다. 한두 달의 고뇌 어린 망설임 뒤에 우리는 다음 겨울에 절을 떠나 결혼하기로 결심했다. 이것은 물론 다른 불안한 문제들을 제기했다. 어디서 살 것이고, 도대체 어떻게 먹고 살 것인가?

그 해 봄 나중에 나는 친구인 로저 휠러로부터 편지를 받았는데, 그는 내가 스위스의 타르파췰링에서 알게 된 전직 미국인 승려였다. 로저는 자신이 최근 잉글랜드 데번에 있는 재가불자들의 공동체에 합류했다고 말했다. 그것은 그전 해에 위파사나 명상가 그룹이 세운 공동체였다. 로저는 내가 승복을 벗으려 한다는 사실을 전혀 눈치 채지 못하고 있었지만 나는 성일과 함께 그런 공동체에 합류하는 생각에 흥미를 느꼈다. 그때 또 다른 편지 한 통을 받았다. 이번에는 르몽펠르랭에서 온 편지였는데, 게셰 랍텐이 암 진단을 받았고 위독하다는 소식을 전해줬다. 나는 서둘러 유럽을 방문했다가 하안거 시기에 맞춰 다시 한국으로 돌아오기로 결정했다.

나는 런던으로 날아가서 슈롭셔에서 어머니와 며칠을 보낸 뒤 기차를 타고 데번으로 갔다. 로저가 살고 있던 공동체는 잉글랜드에서 '대안(alternative)'의 삶을 사는 곳으로 잘 알려진 토트네스 근처 다트 강이 내려다보이는 팔라디오 풍의 대저택 샤펌하우스의 위층에 자리하고 있었다. 당시에는 다섯 명만이 공동체에 속했으며, 다른 사람들의 합류를 고대하고 있었다. 나는 집주인이자 공동체를 후원하는 교육자선단체 샤펌트러스트의 공동 설립자인 모리스 애시와 그의 아내 루스를 만났다. 나는 선에서 영감을 얻은 단순함과 명상에 토대를 둔 전원의 생활방식에 대한 모리스의 시각에 열광했다. 그것은 주변 도시와 마을에 사는 사람들에게 강의, 워크숍, 단기 수행을 제공했다. 결정된 것은 아무것도 없었지만 나는 우리가 그 공동체에 합류 신청을 하면 환영 받으리라는 확신을 갖고 샤펌을 떠났다.

나는 보르도를 거쳐 스위스로 돌아갔다. 보르도에서 성일의 어머니와 가족을 만난 뒤 밤차를 타고 제네바로 갔다. 나는 불길한 예감에 사로잡혀 르몽펠르랭으로 갔다. 한국으로 떠난 뒤 3년 동안 타르파칠링과는 거의 접촉이 없었다. 게셰 랍텐 밑에서 나와 함께 공부했던 승려와 일반인 학생 중 많은 이들이 그곳을 떠나갔다. 나처럼 몇몇은 더 집중적인 명상 수행을 하기 위해 갔고, 또 다른 이들은 학위를 따러 대학으로 돌아갔으며, 또 어떤 승려들은 환속하여 평범한 직업을 갖고 일하고 있었다. 사원은 열성적인 새 얼굴들로 채워졌다. 나는 과거에서 온 귀신 같은 불청객처럼 느껴졌다.

헬무트 스님은 나를 위층으로 데려가 게셰 랍텐을 보게 했다. 나는 그가 쉽게 지치니까 너무 오랫동안 함께 시간을 보내지 말라는 소리를 들었다. 게셰는 자신의 방에 있는 침대에서 꼼짝하지 않고 앉아 있었다. 아파하는 것 같지는 않았지만 그에게서는 지독한 슬픔이 풍겨졌고 그것은 그를 버린 것에 대해 내가 여전히 느끼고 있던 모든 죄책감을 불러일으켰다. 그는 나를 보고 특별히 기뻐하지도 화를 내지도 않는 것처럼 보였다. 그는 한국의 사원이 율(律)—붓다가 내린 승가의 서원과 수련 규칙—을 얼마나 잘 고수하고 있는지, 어떤 경전을 배웠는지 알고 싶어 했지만 구산 스님이 가르친 명상 수행과 같은 것에 대한 질문은 비난이라도 하듯 의도적으로 피했다. 그의 얼굴은 푹 꺼졌고 지쳐 보였다. 내가 가려고 일어서자 그는 내게 기다리라고 하더니 책상 서랍에서 작은 루스리프식 텍스트를 꺼냈다. 그는 그것이 다람살라에 있는 자신의 오두막에서 수행하는 동안 지은 12편의 운문으로, 나중에 산문의 주석을 덧붙인 것이라고 설명했다. 그것은 〈심오한 생각의 노래(The Song of the Profound View)〉라고 불렸는데, 그는 그것을 영어로 번역해줄 것을 부탁했다. 내가 그 책을 받으려고 무릎을 꿇자 그는 내 머리에 손을 얹고 축복해주었다. "아, 잠파 탑케[나의 티베트어 이름]……"그는 한숨을 내쉬었다. 나는 다시는 그를 볼 수 없으리라 예상하며 방을 나왔다.

나는 한국에서 마지막 몇 달을 구산 스님의 가르침을 책으로 내는 작업을 마무리하며 보냈다. 성일은 오래전에 구산 스님이 십우도(十牛圖)—선 수행을 설명하는 고전적인 일련의 그림—에 대해 강의하신 내용을 테이프에 녹음한 것을 발견하여 번역하느라 바빴다. 동아시아 문화와 종교에 관한 책을 내는 도쿄 소재 출판사로 높은 평가를 받는 웨더힐이 『한국의 선(The Way of Korean Zen)』이라는 제목으로 책을 출판하기로 동의했다. 나는 또한 서울의 출판사로부터 한국어로 번역해서 낼 수 있도록 티베트 불교에 관한 짧은 책을 써달라는 요청을 받았고, 그해 가을에 겨우 끝낼 수 있었다. 12월 16일 구산 스님 입적 1주년 기념식을 치른 뒤 성일과 나는 한국을 떠났다. 나는 서른한 살이었고 10년이 약간 넘게 승려로 있었다. 내 인생에서 이제 그 단계는 막을 내렸다.

제2부

재가자

7

불교의 실패자(II)

1985년 1월 4일. 나는 미소 짓는 승려의 사진이 붙어 있고 모서리가 접힌 낡은 여권을 여전히 가지고 있었다. 여권에는 영국령 홍콩으로부터 출국 날짜 도장이 찍혀 있었다. 나무판을 댄 기차가 안간힘을 쓰며 철커덕 카오룽(주룽)의 역을 빠져나와 중화인민공화국 국경을 향했다◆. 나는 안개 사이로 잘 보이지 않는 창문 밖 선로가의 허름한 집들을 내다보거나, 그러지 않을 때면 맞은편에 앉아 있는 성일—아니 '마르틴.' 이제 그녀는 이렇게 불러주길 고집했다—에게 시선을 돌렸다. 기차가 또 다른 선로변환기들을 지나며 갑자기 흔들릴 때마다 우

◆ 영국령 홍콩이 중국에 반환된 것은 1997년의 일이다.

리의 무릎이 서로 부딪쳤다.

송광사를 떠난 뒤 우리는 서울에서 홍콩으로 날아왔다. 유럽으로 가기 전 두 사람 모두 당나라(서기 618~907) 때 신 전통이 처음으로 꽃을 피운 중국 남부의 절들을 방문하고 싶었다. 문화혁명 시절의 파괴에 대해 들은 것이 있었기 때문에 우리는 과연 이런 곳들이 살아남아 있을지 궁금했다. 틈새로 바람이 들어오는 중국대사관 복도에서 대기 중이던 우리는 최근 당국이 라싸를 '개방 도시'로 분류했다는 소문을 들었다. 이는 어쩌면 이제 여행객이 독자적으로 그곳에 갈 수도 있을지 모른다는 것을 뜻했다. 우리가 대사관 직원들에게 티베트에 갈 수 있는지 물어보자 그들은 고개를 가로저으며 중국에 도착하면 물어보라고 말했다. 우리는 홍콩 시청에 결혼 공고를 내고 광저우(광둥)로 가는 열차에 올랐다.

광저우는 음산했다. 공산주의 이전 시대에 한때 위풍당당했던 건물들은 표면이 벗겨지고 부풀어 오르고 땟국이 줄줄 흘러내렸다. 춥고 눅눅한 1월 초였다. 검은색 외투와 귀덮개가 달린 모자로 감싼 사람들이 발을 질질 끌며 거리를 걸어다니고 석탄 먼지 냄새로 진동하는 땅안개 속으로부터 나타났다가 다시 그 속으로 사라졌다. 현지인들은 말아 피는 담배를 계속 피우거나 끊임없이 해바라기 씨를 씹는 것 같았다. 그들은 또한 큰소리로 기침을 하고는 땅바닥에 침을 길게 내뱉는 것을 특히 즐겨 했다. 중국은 인도처럼 흑백이었다. 가난과 불결함은 그 어떤 색의 향연이나 갑작스럽고 큰 웃음소리 또는 절의 종소리로도 구제되지 않았다. 우리가 지나친 얼마 안 되는 가게에는 물건이 거의 없었지만 사람들은 잘 먹고 잘 입는 것처럼 보였다.

우리는 먼저 난화쓰(남화사〔南華寺〕)로 갔다. 이곳은 선종의 육조 혜능의 절로, 그로부터 선의 맥이 오늘날 우리에게까지 내려왔다. 바로 이곳에서 혜능이 젊은 승려 회양에게 물었다. "이 물건은 무엇인가, 어떻게 여기에 왔는가?(什麼物恁麼來)" 여기서 바로 내가 한국에서 거의 4년 동안 스스로에게 물었던 "이뭣고?"라는 질문이 생겨났던 것이다. 그곳은 허름했지만 놀랄 정도로 보수가 잘 되어 있었다. 길고 해진 검은 승복의 승려 50여 명이 그곳에 살고 있었다. 절에서 염불을 하고 향을 바치는 신도들의 행렬이 꾸준히 이어졌다. 반짝이는 검은색 옻칠로 방부 처리된 혜능의 좌상은 튀어나온 한쪽 눈을 가늘게 뜨고 우리를 내려다보는 모습을 하고 있었으며, 전혀 손상되지 않은 상태로 절 뒤쪽 조전(祖展)에 자리하고 있었다.

우리는 버스를 타고 근처에 있는 당나라 시대 마지막 최고 선승 중 하나였던 운문의 절로 갔다. 운문은 간결하지만 함축적인 '한 단어(一句)' 선으로 유명했다. "붓다의 최고 가르침은 무엇인가?"라는 질문에 그는 "적절한 설법(對一說)"이라고 대답했다. 또 한 번은 "떡(胡餠)"이라고 대답했다. 나는 그의 단순명쾌함에 감탄했다. 절은 거의 폐허가 되다시피 했다. 쓰러진 석조 위로 조심해서 걷다보니 절이 완전히 약탈당하고 파괴되었다는 것이 분명해졌다. 망가진 종과 커다란 금속 불상 조각들이 작은 빈터에 공손히 놓여 있었다. 하지만 그 외에는 버려진 곳처럼 보였다. 그때 나이 지긋한 승려가 부서진 문에서 나타났다. 그는 자신을 포위안 주지라고 소개했다. 그는 대대적인 파괴에도 냉정을 잃지 않고 차분했으며, 잔해 사이로 우리를 안내하며 한때 법당, 선방, 승려들의 거처가 서 있던 곳을 가리켰는데, 그런 것들의 물리적인 부재는 일시적인 불편함에 불과한 것처럼 보였다.

포위안 스님은 우리에게 장시성 윈쥐산(운거산[雲居山])의 전루쓰(진여사[眞如寺])를 방문해보라고 했는데, 난창에서 그리 멀지 않은 곳이었다. 버스는 우리를 외진 마을에 내려놓았다. 현지인들은 안개가 드리워진 산을 가리키며 거기가 승려들이 살고 있는 곳이라고 말했다. 우리가 산비탈을 휘감으며 나 있는 대나무 길을 올라가기 시작하자 눈이 내렸다. 밴 한 대가 우리 옆으로 와서 섰다. 차는 미소 짓는 승려들로 가득했는데, 그들은 경작지 밭으로 둘러싸인 절이 있는 산꼭대기까지 우리를 태워다주겠다고 했다. 1960년대에 완전히 파괴된 이 절은 이제 화려하게 장식된 건물들이 들어선 완전히 새로운 곳이었고 일부는 여전히 건설 중이었다.

사람들은 우리를 선승 량야오 스님에게 데려갔다. 키가 크고 위엄 있게 생긴 그는 우리에게 장난스럽게 손짓을 하며 따라오라고 하더니 우리를 낮은 문을 지나 어두운 방으로 데리고 갔다. 눈이 빛에 익숙해지자 바닥보다 높은 나무 연단이 벽을 따라 늘어서 있고 그 위에서 좌선을 하고 있는 40여 명의 승려들이 보였다. 모두 노인이었는데, 머리도 깎지 않고 쭈글쭈글하고 구부정했으며 기운 승복을 입고 있었다. 어떤 이들은 차 사발의 차를 조금씩 마시고 있었다. 거친 밥과 버섯죽으로 된 점심을 먹은 뒤 우리는 밴에 획 실려 다시 가장 가까운 철도 종점까지 갔는데, 설명을 위해 경찰서에 잠깐 들렀다. 승려들은 초조해했다. 우리 두 사람을 좀 더 오래 머물게 했더라면 비난, 아니 그보다 더 심한 일을 당했을 것이다.

1985년 중국은 홍위병과 마오쩌둥 독재의 힘들었던 옛날로부터 이제 막 벗어나기 시작하고 있었다. 우리는 북쪽으로 향해 뤄양으로 갔다. 그곳에서 우리는 룽먼 협곡 절벽에 수 세기에 걸쳐 깎아 만든 기념비적인 불상들과 수백 개의 석굴 사찰들을 보았다. 석굴들은 기본적으로 파괴되지는 않았다. 쑹산(숭산〔嵩山〕)에서 우리는 사오린쓰(소림사〔少林寺〕)를 방문했다. 그 절은 선종의 1대 조사인 투박하고 수수께끼 같은 보리달마와 관련이 있는 곳이었다. 이곳도 복구되어 불교 순례의 중심지와 중국 무술 애호가들의 성지로서의 두 가지 기능을 천천히 회복하고 있었다(홍콩의 한 영화사는 최근 사오린쓰 옆에 똑같은 영화 세트장을 세웠다.).

뤄양으로 돌아오자마자 우리는 공안국으로 가서 라싸 방문이 가능한지 물어봤다. 공손한 여자 직원은 놀라는 기색도 없이 우리에게 여행허가증을 발급하고 라싸행이라는 도장을 찍어줬다. 우리는 고대 도시 시안을 탐험하려던 계획을 버리고 기차로 이틀을 걸려서 서쪽 쓰촨성의 성도인 청두에 도착했다. 그곳에서 우리는 탑승 가능한 첫 티베트행 비행기를 탔다.

우리가 라싸 '공항' 활주로—당시에는 칙칙한 군대식 막사 몇 채만 있는 가설 활주로에 불과했다—에 섰을 때 나는 사방의 먼지 나고 황폐한 산들과 그 뒤로 반짝이는 푸른 하늘의 놀라운 대조에 깊은 인상을 받았다. 태양은 수정 같은 세기로 빛을 발하고 있었지만 내 뺨에 부딪치는 산들바람의 살을 에는 듯한 냉기는 거의 덜어주지 못했다. 나는 말을 할 때 폐의 공기가 문장을 끝내기에 충분하지 않다는 것을 깨달았다. 내가 산소를 더 들이마시려고 헐떡이자 마지막 단어들은 쌕

쌕거리는 소리 속으로 사라져버렸다.

반은 비어 있는 일류신◆에 외국인—아니, 우리들의 국내 여행 허가증에 서술되어 있듯이 '외계인(alien)'—이라곤 마르틴과 나뿐이었다. 다른 승객들은 중국 관리들이었는데, 모두 똑같이 황록색의 '마오쩌둥' 인민복과 모자를 착용하고 있었으며, 우리가 느꼈던, 전설적인 세계의 지붕에 발을 딛는 것에 대한 흥분을 같이 나누는 이는 아무도 없는 것 같았다. 라싸는 3개월 전 '개방' 도시로 선포되었다. 그때까지는 엄격하게 통제되고 너무 비싼 여행 그룹의 일원으로서만 방문할 수 있었다. 무슨 이유에서인지 이제 당국은 개인들이 감시 없이 라싸를 여행하고 싸구려 현지 여관에 투숙하는 것을 허락하고, 그리고 엄밀히 따지자면 허용된 것은 아니지만 라싸 주변 시골을 탐험하는 것도 허락하기로 결정했는데, 현지 티베트인들은 너무나 열심히 이런 것들을 보여주려고 했다.

공항에서 라싸로 이어지는 포장도로는 아직 공사 중이었다. 우리가 탄 버스는 흔들거리며 밭을 지나 강을 건너고 깊게 팬 농촌 길에 휘청거리며 달리다가 키추 강을 건너가는 다리 위로 덜커덩 흔들리며 올라섰다. 멀리서 반짝이는 포탈라 궁의 황금 지붕을 처음 보는 순간 옛 티베트 시절 라싸에 와봤던 이들이 말한 전율과 신비로움이 여전히 떠올랐다. 도시 외곽에 가까워지자 현대 중국 변방 도시의 가혹한 현실이 드러났다. 우리는 눈이 휘몰아친 대로를 지나갔다. 대로변에는 기능성 위주의 콘크리트 사무실과 아파트 건물 들이 줄지어 서 있었

◆ 소련 일류신 사가 개발한 비행기.

다. 버스 정거장으로 가면서 우리는 절이나 진홍색 승복의 승려를 하나도 보지 못했다. 사방에 보이는 줄에 매달린 바람에 찢긴 기도 깃발들만이 이 현대 도시와 그 시민들의 삶에서 불교가 여전히 어떤 역할을 하고 있다는 것을 보여줬다.

중국에서처럼 라싸와 그 주변에 있는 사찰의 파괴 형태는 일정하지 않았다. 저우언라이는 포탈라 궁처럼 역사적 · 건축적으로 중요한 일부 건물들은 광포한 홍위병들로부터 보호하라는 명령을 군에 내렸지만 간덴 사원과 같이 다른 주요한 과거 체제의 상징물들은 완전히 파괴되었다. 어떤 경우에는 절 건물에서 종교적인 물건들을 모두 치우고 그곳을 곡물저장고, 창고, 혹은 주거지로 바꿔버렸다. 라싸에서 가장 중요한 사원인 조캉 사원은 그 신성함을 무지막지하게 훼손하여 돼지 도살장으로 사용—내가 들은 바로는 그렇다—했지만 그 구조는 그대로 남아 있었다. 티베트인 관리인에게 라싸 제2의 사원인 라모체 사원에 들어가게 해달라고 설득하여 가보니 종교적인 채색도장은 피해를 입지 않았지만 조각상들은 다 없어졌고 대신 마오쩌둥의 대형 초상화가 있었다. 그곳은 공산주의 교화와 비판 모임의 중심지로 사용되고 있었던 것 같았다.

놀랍게도 내가 그들의 말을 하고 달라이 라마와 함께 다람살라에서 살았다는 것을 알게 된 티베트인들은 나를 한쪽으로 데려가더니 불청객으로 그들의 나라에 들어와 티베트 문화의 모든 면을 공격하고, '봉건노예 상태'에서 '해방'되는 것에 저항하는 사람은 모두 투옥시키거나 처형하고 있는 중국인들의 잔인함에 대해 그들의 분노와 고통을 쏟아냈다. 다른 목소리도 있었다. 내가 중국인들을 비난하는 소리를 우연히 들은 어떤 사람이 조용히 말했다. "파괴에 나선 이들은 중국 사람들뿐만이 아니었습니다. 티베트 사람들도 그랬어요."

겨울이었고 시골에서 해야 할 일이 없었기 때문에 전국의 농촌 사람들이 새해맞이 축제인 로사르를 위해 라싸로 몰려들었다. 바르코르—구시가지 조캉 사원 주변의 거리와 광장—를 걸어서 돌아다니던 우리는 천천히 움직이는 전통복장 차림의 소박하지만 독실한 남녀 군중 속에 우리가 들어와 있다는 것을 알게 되었다. 전통복장이라고 해야 때로는 허리를 끈으로 꽉 조인 야크 가죽 하나에 불과했는데, 중국의 점령이 어쩐 일인지 그들을 지나쳐버리기라도 한 것처럼 그런 차림의 사람들이 마니차를 돌리고 진언을 중얼거리며 바닥에 길게 엎드려 절을 하고 있었다.

라싸 체류는 티베트와의 만남에서 나를 다시 원점으로 돌아오게 만들었다. 나는 달라이 라마와 게셰 랍텐이 망명을 위해 떠나온 곳과 직접 접촉하며 친밀감을 쌓고 있었다. 티베트는 내가 단지 그들의 (향수 어린) 기억에 대해 (낭만적인) 인상을 받은 곳이 더 이상 아니었다. 여기 포탈라 궁—지금은 박물관—꼭대기에 어린 달라이 라마가 추운 겨울철을 보낸 방들이 있었다. 여기는 그가 스승들에게서 배우던 곳이다. 이것이 그의 침대였고, 이것은 그의 제단, 그리고 여기는 그가 알현을 받던 곳이다. 내 생각에 방들은 공들여 화려하게 짠 양단으로 너무 과하게 치장되어 있었지만 그런 것들은 자유시간에 편평한 옥상으로 나가 망원경으로 저 아래 마을의 거리를 지나가는 그의 백성들을 관찰하곤 하던 안경 쓴 소년 같은 승려에게 내가 그만큼 훨씬 더 가까워질 수 있게 했다.

포탈라 궁에서는 세라 사원이 보인다. 라싸 계곡 북쪽에 솟아오른 벌거숭이 바위산 기슭에 하얗게 칠한 건물들이 밀집되어 있다. 게셰 랍텐이 1959년 3월 세라를 떠나 피신할 당시 그곳에는 약 3천 명에 달하는 승려들이 있었다. 지금 그곳에는 100여 명이 채 되지 않는 사람들이 있었고, 대부분은 떠들썩한 어린아이와 청소년 들이었다. 그들을 관리하는 이들은 20년 이상의 수용소 생활과 강제 노역에서 살아남아 최근 사원으로 돌아온 나이 많은 소수의 라마들이었다. 정상적이라면 교육과 행정을 담당했을 중년 세대 전체가 사라지고 없었다. 내가 게셰 랍텐에게서 배웠다는 것을 알게 된 어느 노승은 나에게 그곳에 머물며 아이들을 가르쳐달라고 간청하기도 했다. 나는 게셰가 스무 살 때부터 살았던 거처인 테호르캉첸을 찾았다. 그곳의 유일한 거주자는 다소 심적 외상을 입은 승려였는데, 눈물을 훔치며 나의 스승을 애틋하게 기억한다고 말했다.

비행기를 타고 청두로 돌아가기 전날 우리는 새벽 4시에 일어나 근처 길모퉁이에서 벌벌 떨며 모여 있는 티베트 사람들에 합류했다. 나는 그곳이 라싸에서 동쪽으로 약 32킬로미터 떨어진 곳에 있는 간덴 사원으로 가는 버스 정류장이 확실하다고 들었다. 알고 보니 '버스'는 뒤가 트인 트럭이었다. 우리는 차에 겨우 올라타 쿵쿵거리는 차 옆쪽에 달라붙어 갔다. 바람은 살로 파고들었고 손발가락은 마비되었다. 간덴 사원은 14세기에 겔룩파의 창시자 총카파가 세웠다. 세라 사원과 달리 그곳은 키추 계곡에서 수백 피트 위 산비탈 윗부분 천연의 원형극장 같은 지형에 세워졌다. 트럭은 사원으로 가는 급커브 길을 지그재그로 올라가면서 안간힘을 쓰며 신음소리를 냈다. 산 위로 동이

트자 가장자리에 눈이 쌓인 간덴 사원의 흔적들이 마치 썩은 치열처럼 우리 앞에 나타났다. 티베트인들은 홍위병들이 현지인들에게 돌로 사원을 부수라는 명령을 내렸었다고 설명했다. 그 후 건물 열 채만이 복구되었다. 이 북적거리던 사원 마을에 살았던 5천 명으로 추정되는 승려들 대신 우리가 만난 이들은 잔해 속에서 겨우 생존하고 있는 소수의 노인들이었다.

티베트인들이 입은 손실은 너무나 엄청났다. 달라이 라마와 그의 수행원들은 티베트 권력의 핵심층을 이룬 사람들이었다. 그들의 통치와 영향은 유럽만큼이나 넓은 지역에까지 뻗쳤다. 겔룩 종단의 원로 고위성직자로서 그들은 스스로를 자비로운 불교 국가 티베트를 17세기 이래 통치한 체제의 대표로 여겼다. 그러다 문득 그들의 삶과는 거의 아무런 관계가 없을 것 같던 먼 곳의 정치적 격변의 여파로 인해 역사의 눈 밖에 난 그들 자신을 발견했다.

그토록 오랫동안 티베트를 안전하게 지켜줬던 신들에게 바치는 유구한 의식과 축원은 더 이상 효과가 없었다. 마치 보호자들이 그들을 버린 것만 같았다. 많은 사람들은 어떤 극악무도한 업의 결과가 나타나고 있다고 추정했다. 나머지 세계가 무관심으로 구경만 하고 있는 사이 달라이 라마와 추종자들은 그들의 소중한 땅을 버리고 설산 봉우리들을 걸어 망명길에 올라야만 했다.

마르틴과 나는 홍콩으로 돌아와 간결한 세속 예식으로 결혼했다. 우리들의 친구인 피터와 니콜이 증인이 되어주었는데, 이들 역시 전직 승려였다가 결혼하여 지금은 카오룽에서 일하고 있었다. 이틀 뒤 우리는 잉글랜드로 떠났다.

기차를 타고 데번으로 갈 때 우리는 젊은 유럽인과 미국인 들의 실험적이고 합의에 기초한 공동체 속의 삶이 과연 우리에게 맞을지 맞지 않을지 전혀 알 수 없었다. 우리 둘 모두 자신이 절 생활의 질서정연한 단순함과 위계 체계에 매우 익숙해져 있다는 것을 깨달았다. 그에 비해 우리가 이제 막 들어가려고 하는 상황은 꽤 무정부적인 것처럼 보였다. 우리는 우리가 소규모 서양 불교도 이주자들의 일부분이라는 것을 알게 되었다. 그들 중 많은 이들은 덴버리에 있는 위파사나 수련 센터인 가이아하우스(Gaia House)의 존재 때문에 토트네스 지역으로 오게 되었다. 가이아하우스는 1983년 크리스토퍼 티트머스와 크리스티나 펠드먼이 세웠는데, 두 사람 모두 내가 수년 전 다람살라에서 고엔카 씨의 가르침을 받을 때 알게 된 이들이었다. 크리스토퍼는 1960년대에 태국에서 승려로 수련을 받다가 1975년에 승복을 벗었다. 크리스티나는 인도에서 게셰 랍텐의 최초 제자들 중 하나였다가 나중에 위파사나 수행에 전념하게 되었다.

우리는 샤펌하우스 위층의 방 한 칸으로 이사했는데, 그곳에서 결혼하고 처음 6년을 보냈다. 몇 권의 책 이외에 우리가 가진 것은 실질적으로 없었다. 내가 1년 전 방문한 이후 샤펌노스커뮤니티는 구성원이 다섯 명에서 여덟 명으로 늘어나 있었다. 마르틴과 나의 합류로 이제 열 명이 되었다. 공동체 생활에는 아침저녁으로 함께 명상하고, 요리, 청소, 쇼핑 당번을 같이 나누고, 공터에 울타리를 치고 채소밭을 가꾸고, 우리들 사이의 갈등을 자비롭고 비공격적인 방식으로 해결하려는 진 빠지는 시도로 매주 몇 시간씩 회의를 하고, 주간 간담회, 명상의 날, 주말 워크숍 프로그램을 운영하는 일 등이 포함되었다.

샤펌하우스의 주인이자 샤펌트러스트의 설립자 모리스 애시와 루스 애시는 아래층에서 살았다. 최근 모리스는 근처에 있는 다팅턴홀 트러스트의 이사장직에서 은퇴하고 샤펌을 좀 더 영적으로 깨어 있고 환경적으로 지속가능한 삶의 방식으로 바꾸는 데 열심이었다. 그러나 모리스와 루스 모두 불교도는 아니었다. 몇 년 전 캘리포니아 전원에 있는 선 센터인 그린걸치팜(Green Gulch Farm)을 방문한 뒤 영감을 얻은 그들은 전 세계 모든 종교 중 불교가 샤펌트러스트의 목표를 실현하는 데 도움이 되리라 믿게 되었다. 이런 목표 중 하나는 잉글랜드의 시골에 '다시 혼을 불어넣는(re-enspirit)' 것이었다. 수년 동안 샤펌하우스 주변의 완만한 구릉지대에서 소와 양을 치던 농부들은 그런 노력에 회의적이었다. 그들은 우리를 '혼(the spirits)'이라고 불렀다.

나는 아무런 돈도, 자격증도 없이 영국에 도착했다. 나의 유일한 직업 경험은 13년 전 6개월간 석면 공장에서 청소부로 일했던 것이었다. 승가를 떠났으므로 더 이상 다른 불교도들의 후원을 기대할 수 없었다. 그리고 서로 다른 불교 전통에서 수행했던 나는 더 이상 나 자신을 그 어떤 하나의 종파에 결부시키지 않았으며 불교 세계에서 자연스런 '고향'도 없었다. 많은 시간 동안 불교를 공부하고 불교에 대해 글을 썼지만 내게는 학교나 대학에서 가르칠 수 있게 해줄 그 분야의 학위도 없었다. 샤펌에서 사는 조건이 국가 보조금을 받지 않는 것이었으므로 나는 가끔 강연을 하고 명상 워크숍과 수행 프로그램을 진행하고 불교 출판사들이 의뢰한 글을 쓰고 현지 교도소에서 교화활동을 하고 주변 농장에서 육체노동을 하며 살아갔다. 마르틴도 비슷한 상황이었다. 여승으로 10년을 보낸 그녀 역시 그 어떤 정식 자격증이나 직업 기술을 갖고 있지 않았다. 함께 가르쳐서 벌어들인 보잘것없는 수입을 보충하기 위해 그녀는 모리스와 루스의 가정부로 일했다.

나는 승복을 벗고 이름 없는 재가자 생활로 돌아가기로 한 결정을 한 번도 후회하지 않았다. 그것은 안도감을 주었다. 나는 더 이상 그렇게 공개적으로 눈에 띄어야만 할 필요가 없었다. 스위스와 같이 비불교적인 문화에서 이국적인 옷을 입고 머리를 깎은 남자로 있다는 것은 시각적으로 비명을 지르는 것과 같다고 느끼게 되었다. 나는 승려가 되기로 한 나의 결정이 대체로 실용적인 의미가 있었다는 것을 깨달았다. 그런 결정을 한 결과 나는 불교를 깊이 공부하고 행할 수 있었다. 내 자신을 그 반대로 확신시키려고 아무리 열심히 노력했지만 나는 내가 정말로 출가 수행자로서의 소명을 가졌다고는 생각하지 않는다. 승려로 있던 세월 내내 나는 내가 다른 사람 행세를 하는 사기꾼은 아닌가 하는 불안한 의심에 종종 시달렸다. 게다가 샤펌 공동체에서 전원의 소박함을 즐기고 자발적 가난의 삶을 살다보니 마르틴과 내가 독신 수도자로 남았을 경우와 꽤 비슷하게 공부와 명상에 집중할 수 있었다.

붓다 시대 이래 독신은 모든 비구와 비구니의 의무였다. 수도 생활의 고독은 열반을 이루려는 대단히 어려운 일을 해내고 싶어 하는 사람에게는 필수 요건으로 여겨졌다. 자기 자신을 온전히 불교 수행에 바치고자 한다면 붓다의 예를 따르고 가장의 삶은 포기해야만 했으며 그럼으로써 자신의 보다 더 높은 목표를 실현하는 데 그 어떤 것도 방해가 되지 않도록 했다. 불교 역사를 통해서 그런 출가 수행자 생활은 일본과 일부 티베트 탄트라 종단에서만 결혼을 한 사제직으로 대체되었을 뿐이다. 동남아시아, 중국, 한국, 티베트 등 나머지 불교 세계에서는 독신의 승가가 규범으로 남아 있다.

하지만 나는 승복을 벗기 훨씬 전 독신 규칙이란 것이 '영적인' 이유만큼이나 붓다 시절의 사회적 · 경제적 환경이 요구한 것은 아니었을까 자문했다. 초기 불교 공동체는 그 생존 여부가 한정된 보시와 기부에 달려 있었으며, 현실적으로 지지자들이 어린아이들의 양육비까지 제공하는 것을 기대할 수 없었다. 당시 문화에서는 마음의 삶을 추구하기로 한 사람이라면 자연히 결혼 생활의 즐거움은 포기할 것으로 기대되었다. 하지만 더 많은 여가, 교육, 재정적 준비, 그리고—여성에게 아주 중요한—임신 조절 수단 등에 접근할 수 있는 현대 사회에서 그런 금욕 규칙이 여전히 이치에 맞는 것일까? 안정적이고 사랑하는 성적 관계에 있는 사람, 소박한 삶을 영위함으로써 스스로를 부양할 수 있는 그런 사람이 독신의 비구나 비구니보다 불교적 삶의 결실을 실현하는 능력이 본질적으로 떨어진다는 것인가?

독신의 문제는 기독교에서처럼 불교에서도 논란이 많은 문제이다. 전통주의자들은 불교가 2,500년 동안 살아남은 것은 붓다 시절 이후 다르마를 지키는 데 헌신한 전문가들을 시대마다 공급한 독신의 승가가 그대로 보존되었기 때문이라고 할 것이다. 어떤 이들은 불교가 인도에서 살아남지 못하고 20세기에 아시아 일부 지역에서 거의 전멸하다시피 한 이유 중 하나는 그것이 의지하고 있는 수도 단체의 취약성 때문이라고 지적할 것이다. 독신의 승려들은 마을과 도시의 보호 장벽 밖의 격리된 사원에서 사는 경향이 있었고 서원을 통해 무기를 소지하거나 전투에 참여하는 것이 금지되어 있었기 때문에 인도의 무슬림 군대이건 중국의 홍위병 무리이건 무장 세력에 대항해 스스로를 방어할 수 없었다. 현대성의 압력이 불교에서 결혼한 성직자를 더 폭넓게 받아들이는 쪽으로 움직이고 일반 신도에게 더 많은 권한을 주는 결과를 낳을지, 아니면 독신 비구와 비구니의 공동체를 강화하고 다시 새롭게 하여 그런 전개에 저항하는 결과를 가져올지에 대해 말하기는 아직 너무 이르다.

전통적인 불교 사회에서 승려가 되는 것은 교육을 받는 것에 해당하는 일이었다. 세라나 송광사 같은 사원은 조용한 사색가들의 밀폐된 공동체라기보다는 학교이자 수련원이었다. 승려들이 불교 교학의 세부 사항과 복잡성에 몰두하는 동안 대다수의 일반 신도들은 헌신적인 수행, 기원의 기도, 도덕적이고 종교적인 준수, 사원을 유지시키기 위한 다나(보시)를 하는 것에 만족해야 했다. 그 이상을 원한다면 다음 생에 더 잘 태어나게끔 '덕'을 쌓고 기도를 올리도록 격려 받았다. 이것은 두 부류의 불교도, 즉 전문적인 성직자와 독실하지만 종종 문맹인 일반 신자를 낳았다.

마르틴과 내가 잉글랜드에서 불교를 가르치기 시작하자 승려와 재가자 사이의 그런 구분은 더 이상 적절해 보이지 않았다. 내가 쓴 책을 읽고 우리 수련회에 참여한 사람들은 고등교육을 받은 남녀였으며, 흔히 가족과 직업이 있었고, 종교적 · 철학적 관심사를 추구할 만큼 충분한 여가 시간은 있었지만 독신의 비구나 비구니로 계를 받고 싶은 생각은 없는 이들이었다. 그들 중 많은 이들에게 재가자 불교의 전통적인 수행은 무비판적으로 독실하고 단순하며 미신적인 것처럼 보였다. 그들은 일관성 있고 철저한 삶의 철학을 찾고 있었으며, 그것과 함께 가설적인 미래의 존재에서 보상을 약속하는 일련의 위안적인 믿음과 열망이 아니라 지금 여기 그들의 삶에서 실질적인 차이를 만들어내는 명상 수행을 원했다. 사색적이고 교육받은 일반인 신자들을 위한 제3의 길이 요구되고 있는 것 같았다.

잉글랜드로 돌아오고 넉 달이 지난 1985년 7월 나는 스위스 리콘으로 여행을 했다. 달라이 라마가 유럽에서 처음 주관하기로 예정된 칼라차크라 입문식에 참석하기 위해서였다. 칼라차크라(시간의 바퀴) 탄트라는 매우 정교한 금강승 수행의 하나로 서기 10세기 인도 불교의 마지막 융성을 나타내는 것이었다. 그것은 신비의 샴발라 왕국을 토대로 한 천년지복의 교리로, 지상에서 큰 전투가 일어날 것을 예언하는데, 그 전투에서 샴발라의 군대가 잔혹한 세력을 물리쳐 이기고 불교의 새로운 황금시대를 열 것이라고 한다. '야만적인' 공산주의 세력 때문에 망명을 해야만 했던 사람들에게 그런 예언이 갖는 매력은 분명하다. 하지만 달라이 라마는 티베트의 비극을 시사하기보다는 칼라차크라를 세계 평화에 대한 호소로서 제시하기 시작했다.

나는 이미 1974년 인도에서 달라이 라마로부터 칼라차크라 입문을 받았다. 하지만 그것을 행하는 척하는 가식은 오래전에 버렸다. 그리고 내가 자신의 삶과 감지될 수 있을 정도의 연관성을 갖고 있지 않은, 불필요하게 복잡하고 불가사의한 일련의 의식이라고 지금 여기고 있는 것에 대해 했던 약속을 갱신할 의도도 전혀 없었다. 내게는 스위스에 다시 간 다른 이유들이 있었는데, 그중 하나가 게셰 랍텐을 보는 것이었다.

나는 그 전해에 타르파촐링을 방문했을 때 게셰가 준 텍스트를 번역하면서 샤펌에서의 처음 몇 달을 보냈다. 〈심오한 시선의 노래(The Song of the Profound View)〉는 그가 다람살라의 오두막에서 오랫동안 수행하면서 행한 공에 대한 명상을 다룬 난해하고, 그리고—티베트인들에게는—놀랄 정도로 개인적인 이야기였다. 어떤 부분에서 게셰는 자신이 공이란 것은 '존재하지도 존재하지 않지도 않는(neither existent nor non-existent)' 것이라는 결론에 어떻게 도달했는지 쓰고 있다. 자신만의 명상 탐구를 통해 이런 통찰에 도달하긴 했지만 그는 그것이, 자신이 수련을 받았고 공은 '내재하는 존재의 단순한 부재(the simple absence of inherent existence)'에 불과하다고 주장하는 겔룩 전통의 공식적인 견해와 상충된다는 것을 알았다. 달라이 라마의 스승이기도 한 자신의 스승 티장 린포체와 그것에 대해 토론을 한 뒤 그는 자신의 뿌리 스승이 지닌 우월한 지혜에 대한 존경으로 자신이 도달한 이해를 버렸다. 나는 어쩌면 게셰가 내가 그에 대해 믿음이 부족하다는 것을 에둘러 지적하는 방법으로 나를 택해 이 텍스트를 번역시켰을지도 모른다는 생각이 들었다.

나는 리콘에서 게셰 랍텐을 만나자마자 내가 번역한 것을 주었다. 게셰도 칼라차크라 입문식에 참가하기 위해 그곳에 왔었다. 마지막으로 봤던 때와 비교하여 그는 훨씬 더 좋아 보였다. 그가 받고 있던 암 치료가 효과를 보는 것 같았다. 내가 승복을 벗고 결혼하기로 결심했다는 것을 전에 알리기는 했지만 아내를 동반한 재가자의 내 모습을 그가 본 것은 그때가 처음이었다. 그는 다정하게 마르틴을 환영해주었고 나의 신분 변화에 대해서는 아무런 말도 하지 않았다. 하지만 나는 내가 그를 다시 한 번 실망시켰다는 느낌을 갖지 않을 수가 없었다.

스위스에 간 또 다른 이유는 런던의 불교협회가 발간하는 계간지로, 내가 무보수이긴 하지만 정기적으로 기고를 하게 된《더미들웨이(The Middle Way)》지면에서 최근 벌어진 논란에 대해 달라이 라마의 조언을 듣기 위해서였다. 그 해 5월호에 달라이 라마의『친절, 명료, 그리고 통찰(Kindness, Clarity, and Insight)』◆에 대한 서평을 실었다. 그 기회를 이용하여 서평자는 달라이 라마가 겔룩에서 도르제 슉덴이라는 수호신의 수행을 금지한 것에 찬사를 보냈다. 그의 주장에 따르면 도르제 슉덴의 추종자들이 20세기 초 티베트 동부에서 티베트 불교의 닝마파를 폭력적으로 박해하여 사원을 마구 짓밟고 그 종교적 성물들을 파괴했다고 한다(하지만 책에서 이런 것은 언급되지 않았다.). 그 서평이 나오자마자 컴브리아에 있는 문수보살연구소의 공동체(내가 7년 전 잉글랜드로 처음 돌아갔을 때 한 달 간 게셰 켈상 갸초와 함께 일하며 지냈던 곳)가 격분의 편지 한 통을 편집인에게 보냈는데, 편지는 서평자가 그들의 신앙을 폄하하고 잘못된 비난을 퍼뜨리고 있다고 맹렬히 비난했다.《더미들웨이》지의 편집인 존 스넬링은 도대체 무슨 일이 벌어지고 있는지 알지 못했다. 그는 내게 불교협회의 후원자인 달라이 라마와 상의해서《더미들웨이》지가 이 문제를 어떻게 다뤄야 할지 의견을 줄 것을 부탁했다.

나는 비를 멈추게 한 닝마파 라마 예셰 도르제로부터 도르제 슉덴

◆ 한국에서는 '마음'이란 제목으로 출판된 바 있다.

에 대해 처음 들었다. 내가 다람살라를 떠나기 바로 전 그는 나를 한 쪽으로 살짝 불러내 이 신과는 관련을 맺지 말라고 내 귀에 다급히 속삭였다. 스위스에서 나는 자신의 스승이자 달라이 라마의 스승인 티장 린포체를 따르는 게셰 랍텐이 이 수행에 전념하고 있다는 것을 알게 되었다. 추종자들은 도르제 슉덴—챙이 넓은 모자를 쓰고 말 위에 앉아 성난 얼굴을 하고 있다—을 겔룩 종파의 창시자인 총카파의 순순한 가르침을 지키는 자로 여겼다. 이 분노에 찬 신은 이단적이고 비(非)겔룩파적인 가르침, 특히 족첸의 가르침을 받을 정도로 무모한 겔룩 수행자들을 질병이나 사고로 무너뜨릴 수 있다고 주장되었다.

족첸(Dzogchen, 위대한 완성)은 티베트 불교의 닝마파에서 찾아볼 수 있는 명상 수행이다. 닝마(고대) 종파는 그 기원이 서기 7세기에 불교가 인도에서 티베트로 들어와 전파되는 첫 단계까지 거슬러 올라간다. 족첸은 릭파(rigpa)에 토대를 두고 있는데, 릭파는 티베트말로 문자 그대로는 '앎(knowing)'을 뜻하지만, 모든 경험의 근본 토대라 믿어지는 '본래의 자각(pristine awareness)'을 의미하게 되었다. 릭파는 본질적으로 불완전함이 없는, 그러나 의식의 매 순간에 내재하는 붓다의 마음 그 자체로 여겨진다. 족첸을 수행하려면 자격을 갖춘 라마가 수행자에게 릭파의 '비어 있고, 빛을 발하며, 자연발생적으로 자비로운' 본성을 '가리켜 보여줘야만' 한다. 그때부터 그는 혼란스런 자아 중심의 의식의 관점보다는 릭파의 관점으로 매 순간을 살려고 하게 된다.

족첸 수행은 수 세기에 걸쳐 티베트에서 많은 논란을 초래했다. 어떤 라마들은 그것이 8세기에 티베트에서 금지된 중국인 스승 마하연 화상이 가르친 선 교리의 잔재라고 비난했다. 다른 이들, 특히 겔룩파의 사람들은 릭파를 붓다가 거부한 생각인 브라만교의 아트만(자아/신)을 얄팍하게 가려놓은 것이라고 여겼다. 그들은 진정한 다르마는 오직 연기와 공의 원리에 기초하고 있으며 준(準)유신론적인 존재의 근거(Ground of Being) 같은 것이 설 자리는 없다고 주장했다.

다람살라에 있을 때부터 나는 달라이 라마가 저명한 닝마파 라마인 딜고 켄체 린포체로부터 족첸에 대한 가르침을 받고 있다는 것을 알고 있었다. 나는 자신이 수련한 종파 이외에도 티베트 불교의 여러 종파의 수행을 포용하려는 그의 개방성을 존경했다. 그는 서로 다른 티베트 전통의 추종자들 사이의 관계를 종종 괴롭히는 분파주의를 극복하기 위해 티베트 불교 가르침의 통합을 모색했다. 실제로 그의 책 『친절, 명료, 그리고 통찰』의 마지막 장에서 그는 닝마파와 겔룩파의 상충되는 견해의 일부를 화해시키려는 시도를 했다. 망명 티베트인들 사이의 분파간 화합을 위한 이런 모색은 1970년대 중반 이후 그가 점점 도르제 슉덴에 대해 비판적이 된 이유 중 하나였던 것으로 보인다. 도르제 슉덴은 그 수호신의 추종자들이 믿었던 것처럼 붓다의 지혜의 현신이라기보다 그저 평범한 신이며 따라서 격하되어야 한다고 달라이 라마가 지금 선포한 것이다. 달라이 라마가 옳다면 이는 겔룩 전통에서 가장 존경받는 일부 스승들—성스럽고 많은 사랑을 받는 티장 린포체를 포함하여—이 어쩌다 악신에게 속았음을 암시하는 것이었다.

나는 이 모든 것들이 지극히 이상하다고 느꼈다. 정교하게 도출한 공의 철학을 상세히 설명한 바로 그 사람들이 알고 보니 내가 보기에는 주술적이고 말도 되지 않는 것에 불과한 것을 열렬히 믿고 있었던 것이다. 내게는 달라이 라마의 알현이 허락되지 않았지만 대신 그의 개인 비서가 설명을 해주었다. 먼저 그 논란에 대한 간략한 역사와 달라이 라마의 현재 입장을 설명했는데, 그 설명은 그가 정말로 도르제 슉덴을 공적으로 행하는 것을 금하려 했다는(사적으로 행하는 것은 금하지 않았다.) 것을 확인해주었다. 그런 설명을 들은 뒤 나는 성하는 이 논란을 티베트 사회의 내부 문제로 여기고 있으며, 서양 매체에서 더 이상 논쟁의 대상이 되어서는 안 된다는 말을 《더미들웨이》 지의 편집인에게 전해달라는 부탁을 받았다. 그 결과 컴브리아에서 온 분노에 찬 편지는 게재되지 않았으며—최소한 당분간—그 문제는 묻혀버렸다.

게셰 랍텐은 그 다음 해 2월 27일 사망했다. 그의 나이 66세였다. 그는 살면서 엄청난 고통을 겪었다. 19세에 승려가 되기 위해 티베트 동부의 집을 떠났고, 후원자가 없어서 세라 사원에서 심각한 영양실조로 고생했으며, 그 뒤 히말라야 산맥을 건너 극빈한 난민으로 인도에 도착했다. 동시에 그는 스스로의 노력으로 평범한 농촌 소년에서 달라이 라마를 철학적으로 보좌하는 자리까지 올라갔다. 그가 마지막 몇 년은 도르제 슉덴을 둘러싼 위기의 그늘 속에서 살았다는 것을 나는 이제야 알게 되었다. 티장 린포체의 가까운 제자로서 그는 상충되는 충성심으로 인해 갈기갈기 찢어졌을 것이다. 그는 자신이 티장 린포체를 옹호하는지, 아니면 달라이 라마를 옹호하는지 공개적으로 선언해야 하는 것이 시간문제에 불과한 일임을 알고 있었을 것이다.

8

싯닷타 고타마

샤펌과 가이아하우스에서 나는 기본적으로 스리랑카, 미얀마, 태국에 널리 퍼져 있는 테라바다 불교 전통에서 얻은 영감, 생각, 수행을 기초로 한 실험적인 재가자 공동체의 일부분이 되었다. 티베트 불교나 선 불교의 관점에서 보면 모든 중생을 구하겠다는 보살 서원을 한 나 같은 사람이 이런 '히라야나'(소승〔小乘〕, 작은 탈것)의 가르침을 받아들인다는 것은 퇴보였다. 그것은 내가 마하야나(대승〔大乘〕, 큰 탈것)의 더 높은 가르침에 대한 준비가 되어 있지 않으며, 보살의 이기적이지 않고 자비로운 길을 떠날 수 있게 되기에 앞서 더 많은 '공덕'을 쌓을 필요가 있다는 것을 보여줬다. 분명한 영적 일탈 외에도 나는 승가의 서원을 버리고 전직 비구니와 결혼도 했다. 사정은 좋아 보이지 않았다.

그러나 나는 전혀 이런 식으로 보지 않았다. 나는 대승 전통이 어떤 점에서는 붓다가 원래 가르쳤던 것을 보지 못하게 된 것은 아닌가라고 의심하기 시작했다. 승려로 있던 시절 나는 팔리 경전의 텍스트에서 깜짝 놀랄 만한 문구를 이따금 발견했는데, 거기에서는 거리감 있고 불가능해 보일 정도로 완벽한 인물인 샤카무니 붓다로 내가 흔히 연상했던 이와는 완전히 다른 목소리와 어조로 말을 하고 있었다. 팔리 경전은 팔리어로 보존된 불교 문헌으로, 역사적 붓다인 싯닷타 고타마가 행했다고 믿어지는 설법과 승가 수행에 대한 자세한 지침을 담고 있다. 팔리어는 고전 산스크리트어의 토착 방언으로, 고타마 자신이 썼던 북인도 방언에서 기원했다. 팔리 경전은 기원전 1세기 스리랑카에서 글로 기록되기 전 약 400년 동안 승려들의 암기를 통해 구전으로 보존되었다.*

내가 발견한 매우 놀라운 팔리 경전 중 하나는 붓다가 코살라 왕국의 케사풋타에서 칼라마 사람들에게 행한 설법인 칼라마숫타(Kalama Sutta)이다. 칼라마인들은 혼란스러웠다. 그들은 고타마에게 다른 스승들이 케사풋타에 왔을 때 "자신들만의 교리와 그들이 경멸하고 욕하고 갈기갈기 찢어놓은 다른 이들의 교리를 어떻게 자세히 설명했는지" 이야기한다. 그들은 진실을 말하는 자와 그렇지 않은 자의 구별에 대해 붓다의 조언을 구한다.

그러자 붓다가 대답한다. "칼라마인들이여, 여러분이 의심이 들고 확신이 서지 않는 것이 마땅합니다. 자, 칼라마인들이여. 반복해 들어

* 팔리 경전에 대한 세부 설명은 부록 I을 볼 것.

서 들린 것이나 전통, 소문, 신성한 가르침 속에 들어 있는 것, 추측, 공리, 그럴듯한 추론, 심사숙고했던 생각으로 기울어지는 편견, 있는 것처럼 보이는 다른 이의 능력, '이 승려가 우리의 스승이다'라는 생각, 그 어느 것도 따르지 마십시오. 칼라마인들이여, 이런 것들은 나쁘고 이런 것들은 비난받을 만하다, 이런 것들은 현인의 질책을 받을 것이다, 이런 것들을 행하고 준수하면 해악을 가져올 것이다라고 스스로 알게 된다면, 그렇다면 그런 것들을 버리십시오."

불확실성을 소중히 여기고 다른 이의 권위에 의지하기보다는 스스로 진실을 밝혀낼 필요성을 이렇게 분명하게 부르짖는 것이 나의 심금을 깊이 울렸다. 붓다는 칼라마 사람들에게 탐욕, 증오, 어리석음이 인간에게 미치는 결과를 스스로 관찰하여 어떤 생각과 행위가 해를 끼치고 고통을 낳게 되고 어떤 것이 그렇지 않은지 스스로 판단하도록 격려하고 있다. 그가 교리를 평가하는 유일한 기준은 그것이 고통을 불러일으키는지 혹은 완화시키는지이다. 더욱 놀라운 것은 텍스트 마지막에 가서 하는 말로, 칼라마 사람들에게 그런 접근 방법의 이익에 대해 그가 말한다. "내세가 없고 선행이나 악행의 결실이 없다고 가정해보십시오. 그래도 나는 지금 여기 이 세상에서 내 자신을 증오와 악에서 벗어나고 안전하고 행복한 상태로 있게끔 할 것입니다."

칼라마숫타가 제시한 붓다의 가르침의 시각은 불교 정설의 많은 부분과 어긋나는 것이다. 전통과 계보를 존중하기보다는 자립을 높이 사며, 교리에 대한 믿음보다는 어떤 생각이 제대로인지 시험해보는 것의 중요성을 강조하며, 환생과 업의 형이상학을 고집하기보다는 이 세상이 정말로 유일한 것일 수도 있다고 암시하고 있다.

팔리 경전의 텍스트를 통해 나는 붓다가 논하기를 거부한 형이상학적 질문에 대해서도 잘 알게 되었다. 이런 것들은 종교가 그 답을 제시한다고 주장하는 '큰' 질문 중 일부이기도 하다. 우주는 영원한가, 영원하지 않은가? 그것은 유한한가, 무한한가? 마음은 몸과 같은가, 다른가? 죽음 뒤에 계속해서 존재하는가, 그렇지 않은가? 붓다는 그런 질문들을 일축한다. 그런 것들을 계속 묻는 것은 붓다가 가르치는 것과 같은 길을 닦는 데 도움이 되지 않을 것이기 때문이다. 그는 그런 추측에 빠져 있는 사람을, 독화살로 부상을 입었는데 "그것을 쏜 자의 이름과 부족, 활이 대궁인지 석궁인지, 화살촉이 발굽처럼 생겼는지 둥그런지 미늘이 있는지" 등에 대해 알기 전까지 화살을 제거하지 않으려는 사람에 비유한다. 그런 사람이 마땅히 관심을 기울여야 하는 것은 화살을 빼내는 일일 것이다. 나머지는 무관한 것들이다.

또 다른 팔리 설법에서 붓다는 그런 질문의 답에 집착하는 사람들을 코끼리를 묘사하기 위해 왕에게 불려간 한 무리의 눈 먼 사람들에 비유한다. 각각의 맹인들에게 이 동물의 서로 다른 부위를 만지게 한다. 코를 붙든 사람은 코끼리가 관처럼 생겼다고 선언하고, 옆면을 만진 이는 코끼리가 벽이라 말하고, 꼬리를 잡은 이는 코끼리가 줄이라고 확신한다. 따라서 형이상학에 몰두하는 것은 괴로움이라는 주된 문제를 다루는 데 실패할 뿐 아니라 복잡한 인간 상황 전체에 대해 부분적이고 왜곡된 그림에 도달하게 만든다.

이런 텍스트에서 분명해 보이는 것은 붓다의 원래 접근방법은 추측에 근거하거나 형이상학적이라기보다는 치료적이고 실용적이었다는 것이다. 마음과 몸이 같은지 다른지, 혹은 우리가 죽은 뒤에도 존재하는 것인지 아닌지에 대해 다루기를 거부함으로써 그는 환생의 이론을 세우는 가능성을 약화시킨다. 비물질적인 마음과 사후의 존재를 단언하지 않고서는 다시 태어나는 것과 업에 대해 일관성 있게 말하기가 힘들기—불가능한 것이 아니라면—때문이다. 하지만 붓다가 이런 텍스트에서 말했던 것과는 반대로 나의 티베트 스승들은 마음이 몸과 다르다는 것, 그리고 죽은 뒤 다시 태어난다는 것을 받아들이지 않는다면 불교도라고 여길 수조차 없다고 주장했다. 나는 싯닷타 고타마의 말이 '불교'라는 종교로 탈바꿈하면서 뭔가가 빗나갔을 수도 있다고 의심하기 시작했다.

세속적이고 과학적인 세계관에 편안함을 느끼고 전통적인 종교적 믿음에 회의적인 현대 일반인의 상태에 호소할 말을 찾는 과정에서 나는 칼라마숫타에 있는 것과 같은 구절을 찾아내기 위해 내가 점점 더 자주 팔리 경전 텍스트로 돌아가고 있다는 것을 알게 되었다. 나는 내가 불교에서 받아들이기 힘들었던 점이 불교가 인도의 자매 종교, 즉 힌두교와 공유한 개념과 교리와 정확히 일치한다는 것을 깨달았다. 환생, 업의 법칙, 신들, 존재의 다른 영역, 윤회에서 벗어나기, 무조건적인 의식, 이런 것들은 모두 붓다 이전부터 있던 것들이었다. 붓다와 동시대의 많은 사람들에게 그런 개념은 세계가 어떻게 돌아가는지에 대한 설명으로서 무비판적으로 받아들여졌을 것이다. 따라서 그런 것들은 고유한 그의 가르침이 아니라 단순히 고대 인도의 우주론과 구원론을 반영한 것이었다.

또한 붓다의 가르침 중에서 내게 가장 직접적으로 와 닿았던 것은 바로 인도 고전 사상의 모체에서는 유래할 수 없는 생각들이었음을 깨달았다. 따라서 내가 해야 할 일은 팔리 경전을 자세히 살펴보고 싯닷타 고타마만의 독특한 목소리의 도장이 찍힌 구절들을 모두 뽑아내는 것이었다. 나는 붓다가 말했다고 여겨지지만 『우파니샤드』나 『베다』 등 인도의 고전 경전에서 말해졌어야 좋을 것들을 묶어서 한쪽으로 제쳐놓았다. 그런 다음 내가 붓다의 말이라고 걸러놓은 것이 현대 일반 불교도의 삶을 사는 데 필요한 일관성 있는 시각을 형성할 적절한 토대를 제공하는지 살펴봐야만 했다.

이것은 말하기는 쉽지만 행하기는 어려운 일이었다. 팔리 경전은 수많은 세대를 거치며 엮고 꿰매어 붙여놓은 수천 쪽의 어마어마한 텍스트이다. 거기에는 서로 다른 목소리와 묘사 양식, 내부적인 모순, 지옥불과 지옥살이에 대한 장광설이 이어지는 심리적 통찰, 절망스러울 정도로 뒤죽박죽인 사건 연대, 지루할 정도로 반복되는 상투적인 구절들이 담겨 있었다. 팔리학의 초보자로서 나는 앞에 수 마일이나 뻗어 있는 바다에 조심스럽게 발을 살짝 담그는 어린아이 같은 느낌이 들었다. 티베트어를 공부하는 데 몇 년을 보냈지만 아무 소용이 없었다. 팔리 경전에 기록된 엄청난 양의 것들이 티베트어로 번역되지 않았기 때문이다. 다행히도 지난 130년에 걸쳐 팔리 경전의 모든 텍스트가 소수의 헌신적인 승려와 학자 들에 의해 영어로 번역되고 재번역되었다. 그들의 값진 도움이 없었다면 나는 내가 스스로 떠맡은 일을 해내는 데 심각한 어려움을 겪었을 것이다.

팔리 경전에 점점 익숙해지자 불교에 대한 이해뿐 아니라 싯닷타 고타마가 어떤 사람이었는가에 대한 나의 이해도 변하기 시작했다.

1970년대 말 스위스에서 게셰 랍텐 밑에서 공부하고 있을 때 나는 1950년대에 스리랑카에서 나나몰리 테라라고 하는 잉글랜드 출신의 승려가 쓴 『붓다의 생애(The Life of Buddha)』를 우연히 발견했다. 나나몰리는 순전히 팔리 경전에서만 뽑은 구절을 통해서 라디오 방송 시리즈 형식으로 고타마와 그의 가르침을 이야기한다. 나는 티베트 스승들로부터 초기 불교의 핵심 교리에 대해 배워 잘 알고 있었지만 그것을 원래의 맥락에서 본 적은 없었다. 나나몰리의 품격 있는 번역은 그런 교리를 생생하고 강력하게 살아 움직이게 만들었으며, 나로서는 처음으로 고타마가 이 세상에서 살았던 삶의 맥락 안에 그것을 찾아내게 해주었다.

비슷한 시기에 나는 영국인 학자 트레버 링의 『붓다: 인도와 실론◆의 불교 문명(The Buddha: Buddhist Civilization in India and Ceylon)』도 읽었다. 공경심이 넘치는 나나몰리의 접근과는 대조적으로 링은 마르크스주의적 분석에 영향을 받은 비평적이고 역사적인 시각을 제시한다. 링이 볼 때 싯닷타 고타마의 삶은 그가 처했던 사회경제적 상황에 대해 분명한 그림을 가지고 있지 않으면 이해할 수 없다. 기원전 5세기의 경제 상황이 비생산적인 사회 일원들을 위해 충분한 부의 잉여분을 만들어내지 않았더라면 불교는 갠지스 강 유역에서 부상하지 않았을 것이다. 링은 이런 경제 성장으로 어떻게 인도 최초의 도시가 생겨나고 상인 및 은행가 들의 막강한 중산층이 부상했는지 설명한다. 바로 그 번영이 통치자들로 하여금 상비군들을 모을 수 있게 했고, 그럼

◆ 스리랑카.

으로써 무력으로 이웃을 정복하여 훨씬 더 넓은 통치 영역을 확보할 수 있게 했다. 이것은 공화정 체제의 작은 부족 국가들(고타마의 고국인 사키야도 한때 그런 적이 있었다.)을 완전히 새로운 유형의 정치 체제, 즉 중앙집권화되고 독재적인 군주제에 흡수되게 했다.

링은 고타마가 새로운 종교를 세우려고 한 것이 아니라 새로운 **문명**을 세우려 했다고 도발적으로 주장했다. 우리가 오늘날 알고 있는 불교라는 종교의 다양한 형태는, 인도에서 뿌리내리는 데 실패한 문명의 잔재라고 그는 주장한다. 나는 이런 생각이 설득력이 있다고 여겼다. 이 점은 그 후 붓다와 불교에 대해 내가 가지고 있는 생각의 핵심으로 남아 있다.

하지만 나나몰리 테라와 트레버 링 모두 이 싯닷타 고타마라는 사람에 대해 믿을 만한 초상을 제공하지는 못했다. 가끔 그의 인간적인 모습—그가 사촌 데바닷타를 '아첨꾼'이라고 부른 것과 같은—을 잠깐 엿보기는 하지만 두 저자 모두 그의 품성을 좀 더 충분하게 구체화하는 데에는 관심이 없어 보였다. 마찬가지로 두 책 모두 붓다에 대해 내가 가졌던 순진하고 낭만적인 생각을 일부 떨쳐버리는 데에는 도움을 줬지만 팔리 경전 속의 설법에 등장하는 다른 수많은 인물들과 붓다의 관계를 분석하고 붓다의 생애에서 사건들의 자세한 연대기를 그려보려는 시도는 별로 하지 않았다. 이런 이야기를 하고 있다고 주장하는 대부분의 책에서처럼 고타마가 가르치면서 일어났던 일화들은 불교 교리에 대해 이야기할 일련의 구실로 쓰이는 경향이 있었다. 따라서 나는 내 자신을 붓다의 추종자로 여기기는 하지만 이 사람이 누구였는지는 아주 어렴풋하게만 알고 있는 희한한 상태에 여전히 머물고 있었다.

예수의 삶이 기독교 메시지의 중심을 차지하는 기독교 복음과는 대조적으로 불교 경전 텍스트는 싯닷타 고타마가 지상에서 살았던 80년의 삶을 대체로 그의 가르침의 부수적인 것처럼 다루는 경향이 있다. 이런 점은 깨달음 이후 그의 삶에 대해서 특히 그러하다. 그가 자신의 실존적 투쟁을 해결하고 성불하게 되자 그 나머지 생애에 그에게 일어난 일은 중요성이, 설사 있다 해도, 거의 없는 것처럼 보인다. 나는 그가 어느 날 쿠시나라에서 몸져누워 죽기 전까지 45년 동안 점점 불어나는 독실한 제자들에 둘러싸여 가르치고 명상하면서 북인도를 이리저리 떠돌아다녔다는 인상을 받았다. 그러나 팔리 경전을 자세히 읽어보면 사정은 그렇게 간단하지 않았다는 것이 드러난다.

붓다의 삶을 이해하는 데 매우 큰 장애 중 하나는 그것에 대해 불교에서 전통적으로 말해지는 이야기이다. 잘 알려진 이 이야기에서 싯닷타 왕자는 숫도다나 왕의 아들이자 후계자로 태어나 사키야 왕국의 궁전에서 호화롭게 길러졌다. 어느 날 그는 자신이 언젠가는 통치하게 될 그 왕국에 대해 좀 더 알고 싶은 호기심에 궁전의 담 너머로 나들이를 갔다가 병든 사람, 늙어가는 사람, 시체, 유행(遊行)하는 승려를 처음으로 보게 된다. 이들의 모습은 응석받이 젊은이에게 충격을 주었고 자신도 언젠가는 죽는다는 것을 깨닫게 했다. 젊은 왕자의 게으르고 감각적인 삶을 더 이상 살 수 없게 된 그는 밤에 궁을 빠져나와 호화로운 옷과 보석을 버린 뒤 머리를 깎고 이리저리 유행하는 수행승려가 되었다. 6년간의 매우 힘든 명상과 고행 이후 그는 보리수 아래 앉아 깨달음을 얻어 붓다—깨달은 자—가 되었다.

그러나 이 이야기는 팔리 경전 속에 나오는 싯닷타 고타마에 대해 우리가 알고 있는 것과 모순된다. 붓다의 아버지는 왕이 아니라 고타마 부족의 주요한 귀족으로, 사키야 의회 의장이었을 것이다. 잘해봐야 일종의 지역 우두머리나 통치자였을 수 있다. 사키야는 강력한 코살라 왕국의 일부분이었으며, 코살라는 서쪽으로 약 130킬로미터 떨어진 수도 사밧티에서 파세나디 왕이 다스리고 있었다. "사키야인들은 코살라 왕의 신하"라고 싯닷타 고타마는 인정했다. "그들은 왕에게 보잘것없지만 섬김을 다하고, 절을 하며, 일어나 존경을 표하고, 그에게 합당한 봉사를 바친다." 팔리 설법 중 하나에서 고타마가 생로병사 네 가지를 본 것에 대한 이야기를 들려주기는 하지만 그것은 아주 먼 과거에 살았던 비파시라고 하는 또 다른 붓다에 관한 전설 같은 이야기의 일부분을 이루고 있다. 그 이야기는 고타마 자신과는 아무런 상관이 없다.

붓다의 이름 '싯닷타'도 팔리 경전에는 등장하지 않는다. 설법과 승단에 관한 텍스트에서 그는 고타마—그의 성(姓) 혹은 부족명—나 바가밧(Bhagavat)으로 언급되는데, 바가밧은 '주(Lord)'를 뜻하는 존칭어로, 흔히 '복을 받은 이(Blessed One)'라고 번역된다◆. 자신에 대해서 말할 때 그는 타타가타(Tathagata)—"바로 그러한 이(one who is just so)"◆◆—라는 특이한 별칭을 사용하는 경향이 있다. 간단히 하기 위해 나는 그를 '고

◆ 한문으로는 흔히 세존(世尊)으로 번역된다.

◆◆ 여래(如來). tathagata는 그렇게 간 이, 그렇게 온 이, 또는 그러한 이 등의 의미로 해석될 수 있다.

타마' 혹은 '붓다'(깨달은 이)라는 칭호로 부르겠다. 그의 가족이 연관된 좀 더 친밀한 상황에서는 다른 고타마들과 구분하기 위해 '싯닷타'로 부르고자 한다.

나는 싯닷타 고타마의 성격과 그의 삶의 연대기 전부를 푸는 열쇠는 코살라의 파세나디 왕과의 관계에 있다고 생각한다. 기록상 그들이 처음 만났을 당시 고타마는 40세—왕과 같은 나이—쯤 되었을 것이다. 외관상 그는 북인도의 먼지 나는 길을 따라 방랑하며 광활하고 비옥한 갠지스 평원에 산재해 있던 마을과 도시에서 음식을 구걸하던 당시의 다른 승려들과 달라 보이지 않았을 것이다. 머리는 깎았을 것이고, 기껏해야 2주 정도 자란 머리털과 수염이 있었을 것이다. 복장으로는 세 가지 간단한 옷을 입고 있었을 것이다. 손으로 염색한 황토색 혹은 갈색을 띤 옷으로, 버린 넝마 조각들을 모아 꿰맨 것이거나 아니면 스승으로 부상하던 그의 명성을 고려할 때 그를 숭앙하던 후원자가 보시한 좀 더 좋은 천 조각으로 바느질한 옷이었을 수 있다. 그의 소유물은 금속 혹은 흙으로 빚은 사발, 실과 바늘, 면도칼, 물 거르는 도구, 그리고 몸이 아프다면 약간의 약 정도에 불과했을 것이다.

반면 파세나디 왕은 그날 아침 사밧티에 있는 호화로운 방에서 잠을 깼을 것이다. 궁전의 위쪽 테라스로 걸어 나갔다면 수도의 진흙과 목조 주택 지붕 너머로 넓고 길게 펼쳐진 아치라바티 강과 그 강변을 따라 자리한 분주한 어촌, 그리고 그 너머의 밭과 숲을 보았을 것이다. 갠지스 강 북부의 가장 강력한 왕국의 군주로서 그는 소수의 관리, 호위병, 시종, 후궁 무리들을 불러 온갖 비위를 맞추게 할 수 있었을 것이다. 그는 엄청난 양의 밥과 커리를 먹어치우는 것으로 유명한 살찐 남자이자 어떻게 하면 가장 세련된 쾌락을 얻을 수 있는지에 대해서 신하들과 이야기를 나누던 감각주의자였다. 또한 잔인해지기도 했다. 그는 적들을 줄과 사슬로 묶고, 반역자와 암살자 들을 뾰족한 막대기로 찌르고, '처벌과 공포로 인해 눈물범벅이 된 얼굴로 울부짖는 노예, 시종, 일꾼 들이' 준비한 피투성이의 소, 염소, 양의 희생제를 열기도 한 것으로 알려져 있다. 그는 자신의 권력이 도전받지 않게 하기 위해서라면 무슨 일이든 하려고 했는데, 심지어 승려와 고행자로 위장한 첩자를 사밧티 주변의 종교 공동체에 잠입시키기도 했다.

왕의 처소 아래 궁전 마당에는 왕실 일행을 북적거리는 도시에서 약 1.6킬로미터 떨어진 제타 숲의 조용한 사원으로 태워가려고 화려하게 치장한 코끼리들이 대기하고 있었을 것이다. 파세나디의 여동생으로, 그들의 연로한 할머니를 돌보던 수마나도 그 일행 중 하나였다. 같은 코살라 출신 귀족으로 저명한 스승으로 부상한 싯닷타 고타마를 왕이 처음으로 공식 방문하는 것으로 보이므로, 왕의 친한 친구이자 코살라 군대의 수장인 반둘라 장군과 그의 독실한 아내 말리카도 수행단에 끼여 있었다. 행렬은 비구와 비구니 들에게 그들이 한낮에 먹는 유일한 식사로 바칠 많은 음식과 선물을 싣고 아침나절에 출발했을 것이다.

격식 차린 식사가 끝난 뒤 파세나디 왕은 고타마가 거주하며 손님을 맞이하던 '향기 나는 오두막(향실)' 간다쿠티로 향했을 것이다. 왕은 자신을 지식인이자 배움의 후원자로 여겼다. 젊었을 때에는 반둘라와 함께 페르시아가 통치하는 간다라의 수도 탁카실라(탁실라)의 그 유명한 대학에서 공부했다. 인도 전역의 사람들이 당시의 다양한 학문을 배우기 위해 그곳에 왔다. 왕이 되자 파세나디는 여기저기로 돌아다니는 스승들이 사밧티에 오면 반드시 그들을 방문했다. 그것은 그들의 교리와 그들이 성취한 것에 대해 묻고, 그들의 조언을 구하고, 만족스러우면 보호와 후원을 하기 위해서였다. 이제 고타마의 차례였던 것이다.

두 사람은 인사를 주고받고 한동안 다정하게 담소를 나눴다. 그런 다음 왕은 자리에 앉아 곧장 본론으로 들어갔다. "그런데 고타마 스승님, 아직 너무 젊고 최근에서야 출가한 분이 어떻게 자신을 현자로 부를 수 있습니까?"

상상하건대 아마도 고타마는 젠체하는 군주의 눈을 쳐다보았을 것이다. 어렴풋한 조소가 그의 얼굴을 휙 지나갔다. "젊다고 해서 우습게 봐서는 안 될 것이 네 가지 있습니다, 폐하. 그것은 바로 불, 뱀, 전사, 그리고 승려입니다. 아주 작은 불꽃이라도 연료만 얻게 되면 큰불이 됩니다. 마을이나 숲에서 우연히 만난 작은 뱀은 그것을 조심하지 않는 사람을 공격하고 죽일 수도 있습니다. 전사인 왕자도 마찬가지로 언젠가 왕관을 차지하고 폐하를 물리칠지도 모릅니다. 그리고 고결한 승려를 함부로 간섭하면 폐하는 팔미라나무의 그루터기처럼 자식과 후계자 없이 지내게 될 위험을 감수해야 할 것입니다."

자신(승려)을 잠재적으로 위험한 이 네 가지 힘과 동일시함으로써 고타마는 자신과 자신의 가르침이 기존 질서에 대한 위협이 될 수도 있음을 암시했다. 그는 왕의 두려움과 미신을 이용했다. 당시의 모든 군주처럼 파세나디도 가족의 다른 일원들(예를 들어 그의 형제인 제타)이 등 뒤에서 그의 왕관을 노리고 있는 게 거의 확실하다는 것을 알았을 것이다. 게다가 왕은 아직 후계자를 낳지 않았기 때문에 그의 혈통은 안전한 것과는 거리가 멀었다. 고타마는 에둘러 말하지 않았다. 그는 자신의 권위를 왕에게 깊이 인식시켰다. 그리고 그런 수는 성과를 거뒀다. 노여워하는 대신 파세나디는 고타마의 대답에 좋은 인상을 받았고 자신을 추종자로 받아달라고 요청했다.

이것은 고타마의 이력에서 하나의—유일한 것이 아니라면—중대한 순간이었다. 그가 북인도 전역에서 추종자들을 가르치고 모으면서 5년 이상을 보낸 뒤 코살라 왕국의 최고 지도자—고타마는 성인기의 전 생애를 통해 그에게 충성을 맹세했다—가 드디어 황송하게도 그를 보러 온 것이다. 파세나디의 지원으로 고타마는 사밧티에서 평생 지내는 것이 보장되었다. 제타 숲(제타바나), 그곳에서 그는 향후 25년간 매번 우기를 보내게 되고, 그의 설법 대다수를 행하게 되며, 승가의 세부 규율을 만들어내게 된다. 파세나디는 제타 숲을 정기적으로 방문하게 되었다. 시간이 흐르면서 이 승려와 폭군은 친구가 되었으며, 결국 혼인을 통해 친척이 되었다.

하지만 싯닷타 고타마와 그의 가르침에 대한 파세나디의 헌신이 왕의 자아에 기적 같은 변화를 가져오지는 않았다. 팔리 경전에 나오는 둘 사이의 많은 대화에서 왕은 한 번도 그 어떤 통찰을 얻은 것으로 기록되어 있지 않다. 그가 고타마의 가르침으로부터 도움을 받은 것으로 보이는 유일한 때는 식이조절을 하라는 고타마의 조언을 따랐을 때이다. 그는 섭취량을 '양동이 분량의 밥과 커리'에서 '많아 봤자 한 그릇의 밥'으로 줄이고, 그 결과 '꽤 날씬해'진다. 그 외 다른 모든 면에서 파세나디의 식욕과 피해망상적인 공포는 고타마가 말한 그 어떤 것에도 별로 영향을 받지 않은 것처럼 보인다.

어느 날 파세나디가 고타마에게 말했다. "내가 재판정에 앉아 있을 때 무엇을 봤는지 아시오? 이 부유한 판관들이 더 부유해지려고 모두들 거짓말을 하고 있었소. 그래서 나는 생각했지. '이제 그만 됐어. 지금부터 책임자는 미남이다. 그의 판결은 내가 신뢰할 수 있을 것이다.'" '미남'은 파세나디의 친구이자 군사령관인 반둘라를 애정 어리게 부르던 별명이었다. 그러나 반둘라가 대판관으로 임명되자마자 불명예스럽게 쫓겨난 판관들이 장군과 그의 아들들이 파세나디를 암살하고 왕관을 차지하려는 계획을 세우고 있다는 소문을 퍼뜨리기 시작했다. 왕은 공포에 질렸던 것으로 보인다. 그는 반둘라와 그의 아들들을 북쪽 국경의 봉기를 진압하라고 보냈고, 그들이 사밧티로 돌아오자 매복 공격으로 죽게 했다.

반둘라의 아내 말리카는 고타마와 그의 승려들을 위해 점심 공양을 준비하다가 이 소식을 들었다. 그녀는 평온을 유지하며 며느리들에게 파세나디에 대한 그 어떤 비난도 하지 말 것을 지시했다. 그녀는 파세나디가 자신의 가장 오랜 친구이자 협력자들을 살해한 것에 대한 후회로 어찌할 바를 모르게 되리라고 정확하게 추측했다. 파세나디는 여자들의 목숨을 살려주었고 그들에게 쿠시나라에 있는 반둘라의 사유지로 안전하게 돌아갈 수 있도록 통행을 보장했다. 추가적인 속죄의 행위로 그는 반둘라의 조카인 디가 카라야나를 '미남'을 대신하여 군대의 수장으로 임명했는데, 나중에 그는 이 조치를 몹시 후회하게 된다.

자신의 가장 중요한 후원자가 저지른 이 무자비한 살인에 대해 고타마가 어떤 반응을 보였는지는 기록되어 있지 않다. 사밧티에서 그의 위치를 위태롭게 할 수는 없었을 것이므로 그가 공공연히 왕의 행위를 비난했을 것 같지는 않다. 반둘라의 죽음은 그에 대한 경고였을 수 있다. 파세나디가 누군가를 아무리 깊이 존중한다 해도 이 폭군의 기분이 갑자기 바뀌면 그 다음날 바로 죽을 수도 있다. 우리는 고타마가 반둘라를 잘 알고 있었을 것으로 추정할 수 있다. 그들은 코살라 동부에서 서로 이웃한 지방을 통치하던 이들의 아들들이었다. 고타마는 사키야, 반둘라는 말라 출신이고, 둘 모두 왕의 후원을 받아 사밧티에서 명성을 얻었다. 40년 뒤 고타마는 말라의 도시 쿠시나라 외곽에 있는 두 그루의 사라수(살나무) 사이에 드러누워 죽게 되고, 반둘라의 노쇠한 미망인 말리카가 보석으로 장식된 자신의 가장 귀한 외투를 펼쳐 그의 시신을 덮게 된다.

이런 음모, 배신, 살인의 이야기는 고타마가, 그 자신이 깊숙이 연루되어 있는 매우 불안한 세계의 한가운데에 있다는 것을 보여준다. 그는 파세나디에게 의지하고 있었다. 폭군의 후원이 없다면 그는 자신의 목표를 달성할 수 없을 것이다. 승려들을 모두 데리고 산이나 숲 속으로 떠나버릴 수는 없었다. 그렇게 하면 산적이나 식인종, 야생 동물의 공격을 받을 뿐 아니라 보시와 음식물을 구하러 갈 곳도 없게 될 것이다. 그러므로 그는 본거지를 대도시 거주지와 가깝게 두어야만 했다. 그는 지역 통치자, 군대 우두머리, 부유한 상인 들의 호의를 구하는 것 외에 달리 선택의 여지가 없었다. 자신의 사상을 정립하고 공동체를 세우기 위해서는 두 가지, 즉 안전에 대한 보장과 부에 대한 접근이 필요했다.

역사적 붓다를 탐구하면서 나는 계속 인격(human person)의 둘레를 덮고 있는 신화의 층을 하나씩 벗겨내야만 한다. 이 사람이 어떤 사람이었는지에 대한 감을 잡기 위해서 나는 잘못된 행동은 절대 할 수 없는 고요하고 완벽한 스승으로서 이상화된 이미지를 버려야만 했다. 고타마도 우리들처럼 불확실하고 예측할 수 없는 세계에서 살았다. 그는 다음날 혹은 다음 달에 무슨 일이 일어날지 몰랐다. 그는 후원자가 어떤 기분이나 의심에 사로잡혀 갑자기 후원을 철회하게 될지 예측할 수 없었으며, 자연재해가 코살라에 닥칠지, 전쟁이 일어날지, 쿠데타가 일어날지, 혹은 갑자기 병이 들어 쓰러지게 될지 어쩔지 예측할 수 없었다.

나는 또한 자신의 추종자들에게 윤회에서 최종적으로 자유로워지는 길을 보여주는 것이 유일한 목적인 사색적인 신비주의자, 세상을 버리고 출가한 승려로 널리 알려진 고타마의 이미지를 경계해야만 했다. 이런 그림은 사회비평가이자 개혁가, 당시의 주요한 종교사상과 철학사상을 거부했던 이, 사제 계급과 그 유신론적 믿음을 조롱했던 이, 완전히 새로운 개인 및 공동체 삶의 방식을 그려냈던 이로서 그가 했던 역할을 보기 어렵게 한다.

싯닷타 고타마는 자신을 숲으로 들어가서 '옛 사람들이 지나다닌 옛 길'을 발견한 사람에 비유했다. 그 길을 따라가면서 그 사람은 '공원, 숲, 연못과 성곽이 있던 쾌적한 곳인 옛 도시'의 폐허에 다다랐다. 그러자 그는 그 지역의 왕에게 가서 자신이 발견한 것을 말하고 군주로 하여금 '그 도시를 보수하여 다시 한 번 사람들로 가득 찬 성공적이고 융성한 곳으로 만들' 것을 권했다. 고타마는 이 '옛 길'이 자신이 깨우친 가운데 길(중도)의 은유라고 설명했다. 하지만 그는 중도를 열반에 이르는 길로 제시하기보다는 도시의 재건에 이르는 길로 제시했다. 그는 자신의 가르침—다르마—을 문명의 형판으로 보았다. 그는 그 옛 도시를 재건하는 자신의 목표를 달성하기 위해서 비구와 비구니 들의 열광적인 지지 이상의 것이 필요하다는 것을 잘 알고 있었다. 코살라의 파세나디 왕과 같은 사람들의 협조를 필요로 했던 것이다.

나는 고타마에게 내가 선호하는 모든 것들과 가치를 투영하려고 하는 경향도 경계해야만 했다. 나는 역사를 통해 모든 불교도들이 자신만의 싯닷타 고타마를 만들어냈으며 나 역시 다르지 않다는 것을 알고 있다. 내가 또 인정해야 할 것은 불교도 대다수가 그들의 종교를 세운 사람의 인격에 대해서는 관심을, 그나마 있더라도, 별로 보이지 않았다는 점이다. 그들은 멀리 떨어져 있고 이상화된 인물을 숭배하는데 만족했다. 나는 이 먼 역사적 인물에 대해 내가 발견한 모든 것이 나에 대한 어떤 것 역시 드러내리라는 것을 깨닫는다. 내가 알아낸 붓다가 당신의 붓다보다 좀 더 진실하다거나 옳다고 주장할 수는 없다. 내가 단지 말할 수 있는 것은 팔리 경전, 그리고 또 다른 어딘가에 묻혀 있는 자료들이 고타마와 그의 가르침에 대해 더 많은 이야기를 만들어낼 수 있는 능력을 아직 다 소진하지 않았다는 점이다.

❁

9

북로

2003년 2월 친구인 앨런 헌트 배디너가 내게 붓다의 삶과 가르침에 관련된 역사적 장소를 방문하기 위해 북인도 주 비하르와 우타르프라데시, 그리고 잠깐 네팔도 들르는 여행을 제안했다. 당시 나는 마흔아홉 살이었다. 내가 해야 할 일은 앨런이 집필 중인 인도의 불교 순례 내용을 담은 책을 위해 이들 장소에 대해 자세한 사진 기록물을 만들어내는 것이었다. 이것은 내가 오랫동안 마음은 먹고 있었지만 이런저런 이유로 시간을 내지 못했던 여행에 착수할 수 있는 이상적인 기회가 되었다.

한국에서 유럽으로 돌아온 이후 나는 계속 사진을 찍었다. 시간이 지나면서 나는 평소 무시하거나 지나쳤던 면을 드러내는 일상 사물의 이미지를 포착하는 데 점점 더 관심을 갖게 되었다. 나는 어느 에세이에서 이렇게 썼다. "명상과 사진 활동을 하는 것은 특별한 것에 대한 환상에서 멀어지게 해주고 평범한 것을 재발견하게 해준다. 한때 명상을 통해 신비한 초월을 바랐던 것처럼 나는 이국적인 곳과 특이한 것이 사진의 이상적인 주제일 것이라고 여겼다." 마르틴이 런던의 출판사로부터 불교 명상에 관한 책을 써달라는 부탁을 받았을 때 나는 그 글을 설명해줄 80장의 컬러사진과 흑백사진을 제공해달라는 요청을 받았다. 나는 명상의 경험처럼 강렬하면서도 불안하게 만드는 놀랍고도 예기치 못한 방식으로 세상을 활짝 열려고 시도하는 일련의 이미지들을 만들어냈다. 『삶을 위한 명상(Meditation for Life)』은 2001년에 나왔다. 이 책에 실린 내 사진을 본 앨런이 자신이 집필 중이던 불교 순례에 관한 작품에 쓸 사진을 찍으러 인도에 가달라고 한 것이다.

칠흑 같은 어둠 속에서 운전사 칸 씨와 내가 싯닷타 고타마가 자란 카필라밧투의 잔해에서 그리 멀지 않은 시브파티 마을 근처 로열리트리트 호텔로 들어선다. 자동차의 헤드라이트가 흠 하나 없는 잔디밭을 쓸고 지나가더니 백색 도료를 바른 식민지풍의 방갈로 기둥에 멈춰 선다. 제복을 입은 종업원들이 종종걸음으로 나와 우리를 맞이한다. 호텔은 18세기에 그 지역 마하라자가 사냥용 숙소로 지은 것으로, 바랜 호랑이 가죽이 여전히 벽에 걸려 있고 가죽으로 제본한 책들은 유리 장식장 안에서 갈라지고 바스러지고 있으며 오래된 장식과 퀴퀴한 카펫의 숨 막힐 듯한 냄새가 사방에 가득하다. 나는 발전기 스위치가 꺼진 뒤 점점 커지는 자칼의 울음소리를 들으며 잠이 든다.

아침식사 후 나는 숙소 주변 자생림 속으로 사라지는 좁은 길을 따라가 적회색 흙으로 다져진 곳에 가부좌를 틀고 앉는다. 내 주변에는 온통 앙상한 나무와 덩굴식물 들이 꿈틀거리며 위로 기어 올라가고 있다. 애벌레들이 구멍을 낸 커다란 잎들이 매달려 내 눈 앞에서 흔들거린다. 우거진 숲지붕 위에서는 새가 가끔 날카로운 소리를 내고, 연못이나 개천 주변의 바위에 젖은 옷을 리드미컬하게 내려치는 소리가 멀리서 들려온다. 그때 덤불 사이로 어떤 동물이 움직이다 멈추는 소리가 들린다. 내 심장이 빨라진다. 나는 눈을 가늘게 뜨고 빽빽하게 얽힌 덤불 사이를 보다가 호박색의 찢어진 눈 한 쌍이 나를 노려보고 있는 것을 발견한다. 자칼이다. 우리는 잠시 서로를 응시한다. 그러다 자칼은 조용히 제 갈 길을 간다.

아침나절에 나는 칸 씨와 함께 오늘날 남아 있는 카필라밧투 유적을 찾아 길을 나선다. 차를 타고 가며 보는 북인도의 모습은 고타마가 알았을 풍광과 거의 똑같다. 트럭과 자전거, 산업염색의 사리와 싸구려 라디오를 제외하면 그의 시대 이후로 바뀐 것은 거의 없다. 한때 고타마는 여기저기 기운 자신의 승복을 조각조각의 밭으로 비유했는데, 아마도 환한 녹색의 논과 노란 꽃의 겨자 밭이 뒤죽박죽 배열되어 있고 그보다 높이 올라온 흙길이 그 사이를 가르고 있는 모습과 거의 비슷했을 것이다. 지금 우리가 랜드크루저를 타고 움푹 팬 길을 따라 부딪치고 흔들거리고 가면서 창밖으로 볼 수 있는 것이 바로 그런 모습이다. 우리는 망고 숲, 그 잎이 우거져 만들어낸 어두운 덮개 아래 동네 아낙네들이 깨끗하게 쓸어놓은 흙길, 수염 촉수 같은 기근이 가지에 매달려 있는 커다란 바니안나무들 사이를 지나간다. 모두 팔리 경전에서 봐서 내게는 익숙하지만 지금이 더 생생하고 현실적이다. 그리고 혹이 있고 목 밑에 살이 처진 크림색의 얌전한 거세 수송아지들이 가끔씩 우리를 향해 다가왔다. 고타마가 보았던 소들의 머나먼 후손인 그들은 사탕수수를 한가득 높이 실어 기우뚱대며 삐걱거리는 나무 수레를 여전히 끌고 있다.

하지만 내가 보는 것은 싯닷타 고타마가 봤던 것이 아니기도 하다. 갠지스 강 북쪽 전부는 천천히 걸러진 흙과 물이 수백 마일의 폭으로 편평하고 드넓게 펼쳐진 충적토 평원지대로, 히말라야 산맥에서 씻겨 내려온 퇴적물로부터 수백만 년 이상에 걸쳐 형성되었다. 산이나 노출된 암석은 없으며, 고타마도 보았을 수 있는 자연의 지형지물은 하나도 없다. 눈이 녹고 우기의 비로 인해 퇴적물이 쌓이면서 평원 고도가 바뀌고 강은 더 새롭고 더 낮은 길로 방향을 튼다. 사람들이 들어오면서 진흙, 나무, 짚으로 만든 주거지를 남기고, 이런 것들이 분해되어 땅으로 들어가 흔적도 없이 사라진다. 게다가 낙엽, 부패하는 식생, 새와 동물의 배설물, 달팽이 껍질, 소뼈, 사람의 피부 조각 등 이 모든 것들 때문에 평원의 높이는 더 올라간다. 내가 차로 지나고 있는 땅은 고타마와 그의 승려들이 2,500년 전 밟고 지나갔을 땅보다 최소한 8피트(약 2.4미터)는 더 높다.

피프라흐와에 도착했지만 한 사람도 보이지 않는다. 훈훈하고 느릿한 미풍이 편평하고 끝없이 펼쳐진 밭으로 분다. 멀리 어딘가로부터 무에진◆이 독실한 신도들을 기도하도록 불러낸다. 칸 씨는 길가에 쭈

◆ 이슬람 사원에서 예배 시간을 알리는 사람.

그리고 앉아 무심하게 비디[◆]를 한 모금 빨아들인다. 나는 공원 안으로 이어지는, 열려 있는 연철 대문 사이로 걸어간다. 정원사가 호스에서 물이 흘러나오게 내버려두었다. 한낮의 빛에 은빛으로 반짝이는 물웅덩이가 푸른 잔디 위에서 살금살금 커져간다. 한때 이 공원으로 지나갔을 수도 있는 북로와 그 꾸준한 통행의 흔적은 이제 없다. 진흙과 나무로 된 성곽 안에 안전하게 자리한 도시 카필라밧투가 융성했었다는 흔적도 없다. 앙숙인 고타마 사람들과 콜리야 사람들의 야망과 공포는 자부심 강한 사키야 지방에 한때 생기를 불어넣었지만 그런 흔적은 조금도 없다. 스투파—불교 승려들의 유해가 모셔진 둥근 매장 흙더미—의 벽돌 중심부와 그 옆 사원의 토대만이 있을 뿐이다.

태양이 내리쬔다. 사파리 모자로 가린 나는 내 모습을 의식하면서 순례자가 하는 식으로 시계방향으로 스투파 둘레를 돌고 또 돈다. 공원에 있는 사람은 여전히 나 혼자뿐이다. 잔디의 물웅덩이 물결이 점점 퍼진다. 칸 씨는 랜드크루저로 돌아와 발리우드[◆◆] 영화의 구슬픈 음악을 스피커가 튀어나올 정도의 볼륨으로 올리고 듣는다.

나는 스투파의 거친 벽돌을 손가락으로 훑으며 지나간다. 적당히 오래되고 낡아 보이지만 고타마의 시대에 이런 평평한 벽돌 조각은 존재하지 않았다. 당시 인도에는 가마에서 구운 벽돌이 없었다. 이런 벽돌이 스투파의 외벽 표면을 이루지도 않았을 것이다. 그것은 하얗게 회반죽을 칠한 부드러운 돔이었을 것이다. 지금 내가 보고 만지는

◆ 잎에 말아서 한쪽을 실로 묶은 인도 담배.

◆◆ 인도의 영화 산업을 일컫는 말.

것은 고타마 입적 후 수 세기가 지난 뒤에 기원한 건물의 중심부로서, 아마도 햇볕에 구운 진흙과 나무로 되어 덜 오래갔던 그 이전의 구조물을 대체하여 지어졌을 것이다.

1897년 현지의 영국인 토지 관리인 윌리엄 페페가 이곳에서 최초로 발굴 작업을 하기 위해 스투파에서 흙과 식물을 거둬냈다. 벽돌로 된 이 건조물을 약 5.5미터 파들어간 그는 '단단한 바위덩어리가 움푹 파인 곳에 완벽하게 보존된 상태의 커다란 사암 상자'를 발견했다. 뚜껑을 비집어 연 그는 작은 동석 항아리 세 개, 동석 상자 한 개, 그리고 수정 그릇 한 개를 발견했는데, '마치 며칠 전에 담은 것 같은 뼛조각들'이 있었다. 가장 작은 유골 단지에는 '붓다의 유해를 위한 이 제단은 사키야인들의 것이다'라는 글자가 새겨져 있었다. 커다란 상자와 작은 장식함들은 콜카타에 있는 인도박물관으로 보내졌고 유해는 시암◆의 출라랑카라 왕에게 기증되었는데, 왕은 경건한 마음으로 그 유해를 태국, 스리랑카, 미얀마의 불교도들에게 나눠주었다.

1972년에 실시된 추가 발굴 작업에서 인도의 고고학자들은 벽돌 건조물의 중심부 아래로 더 깊이 파고 들어가 뼛조각이 들어 있는 유골함 두 개를 더 발견했다. 이것이 고타마의 유해라면 페페 씨가 발견하여 지금 동남아시아 여러 곳의 제단에 모셔져 숭배되고 있는 것은 무엇이었단 말인가? 뭐라 말하기 어렵다. 그 뒤 2년에 걸쳐 더 많은 발굴 작업을 통해 집과 우물의 기반, 도자기 조각, 동전, 녹슨 금속 도구, 구슬, 팔찌, 그리고 아주 중요하게도 '카필라바스투 승가'라고 새겨진

◆ 태국의 옛 명칭.

쿠샨 왕조(서기 약 50~320년)의 테라코타 인장이 여러 개 발견되었다.

싯닷타 고타마는 북쪽으로 몇 마일 떨어진, 지금은 국경 너머 네팔에 있는 룸비니 동산에서 태어났다. 불교도였던 아소카 황제가 약 150년 뒤에 세운, 비문이 새겨진 기둥이 지금도 그 자리를 표시하고 있다. 고타마의 어머니는 출산 직후 사망했다. 소년은 어머니의 여동생 파자파티가 돌보고 길렀으며, 그녀는 싯닷타의 아버지인 숫도다나와 결혼했다.

사키야에서 태어나긴 했지만 고타마는 항상 자신을 코살라 사람으로 묘사했다. 그가 태어났을 당시 이미 고대 공화정의 사키야국은 코살라 왕국에 병합된 상태였다. 죽을 때까지 그가 신하로서 충성을 바친 이는 사밧티의 파세나디 왕이었으며, 파세나디는 갠지스 강 북쪽 제방에서부터 히말라야 산맥 기슭에까지 이르는 영토를 지배했다. 코살라의 서쪽으로는 간다라(현대 파키스탄의 상당 부분)가 있었는데, 그때 그곳은 당시 세계 최강 페르시아의 아케메네스 왕조가 통치하던 지역이었다. 고타마가 태어났을 때(기원전 약 480년) 이 지역 출신의 인도 군인들은 페르시아 군대의 일원으로 아테네에서 북서쪽으로 약 160킬로미터 떨어진 테르모필레 전투◆에서 그리스인들과 싸우고 있었다.

사키야인들은 농부였다. 그들은 쌀, 수수, 겨자씨, 렌틸콩, 사탕수수를 재배하고, 고기와 우유를 얻기 위해 소, 양, 염소를 길렀다. 고타마

◆ 기원전 480년에 일어난 크세르크세스 왕의 페르시아군과 스파르타의 레오니다스가 이끄는 그리스 도시국가 연합군 사이의 전투.

의 운명은 고국의 평야에 흩어져 있는 밭과 삼림지대와 관련이 있었다. 노예들의 허름한 집에서부터 귀족들의 웅장한 집에 이르기까지 건물들은 구운 진흙, 목재, 짚 등으로 건조되었을 것이다. 막강한 집안의 장남으로서 싯닷타는 매일 밭에서 고생스럽게 일을 하지는 않았을 것이다. 그런 일은 농부와 노예 들이 했을 것이다. 하지만 자신의 아버지가 공동체의 생존이 달려 있는 연간 수확량을 확보하는 책임을 맡고 있다는 것은 잘 인식하면서 자랐을 것이다.

카필라밧투는 다른 많은 곳처럼 지방의 농촌 도시였을 수 있다. 하지만 한 가지 중요한 점에서 다른 곳과 달랐다. 그곳은 북로(北路) 상의 기착지로서 당시 주요한 상업적 · 문화적 동맥이었으며, 갠지스 강 남쪽의 마가다 왕국과 북쪽의 코살라 왕국을 이어주었다. 길은 사밧티로부터 계속되어 북서쪽으로 약 1,130킬로미터를 더 가서 간다라의 탁카실라까지 이어졌다. 고타마 사람들처럼 부유하고 특권을 가진 사키야인들은 인도의 심장부인 마가다 및 코살라와 서쪽의 광활한 페르시아 영토 사이를 오고가는 물품과 사상에 노출되었을 것이다.

주요 귀족의 아들이자 후계자로서 싯닷타는 아버지를 수행하여 공무로든 상업적인 일로든 카필라밧투 서쪽으로 약 130킬로미터 떨어진 사밧티에 갔을 것이다. 숫도다나는 자신의 재능 있는 아들이 미래에 영예를 얻을 가능성이 후미진 사키야에 있다고 보지는 않았을 것이다. 코살라국의 젊은 귀족이 출세하려면 사밧티에 있는 왕궁의 세력가로부터 관심과 후원을 받아야 할 것이다. 따라서 싯닷타는 붓다가 되기 훨씬 전에 이미 젊은 코살라의 왕자 파세나디 주변의 무리 속으로 들어갔을 가능성이 있으며, 그 무리에는 외딴 지방 우두머리의 야심찬 아들인 반둘라 같은 인물들이 있었을 것이다.

팔리 경전은 싯닷타 고타마의 형성기에 대해서는 희한할 정도로 침묵하고 있다. 그가 여기저기 유행하며 수행하는 승려가 되기 위해 스물아홉의 나이에 극적으로 사키야를 떠나기 전까지 그에 관한 기록은 거의 없다. 그가 자신의 어린 시절에 대해서 말한 얼마 되지 않는 사건 중 하나는 어느 날 아버지가 밭에서 무슨 일을 보고 있을 때 자신이 염부수(잠부나무) 그늘 아래 앉아 선정 상태에 들었다는 것이다. 그가 어떻게 길러졌고, 어떤 종류의 교육을 받았으며, 어떤 사람들을 알았고, 그의 첫 야망과 열정은 무엇이었고, 그가 행한 활동은 무엇이었는지에 대해서는 아무것도 언급되지 않는다. 청소년기에서 스물아홉까지의 전 기간이 비어 있다.

그러나 일부 그의 또래들에 대해서는 훨씬 더 많은 것들이 알려져 있는데, 특히 다섯 명이 두드러진다. 앞으로 코살라의 왕이 될 파세나디, 말라 태수의 아들이자 나중에 파세나디 군대의 수장이 되는 반둘라, 사밧티의 브라만의 아들로 의식의 살인자가 되는 앙굴리말라, 베살리 출신의 릿차비 귀족인 마할리, 라자가하 출신으로 창녀의 아들이며 마가다의 궁정의가 되는 지바카 등이 그들이다. 이들 모두 싯닷타 고타마와 같은 세대였으며 사는 동안 모두 그와 가까이 지냈다. 하지만 앙굴리말라를 제외하고 승려가 된 사람은 아무도 없다. 이 유명한 친구를 공유한 것 외에도 이들을 함께 이어준 것은 그들이 탁카실라(탁실라) 대학의 동료 학생이었다는 것이다.

간다라의 수도 탁카실라는 그 지역에서 뛰어난 학문의 중심지였다. 북인도에서 새롭게 떠오르는 도시 출신의 젊은이들이 통치와 전쟁의 기술에 대한 교육을 받기 위해, 의사가 되기 위해, 종교와 철학을 배우기 위해, 혹은 마술과 의식에 숙달하기 위해 그곳으로 보내졌다. 그들은 주요 통상로의 교차로에 있는 아케메네스 제국의 도시에 살면서 갠지스 평원의 지방 도시에 있던 그들의 고향집에서 알았던 것보다 더 국제적인 문화에 노출되었다. 그들은 탁카실라에서 페르시아인, 그리스인, 그리고 드넓은 제국의 또 다른 시민들과 만났을 것이다. 인도의 귀족이 아들을 탁카실라에 보낸다는 것은 오늘날 부유한 인도 기업가가 재능 있는 아들이나 딸을 옥스퍼드나 하버드에 보내는 것에 해당하는 일이었다. 싯닷타 고타마의 배경을 고려해보면 그도 탁카실라에서 공부했을 가능성이 있다. 설령 그렇지 않다 해도 그런 적이 있는 사람들과 함께 성년이 되었을 것이다.*

경전은 또한 싯닷타가 스물일곱이나 스물여덟 살 때 사키야에서 라훌라라는 아들의 아버지가 되었음을 말해주고 있다. 그런 사회에서 귀족이 10대에 결혼하는 것은 관습이었을 것이므로 그는 비교적 많은 나이에 첫 아이의 아버지가 되었다. 이에 대한 설명 중 하나는 그가 형성기에 사키야에 없었다는 것으로, 아마도 탁카실라에서 공부를 하고 있었거나 코살라국이 그에게 군사나 행정 관련 역할을 맡겼을 가능성이 있다는 것이다. 그런 다음 결혼과 후계자 생산이라는 가족으로서의 책무를 다하기 위해 20대 말에 고향으로 돌아왔을 것이다. 그의 아내는 밧다캇차나라는 인물로, 잘 알려져 있지도 않으며 어쩌면 이종사촌이자 훗날 그의 경쟁자가 되는 데바닷타의 누이인 빔바였을 수도

* 붓다가 탁카실라에서 공부했을 가능성에 대해 더 자세히 설명한 것은 부록 II를 볼 것.

있다. 싯닷타가 코살라에서 달아나기로 결심한 때는 라훌라가 태어나고 얼마 되지 않아서였다.

무엇이 그로 하여금 이렇게 하게 했을까? 경전에서 그가 직접 설명한 것으로는 이 문제를 그다지 밝혀주지 못한다. 그는 언젠가는 죽고 일시적인 것에서 만족을 구하기보다는 '굴레에서 벗어나 죽지 않는 최고 경지의 안전함'을 찾고자 집을 떠나기로 결심했다고 말한다. 그러나 이것은 당시 인도 수행자들이 세상을 버리는 규범에 대해 다시 말한 것에 불과하다. 그는 어떤 깊은 개인적 위기를 겪고 '실존적인' 문제에 사로잡혔던 것으로 보인다. 이 삶은 무엇을 위한 것인가? 그것이 다 무슨 의미가 있는가? 결국 죽게 될 것을 나는 왜 태어났는가? 그는 이때까지 자신이 행했던 모든 것이 그를 막다른 길로 데려왔다는 것을 깨달았다. 그래서 그는 그의 왕과 나라, 귀족의 의무, 부족, 아내, 어린 아들 등 자신에게 친숙한 모든 것을 포기하는 선택을 한다. 겉으로 보기에 극단적인 이런 조치는 딜레마를 해결하기 위해 그에게 남겨진 유일한 선택이었을 수 있다. 그리고 그는 결과가 성공적일 것이라는 자신이 전혀 없는 상태에서 그런 선택을 했을 것이다.

그는 이렇게 회상했다. "어머니와 아버지께서는 다른 것을 원하셨고 얼굴이 온통 눈물범벅이 되어 우셨지만, 나는 머리와 수염을 깎고 노란 승복을 걸치고 집에서 사는 삶에서 나와 집이 없는 삶 속으로 들어갔다." 그리하여 그는 머리를 깎은 채 넝마를 짜깁기한 옷을 걸치고 사발 하나를 겨드랑이에 끼고 북로를 따라 길을 나섰다. 아마도 맨발이었을 것이다. 그가 사키야를 떠나 걸어가는 모습을 상상할 때 내가 사는 시대와 문화의 가치의 잣대로 그의 행위를 판단하지 않도록 주의해야만 한다. 아내와 아들을 버리는 것—그들은 그의 대가족이 잘 보살펴주었을 것이다—은 아마도 고타마 문중과 사키야 공동체에 대한 그의 의무를 거부하는 것보다 그를 덜 괴롭혔을 것이다. 떠나는 것과 함께 엄청난 안도감과 자유로움이 밀려들었을 수 있다. 그는 나중에 이렇게 말하게 된다. "집에서의 삶은 먼지 가득한 공기로 숨이 막힌다. 하지만 밖으로 나간 삶은 활짝 열려 있다."

그는 소가 끄는 달구지들로 이뤄져 천천히 이동하는 대상에 합류했을 것이다. 그들은 하루에 약 16킬로미터 정도 이동하면서 코뿔소, 사자, 곰, 토착민 무리 들이 사는 숲, 그리고 가끔은 마을과 밭으로 둘러싸인 장이 서는 도시를 지나갔다. 6월과 9월까지 몬순 우기 때에는 길이 진흙탕이 되어 통행이 불가능해졌다. 그는 그 시간을 공원과 숲에서 야영하며 논쟁하고 생각하고 명상하며 보냈다. 한 곳에서 또 다른 곳으로 천천히 걸어 이동하고 3개월의 우기 동안에는 터를 잡는 이런 양식은 그의 삶이 다할 때까지 계속되게 된다.

코살라의 말라 지방을 떠나자마자 그는 밧지로 들어갔을 것이다. 그곳은 왕이 아니라 베살리 의회가 여전히 통치하는 고대 공화정의 마지막 나라였다. 밧지와 코살라를 강력한 마가다 왕국으로부터 분리해놓는 천연의 국경인 갠지스 강에 도착한 그는 나룻배로 강을 건넜을 것이다. 그는 남쪽 강둑의 파탈리 마을에서 배를 내렸을 것이고, 북로를 따라 그 종착지이자 마가다의 수도인 라자가하에 이르렀을 것이다. 그곳은 멀리 약 100킬로미터 남쪽에 산들로 둥그렇게 둘러싸인 곳에 자리하고 있었다.

오늘날 숲은 거의 사라졌고 땅은 집약적으로 경작되고 있으며, 길은 트럭, 버스, 수레, 소, 사람 들로 어지럽게 붐빈다. 나룻배 대신 약 5.5킬로미터 길이의 마하트마간디 교가 우리를 갠지스 강을 지나 파트나로 데려다 준다. 파탈리는 오늘날 파트나라 불린다. 높이 올라선 날씬한 콘크리트 고가도로에서 보면 이 크고 넓은 강이 고대 인도의 경쟁 왕국들 사이에 왜 그토록 심각한 장애물이 되었는지 알 수 있다. 북쪽 강가에는 넓게 뻗은 진흙과 모래톱 구간이 육지의 울창한 바나나 농장과 느릿느릿 흐르는 갈색의 물을 갈라놓는다. 남쪽 강가에는 이와 대조적으로 물가를 따라 건물들이 빽빽이 서 있다. 칸 씨와 나는 희한할 정도—인도치고는—로 이동 차량이 없는 다리에서 내려와 제멋대로 뻗어나가고 있는, 거의 200만 명이 밀집된 도시, 비하르 주 주도의 혼란 속으로 들어간다. 희부연 먼지와 매연이 우중충한 콘크리트 건물에 드리워져 있고 거리에는 자동차와 트럭의 찢어질 듯한 경적 소리와 그칠 줄 모르는 자전거와 인력거 종소리가 울려 퍼진다.

우리는 영국인들이 1917년에 이곳에 세운 퇴락해가는 식민지풍의 박물관 자두가르 바깥에 차를 세운다. 내가 이곳에 온 것은 고타마의 유해가 든 작은 장식함을 보기 위해서이다. 그 함은 1958년 이 근처 베살리에서 발굴 작업을 하던 중 7세기 중국인 순례자가 쓴 이야기의 도움을 받아 확인된 스투파에서 나왔다. 나이가 지긋한 박물관 관계자가 떨리는 손으로 문을 열고 곰팡내 나는 카펫이 깔린 작고 둥근 방으로 나를 안내해 들어가 눈이 부시는 형광등을 켠다. 두꺼운 유리 뒤 빨간 벨벳 위에 높이 약 5센티미터의 크림색 동석으로 만든 금이 간 둥근 구 모양의 장식함이 홀로 놓여 있다. 액자에 든 사진은 열려 있는 장식함과 그 옆에 내용물이 전시된 모습을 보여주고 있다. 내용물은 작은 잿더미, 문양을 찍어 넣은 구리 동전 한 개, 황금 잎 조각, 아주 작은 소라고둥 껍질 한 개, 유리구슬 두 개였다.

큐레이터는 목청을 가다듬고 소리는 엄청나게 크지만 알아들을 수 없는 영어로 유물에 대한 설명을 외어 읊어대기 시작한다. 그가 계속 떠들고 있는 동안 나는 내 자신이 합장을 하고 유물에 공손히 절을 하고 있다는 것을 깨닫는다. 이것은 그저 잘 연마된 불교도의 습관이다. 나는 아무런 숭배심도 느끼지 않는다. 혼란스럽고, 실망스럽고, 내 자신이 약간 창피하다. 나는 무엇을 기대했던가? 춤추는 불빛? 하늘에서 떨어지는 꽃? 이 번지르르한 싸구려 세속의 성지가 나를 낙담하게 만든다. 칸 씨가 바깥 길에서 웅크린 채 때 묻은 헝겊으로 랜드크루저의 휠캡을 닦고 있다. 무료한 젊은 남자들 몇 명이 그의 주변으로 몰려들었다. 내가 다가오는 것을 보자 그는 한 번의 동작으로 비디를 옆으로 던지고 운전석 문을 활짝 연다. 내가 옆에 앉을 즈음 그는 백미러를 보며 머리를 정성들여 빗고 있다. 우리가 차량 사이를 이리저리 빠져나갈 때 차의 겉껍데기는 그의 피부 자체가 된다. 내가 금방이라도 일어날 것만 같은 충돌에 대비해 손을 반사적으로 올릴 때마다 그는 몇 밀리미터 차이로 사람, 소, 인력거, 트럭을 피해가면서 다 알고 있다는 듯이 혼자 미소 짓는다.

우리는 파트나에서부터 갠지스 강을 따라 동쪽으로 간 뒤 바크티아르푸르에서 남쪽으로 방향을 틀어 라즈기르—라자가하가 지금은 이렇게 불린다—로 향한다. 마가다의 고대 수도에 가까워지자 깎아지른 듯한 바위의 노출 부분이 편평한 풍광 위로 솟아올라 있다. 이것이 초타낙푸르 고원의 첫 번째 돌출부로, 갠지스 계곡의 남단을 형성하는 산들이다. 북쪽의 비옥한 충적 평원에 비해 이곳의 땅은 바싹 말라 있고 먼지가 인다. 돌투성이의 드넓은 불모지는 점점 더 자주 나타난다. 그러다가 라자가하를 둥글게 둘러싸며 천연의 보호벽이 되어주는, 높이 치솟은 산들이 시야에 들어온다. 산등성이를 따라 돌로 된 성벽이 본래 모습대로 남아 있는 부분을 구분해낼 수 있는데, 그런 성벽은 고타마의 시대로까지 거슬러 올라가는 것으로 시민들을 공격으로부터 더 잘 보호해주었을 것이다.

어둑어둑해질 무렵 우리는 벽돌담이 둘러쳐진 혹케 호텔 구내로 들어선다. 호텔은 둥글게 둘러싸인 산 바깥쪽에 자리하고 있다. 나는 일본 양식의 다다미방으로 안내되고, 칸 씨는 호텔 뒤쪽 운전사, 종업원, 요리사, 청소부, 세탁부, 수위, 비번 경찰 들의 지하세계로 사라진다. 혹케는 그런 대로 괜찮은 도시락 요리를 제공할 뿐 아니라 매일 저녁에는 온센(온탕)에서 일본인 순례자들과 함께 호사스럽게 몸을 담글 수도 있다. 일본인 순례자 대부분은 붓다가 법화경, 금강경, 반야심경을 설법했다는 영축산◆을 방문하기 위해 이곳에 온다.

다음날 새벽이 되기도 전에 우리는 차를 몰고 영축산으로 향한다. 가는 길에 차를 세우고 카키색 제복차림의 홀쭉한 경찰을 태웠는데, 그루데브라는 이 경찰은 한쪽 어깨에 수동식 노리쇠의 라이플을 메고 있다. 이례적인 시간에 산으로 가는 모험을 감행하는 외국인은, 그곳에 숨어 있다고 하는 다코이트(강도)로부터 보호받기 위해 무장경호원을 대동해야만 한다. 그루데브와 내가 선물 가판대, 찻집 들이 몰려

◆ 靈鷲山. 그릿드라즈 파르밧. 독수리 산이라는 뜻.

있는 산기슭에서부터 정상으로 이어지는 오래된 돌길을 올라가는 데 30분이 걸린다.

정상에 도달하자 영축산에 대해 내가 가졌던 불교도의 거창한 기대는 무너져 내린다. 그곳은 그저 산등성이의 낮은 지맥 중 하나에 노출된 바위일 뿐으로, 티베트의 기도 깃발들이 어지럽게 걸려 있다. 고타마와 그의 승려들이 고요한 명상 기간 중 머물렀던 수많은 동굴은 어지럽게 자리한 바위들 사이에 숨어 있다. 어떤 동굴은 초, 금박 얼룩, 공양물로 바친 흰색 스카프 등으로 즉석 신전이 되어 있다. 돌출부 자체에도 낮은 벽돌로 둘러싸인 직사각형의 단이 있다. 그곳에는 돈을 주고 고용하는 '사제'가 운영하는 임시 제단이 있는데, 한 번에 30여 명 이상의 순례자는 비집고 들어갈 수 없다. 해가 떠오르자 고대 도시의 멋진 광경이 펼쳐진다. 오늘날, 산으로 둥글게 둘러싸인 그곳에는 탁 트인 넓은 관목지와 성장이 멈춘 작은 나무들 외에는 아무것도 남아 있지 않다.

기원전 450년경 카필라밧투에서 이곳으로 온 고타마가 발견한 것은 당시 최고로 인구가 많고 번창한 도시였을 것이다. 라자가하는 지속적인 수원이 되어준 온천의 혜택을 받은 붐비는 상업 중심지였다. 또한 근처에 철과 구리 광산이 있는 산업도시였고 단단히 요새화된 군사기지였다. 승려와 수행자의 중요한 모임 장소이기도 했는데, 그들은 공원에서 교리에 대해 토론하고 산에서 홀로 수행을 했으며 거리를 돌아다니며 보시를 청했다. 강력하고—그것을 알아볼 수만 있다면—존경받는 군주였던 빔비사라는 이곳에서 마가다 왕국을 통치했다. 그는 정치적으로 주요 경쟁 상대였던 코살라와의 동맹의 일환으로 파세나디의 누이인 데비 공주와 결혼했다.

팔리 경전에서 아주 오래된 부분 중 하나인 『숫타니파타』에 의하면 마가다의 왕은 자신의 궁전 옥상에서 고타마가 도시의 거리로 조용히 걸어오는 것을 봤다고 한다. 그는 신하들에게 저 사람이 누구이고 어디서 묵고 있는지 알아오라고 명령했다. 그런 다음 마차를 타고 판다바 산까지 가서 그를 맞이했다. 그가 말했다. "당신은 젊고 여리며, 인생의 한창때에 있는 명문가의 귀족으로, 코끼리 무리의 선두에서 멋지게 군대를 장식하고 있어야만 합니다. 당신에게 기꺼이 직위와 부를 하사하겠소. 말해보시오. 당신은 어디에서 태어났소?" 고타마는 자신이 코살라 태생이며, 태양의 가문 혈통이고, 히말라야 산맥 측면에 사는 사키야 부족 출신이라고 설명했다. 하지만 그는 왕의 제안을 거절했다. "저는 세상을 버린 것에 대해서는 확고합니다." 그가 빔비사라에게 말했다. "나의 마음은 내가 전념하고 있는 이 힘겨운 싸움을 대단히 즐기고 있습니다."

이 힘겨운 싸움에 수반된 것은 무엇이었을까? 우리가 알고 있는 것이라고는 그가 알라라 칼라마와 웃다카 라마풋타라는 두 스승의 공동체 속에서 얼마 동안 시간을 보냈다는 것이 전부이다. 두 사람 모두 한 가지만 염두에 두는 선정을 수련하도록 가르쳤는데, 전자는 '아무것도 없음'(무소유처〔無所有處〕)에 집중하고, 후자는 '지각이 있는 것도 아니고 지각이 없는 것도 아닌 것'(비상비비상처〔非想非非想處〕)에 집중함으로써 그렇게 하게 했다. 이런 것들은 아마도 신의 절대적이고 초월적인 현실인 브라흐만과의 합일을 이루기 위해 현상 세계와 동일시하는 것을 모두 중단시키는 요가 수행이었던 것 같다. 고타마는 이런 명상을 능숙하게 해냈으며, 각 스승들은 그를 자기 무리의 지도자로 뽑으려고 했다. 그러나 그는 이 깊은 트랜스 같은 상태에 아무리 오래 머물러 있어도 자신이 찾고 있던 종류의 통찰은 주지 않는다는 것을 발견했다. 그는 결론을 내렸다. "그런 가르침에 만족하지 못하고 나는 그들을 떠나갔다."

그가 행한 것으로 기록되어 있는 다른 유일한 수련은 스스로 극한의 고행을 하는 것이었다. "나는 음식을 아주 조금 먹었다." 그는 회상했다. "끼니때마다 무슨 죽이 되었건 한줌 분량만 먹었다. 너무 조금 먹어서 내 몸은 극도로 수척한 상태가 되었다. 사지는 대나무 마디처럼 되어버렸고, 엉덩이는 낙타 발굽처럼 되었으며, 갈비뼈는 여위어 삐져나온 것이 마치 지붕 없는 오래된 외양간의 희한한 서까래 같았고, 눈빛은 눈구멍 저 밑으로 가라앉았으며, 머리 가죽은 오그라들고 말라갔으며, 배는 등뼈에 붙었다. 대소변을 볼 때면 얼굴로 고꾸라졌고, 손으로 사지를 비벼서 몸을 좀 편하게 하려고 하면 모근이 썩어버린 털들이 우수수 떨어졌다."

지나치게 자세한 이런 자기학대의 이야기는 필사적인 초월을 추구하는 과정에서 몸의 요구와 갈등에 빠져 어찌할 바 모르는 한 사람을 묘사하고 있다. 그는 깨달았다. "몸을 괴롭히는 이런 금욕적인 수행을 통해 나는 더 높은 정신 상태나 앎과 통찰에서 그 어떤 탁월함도 얻지 못했다. 혹시 다른 길이 있을까?" 그러자 그는 어린 시절에 염부수 아래 앉아 있다가 "집중된 마음의 상태에 들어가 머물렀던 때가 기억났다. 그 상태에는 일으킨 생각과 머무는 생각이 함께했으며, 아울러 홀로 떨어져 있는 데서부터 나온 황홀감과 기쁨이 있었다." 그런 기쁨은 두려워할 필요가 없는 것임을 그는 깨달았다. 그것은 심지어 그의 딜레마를 해결해줄 수 있을지도 모른다. 하지만 "몸이 그렇게 과도하게 수척해진 상태에서는 그런 기쁨을 얻기가 쉽지 않다. 만일 내가 밥과 빵을 좀 먹을 수만 있다면." 그러고 나서 그는 그렇게 했다.

이 이야기는 고타마를 세상을 버린 승려, 당시의 규범적인 영적 수행에 통달한 뒤 그것을 거부한 승려로 그려내고자 하는 사람들의 이해에 잘 맞아떨어진다. 이것은 그가 종교운동을 시작하기에 충분한 요가 수행의 영예를 얻었다는 것을 보여준다. 하지만 자신의 생각을 어떻게 발전시켰는지에 대해서는 아무런 감도 잡을 수 있게 해주지 않는다. 이 6년 동안 고타마가 트랜스 상태와 자기징벌에 대한 실험 외에는 아무것도 하지 않았다는 인상을 준다. 동료 유행 수행자들과 나눴을 토론과 논쟁, 당시의 철학적 · 종교적 화제, 어떤 희망과 걱정이 그를 살아 있게 했는지에 대해서는 아무런 언급이 없다. 그것은 그가 언제 어떻게 가르치기 시작했으며, 그의 설법이 어떻게 그렇게 확연히 구분되는 방식과 어조와 내용을 가지게 되었는지는 설명하지 않는다. 형성기를 거치면서 그는 브라만 전통의 교리와 가치와는 분명하고 자신 있게 거리를 두게 되었다. 하지만 정확히 어떻게 이것을 해냈는지 우리는 알지 못한다.

10

흐름을 거스르다

가야의 좁고 황폐한 거리에서 빠져나오자마자 칸 씨와 나는 보드가야로 흘러들어가는 네란자라 강의 드넓은 모래 강바닥 옆으로 지나는 도로로 들어선다. 보드가야는 싯닷타 고타마가 깨달음을 얻은 곳인 우루벨라의 오늘날의 이름이다. 우리는 붐비고 시끄럽고 오염되어 있으며 몇 마일에 걸쳐 뻗어나가는 탐욕스런 순례도시로 들어간다. 순례자들을 콜롬보나 방콕으로부터 현지 공항까지 직송하는 제트기가 머리 위에서 포효한다. 호화로운 호텔이 허름한 게스트하우스와 겨루고, 온갖 불교 색채의 절들이 높은 벽 너머, 그리고 연철 문 사이로 힐끗 보인다. 숨길 수 없는 불교 상징물로 자랑스럽게 치장한 서구인들은 물론 아시아 전역에서 온 비구, 비구니, 일반인 순례자 들이 거리를 가득 메우고, 거지, 나환자, 장애인 들이 양철 깡통 속 동전을 달그락거리며 그 뒤를 쫓아다닌다. 멀리 광역 도시권 가장자리의 논밭은 이미 건축부지로 더 많은 자리를 내어줬다. 비하르의 이 작은 지역에서 불교가 호황을 누리고 있는 것이다.

나는 거의 30년 동안 보드가야에 발을 디딘 적이 없었다. 나는 1974년 12월 밤새 기차를 타고 사람들로 꽉 찬 3등 칸의 밧줄로 된 짐 선반에 비집고 들어가 파탄코트에서 가야까지 여행했다. 가야부터 나머지 약 16킬로미터는 비교적 호사스런 자전거 인력거로 갔다. 내 나이 스물한 살이었고 아직 다람살라에 살고 있을 때였다. 나는 그해 6월에 사미승이 되었다.

그곳에 간 이유는 달라이 라마가 주재하는 칼라차크라 입문 의식에 참여하기 위해서였다. 그와 동시에 10만여 명으로 추정되는 티베트, 부탄, 라다크, 시킴 사람들도 히말라야 산맥에서 이 조용한 인도 마을로 내려왔다. 그들은 주변 들판과 네란자라 강둑의 나무 사이에 거대하고 비위생적인 텐트촌을 세웠다. 성하께서 칼라차크라 입문을 주관하는 것이 이번이 마지막일 것이라는 소문이 돌았다. 또한 상당수의 서양인 불교신자들이 참석한 것은 그때가 처음이었다.

그 유명한 보리수 옆에 높이 솟은 마하보디사원(대보리사) 외에 당시의 보드가야는 단 하나의 흙길과 태국, 미얀마, 일본에서 온 순례자들의 요구를 충족시키며 여기저기 흩어져 있던 다른 절들, 불교용품을 파는 소수의 가게들로 이뤄져 있었다. 주된 수송수단은 자전거였다. 가끔 지프나 앰배서더 자동차◆가 먼지구름 속을 지나가며 닭들을 놀라게 하고 자고 있던 잡종개들의 눈을 뜨게 만들었다. 나는 다른 서양인들과 함께 근처 농장에 숙소를 정하고 소 냄새가 진동하는 벽돌로 지은 별채의 짚더미 위에서 잤다.

입문식은 며칠이 걸렸으며 통역도 없었다. 나는 다람살라를 떠나기 전 게셰 다르계이가 설명해준 복잡한 절차를 따라가려고 노력했지만 내 주변의 부탄 가족을 관찰하는 데 더 관심이 갔다. 자주색 줄무늬의 키라와 고를 입고 펠트 장화와 이국적인 머리쓰개를 착용한 그들은 저 높은 곳의 비단으로 감싼 옥좌에서 달라이 라마가 무슨 말을 하고 있는지 귀 기울이기보다는 수다 떨고, 말싸움하고, 웃고, 자식들과 놀고, 소풍 기분을 내는 데 시간을 더 보냈다. 그들에게 그것은 딱딱한 종교 행사라기보다는 축제, 함께 느긋하게 쉬며 즐기는 드문 기회였다. 꼼짝하지 않고 앉아 눈을 꼭 감고 있는 맨 앞줄 진홍색 승복의 승려들과 엄숙한 표정의 서양인 개종자들만이, 뒤에서 보기에, 그것을 아주 진지하게 받아들이고 있는 것 같았다. 마지막으로 우리는 성하 앞으로 나가 각각 그에게 카탁(의례용 스카프)을 바치고, 머리에 축복을 받고, 손목에 매는 빨간 줄을 받기 위해 엄청나게 긴 줄(엄청나게 북적거리고 유쾌하게 떠들 또 다른 기회)을 섰다.

모든 행사가 끝나자 군중은 사라졌고 보드가야는 평소의 나른한 고요함으로 되돌아갔다. 나는 마을 변두리의 미얀마 절에 가서 고엔카 씨의 지도하에 몸과 감각의 알아차림 수행을 하며 침묵 속에서 3주를 보냈다.

◆ 인도의 힌두스탄모터스가 생산하고 있는 차종.

나는 내가 나무를 숭배하는 종교에 속해 있다는 사실이 기쁘다. 그 멋진 보리수는 최근 주변에서 부상한 순례산업에는 무관심하다. 활짝 펼쳐진 나뭇가지는 마하보디사원을 도는 사람들이 그 아래 하얀 대리석 판석 위를 걸을 때 그늘을 드리워준다. 커다란 몸통은 요란한 새틴 천으로 싸여 있고, 가지에는 기도 깃발이 주렁주렁 매달려 있으며, 독실한 신자들의 아이들이 떨어진 잎을 모으지만 나무는 그런 것에 개의치 않는다. 고타마가 그 아래 앉았던 어느 나무의 머나먼 후손인 이 나무는 수많은 인간들이 물밀듯이 왔다가 가는 것을 봤다. 인접해 있는 절을 시바 신전으로 이용한 힌두 사제들, 영국의 인도 통치 시절인 19세기에 이 절을 재발견한 고고학자들, 스리랑카의 개혁가로 이 나무와 절 그리고 주변 기념물들을 불교계의 관할로 돌려놓겠다고 맹세한 아나가리카 다르마팔라◆, 1959년 달라이 라마와 함께 산맥을 넘어 도망쳐 온 수천 명의 티베트인들, 카스트의 수모를 벗어나기 위해 최근 불교를 받아들인 인도의 전 불가촉천민 수백만 명, 그리고 가끔씩 나 같은 백인 개종자들이 그들이다.

"내가 도달한 이 담마는……" 원래 나무의 가지 아래에서 그날 밤 자신이 발견한 것을 묘사하며 고타마는 말했다.

깊고, 보기 힘들고, 깨치기 어렵고, 고요하고 훌륭하며, 생각에 갇혀 있

◆ 1864~1933. 스리랑카와 인도에서 불교를 부흥시키고 서양에 불교를 전파한 선구자. 마하보디사원이 힌두교 사제의 관리를 받으며 불상은 힌두 신상으로 바뀌고 불교도들의 예불이 금지된 사실에 충격을 받아 마하보디협회를 세우고 사원을 불교도 관할로 돌려놓기 위한 활동을 펼쳤다. 결국 사원은 인도 독립 후 동일한 수의 불교도와 힌두교도로 구성된 위원회가 관장하게 되었다.

지 않고, 미묘하며 현명한 이에 의해 감지된다. 그러나 사람들은 자신의 자리를 사랑한다. 그들은 자신의 자리를 좋아하고 맘껏 즐긴다. 자신의 자리를 사랑하고 좋아하고 맘껏 즐기는 사람들은 이 토대, 즉 이런 조건성, 연기를 보기 힘들다.

이것은 길을 떠나 자신의 목적지에 도달한 사람의 말이다. 그가 거기서 발견한 것은 대단히 기이하고 낯설며, 개념화시키거나 말로 옮기기 어렵다. 동시에 그는 다른 이들도 그것을 경험해야 한다고 인식했다. 자신이 깨우친 것, 이런 조건성—특정한 것이 다른 특정한 것을 생겨나게 한다는—은 어떤 점에서 오히려 명백했다. 모든 사람들은 씨가 식물을 만들어내고, 알이 닭을 만들어내는 것을 알고 있다. 하지만 그는 이런 '연기(緣起)'를 보기란 지극히 어렵다고 주장했다.

왜? 왜냐하면 사람들은 그들의 **자리**에 대한 애착으로 인해 존재의 근본적인 연기를 보지 못하기 때문이다. 어떤 이의 자리라는 것은 그가 가장 강하게 묶여 있는 곳이다. 그것을 바탕으로 그의 정체성의 전체적인 구조가 세워진다. 그것은 물리적 장소 및 사회적 위치와 동일시하면서 종교적 · 정치적 신념에 의해 형성되는 것으로, 혼자인 자아에 대한 본능적인 확신을 통해 이뤄진다. 어떤 이의 자리는 그가 서 있는 곳이며, 따라서 그는 '나의 것'에 도전하는 것처럼 보이는 모든 것에 반대하는 입장을 취한다. 이 입장이 세상에 대한 당신의 자세이다. 그것은 '당신'과 '나'를 구분하는 선의 이쪽 편에 있는 모든 것을 포함한다. 그것으로부터의 기쁨은 결코 고정되어 있지도 않고 안전하지도 않은 존재의 한가운데에서 고정적이고 안전한 느낌을 만들어낸다. 그것을 잃어버린다는 것은 소중히 여기는 모든 것들이 혼란과 무의미함 혹은 광기에 압도되리라는 것을 뜻할 것이라고 사람들은 두려워한다.

고타마의 탐색은 그로 하여금 자신의 자리와 관련된 모든 것—그의 왕, 고국, 사회적 지위, 가족 내 위치, 믿음, 몸과 마음의 주인인 자신에 대한 확신—을 포기하게 했지만 정신병적 붕괴를 가져오지는 않았다. 왜냐하면 자신의 자리(알라야〔ālaya〕)를 포기하면서 토대(트타나〔ṭṭhāna〕)에 도달했기 때문이다. 하지만 이 토대는 어떤 자리의 단단해 보이는 토대와는 상당히 다르다. 그것은 '삶'이라고 하는 조건에 따라 일어나고 모호하며 예측 불가능하고 환상적이고 무서운 토대이다. 삶은 토대가 없는 토대이다. 그것은 나타나자마자 사라져 스스로를 다시 새롭게 하고, 그런 다음 금방 다시 부서져 사라진다. 그것은 두 번 발을 담글 수 없는 헤라클레이토스◆의 강처럼 끊임없이 앞으로 쏟아져 내린다. 그것을 잡으려 하면 항상 손가락 사이로 빠져나간다.

이 토대 없는 토대는 지지해주는 것이 없다는 것이 아니다. 그것은 당신을 다른 식으로 지지해준다. 어떤 자리는 당신을 묶어두고 차단시키는 반면 이 토대는 당신으로 하여금 가게 만들고 당신을 활짝 열게 한다. 그것은 잠시도 가만히 있지 않는다. 그것의 지지를 받기 위해서 당신은 다른 식으로 그것과 함께 해야만 한다. 당신의 자리에서 안전한 느낌을 갖기 위해 발을 꽉 디디고 서서 양손으로 꽉 잡는 대신 여기서는 빨리 움직이는 물고기처럼 그 흐름과 함께 헤엄쳐야 한다. 고

◆ 고대 그리스의 철학자. 현상의 끊임없는 변화에 주목했으며 '같은 강에 두 번 들어갈 수는 없다.'는 말을 했다고 한다.

타마는 그 경험을 '흐름에 들어가는 것'(예류〔預流〕)에 비유했다.

고타마의 깨달음은 특전의 지혜를 얻는다기보다 좀 더 높은 진리로 시각이 급격히 변하는 것을 수반했다. 그는 그것을 묘사할 때 '알다' 그리고 '진리'라는 단어는 사용하지 않았다. 그는 고정된 위치에 대한 애착으로 인해 그때까지 보기 어려웠던 조건적인 토대—'이런 조건성, 연기'—를 깨닫는 것에 대해서만 이야기했다. 그런 깨달음은 자신이 '알고 있는' 것에 대해 다시 생각하게끔 되어 있지만 깨달음 자체는 기본적으로 인지 행동이 아니다. 그것은 실존적 재조정으로, 자기 자신의 핵심, 그리고 다른 사람과 세상과의 관계에 일어나는 격심한 변화이다. 그것은 고타마에게 삶의 큰 질문에 대한 기성의 해답을 제공하기보다 그로 하여금 그런 질문에 대해서 전적으로 새로운 시각에서 반응할 수 있게 했다.

변하는 이 토대에서 살기 위해 우리는 먼저 전에 일어났던 일과 나중에 일어날지도 모르는 일에 집착하는 것을 중단할 필요가 있다. 우리는 지금 일어나고 있는 일을 좀 더 크게 의식해야 한다. 이는 과거와 미래의 현실을 부인하라는 것이 아니다. 그것은 무상하고 일시적인 삶과 새로운 관계를 시작하는 것과 관련이 있다. 과거를 그리워하고 미래를 추측하는 대신 현재를 과거의 결실과 미래의 싹으로 본다. 고타마는 영원하고 신비로운 지금으로 침잠하라고 한 것이 아니라 조건에 따라 결정되는 세상이 순간순간 펼쳐질 때 움츠러들지 말고 그것과 만날 것을 권했다.

현재 일어나고 있는 것을 의식하는 일은 알아차림의 훈련을 필요로 하는데, 고타마는 이것을 토대 없는 토대에서 최적으로 기능하는 데 필요한 집중된 존재와 민감함과 같은 것을 얻는 '유일한 길'이라고 묘사했다. 실제로 그는 알아차림(sati〔사티〕, 염〔念〕)을 자신 주변의 세상은 물론 자신의 몸, 느낌, 마음에서 일어나는 모든 것에 자리하여 머무는 것(paṭṭhāna, 팟타나)이라고 말했다. 알아차림은 지금 일어나고 있는 것을 아는 것으로, 반의식적인 몽롱한 상태에서 모든 것이 휩쓸리게 놓아두거나 생각할 시간을 갖기도 전에 반응할 정도로 사건들로부터 괴롭힘을 당하는 것과는 대조된다.

알아차림은 전적으로 구체적인 일상 경험 상황에 초점을 맞춘다. 초월적이거나 신성한 것과는 관련이 없다. 그것은 유신론의 해독제, 감상적 경건함에 대한 치료제, 형이상학적 믿음의 종양을 잘라내는 메스로 작용한다. 고타마는 말했다. "승려가 숨을 길게 내뱉을 때 그는 '내가 숨을 길게 내뱉고 있다'는 것을 안다. 숨을 짧게 들이마실 때에는 '내가 숨을 짧게 들이마시고 있다'는 것을 안다." 그런 사람은

> 앞을 보고 눈길을 돌릴 때, 사지를 구부리고 펼 때, 승복을 입고 바리때를 들고 다닐 때, 먹고 마시고 맛을 볼 때, 대소변을 볼 때, 걷고 서고 앉고 잠이 들고 깨어나고 말하고 침묵할 때 완전한 자각 속에서 행동한다.

마음을 챙겨 주의를 기울이기에 너무 하찮거나 일상적인 것은 없다. 알아차림은, 아무리 불쾌하거나 고통스러운 것이라도 자각의 장에 떠오르는 것이라면 모든 것을 탐구의 대상으로 받아들인다. 겉모습의 베일 뒤에 숨어 있는 뭔가 좀 더 큰 진실을 찾고자 하거나 찾기를 기대하지도 않는다. 무엇이 나타나고 그것에 대해 당신이 어떻게 반

응하는가, 그것만이 중요하다.

자신의 내부와 주변에서 일어나고 있는 것에 주의를 기울임으로써 고타마는 조건에 따라 일어나는 이 드넓은 사건의 장을 깨닫게 되었다. 그의 깨달음은 지적인 이론 정립만의 결과가 아니라 경험의 짜임새와 구조에 지속적이고 집중적인 주의를 기울여 얻은 결과이다. 그가 도달한 토대에는 연기에 노출됨으로써 그의 안에서 활짝 열린 삶에 대한 새로운 시각도 포함되었다. "자신의 자리로부터 큰 기쁨을 얻고 즐기는 이"에게는 "이러한 토대, 즉 충동의 진정, 갈망의 소멸, 초연함, 멈춤, 니르바나를 보는 것 역시 어렵다."

고타마 내부 깊은 곳의 뭔가가 멈췄던 것 같다. 그는 자유로워져서 자신의 자리라는 밀폐된 시각으로 이 세상을 살지 않게 되었다. 그는 사납게 쏟아져 내리는 사건들이 그의 안에서 불러일으키는 욕망과 두려움에 이리저리 휘둘리지 않으면서 그런 사건들 속에 완전히 존재할 수 있었다. 이 시각의 심장부에는 고요한 평온, 뜻밖에도 익숙한 습관을 떨쳐내기, 최소한 잠시 동안은 불안과 혼란의 부재가 자리했다. 그는 이 세상에서 존재하는 길을 발견해냈다. 탐욕이나 증오, 혼란에 좌우되지 않는 길이었다. 이것이 니르바나였다. 이제 그 길이 활짝 열려서 그로 하여금 초연함, 사랑, 명료함의 시각으로 세상과 관계를 맺게 했다.

고타마의 깨달음의 핵심은 연기를 분명하게 포용한 데 있다. 그는 말했다 "연기를 보는 이는 담마를 본다. 그리고 담마를 보는 이는 연기를 본다." 그는 그와 그가 살고 있는 세상 모두가 유동적이고 조건에 따라 일어날 수 있는 사건들이라는 것을 깨달았는데, 그런 사건들은 또 다른 유동적이고 조건에 따라 일어날 수 있는 사건들로부터 일어난 것이다. 하지만 그런 사건들이 반드시 일어날 필요가 있었던 것은 아니다. 다른 선택을 했더라면 상황은 달라졌을 것이다. "과거를 그냥 내버려두라." 그가 유행자 우다인에게 말했다. "미래를 그냥 내버려두라. 네게 담마를 가르쳐주겠다. 이것이 있으면 저것이 있게 되고, 이것이 일어남으로써 저것이 일어난다. 이것이 없으면 저것은 있지 않게 되고, 이것이 그침으로써 저것이 그친다."

싯닷타 고타마는 자유나 구원이 영원하고 조건에 좌우되지 않는 원천 혹은 토대—그것이 아트만 혹은 신이라 불리든, 순수의식 혹은 절대적인 것이라 불리든—에 접근할 수 있는 특권을 쟁취하는 데 있다는 생각을 거부했다. 또한 그런 자유(니르바나)는 세상을 외면함으로써가 아니라 조건에 따라 일어날 수 있는 세상의 심장부로 깊이 파고 들어감으로써 발견되는 것이었다.

고타마가 살던 시대의 브라만들은 인간에게 생명을 불어넣는 것은 영원한 영혼 혹은 자아(아트만)로, 그것의 본성은 초월적이고 완벽한 실재의 브라흐만(신)의 본성과 동일하다고 주장했다. 이런 믿음은 진짜로 우리인 무엇인가가 죽지 않는다는 것을 뜻하므로 매우 매혹적이다. 그리고 그것은 순간순간 밀물처럼 몰려오는 경험을 바라보는 불변의 목격자라는, 깊이 박힌 직관이 그것을 확인시켜주는 것처럼 보이기 때문에 매우 강렬하다. 하늘에서 급강하하는 찌르레기 무리의 모습, 복숭아의 맛, 바흐의 〈브란덴부르크 협주곡 6번〉의 선율 등은 왔다가 다시 갈 수도 있지만 이런 것들을 아는 이로 존재한다는 느낌은 그대로 남아 있다.

가장 어린 시절부터 지금까지 나는 똑같은 의식이 내 삶의 모든 사건을 목격했고 또 계속 목격하고 있다고 직감적으로 확신했다. 아기였을 때의 내 사진을 보거나 세월이 흐르면서 내가 얼마나 자라고 변했나를 생각해보면 나는 시간을 초월한 이 목격자가 혼란스런 어린 소년, 반항의 사춘기 소년, 독실한 젊은 승려, 혹은 회의적인 중년의 남자로서 똑같을 수는 없음을 깨닫게 된다. 내 자신의 이 모든 측면들은 나의 '자아(ego)' 혹은 '인격(personality)'이 서로 다르게 나타난 것이며, 이 모든 것을 알고 기억하는 기본적이고 변하지 않는 자신과는 아무런 상관이 없다.

동시에 대단히 불안하게 만들었던 내 어린 시절 기억 중 하나는 어머니가 무심코 '나'라는 것에 대한 본능적인 확실성을 시험대에 올렸던 일과 관련이 있다. 때는 크리스마스였고, 나는 아마도 열여섯 살쯤 되었던 것 같다. 어머니와 베티 이모가 식탁에서 사진첩을 뒤적이다가 군복을 입은 어떤 남자—사막의 태양에 눈은 찡그리고 파이프를 이로 꽉 물고 있는—의 스냅 사진을 보게 되었다. 어머니가 내게 말했다. "일이 다르게 풀렸다면 이 사람이 네 아버지가 되었을 거야." 나는 생각했다. 하지만 그 남자가 내 아버지였다면 내가 나일 수 있었을까? 이것이 나를 궁금하게 만들었다. 나의 실제 아버지의 수많은 정자 중 다른 것이 어머니의 난자와 수정되었다면 그 염색체 혼합에서 태어난 아이가 나였을까? 만일 바로 그 동일한 정자가 어머니의 다음 번 난소 주기에 파고들어갔다 해도 과연 그 아기가 나였을까?

불안스럽게도 내 자신의 연기성을 그렇게 살짝 엿봤음에도 불구하고 영원하고 시간을 초월하는 목격자에 대한 확신은, 해가 매일 아침 동쪽에서 떠서 하늘을 가로질러 서쪽으로 진다는 생각처럼, 내게는 여전히 변함없고 자명했다. 나는 내 자신과 세상을 이런 식으로 경험하도록 고정된 것만 같다. 하지만 눈에 보이는 부인할 수 없는 증거에도 불구하고 나는 뜨고 지는 것은 태양이 아니라 지구임을 알고 있다. 고타마는 코페르니쿠스가 지구에 대해 했던 일을 자아에 대해 했다. 계속 전처럼 보임에도 불구하고 그것을 올바른 자리에 놓은 것이다. 코페르니쿠스가 지구의 존재를 거부하지 않은 것처럼 고타마도 자아의 존재를 거부하지 않았다. 대신 그는 각각의 자아를 모든 것이 그 둘레를 돌고 있는 고정되고 조건에 좌우되지 않는 지점으로 여기기보다는 그것이 다른 모든 것처럼 유동적이고 조건에 따라 일어나는 과정이라는 것을 깨달았다.

인간이 일시적으로 오염되고 한시적인 몸에 부착된 본래의 깨끗한 정신적 혼으로 이뤄진다는 견해는 고대 세계에 널리 퍼져 있었다. 바라나시에서 아테네에 이르기까지 신체적 죽음 이후 영혼이 그 선행이나 악행에 따라 인간이나 동물 혹은 다른 생명체로 다시 태어날 것이라고 믿은 현자와 철학자 들이 있었다. 그러므로 구원은 영혼을 몸과 체계적으로 분리시키는 것을 수반했으며, 그것은 금욕적인 생활, 철학적 사색, 사색적 수행을 통해 얻어졌다. 그런 수련은, 영혼의 진정한 본성은 몸과는 아무런 상관이 없고 신의 초월적 실재와 동일하다는 것을 깨닫게 했다. 따라서 목표는 개별적인 영혼과 절대자와의 신비한 합일을 얻는 것이다.

인도의 카타우파니샤드에 이런 말이 있었다. "무지한 이는 외적인 즐거움을 찾으며 만연해 있는 죽음의 덫에 빠진다. 죽지 않는 것이 무엇인지를 아는 현명한 이들만이 여기 불안정한 것들 사이에서 안정된 것을 찾지 않는다…… 심장의 모든 끈이 여기 지상에서 끊어지게 되면, 그러면 유한한 생명이 불사의 생명이 된다." 고타마와 동시대인인 그리스의 소크라테스는 『파이돈』에서 이렇게 말했다. "따라서 우리가 사는 동안 이런 식으로 지식에 가장 근접하게 될 것처럼 보일 것이다. 만일 우리가 몸과 가능한 한 적게 어울리고, 그것과 교감하지 않고, 단 반드시 그래야 할 경우는 제외하고, 그리고 우리 자신을 그 본성에 물들게 하지 않고, 신이 우리를 해방시킬 때까지 그것으로부터 순수하게 남아 있다면 말이다."

고타마는 자신이 삶이 지닌 연기적 토대를 깨달은 것은 '흐름에 거스르는' 것이라고 선언했다. 그것은 반직관적이었다. 그것은 경험에 대해 시간을 초월한 목격자라는 본능적인 느낌에 반대되는 것이었다. 그것은 영원한 영혼에 대한 믿음, 그리고 묵시적으로, 신의 초월적 실재에 대한 믿음에 상충되었다. 고타마는 신과의 합일을 얻기 위해 스스로를 세상과 분리하기보다는 추종자들로 하여금 현상 세계가 떠오르고 사라지는 것에 면밀하고 예리하게 주의를 기울이도록 격려했다. 그가 명상 수행을 제시한 방식은 당시의 지혜를 완전히 뒤집는 것이었다. 그는 제자들에게 영혼의 본성을 사색하기 위해 내부로 주의를 돌리라고 가르치는 대신 그들의 몸을 예민하게 의식하고, 바로 그 순간 자신의 감각에 영향을 주는 것이 무엇이건 간에 그것을 조용히 의식하면서 그것의 등장과 사라짐, 덧없음, 비인격적임, 기쁨, 비극, 매력, 공포를 알아채라고 했다.

그가 알아차림 수행을 묘사할 때 썼던 은유는 직접적이고 실용적이다. 그는 명상하는 이를 능숙하게 목재를 다루는 이, 도살자, 자신의 도구를 아주 정확하게 사용하는 법을 배운 사람, 최소한의 노력으로 최대한 효율적으로 나무를 다뤄 형태를 만들거나 죽은 동물을 절개하는 사람에 비유했다. 알아차려 자각하는 것이 한 가지 고정된 사물에 대한 수동적 집중으로 제시된 것이 아니라 변화하고 복잡한 세상과 정교하게 관계하는 것으로 제시된다. 알아차림은 개발될 수 있는 기술이다. 그것은 고요하지만 호기심 많은 지성에서 비롯되는 선택, 행위, 반응이다. 그리고 그것은 자기 자신과 타인의 고통의 특정한 본질을 공감하고 거기에 매우 민감하다.

고타마의 가르침은 당시 정설에 정면으로 도전하는 것이었다. 그가 깨달음을 얻은 뒤 자신이 다른 이들을 가르치는 일은 '피곤하고 성가실' 것이라고 빈정대듯 말한 것이 놀랄 일이 아니다. 어쨌든 사람들은 죽지 않는 것을 갈망하며, 피할 수 없는 죽음의 현실을 받아들이고 싶어 하지 않는다. 그들은 행복을 갈망하며 괴로움에 대한 사색을 회피한다. 그들은 자아에 대한 감각을 보존하고 싶어 하지 그것을 순식간에 지나가는 비인격적 요소로 해체하고 싶어 하지 않는다. 우리가 죽음처럼 움켜잡는 탐욕과 증오로부터 해방되는 매 순간 죽지 않음을 경험한다는 것, 이 세상의 행복은 이 세상이 행복을 줄 수 없다는 것을 깨닫는 사람에게만 가능하다는 것, 근본적인 자아에 대한 믿음을 버림으로써 완전히 별개로 구별된 사람이 된다는 것을 받아들이는 일은 반직관적이다.

싯닷타 고타마는 반대자, 급진주의자, 인습 타파자였다. 그는 브라만의 사제 종교와는 무관한 것을 원했다. 그는 그런 신학은 이해할 수 없고, 그 의식은 무의미하며, 그것이 정당화하는 사회구조는 부당하다고 일축했다. 하지만 그는 그것이 본능적인 매력을 갖고 있고 인간의 마음과 심장을 중독성 있게 움켜쥔다는 것을 충분히 이해했다. 그는 제자들을 영적 엘리트들을 위한 교리로 안내하기 전에 무비판적인 복종을 요구하는, 깨달은 구루와 같은 역할을 거부했다. 하지만 그는 조용히 있을 수 없었다. 그가 행동해야만 할 때가 온 것이다. 그는 어떤 사람들, '눈에 티끌이 거의 없는 이들', 그를 이해할 이들이 있으리라는 것을 깨달았다. 그래서 그는 우루벨라의 나무를 떠나 바라나시로 갔다. 그곳에서 그는 자신의 전 동료 중 일부, 즉 사키야 출신의 브라만 다섯 명이 이시파타나 마을 근처 사슴공원(녹야원)에 머물고 있다는 것을 알았다.

11

길을 치우다

1989년 가을 샤펌 근처 명상 센터인 가이아하우스에서 마르틴과 내가 지도하던 수련회 휴식 시간에 나는 센터 도서관에 기증된 소규모 소장도서를 한가롭게 읽고 있었다. 그러던 중 천으로 제본한 거의 600쪽에 이르는 『길을 치우다(Clearing the Path)』라는 책을 발견했다. 나나비라 테라라는 낯선 사람이 쓴 그 책은 스리랑카 콜롬보의 잘 알려져 있지 않은 출판사가 펴내고, 방콕의 퍼니출판합자회사가 인쇄한 책이었다.

나는 그 검고 두툼한 책을 아무 곳이나 펼치고 콜롬보에 있던 영국문화원의 사서 로버트 브래디에게 쓴 1964년 12월 3일자 편지를 읽기 시작했다. "붓다의 가르침은 가끔 아주 짜증나게 하는 것처럼 보이는 게 분명합니다!" 나나비라가 썼다. "자, 여기 당신이 있습니다. 당신은 아슈람에 가본 적이 있고 '실재하는 것은 의식'이라는 대진리를 배우거나 깨달았습니다.—그리고 지금 여기 제가 있습니다. 제게는 붓다가 한 말을 당신에게 알려주어야 하는 괴로운 의무가 있습니다. 그 말(약간 단순화해서 쓰겠습니다.)은 '물질 없이, 느낌 없이, 자각 없이, 결심 없이 의식이 있어야 한다는 것—그런 것은 가능하지 않다'는 것입니다." 그런 다음 나나비라는 팔리 경전에서 나온 이런 말들을 장 폴 사르트르의 말을 인용하여 뒷받침한다. 사르트르 역시 의식은 항상 뭔가의 의식이라고 단언한다. "이것으로부터, 또다시, 당신은 내가 왜 기본적으로 반신비적인지 알게 될 것입니다. 그리고 이것은, 서양의 관점에서 볼 때, 내가 왜 종교적인 사람이 아닌지 설명해줍니다."

내 자신도 이와 비슷한 결론에 도달하고 있었다. 그것은 바로 불교 명상은 신비한 경험을 찾으려는 게 아니라는 것이었다. 나는 또한 내가 '종교적인 사람(religious person)'이라는 느낌이 점점 줄어들고 있다는 것을 알고 있었다. 왜냐하면 고타마는 초월적 실재—그것을 신이라 부르건, 자아 혹은 의식이라 부르건 간에—를 가정하기를 거부했고 대신 지금 여기에서 우리 감각에 나타나는 복잡하고 변동을 거듭하며 아주 구체적인 세계를 사색적으로 살펴볼 것을 권했기 때문이다. "나는 우리가 '신의 경험'을 갖고 있을 수도 있음을 부인하지 않습니다." 5일 뒤 나나비라는 브래디에게 이렇게 썼다. "현대 과학이 붓다의 가르침이 옳다는 것을 입증해준다고 환호하는 것은 요즘 유행하는 바보 같은 실수입니다. 여기서는 붓다가 과학자들의 비인격성의 태도를 예측함으로써 초월(자아 혹은 신)의 문제 전체를 풀었다고 추정하고 있습니다. 하지만 이것은 쓰레기 같은 생각입니다. 그것은 단지 담마를 일종의 논리적 실증주의로, 내 자신을 일종의 승복 입은 버트런드 러셀로 만들어버리는 것입니다. 아닙니다. 신의 존재를 느끼게 하는 경험은 성관계나 낭만적 사랑, 혹은 미적 경험만큼이나 진짜입니다. 반드시 답해야 하는 질문은 이런 것을 일종의 초월적 실재의 증거로서 액면 그대로 받아들일 것인가 혹은 그것이 가리키는 영원이 망상인가 아닌가 하는 것입니다."

나나비라 테라가 누구였건 간에 나는 그에 대해서 금방 친밀감을 느꼈다. 나는 『길을 치우다』를 집으로 가져와 처음부터 끝까지 읽었다. 나는 그 산문—장난스럽고 냉소적인 어조, 폭넓은 학식, 블랙유머에 가까운 풍자—에 마음을 빼앗겼고, 무엇보다도 저자의 반항적인 솔직함에 빠졌다. 내가 영어로 쓰인 불교서적에 그토록 강한 충격을 받은 적은 결코 없었다.

나나비라 테라에 대해 더 알고 싶어진 나는 스리랑카에 있는 승려들에게 묻기도 하고, 잉글랜드에 있는 불교센터 도서관과 자료실을 조사하고, 그에 대해 들어봤거나 알 수 있을지도 모를 사람들을 접촉하고, 런던에 있는 그의 조카손녀를 찾아봤다. 나는 나나비라 테라가 잉글랜드 사람이었다는 것을 알게 되었다. 그는 1920년 상류층 군인 가문에서 해럴드 머선이라는 이름으로 태어났다. 외동아들로, 감정기복이 심하고 자기성찰의 성향을 지녔던 그는 햄프셔의 회색 화산암 저택에서 성장했다. 1938년 케임브리지의 맥덜린칼리지에서 수학을 공부했고, 그 다음엔 현대언어들을 공부했다. 제2차 세계대전이 발발하자 군에 입대했으며, 1941년에 정보부대 장교로 임명되었다. 그는 처음에는 알제리에서, 나중에는 이탈리아에서 복무했는데, 그의 임무는 전쟁포로들을 심문하는 일이었다. 1945년 그는 소렌토의 병원에 입원하게 되었고 이탈리아인 율리우스 에볼라가 쓴 『깨달음의 교리(La dottrina del risveglio)』라는 신간 불교서적에 푹 빠졌다.

겉으로 보기에 율리우스 에볼라는 도저히 진짜일 것 같지 않은 불교 옹호자였다. 스물다섯의 머선 대위가 소렌토의 병원 침대에서 『깨달음의 교리』를 읽고 있는 동안, 그는 몰랐지만 에볼라는 베네치아—무솔리니의 몰락 이후 그는 이탈리아로 날아갔다—에서 아리아 인종의 역사적 우수성을 정립하는 데 전념했던 나치의 싱크탱크인 히믈러의 아넨에르베(Ahnenerbe)를 위해 프리메이슨의 텍스트를 번역하고 있었다. 아넨에르베는 싯닷타 고타마가 훌륭한 아리아 혈통이었을지도 모른다고 추측했으며, 1938년 그 증거를 더 찾기 위해 나치 친위대(SS) 에른스트 섀퍼 대위를 대표로 하는 탐사단을 티베트에 보냈다. 독일인들은 1939년 초 라싸에서 2개월을 보내며 티베트인들의 두개골과 얼굴 모양을 측정하고 불교 텍스트를 수집했다. 그들은 새로 찾아낸 네 살배기 달라이 라마를 만나지는 않았다. 그때 달라이 라마는 아직 부모가 살던 중국 국경 근처 마을에 있으면서 라싸에서 열릴 즉위식을 위해 떠날 준비를 하던 중이었다. 그러나 에볼라가 불교에 끌린 것은, 팔리 경전의 가르침이 금욕적인 자기 훈련이라는 진정한 아리아인의 정신, 즉 '기본적으로 귀족적이고' '반신비적이며' '반진화적'이고 '남자다운' 정신을 보존하고 있다는 확신에서 비롯되었다. 에볼라가 보기에 이런 아리아 전통은 '셈족과 아시아-지중해로부터 기원한 개념들이 유럽의 신앙에 영향을 주면서' 서양에서는 거의 상실

된 것이었다.

제1차 세계대전에서 보병으로 복무한 뒤 에볼라는 자신과 같은 세대의 많은 사람들처럼 '흔히 인간 활동을 끌어당기는 목적이 모순되고 헛되다는 느낌'에 사로잡혔다. 이에 대한 반응으로 그는 다다이즘◆ 운동의 추상화가가 되었고 그 운동의 창시자인 루마니아의 트리스탕 차라의 친구가 되었다. 1921년에 이르러 다다이즘 프로젝트에 환멸을 느끼게 된 그는 자신의 정신적 불안을 해결하는 데 예술은 부적절하다며 거부했다. 그런 다음 약으로 실험을 했는데, 이를 통해 그는 '물리적 감각과 부분적으로 분리된 의식 상태……종종 시각적 환각의 영역, 그리고 아마도 광기에 근접하는 상태'를 얻었다. 그런 경험은 그의 딜레마를 악화시킬 뿐이었는데, 인격적 분열과 혼란의 느낌을 심화시켜 스물셋의 나이에 자살을 결심하기까지 이르렀다.

그러나 그는 팔리 경전 중부(中部, Middle Length Discourses)의 한 구절을 읽고는 자살하지 않기로 했다. 거기서 붓다는 이렇게 말하고 있다. "누구든, '소멸(extinction)은 나의 것이다'라고 생각하고 소멸에 크게 기뻐하는 이, 그런 사람은, 내가 단언하건대, 소멸을 알지 못한다." 에볼라에게 이것은 "갑자기 빛이 비추는 것과 같았다. 모든 것을 끝내려는, 내 자신을 없애려는 이 욕망은 속박—진정한 자유에 반대되는 '무지'—이라는 것을 깨달았다." 그러나 에볼라는 불교도가 되지는 않았다. 그는 『깨달음의 교리』의 저술을 자살에서 자신을 구해준 붓다에 대한 '빚'을 갚는 것으로 여겼다.

◆ 기존 체계와 예술에 반발하여 20세기 초에 일어난 전위 예술 운동.

해럴드 머선을 에볼라의 책으로 이끈 것은, 3년 뒤 그가 번역한 이 책의 서문에서 썼듯이, 『깨달음의 교리』가 '원래 형태 그대로의 불교 정신을 되찾아냈으며', 아울러 '중심인물인 싯닷타 왕자와 그가 밝힌 교리를 둘러싼 일부 모호한 생각들'을 깨끗이 치워냈다는 점이었다. 그러나 그 책의 '진정한 중요성'은 '그것이 이야기하고 있는 교리를 실제로 적용하도록 고무'하는 것에서 발견되게 된다.

해럴드 머선 혼자만이 에볼라의 책에 열광한 것은 아니었다. 정보부대의 동료 대위로, 그보다 열다섯 살 더 많은 오스버트 '버티' 무어 역시 그 저서에 매료되었다. 당시 고향 친구에게 쓴 편지에서 버티는 『깨달음의 교리』를 '지금까지 내가 발견한 불교 관련 전문 서적 중 최고이며, 놀랄 정도로 분명하고 객관적이며 완전하게 이 주제를 밝히는 저서'라고 묘사했다.

버티 무어는 1905년 콘월 해안 앞바다 실리 제도의 작은 트레스코 섬의 가난한 상류층 가문에서 태어났다. 어린 시절 정식 교육은 별로 받지 못했지만 그는 놀라운 언어 능력을 보였고, 이런 장점 덕에 장학금을 받고 옥스퍼드의 엑시터칼리지에 진학하여 현대언어를 공부했다. 그는 유창한 이탈리아어 덕분에 군 정보부에 입대하게 되었고, 그로 인해 나폴리 근처 연합군 본부가 있던 카세르타에서 해럴드 머선을 만났다. 그곳에서 두 사람 모두 고위 이탈리아 파시스트들을 심문하는 '흥미진진한 작업'을 했다(율리우스 에볼라가 그런 재판에 끌려왔을 때 그들이 어떻게 반응했을지 궁금하다.). 천성적으로 부끄러움을 타고 예민하고 사색적인 버티는 전쟁이 계속되면서 점점 더 철학과 명상에 끌리게 되었고, 한편으로는 "앞으로 50년 동안 유럽이 겪을 것 같은 악취 나는 부패, 착취, 증오의 덩어리"라고 그가 표현한 것에 대한 역겨움이 커지는 것을 경험했다.

또한 버티는 불교 사상의 영향을 받아 자신이 하고 있는 군 정보부 일의 도덕성에 의문을 가지게 되었다. 간첩을 심문하는 일은 가끔 처형으로 이어지기도 했다. 죽음을 야기시키는 행위에 도덕적으로 더 이상 개입할 수 없었던 그는 상관들에게 자신을 대간첩 임무에서 빼주길 요청했으며 자신이 이미 알게 된 정보를 앞으로 누설하지 않겠다고 말했다. 이것은 불복종으로 기소되어 군법정에 회부될 수도 있는 일이었지만 상관들은 그를 제대시키는 데 동의했다.

전쟁이 끝난 뒤 두 사람은 계속 친한 친구로 지냈고 런던 프림로즈 힐에 있는 아파트로 함께 이사했다. 불로소득이 있던 해럴드는 그 덕에 에볼라의 책을 영어로 옮기며 시간을 보낸 반면 돈이 없던 버티는 BBC 이탈리아어 부서에서 일을 했다. 그들이 함께 느꼈던 전후 영국에 대한 환멸과 혐오가 점점 커지자 그들은 불교에 대한 관심이 당연히 이르게 되는 결론에 대해 진지하게 생각하기 시작했다. 그들은 스리랑카에 유럽인 승려들의 조그만 공동체가 있다는 것을 알게 되었다. 사전에 친구, 부모, 동료 들에게도 거의 알리지도 않고 해럴드와 버티는 1948년 11월 불현듯 잉글랜드를 탈출했다.

나중에 나나비라 테라는 자신이 영국을 떠나 동양으로 간 것은 "확실하고 비신비적인 형태의 수행에 대한 욕구"때문이었다고 쓰게 된다. 그는 서구 사상은 "신비주의와 이성주의의 극단 사이를 오가는 것처럼……보였고, 두 가지 모두 내 마음에 들지 않았으며, 인도의 요가 수행—일반적인 의미에서—이 가능한 해결책으로 제시되었다"라고 결론 내렸다. 불교에 대한 이해가 커지면서 그의 이런 반서구적 자세는 훨씬 더 확연해졌다. 말년에 그는 이렇게 썼다. "붓다의 가르침은 유럽 전통에 매우 생경하며, 그것을 받아들인 유럽인은 반역자이다."

두 사람은 1949년 4월 24일 스리랑카의 도단두와에 있는 아일랜드허미티지에서 독일인 승려 냐나틸로카 마하테라에게서 사미계를 받았다. 냐나틸로카(안톤 구에트)는 71세였으며 전 세계에서 서양인 승려로는 가장 연장자였다. 팔리학의 선구자인 그는 1904년 미얀마에서 계를 받았으며 스리랑카로 가서 1911년 아일랜드허미티지를 세웠다. 냐나틸로카는 해럴드에게 '나나비라'라는 이름을, 버티에게는 '나나몰리'라는 이름을 주었다.

나나몰리가 팔리어를 배우기 시작했을 때 나나비라는 몰입 명상(자나〔jhana〕, 선정〔禪定〕) 수행에 전념했다. 그러나 1년 동안 열성적으로 정진하다가 장티푸스에 걸렸고 그로 인해 만성 소화불량이 되었는데, 그 정도가 너무 심해 때로는 "고통으로 [자신의] 침대에서 데굴데굴 구르곤" 했다. 명상을 할 때 가만히 앉아 있을 수 없게 된 그는 붓다의 설법과 그에 대한 전통적인 논서들을 읽기 시작했다. 그러나 그는 설법을 공부하면 할수록 논서의 유효성을 더욱 의심하게 되었다.

나나비라의 생각에 전환점을 맞이한 것은 붓다와 유행자 시바카 사이의 대화를 보게 되었을 때였다. 그 대화에서 시바카는 고타마에게 다가가 사람이 즐거움이나 고통으로 경험하는 모든 것이 그 사람의 이전 행위(카르마, 업)의 결과라고 하는, 널리 받아들여지고 있는 견해에 대해 어떻게 생각하는지 말해달라고 요청했다. 이것은, 나나비라가 알고 있었던 것처럼, 스리랑카의 정통 테라바다 불교의 견해였다(이것은 내가 티베트 불교 전통에서 나의 스승들로부터 받은 가르침이기도 하다). 그러나 붓다는 시바카의 질문에 답하면서 말하기를 그런 견해를 가지고 있는 사람들은 "그들이 아는 것과 세상에서 진실이라고 여겨지는 것을 넘어서는 것이며," 따라서 "잘못이다"라고 말했다. 그는 즐거움과 고통의 경험이 어떻게 단순히 나쁜 건강, 궂은 날씨, 부주의, 혹은 폭행의 결과일 수 있겠냐는 점을 지적했다. 심지어 이전 행위의 결과인 경우일지라도 그것은 당신 스스로, 혹은 다른 사람들의 도움을 받아 이해할 수 있는 것이어야만 한다. 따라서 붓다는 정통 불교의 중심 교리 중 하나를 단정적으로 거부했으며, 대신 인간 경험의 근원에 대해 완전히 경험적인 견해를 제시했다.

나나비라에게 그것은 "약간 충격(약간 안심이기도 했지만)으로 다가왔다." 결국 그는 팔리 경전의 세 '바구니'(피타카〔Pitaka〕, 장〔藏〕) 중 두 가지만을 진짜라고 보게 되었는데, 그것은 바로 붓다의 설법(숫타〔Sutta〕, 경〔經〕)과 승가 수련(비나야〔Vinaya〕, 율〔律〕)을 담은 것들이다. 그는 이렇게 주장했다. "그 외의 다른 팔리어 책은 그 무엇이 되었건 간에 권위가 있다고 여겨서는 안 되며, 그런 것들(특히 전통 논서)을 모른다는 것은 긍정적인 장점으로 여길 수 있다. 왜냐하면 잊어버려야 할 것이 적기 때문이다." 이와는 대조적으로 나나몰리는 가장 훌륭한 논서의 번역에 착수했다. 그것은 바로 붓다고사의 『청정도론(淸淨道論, 비숫디막가〔Visuddhimagga〕)』이었다.

1954년 나나비라는 은자가 되기 위해 아일랜드허미티지의 승가와 친구의 곁을 떠났다. 결국 그는 멀리 스리랑카 남부 갈레 근처의 마을인 분달라의 외딴 오두막에 자리를 잡았다. 건강이 고질적으로 좋지 않았음에도 불구하고 그는 팔리 경전 공부와 알아차림 수행을 계속했다. 그러다가 1959년 6월 27일 저녁 그의 인생 항로를 크게 바꾸게 한 뭔가가 일어났다. 그는 그 사건을 일기에 팔리어로 기록했다.

> 훌륭하시고 완전히 깨달으신 상서로운 분께 경의를. 언젠가 승려 나나비라가 분달라 마을 근처 숲의 오두막에 머무르고 있었다. 바로 그때의 일이었다. 초저녁에 승려 나나비라가 왔다 갔다 하면서 속박하는 것으로부터 마음을 깨끗이 하고 담마에 대해 자신이 듣고 배운 대로 계속 생각하고 사색하고 반사적으로 관찰하자 깨끗하고 오점 하나 없는 담마의 눈이 그의 안에서 일어났다. "일어나는 성질을 가진 것은 무엇이건 간에 모두 그치는 성질을 가진다." 가르침을 따르는 자로 한 달을 보내고 나서 그는 정견을 얻은 자가 되었다.

다시 말해 나나비라는 자신이 '예류자'◆가 되었고, 따라서 "붓다의 가르침과 관련해서 다른 이들의 생각으로부터 독립"하게 되었다고 확신했다. 그는 자신이 푸툿자나(puthujjana, 범부. 평범하고 깨닫지 못한 사람)이기를 그쳤고 아리야(ariya, 성자), 즉 윤회로부터 최종적인 해방이 보장된 '고귀한 자'가 되었다고 믿었다. 이후 그는 친구 나나몰리와의 서신 교환을 중단하게 되었다. 왜냐하면 "담마에 관하여 과거 우리 사

◆ 預流者, 흐름에 들어선 자. 아라한에 이르는 네 단계의 첫 번째 단계인 수다원에 든 자로, 최대 일곱 번 다시 태어난 뒤 해탈하게 된다고 한다.

이의 대등한 관계가 불현듯 끝났으므로 내가 그와 토론할 것은 더 이상 없기 때문이었다."

내가 나나비라 테라에게 끌린 것은 그가 불교에 대하여 글을 쓴다거나 불교라는 종교를 널리 알리는 데 전혀 관심을 갖지 않았기 때문이다. 그가 보기에 Buddhism(불교)이나 Buddhist(불교도)라는 용어에는 "약간 불쾌한 느낌이 있었다. 그런 용어는 어떤 꾸러미 안에 무엇이 들어 있는지는 상관없이 꾸러미 바깥에 붙이는 라벨과 너무 흡사"했다. 『길을 치우다』는 단순히 그의 삶이 그를 어디로 이끌었는지를 표현한 것이다. 그는 자신이 해낸 주요 팔리어 전문용어 분석—제목은 「담마에 관한 주석(Notes on Dhamma)」이고 『길을 치우다』의 핵심을 이루고 있다—은 "사람들의 구미에 영합하기 위해 쓴 것이 아니며 학문적으로 말해서 최대한 매력적으로 보이지 않도록" 한 것이라고 주장했다. 그는 단 한 사람이라도 거기서 득을 본다면 그것으로 만족하겠다고 말했다.

나도 내 자신이 불교에 대한 학문적 연구와 불교 정설의 교리 사이의 이 애매한 중간지대에 있다는 것을 발견했다. 양쪽의 접근 모두 만족스럽지 않다. 담마는 그것의 수행자들에게 인간 존재에 관한 질문의 대답으로 윤리적 고결함과 명상 그리고 자기 분석에 대해 개인적으로 헌신할 것을 요구하는 반면, 불교 학자는 자신이 공부하고 있는 텍스트가 "언젠가 벌떡 일어나 그를 노려보지 않는 한……(자신이 불교를 믿는다고 고백하는 것은 불교 교수라면 결코 꿈꾸지 않을 일이다. 그런 것은 나 같은 한낱 아마추어들에게나 남겨진 일이다.)" 안전하다고 느낄 수 있다고 나나비라는 말했다. 동시에 나나비라의 글은 정통 테라바다 불교에 대한 분명한 비평으로 의도된 것으로, "숫타(설법)를 숨 막히게 하고 있는 죽은 것들의 덩어리를 치워버릴 목적"을 가지고 있었다.

나는 잉글랜드로 돌아와 대학에 등록하여 종교학 학위를 받고 학계에서 경력을 쌓을 수도 있었다. 실제로 아시아에서 티베트 라마와 선 스승 밑에서 수련한 내 동료들 중 많은 이들이 승복을 벗고 서양으로 돌아온 뒤 이런 선택을 했다. 하지만 나는 불교에 대한 학문적 접근 전체가 다 으스스한 기분이 들었다. 불교 텍스트를 해부하고 분석하는 학자들의 수고스런 작업을 소중히 여기기는 하지만 나는 그런 '객관성'에 요구되는 냉정한 거리 유지를 받아들일 수 없었다. 그렇게 했다면 배신하는 것 같은 기분이 들었을 것이다. 나나비라는 자신의 글에 "전문적인 학자의 흥미를 끄는 것, 개인적 존재에 대한 질문이 생기지 않는 이를 위한 것은 하나도 없으며, 그 이유는 학자가 온전히 관심을 두는 것은 객관적 진리—공공연한 사실의 비인격적인 종합이 될 것들—를 세우려는 노력을 기울이는 과정에서 개인적 견해를 없애거나 무시하는 일이기 때문"이라고 말했다.

나나비라는 키르케고르, 사르트르, 그리고 특히 마르틴 하이데거의 『존재와 시간』에서 발견되는 실존주의와 현상학에도 끌렸다. 그는 이 저자들이 철학에 대해 분리되어 있고 이성주의적인 접근법을 어떻게 버렸는지 인식했으며, 구체적인 개인 존재가 제기하는 질문에 우선순위를 두었다. 그는 "처음에 자기 자신과 세계의 존재에 관한 문제 때문에 불안해하지 않았다면 어떻게 붓다의 가르침에 귀를 기울이는 지점에까지 이르지 않을 수 있겠는가"라는 점을 인식했다. 이를 위해 실존주의 철학자들은, 특히 불교의 전문용어에 혼란스런 현대의 독자들에게, 팔리 경전에 나오는 고타마의 설법이 그들 자신의 삶에 어떤 연관성을 가지고 있는지 이해할 수 있게 하는 유익한 다리를 제공할 수 있다.

나는 나나비라가 불교 정설의 경건한 교리를 경계한 것과 관련해서도 그와 의견을 같이 한다. 그는 그것을 '죽은 것의 덩어리'에 비유했다. 불교 전공 교수는 과도한 객관적 무관심에 시달릴 수 있는 반면 독실한 불교도는 과도한 주관적 확신에 시달리는 경향이 있다. 나의 티베트 스승과 선 스승 들에게서 발견했듯이 그들의 정설을 이루고 있는 생각들은 유연하지도, 협상 가능하지도 않다. 만일 당신이 그 주요 교리를 받아들일 수 없다면 그들의 전통 속에서 당신이 설 자리는 없다. 나나비라를 읽으면서 나는 자신들의 정설(서기 5세기의 주석가 붓다고사의 저서에 기초한)이 붓다가 가르친 것의 최종적이고 확정적인 해석이라고 주장하는 테라바다 불교도들의 경우에도 상황은 다르지 않았다는 것을 알게 되었다.

1963년 나나비라는 이렇게 썼다. "나는 그 어떤 조직이나 대의에 내 자신을 동일시할(설령 그것이 반대 조직이나 실패한 대의라 해도) 수가 없다. 나는 타고난 방해꾼이다." 나 역시 같은 문제(그것이 문제라면)를 가지고 있다. 담마를 공부하고 행하면 행할수록 나는 제도 종교로서의 불교가 더 멀게만 느껴진다. 그리고 고타마의 삶과 가르침에 좀 더 가까이 가면 갈수록 그 어떤 불교 정설의 자기만족적인 확신으로부터도 더욱 멀어지는 나 자신을 발견한다.

『길을 치우다』를 우연히 발견하기 전까지 나는 나나비라에 대해 들어보지는 못했지만 그의 친구 버티—즉, 나나몰리 테라—의 저서, 특히 그의 사후에 출간되었고 내가 승려시절 스위스에서 읽었던 『붓다의 삶(The Life of the Buddha)』에 대해서는 오랫동안 잘 알고 있었다. 아일랜드허미티지에서 11년을 보낸 뒤 나나몰리 테라는 스리랑카의 시골을 걸어서 여행하던 중 1960년 3월 8일 심장마비로 사망했다. 향년 55세였다. 나나몰리는 팔리어 고전 텍스트의 번역으로 매우 높이 평가되는 것들을 남겼으며, 대부분은 오늘날에도 여전히 출판되고 있다.

좋지 않았던 건강이 나나비라에게도 타격을 주고 있었는데, 그는 여전히 정글의 오두막에서 혼자 살고 있었다. 나나비라는 끊임없이 이어지는 열대 질환에 굴복하고 말았다. 극심하고 집요했던 병 중 하나가 아메바성 감염질환이었는데, 장이 기생충에 감염되는 이 질환 때문에 그는 명상할 때 조금이라도 앉아 있는 것이 불가능했다. 1962년 여름 그는 정상적인 생활을 할 수 없을 정도의 성적 환상에 사로잡히기 시작했다. 그는 이것을 질병, 즉 성행위를 하고 싶은 욕망을 통제하지 못하는 색정증(오늘날에는 '과다성욕증'이라고 부른다.)이라는 질병으로 여겼다. 그해 12월 11일 그는 이렇게 썼다. "이 고통 속에서 나는 양극단을 오고 간다. 나타나는 성적 이미지를 다 받아주면 나의 생각은 재가자의 상태로 향한다. 그런 것들을 거부하면 나의 생각은 자살로 향한다. 아내냐 칼이냐, 누군가 이렇게 말할지도 모르겠다." 1963년 11월에 이르러 그는 "이 생에서 내 자신을 위해 더 많은 발전을 이루리라는 희망은 포기"했으며 환속하지 않겠다는 결심도 하게 된다. 그가 얼마나 더 "그 압박을 견딜" 수 있느냐 하는 것은 단순히 시간문제였다.

불교에서는 대개 자살을 윤리적으로 살인에 해당하는 것으로 간주하지만 예류자가 된 사람에게는 더 이상의 수행을 막는 상황에서 허용 가능하다. 고타마가, 뛰어난 승려가 나나비라처럼 치유 불가능한 질병에 걸렸을 경우 자살을 용납한 경우가 팔리 경전에 많이 나온다. 이에 대한 전통적 근거는 일단 '예류에 이르면' 윤회를 영원히 탈출하기 전까지 최대 일곱 번만 태어나면 된다는 보장을 받을 수 있기 때문이라는 것이다.

불교 정설에 대한 비판적 태도가 나나비라로 하여금 환생, 존재의 비인간 영역, 업의 도덕률 등의 전통적인 교리에 의문을 제기하게까지는 만들지 않았다. 그는 비록 신비주의는 거부했지만 명상이 공중부양, 투시력, 전생의 회상 등과 같은 '힘'을 줄 수 있다는 것을 받아들였다. 논서의 '죽은 것'을 치워버리자 그는 붓다의 설법 자체의 권위에 의문을 제기하는 것은 거부했다. "내가 숫타(경)에 대해 가지고 있었고, 또 지금 가지고 있는 태도는 만일 내가 그 안의 어떤 것이 내 자신의 견해와 반대되는 것을 발견한다면 숫타가 맞고 내가 틀리다는 것이다." 그런 근본주의가 그가 쓴 글의 상당 부분을 특징짓는 회의적 엄격함과 불편하게 함께 자리하고 있다. 설법 자체도 인도의 고행 전통에서 물려받은 죽은 것으로 가득할 수도 있다는 생각이 나나비라에게는 들지 않은 듯하다. 그는 붓다의 가르침의 유일한 목적은 반복되는 윤회로부터 벗어나게 하는 데 있다는 것을 의심하지 않고 받아들였다. 그는 삶 자체에 대해 혐오감을 표현했다. "빠져나갈 길이 있다." 그는 주장했다. "존재에 종지부를 찍을 길이 있다. 우리가 소중하게 간직하는 인간성을 놓아버릴 용기만 있다면 말이다."

나는 나나비라의 글에서 발견되는 이런 근본주의적이고 금욕적인 경향이 충격적이면서도 불쾌하게 느껴졌다. 하지만 그것은 불교가, 많은 인도 종교에서 나타나는 세간의 삶을 포기하는 규범과 얼마나 깊이 연결되어 있는지 깨닫게 해주었다. 달라이 라마와 기타 티베트 및 선 스승들이 제기하는 대승불교조차도 그 모든 자비와 사랑에 대한 이야기에도 불구하고 여전히 그 궁극적인 목적은 다시 태어나는 것을 끝내는 일, 따라서 우리가 알고 있는 대로의 생에 종지부를 찍는 데 있다. 유일한 차이는 보살—다른 이들을 위해 깨달음을 얻겠다고 맹세한 이—의 경우에는 반복적인 윤회를 끝내고자 하는 염원이 자기 자신에게만 국한되기보다는 모든 중생에게까지 확장된다. 대승불교는 그것이 대체한다고 주장하는 '소승' 교리만큼이나 삶에 대해서 긍정적인 믿음 체계가 아니다. 나나비라의 딜레마를 고찰해봄으로써 나는 삶의 내재적 가치에 대해 내가 가지고 있던 느낌이, 내가 불교사상에 노출된 세월에도 불구하고, 별로 영향을 받지 않았다는 것을 깨닫게 되었다. 좋든 싫든 나는 세속적인 탈-기독교 유럽인이었다. 나나비라와는 달리 나는 나의 소중한 인간성을 놓아버리고 싶지 않았다.

나나비라는 스스로를 속이고 있었을지도 모른다. 그는 무의식적인 공포와 자신이 깨닫지 못하고 통제하지 못한 욕망으로 인해 자살에 끌렸을 수 있다. 1963년 5월 16일자 편지에서 그는 고백했다. "내가 자살을 칭찬할 만한 것으로 여긴다고 생각하지는 마십시오. 거기에는 필시 허약함의 요소가 있을 수 있으며, 그 점은 누구보다도 내가 가장 먼저 인정합니다……하지만 물론 나는 다른 많은 가능성보다 그것이 더 낫다고 여깁니다(「담마에 관한 주석」에 대해 말할 때 그 저자가 환속했다라고 하기보다는 비구로 자살했다고 하기를 백 번은 더 원합니다. 왜냐하면 비구는 자살 행위 속에서 아라한이 되기(즉, 환생에서 해방) 때문입니다. 하지만 승복을 벗는 행위 속에서 아라한이 되었다는 기록은 없습니다.)"

그는 1963년의 대부분을 「담마에 관한 주석」의 출판 준비에 썼다. 건강만 나쁘지 않았다면 그는 이런 작업을 '참을 수 없는 방해'로 여겼을 것이다. 스리랑카의 판사 라이오넬 사마라퉁가의 도움으로 연말즈음에 사이클로스타일◆로 인쇄한 250권의 한정판이 만들어져 당시 불교계 주요 인사와 여러 도서관 및 기관에 배포되었다. 반응은 주로 무례하지 않은 몰이해 같은 것이었다. 다음 두 해 동안 그는 계속 「담마에 관한 주석」을 개정했고 한편으로는 명상, 서신교환, 일상의 잡무 등 단순한 일과를 유지했다.

1965년 1월 8일 나나비라는 그해에 스리랑카에서 겨울을 보내고 있던 소설가이자 언론인 로빈 몸—W. 서머싯 몸의 조카—의 방문을 받았다. 몸 경을 수행한 사람은 18세의 비서 겸 서기 피터 매덕이었다. 매덕이 분달라의 원시적인 오두막에 있는 나나비라를 보고 느낀 인상은 "도티◆◆를 입은 에드워드 시대의 야윈 신사, 하지만 여전히 이전의 그와 아주 똑같은 그런 사람이었다. 영국인 구루가 되어 아슈람을 세운 어떤 사람들처럼 인성에 변화가 있었다고는 생각하지 않는다." 그는 나나비라의 어조가 "상당히 에둘러 말하는 영어였는데, 다시 말해 어

◆ 톱니바퀴식 철필로 원지에 구멍을 내어 등사하는 방식.

◆◆ 인도 등 남아시아 지역에서 남자들이 허리에 둘러 바지처럼 입는 천.

쨌든 진심이 어리지 않았으며 영국인 상류층의 프리즘을 통해 사물을 보았다. 그는 매우 차분했지만 행복하지는 않았다. 행복이란 요소는 거기 없었다. 그 어떤 절망 역시 없었다—나는 그를 죽인 것은 아마도 지루함이 아니었을까 생각한다. 그리고 병……그는 에둘러 말했고 유머감각이 있었지만 사물을 보는 시각은 완전히 달랐다"라고 회상했다.

1965년 7월 7일 오후 나나비라 테라는 염화에틸◆이 든 셀로판 봉지에 머리를 집어넣고 풀 수 없게 매듭을 묶어 생을 마감했다. 겨우 한 달 전 그는 편지에서 유머의 의미를 탐구하고 있었다. 그의 나이 마흔다섯이었다. 편지를 주고받던 로버트 브래디는 기독교인으로서 나나비라의 죽음을 받아들이려고 안간힘을 쓰며 11월 11일 편지에 썼다. "사람은 자신의 한계를 뛰어넘기를 결코 멈추지 말아야 한다." 그는 말했다. "내 자신은 불쌍하고 구제불능이고 하찮지만 아주 약간의 신성을 가지고 있다. 우리는 그것을 잊어서는 안 된다. 하지만 나나비라의 이론은 그것을 거부했고 그는 자신의 해석을 붓다가 뜻한 진짜 의미로 여겼다. 하지만 그 어떤 이론에서도 자살자의 시신을 권하지는 않는다. 그렇지 않은가?"

1972년 율리우스 에볼라는 자서전 『진사(辰沙)의 길(Il cammino del cinabro)』을 완성했다. 이 책에서 그는 자신을 자살로부터 구해준 붓다에게 빚을 갚기 위해 자신이 어떻게 『깨달음의 교리』—해럴드와 버티로 하여금 승려가 되게 한 책—를 쓰게 되었는지 설명하고 있다. 그러

◆ 살충제, 냉동제, 흡입마취제 등으로 쓰이는 화합물.

나 에볼라는 불교를, “샥티, 즉 모든 생명 에너지의 근본적인 힘, 특히 섹스의 그것을 깨움으로써 해방되는 내재력의 확인, 관여, 활용과 변화”를 가르친 인도 탄트라의 길에 반대되는 “순수한 분리를 위한 ‘무미건조하고’ 지적인 길”로 봤다. 그는 덧붙여 말했다. “이 책을 번역한 머선이라는 사람은 그것에서 자극받아 유럽을 떠나 동양 속으로 들어갔다. 그는 내가 추천한 그 수련을 아직도 함양시키고 있는 중심지를 찾겠다는 희망을 품고 그곳으로 갔다. 불행히도 나는 그 후 그의 소식을 더 듣지는 못했다.”

1987년이 되어서 비로소 나나비라의 「담마에 관한 주석」이 그가 1960년부터 죽을 때까지 쓴 편지와 함께 『길을 치우다』로 출간되었다.

12

고통을 끌어안다

그 어디—인도, 중국, 동남아시아, 티베트—를 봐도 이상적인 불교도의 삶을 대변하는 이는 항상 고요하고 세간의 삶을 버리고 출가한 사색적인 승려였다. 재가자들은 세상에서의 의무가, 강렬한 영적 직업을 추구하는 것을 막는 2등 불교도로 비쳐지는 경향이 있었다. 그리고 자신의 불교 전통에서 명성을 얻은 예외적인 재가불자 인사들은 그들의 재가자 지위에도 불구하고 그런 것을 이뤘다고 그려진다.

무언의 추정은 이러하다. 정말 중요한 것은 내면의 정신적 경험이며, 정의상 이것은 더 이상 단순해질 수 없을 정도로 사적인 마음의 상태로 이뤄진다. 오늘날 불교 명상 수행은, 바르게 응용되기만 한다면 더 큰 내적 행복, 평화, 만족으로 이끌어줄 기술로 널리 홍보되고 있다. 주변 세상에서 그 어떤 일이 벌어지고 있더라도 훌륭한 불교도는 매순간 친절한 몸짓이나 세심하게 고른 지혜의 말로써 반응할 준비가 되어 있는, 미소 짓는 평온함을 갖춘 흔들림 없는 불빛으로 묘사된다. 정신없이 바쁘게 돌아가는 현대생활의 속도와 스트레스에 대처하는 방법으로 가정주부나 회사간부 할 것 없이 재가자의 옷을 입은 승려가 되도록 권하고 있는 것이다.

그러나 문화와 문명으로서 불교는 내적 경험, 그 이상의 것들로 이뤄져 있다. 그것은 건물, 정원, 조각, 그림, 서예, 시, 공예를 통해 알려져 있다. 또한 예술가와 장인이 바위, 진흙으로 만든 봉헌판, 연약한 야자수 잎, 애벌칠을 한 캔버스, 핸드프레스 종이, 인쇄 목판, 긁어모은 자갈, 종이 연등에 만들어낸 모든 흔적에 존재한다. 티베트에서 사원을 방문했을 때 수 세기 동안 지나다닌 발자국 때문에 닳아서 그냥 산이 되어버린 반들거리는 바위의 홈은 그것이 이어지는 사원보다 훨씬 더 나를 감동시켰다. 그것을 만들어낸 사람들은 누구였나? 산치에 정교하게 깎은 바위문을 세우고, 아잔타에 검은 현무암 사원을 깎아 만들고, 갼체에 쿰붐 사원을 세우고, 바간에 하늘로 치솟은 종교 건축물을 설계하고, 료안지에 바위정원을 펼쳐놓고, 바미안의 붓다 입상을 조각한 사람들은 누구였나? 우리는 알지 못한다.

이 잊힌 사람들은 나의 친구들이다. 그들은 말이 없다. 나는 그들을 대신해서 말하고 싶다. 나는 그들의 종교적 믿음이나 영적 성취에 대해서는 아는 것이 없다. 그들이 불교 교리의 세세한 것들을 이해했는지 여부는 상관없다. 그들은 눈에 보이고 만질 수 있는 대상을 자기 손으로 만들어 남겼다. 이 말 못 하는 것들이, 그 어떤 텍스트도 재생할 수 없는 언어로 수세기를 뛰어넘어 나에게 말을 하고 있다. 족자 그림에 어떤 불교 성상이 그려져 있는지 상관없이 그것은 그것을 만들어낸 이의 지성과 상상, 열정과 관심을 구현하고 있다. 나는 이런 것들을 만든 사람들과 친밀감을 느낀다. 선의 정원은 공에 대한 가장 박식한 논서만큼이나 붓다의 가르침에 대해서 말할 수 있다.

"농부가 논에 물을 대듯……" 담마파다에서 붓다는 말했다. "화살 만드는 이가 화살을 만들듯, 목수가 나무토막으로 어떤 형상을 만들어내듯 현인도 그렇게 자아를 길들인다." 이 말은 이상하다. 여기서 붓다는 자아를 버리라고 권하기보다, 만일 우리가 이런 은유를 따른다면, 자아를 만들어내라고 권하는 것 같았다. 이 맥락에서 '길들인다'는 것은, 좀 더 배려하고 집중되고 통합된 성격을 만들기 시작하기 위해 자신의 이기적이고 통제되지 않는 면을 진정시킨다는 뜻이다. 그는 농부, 화살 만드는 사람, 목수 등 노동하는 사람들을 예로 들었다. 그가 알아차림 수행을, 숙련되게 목재를 다루는 사람이 자신의 도구를 사용하는 방식에 비유한 것처럼 여기서 그는 땅을 갈고 화살을 만들고 나무를 깎는 이들의 일을 칭찬했다. 그들의 수작업은 자아의 원재료—감각, 느낌, 감정, 지각, 의도—를 어떻게 가꾸고 만들고 이끄는지 설명하는 데 도움이 된다.

고타마는 자아를 허구라고 일축하기보다는 실현되어야 할 과제로 제시했다. '자아'라고 할 때 붓다는 브라만들이 말하는 초월적인 자아, 정의상으로 영원히 존재하는 것, 그 이상의 다른 그 어떤 것도 될 수 없는 것을 말한 것이 아니라 이 세상에서 숨 쉬고 행동하는 기능적이고 도덕적인 자아를 말했다. 그는 이런 자아를, 물을 대고 돌보면 식물을 잘 자라게 할 수 있는 잠재적으로 비옥한 터전인 **밭**에 비유했다. 그는 그것을 나무대, 금속촉, 깃털이 합쳐져 과녁을 향해 정확한 경로로 날아갈 수 있는 **화살**에 비유했다. 그는 자아를 그릇이나 지붕보의 형태로 만들어낼 수 있는 **나무토막**에 비유했다. 이 모든 경우를 살펴보면, 간단한 것들이 다뤄지고 변형되어 인간의 목적을 달성시킨다.

자아에 대한 그런 모형은 그것을 버리는 데 전념하는 비구나 비구니보다는 이 세상에서 살고 있는 남녀 재가신자에 더 적절하다. 그것은 아주 다른 종류의 도전을 제시한다. 파란만장한 이 생의 사건들로부터 조용히 떨어져 있도록 자기 자신을 수련하게 하는 대신 그것은 이런 사건들과 붙잡고 싸우도록 부추기는데, 이는 그것에 의미와 목적을 불어넣기 위해서이다. 행동하지 않는 것보다는 행동하는 것, 떨어져 나와 있는 것보다는 참여하는 것이 강조된다. 그리고 사회적으로 미치는 영향도 있다. 만일 사람이, 그가 무엇인가보다 무엇을 하는가의 결과물이라면 신이 부여한 사회 정체성 체계의 개념은 무너져 내린다. 고타마는 이렇게 말했다. "행위로 인해 그 사람은 농부이고, 행위로 인해 장인이다.

> "행위로 인해 그 사람은 상인이고, 행위로 인해 시종이다.
> 행위로 인해 그 사람은 도둑이고, 행위로 인해 군인이다.
> 행위로 인해 그 사람은 사제이고, 행위로 인해 통치자이다.
> 이런 식으로 현자는 행위를, 그것이 작용하는 대로 보며,
> 연기를 보고 행위의 결과를 이해한다."

고타마는 갠지스 강 북쪽 강변에 자리한 브라만들의 성스러운 도시 바라나시 바로 외곽의 이시파타나—지금의 사르나트—에 있는 녹야원에서 자신의 생각을 가르치기 시작했다. 그는 '이 조건성, 연기'에 대한 통찰을 수행과 삶의 방식으로 해석할 방법을 찾아야 했다. 그는 법의 수레바퀴를 돌리는 것(전법륜〔轉法輪〕)*으로써 이를 해결했다. 이는 그가 녹야원에서 처음 행했던 설법으로, 여기서 그의 중대한 가르침인 네 가지 고귀한 진리(사성제〔四聖諦〕)를 제시했다.

이 설법에서 그는 자신의 깨달음이 네 가지 과제를 인식하고 행하고 완성한 결과임을 분명하게 설명했다.

1. 괴로움을 충분히 알고 (고〔苦〕)
2. 갈망을 버리고 (집〔集〕)
3. [갈망의] 그침을 경험하고 (멸〔滅〕)
4. 여덟 갈래의 길(팔정도〔八正道〕)을 닦는다 (도〔道〕)

이 '사성제'는 나나비라의 표현대로 '사람이 행할 궁극적인 과제'이다. 나나비라는 이것을 『이상한 나라의 앨리스』에 나오는 이야기로 설명했다. 토끼굴로 떨어진 앨리스는 어떤 방으로 들어가게 되는데, 그곳에서 '나를 마셔'라는 표가 붙은 병을 발견한다. 병에 무엇이 들어 있는지 설명하는 대신 표는 앨리스에게 병으로 무엇을 해야 할지를 알려준다. 마찬가지로 사성제는 믿어야 할, 혹은 믿지 말아야 할 주장

* 전법륜의 번역은 부록 III을 볼 것.

이라기보다는 뭔가를 하라는 명령이다.

고타마는 각각의 진리가 그것만의 도전을 어떻게 제시하는지 설명했다. 괴로움은 충분히 알아야 하고, 갈망은 버려야 하며, 그침을 경험해야 하고, 길을 닦아야 한다. 사성제는 특정한 상황에서 어떤 식으로 행동하라는 제안이다. 앨리스가 병에 붙은 '나를 마셔'라는 표를 보고 그 내용물을 마셨듯이, 고통을 만났을 때 그것에 '나를 알라'라고 표시된 것을 볼 수 있고, 그렇다면 고통을 피하기보다는 끌어안을 수 있다. 혹은 뭔가를 단단히 잡거나 없애기 위해 갈망이 시키는 것에 자동적으로 따르는 대신 그것이 "나를 놓아줘"라고 속삭인다고 상상할 수 있으며, 그렇게 함으로써 움켜쥔 것을 느슨히 하고 평정 속에서 쉴 수 있도록 고무한다.

사성제는 교조적이라기보다는 실용적이다. 그것은 믿어야 할 일련의 교리라기보다는 따라야 할 행동 방침을 제시한다. 이 네 가지 진리는 현실의 묘사라기보다는 행동의 처방이다. 붓다는 자신을, 병을 치유하기 위한 치료법을 제시하는 의사로 비유했다. 그런 치료를 시작한다는 것은 그 사람을 '진리'에 좀 더 가까이 가게 하기 위해서가 아니라 그의 삶이 지금 여기에서 번창할 수 있게 하기 위함이며, 희망컨대 그의 죽음 이후 계속 유익한 영향을 미칠 유산을 남길 수 있게 하기 위한 것이다. 그런 길을 출발하느냐 마느냐는 전적으로 자신의 선택에 달려 있다.

이런 식으로 진리를 수행함으로써 '현자'는, 농부가 밭에서 일하듯, 화살 만드는 사람이 화살을 만들듯, 목수가 나무토막을 다듬어 형체를 만들듯, 변덕스럽고 불안정한 자아를 '길들인다'. 목적은 니르바나를 얻는 게 아니라 인간성의 모든 면이 잘 자랄 수 있게 해주는 삶의 방식을 가꾸는 것이다. 고타마는 이런 삶의 방식을 '여덟 겹'의 길(팔정도〔八正道〕)이라고 불렀다. 즉, 바른 견해(정견〔正見〕), 바른 생각(정사〔正思〕), 바른 말(정어〔正語〕), 바른 행위(정업〔正業〕), 바른 생계(정명〔正命〕), 바른 노력(정정진〔正精進〕), 바른 알아차림(정념〔正念〕), 바른 집중(정정〔正定〕)이 그것이다.

고타마는 이 팔정도의 중요성을 강조함으로써 가르치는 일을 시작했고 끝을 맺었다. 이것은 그가 전법륜에서 첫 번째로 말한 것이자 45년 뒤 쿠시나가라에서 죽음을 맞이할 때 마지막 제자 수밧다에게 최후로 한 말이었다. 연기가 고타마 판 $e=mc^2$이라면 팔정도는 그 공리를 추상적인 원리에서 교화적인 힘으로 옮겨놓은 첫 번째 조치였다.

그는 팔정도를 자신이 '미개하다'고 일축한 쾌락에 대한 탐닉과 고행의 막다른 길(극단)을 피하는 가운데 길(중도)로 제시했다. 막다른 길은 그 어떤 곳으로도 이어지지 않는 길이다. 그것을 추구하는 것은 내 머리를 계속 벽에 찧는 것이다. 내가 아무리 힘을 들여 식욕을 달래거나 도가 지나친 행위에 대해 스스로를 벌한다 해도 나는 내가 출발한 곳으로 계속 다시 돌아온다. 한순간 뭔가에 의해 전율을 느끼고 흥분하지만 그 다음 순간 나는 자신에 대한 의심과 아무것도 나의 관심을 끌지 않는 무료함의 공포에 시달린다. 나는 이 양 극단 사이에서 방향을 틀며 계속 원을 그린다. 탐닉과 고행은 내적 마비로 이르게 하는 막다른 길이며, 풍요롭게 살 수 있는 능력을 막아버린다.

싯닷타 고타마에게 코살라에서의 삶은 막다른 길이 되었다. 그가 실험한 명상과 고행은 막다른 길이었음이 드러났다. 보리수 아래에서 그는 그 어떤 자리에 대한 애착도 막다른 길이라는 것을 깨달았다. 심지어 수도 생활과 종교적 행동도 막다른 길이 될 수 있다. "수련을 가장 중요한 본질로 여기는 사람……" 그는 나중에 이렇게 말하게 된다.

> 혹은 선행과 서원, 깨끗한 생계, 독신, 그리고 봉사를 가장 중요한 본질로 여기는 사람—이것은 하나의 막다른 길이다. 그리고 "육욕에 아무런 잘못이 없다"는 그런 이론과 견해를 가진 이들—이것 역시 다른 막다른 길이다…… 이 두 가지 막다른 길을 꿰뚫어보지 못함으로써 어떤 이들은 후퇴하거나 너무 멀리 간다.

바뀌고, 조건에 따라 일어나며, 예측 불가능한 세상에서 그런 중도의 수행은 곡예 행위이다. 그것을 발견했다고 해서 다시 잃어버리지 말라는 보장은 없다. 이런 삶의 방식이 한때 자유롭게 해줬을 수도 있지만 여기에 너무 매달린다면 그것이 또 다른 막다른 길로 변할 수 있다. 삶의 방식으로서 중도는 계속 진행되는 반응과 위험의 과제로, 토대 없는 토대에 기초하고 있다. 구불구불 펼쳐지는 그 길은 삶 자체만큼이나 요란하고 예측 불가능하다.

이런 중도를 어떻게 찾을 것인가? 어느 날 우연히 발견할 때까지 기다려야 하는가? 종교 조직에 들어가 깨우친 승려의 도움으로 입문해야만 하는가? 그것은 신비로운 황홀 상태의 순간에 당신에게 그 모습을 드러내는가? 아니면 엄청난 의지의 행위에 의해 스스로를 억지로 내모는가? 전법륜에서 고타마는 사성제의 수행을 통해 어떻게 중도의 흐름으로 들어가는지 보여줬다. 연기의 원리에 따라 각각의 진리는 다음 진리가 일어나는 조건이 된다. 괴로움을 충분히 안다는 것은 갈망을 놓게 하고, 갈망을 놓는 것은 그것의 그침을 경험하게 하며, 그 그침의 순간은 자유롭고 목적이 분명한 팔정도 자체의 공간을 열어준다.

고타마는 신을 찾기—브라만들의 목표—보다 신과는 가장 멀리 떨어져 있는 것에 관심을 돌리라고 한다. 그것은 바로 이 땅에서 사는 삶의 괴로움과 고통이다. 조건에 따라 일어나는 세상에서의 변화와 고통은 불가피하다. 여기서 무슨 일이 일어나고 있는지 보라. 생물은 계속 태어나고, 병에 걸리고, 늙어가고, 죽는다. 이런 것들은 우리 존재의 피할 수 없는 사실이다. 연기적 존재인 우리는 살아남지 못한다. 그리고 내가 내 자신에 대해 솔직해지고, 나의 모든 금욕적 자만을 버릴 때 이것은 참을 수 없게 된다.

삶의 연기성을 받아들인다는 것은, 단명하지만 지각이 있는 존재로서 운명을 받아들이는 것이다. 니체가 주장했듯 사람은 그런 운명을 사랑할 수 있게 된다. 하지만 그렇게 하기 위해서는 먼저 그것을 끌어안아야 한다. 비록 그럴 가능성에 사람은 본능적으로 뒷걸음치기 마련이지만 말이다. 존재의 유한성, 연기성, 고통에 시선을 고정시키기는 쉽지 않다. 그것은 알아차림과 집중을 요구한다. 고정된 자리를 즐기는 것에서부터 조건에 따라 변하는 토대의 자각으로 의식적으로 옮겨가야만 한다. 내가 본능적으로 끌리는 자리는 고통이 없다고 상상하는 자리이다. 나는 생각한다. "내가 그곳에 갈 수만 있다면, 그렇다면 더 이상 고통 받지 않을 거야." 그러나 연기성의 토대 없는 토대는 그런 희망을 주지 않는다. 왜냐하면 이것이 바로 당신이 태어나고, 죽고, 병들고, 늙어가고, 실망하고, 좌절하는 토대이기 때문이다.

괴로움을 충분히 아는 것은 갈망하려고 하는 자연스런 성향에 어긋난다. 그러나 조건에 따라 일어나고 영원하지 않은 세상이 나의 욕구를 만족시키기 위해 존재하는 것은 아니다. 그것은 내가 열망하는 비조건적이고 영원한 행복을 주지 못한다. 일어나지 않았으면 좋겠다고 생각하는 일들이 일어나는 곳은 모든 것이 결국에는 다 잘 될 것 같은 그런 곳이 아니다. 나는 갈망과 두려움에 맞게 삶을 정돈시키려고 애쓰지만 심지어 바로 다음 순간에 닥칠 일에 대해서 거의 아무런—설령 있다 해도—통제도 하지 못한다.

알아차림의 목적은 괴로움을 충분히 아는 것이다. 그것은, 종달새의 노래이건 어린아이의 비명이건, 마구 솟아오르는 장난스런 생각이건, 허리의 찌릿한 통증이건, 유기체에 영향을 주는 모든 것에 대해 고요하고도 수그러들지 않는 관심을 기울이는 것을 필요로 한다. 당신은 바깥의 자극 자체뿐 아니라 그에 대한 안의 반응에도 똑같이 주의를 기울인다. 자신이 결점이라 여기는 것을 비난하지 않고 성공이라 간주하는 것을 칭찬하지 않는다. 당신은 무엇인가가 오고 또 가는 것을 알아차린다. 시간이 지나면 그 수행은 매일 정해진 시간에 하는 명상 중에 행하는 자의식 강한 연습이라기보다는 자신의 자각에 늘 영향을 미치는 감성이 된다.

알아차림은 가만히 있지 못하고 초조해하는 마음이 차분해지는 효과를 낼 수 있다. 더 고요해지고 더 집중할수록 나의 흥분된 반응의 근원을 더 잘 들여다볼 수 있고, 내가 혐오와 악의에 사로잡히기 전에 증오의 첫 시작을 더 잘 잡아낼 수 있으며, 아이러니하게 거리를 두면서도 자아의 교만한 재잘거림을 더 잘 관찰할 수 있고, 나를 살짝 건드려 우울 상태로 빠뜨릴 수도 있는 자기비하적인 이야기가 잉태되는 것을 더 잘 알아챌 수 있다.

그리고 고통 받는 이가 나뿐인 것은 아니다. 당신도 고통 받는다. 모든 중생은 고통을 받는다. 나의 자아가 한때 그랬던 것처럼 더 이상 온통 마음을 뺏는 집착이 아닐 때, 내가 그것을 많은 것들 중 하나의 이야기 줄거리로 볼 때, 내가 그것을 다른 것처럼 조건적이고 일시적인 것으로 이해할 때, 바로 그때 '나'와 '내가 아닌 것'을 구분하는 장벽이 무너지기 시작한다. 밀폐된 자아의 방이라는 확신은 기만적일 뿐 아니라 마비를 불러온다. 그것은 내가 세상의 고통에 대해 무감각해지게 만든다. 고통을 받아들이는 것은 더 큰 공감에서 절정을 이룬다. 공감은 다른 사람들이 고통 받는 것이 어떤 것인지 느낄 수 있는 능력이며, 감상적이지 않은 자비와 사랑의 토대이다.

한번은 붓다와 그의 시자 아난다가 어떤 사원을 방문했는데, 돌보는 이도 없이 병든 승려가 자신의 배설물에 누워 있는 것을 발견했다. 그들은 물을 가져와 승려를 씻기고 들어 올려 침대에 눕혔다. 그런 다음 고타마는 동료를 돌보지 않은 그 공동체의 다른 승려들을 질책했다. 그가 말했다. "너희를 돌봐줄 아버지도, 어머니도 없다면 너희들은 서로를 돌봐야 한다. 나를 보살피겠다는 사람이라면 아픈 이를 보살펴야 한다." 붓다는 자신을 고통 받는 이와 동일시함으로써 깨달음의 관건은 다른 사람의 고통을 끌어안고 그것에 반응하는 데 있다고 단언했다.

고통을 알아차린다는 것이 병적으로 과민한 상태와 절망으로 이어지는 것은 아니다. 사물의 연기에 대한 느낌을 내면화하면 할수록 고통으로 인한 우울함과 짜증은 줄어들며(그런 것은 지나갈 것이기 때문이다.), 새순이 돋아나는 것을 보고, 파도가 해변으로 몰려오는 소리를 듣고, 다른 사람의 손을 만지는 것(이런 것들 역시 지나갈 것이다.)과 같은 가장 단순한 즐거움의 존재를 더욱더 경이롭게 느끼게 된다. 훌륭한 음악, 연극, 문학에서처럼 삶의 비극적 느낌은 낯설고도 불안한 아름다움을 불러일으킨다. 렘브란트의 자화상, 베토벤의 후기 사중주 아다지오, 리어 왕의 고통은 나를 우울하게 만드는 것이 아니라 고양시킨다. 그것들은 내 깊은 곳에서 나를 움직이며, 죽는다는 것보다 살아 있는 것이 무엇을 뜻하는지에 대한 예리한 자각을 불러일으킨다.

당신이 경험하는 모든 것이 얼마나 쏜살같고, 통렬하며, 믿을 만한 것이 아닌지를 뼛속 깊이 안다는 것은 그것을 붙잡으려 하고, 소유하려 하고, 통제하려는 근거를 약화시킨다. 고통을 충분히 안다는 것은 당신이 어떻게 세상과 관계를 맺고, 다른 사람들에 대해 어떻게 반응하며, 당신 자신의 삶을 어떻게 꾸려나가는지에 영향을 미치기 시작한다. 어떤 것이 위안을 줄 수 없다는 것을 알고 있는데 어떻게 그것으로부터 영구적인 위안을 찾을 수 있겠는가? 결국 나를 실망시키리라는 것을 알고 있는 바로 그것에 왜 행복에 대한 모든 희망을 걸겠는가? 고통에 시달리는 이 세상을 끌어안는다는 것은 모든 것을 자기중심적인 갈망의 관점으로 보려는 내재된 경향에 도전하는 일이다.

갈망은 내가 스스로에게 그만두라고 아무리 열심히 말하더라도 의지로 버릴 수 있는 것이 아니다. 연기의 원리에 따라 갈망에서 자유로워지기 위해서는 갈망을 만들어내는 조건을 없애는 것이 필요하다. 붓다가 분석한 바로는 갈망의 뿌리는 지속적이고 조건적이지 않은 행복을 순식간에 지나가고 조건적인 세상에서 찾을 수 있다는 오해에 있다. 이것이 얼마나 불가능한 일인가를 깨닫게 되면 갈망은 저절로 가라앉아 사라지기 시작한다.

어느 해 해변을 다시 찾은 아이가 모래성 쌓기에 더 이상 흥미가 없어진 자신을 발견하는 것처럼 시간이 흐르면서 세상을 좀 더 예리하고 솔직하게 볼 수 있게 되면서 나는 아마도 전에 나를 사로잡던 것에 대한 관심을 잃을 수도 있다. 나이가 들면서 모래성 쌓기에 흥미를 잃듯 갈망을 놓아버리는 일은 그렇게 큰 통찰의 순간을 수반하는 것이 아닐 수도 있다. 그런 것을 겪고 있는 이에게 그 변화는 감지하기 매우 어려울 수 있다. 삶에 대한 나의 시각이 자리에 대한 기쁨에서 연기적인 토대와의 만남으로 옮아가면서 나는 뭔가를 꽉 붙들고 있는 것이 점점 더 얼마나 이치에 맞지 않는 일인지 깨닫는다. 그리고 그런 짓을 하는 자신을 발견할 때—이런 습관은 없어지기 힘들기 때문이다—나는 "아이고, 또 시작이구나"라는 아이러니한 자존감으로써 그렇게 깨달을 수 있다.

고통을 끌어안는 것이 갈망을 놓아버리는 길로 이어질 수 있듯이 갈망을 놓아버리는 것은 갈망이 멈췄을 때 고요한 안식의 순간으로 이어질 수 있다(그것이 실질적으로 멈추는 것은 아니라고 한다면, 당신은 자신이 더 이상 그것에 신세지고 있지 않다는 것을 깨달으며, 이것은 실제로 같은 것에 해당한다.). 따라서 두 번째 진리, 갈망을 놓아버리는 것은 세 번째 진리, 그침의 경험으로 이어진다. 당신은 삶에 대한 자신의 반응이, 모든 것이 당신이 원하는 대로 있어야 한다는 갈망에 의해 움직일 필요가 없다는 것을 한 치의 의심도 없이 스스로 알게 되는 지점에 오게 된다. 당신은 자신이, 갈망이 시키는 대로 행동하지 않을 자유가 있음을 깨닫는다. 이것이 바로 고타마가 말한 자유이다. 그것은 욕망과 증오의 명령으로부터의 자유이다.

그러한 그침의 경험은 짧은 순간 동안만 지속될 수 있다. 그것은, 움켜쥐고 거부하는 익숙한 관점으로 살아야 할 필요가 없다는 순간적인 확신일 수도 있다. 혹은 지속적인 명상을 통해 얻은 깊은 내적 안식과 명료함의 경험일 수도 있다. 또한 혼란과 압박 속에서 갑자기 나를 압도하는 명료한 평온일 수도 있는데, 그것은 나도 깜짝 놀라게 하는 방식으로 다른 사람들에게 반응할 수 있게 해준다. 싫어하는 사람과의 만남을 두려워하는 대신 스스로 그에게 다가가는 나 자신을 발견한다. 괴로워하는 사람에게 일반적인 지혜의 말을 몇 마디 나열하며 위로하는 대신 나만의 분명한 목소리로 그의 상태에 대해 고민하려는 나 자신을 발견한다.

갈망의 감소는 더 큰 지혜와 사랑에 대한 잠재력은 물론 더 큰 자유와 자율을 낳을 수 있다. 사람으로서 자신이 누구라는 고정 관념, 사회적으로 부여된 행동 규범과 규칙에 대한 애착, 자신이 하고 있는 것의 타당성에 대한 불확실, 대단히 중요한 문제에서 다른 사람의 권위에 따라야만 한다는 느낌에서 최소한 순간적으로나마 해방된다. 자유로워져서 자신만의 판단을 믿고 기꺼이 위험을 감수하며 스스로 길을 출발한다. 삶은 매 상황에서 이기적인 욕망의 충족이나 일련의 종교적 신념에 대한 맹종보다는 자신의 가장 깊은 가치를 실현하는 쪽으로 향하게 된다. 불교 전문 용어로 말하자면 '팔정도에 예류(흐름에 들다)'하고 '붓다의 가르침에 관하여 다른 이의 생각으로부터 독립적'이 된다.

네 번째 진리는 팔정도 그 자체, 즉 바른 견해, 바른 생각, 바른 말, 바른 행위, 바른 생계, 바른 노력, 바른 알아차림, 바른 집중이다. 갈망이 가라앉으면 삶에 공간이 활짝 열리고, 그곳에서 새로운 가능성이 실현될 수 있다. 이 공간은 팔정도가 펼쳐지는 곳이다. 순간적이어도 갈망의 그침을 경험하는 것은 붓다가 '니르바나'라고 부른 것을 살짝 엿보는 일이다. 이런 의미에서 니르바나는 팔정도의 목표가 아니라 출발점이다. 그 길에 들어서는 사람은 더 이상 갈망의 편협한 요구에 조건 지어지지 않고 좌우되지 않는 삶을 염원하는 사람이다. 세상과 좀 더 솔직하고 좀 더 공감하는 관계를 맺을 가능성이 생기게 되고, 이는 어떻게 생각하고, 말하고, 행동하고, 일하는가의 기본이 되며, 어떻게 생각하고, 말하고, 행동하고, 일하는가는 알아차림과 집중의 철학적 · 도덕적 기반을 제공한다.

실제로 팔정도는 A에서 Z까지 일직선의 궤적이 아니라 계속 새롭게 하고 복구시켜야 할 필요가 있는 복잡한 피드백 폐회로이다. 알아차림과 집중(즉 7, 8단계)에 도달했다고 해서 이것이 길의 마지막까지 왔다는 뜻은 아니기 때문이다. 무엇을 위해 알아차리는가? 무엇에 집중하는가? 이 알아차림의 집중의 대상은 괴로움을 충분히 아는 일(첫 번째 진리)이고, 이것은 갈망을 놓아버리는 것(두 번째 진리)으로 이어지며, 이런 식으로 계속 나아간다. 길 자체는 당신이 걸어가길 기다리며 거기에 놓여 있지 않다. 그것은 닦아야 하고 가꿔야 하며, 말 그대로 '생겨나게 해야' 한다. 그런 길은 흥미로운 통찰의 순간에 열리며, 뒤이어 소홀히 함으로써 다시 잃어버리게 될 뿐이다. 길을 믿는 것으로는 충분하지 않다. 그것을 만들어내고 유지시켜야만 한다. 팔정도의 수행은 창조적인 행위이다.

고타마가 자신이 이해한 사성제의 요점을 설명하며 녹야원에서 행한 설법인 전법륜을 요약하면 이러하다.

끌어안고,

놓아버리고,

그치고,

행동하라!

이 형판은 삶의 모든 상황에 적용될 수 있다. 일어나고 있는 일을 피하거나 무시하기보다 주의를 기울여 그것을 알아차려 끌어안고, 그것을 움켜쥐거나 제거하려고 갈망하기보다 꽉 쥔 것을 느슨하게 하고, 쏟아지는 반응에 사로잡히기보다 그치고 차분히 있으며, 자신이 전에 수천 번 말하고 행한 것을 반복하기보다 공감하고 창의적인 방식으로 행동하라.

싯닷타 고타마는 자기 자신을, 숲으로 들어갔다가 덤불 밑에 숨겨진 옛 길을 발견한 사람에 비유했다. 그 길을 따라가자 그 사람은 옛 도시의 폐허에 이르렀다. 그러자 그는 왕과 대신들에게 자신이 발견한 것을 말하고 그 도시를 재건하여 다시 번성할 수 있게 만들라고 촉구했다. 그런 다음 붓다는 이 은유의 뜻을 설명했다. '옛 길'은 팔정도를 뜻하며, '옛 도시'는 사성제의 실현을 의미한다. 따라서 그는 사성제에 수반되는 일은 그가 그런 종류의 문명을 세우는 데 필요한 것임을 인식했다. 이것은 사람이 혼자 힘으로 성취할 수 있는 것이 아니므로, 사성제를 실천하는 일이 공동 사회의 일임을 암시한다. '왕과 그의 대신들', 즉 그런 대형 프로젝트를 실현시키기 위한 자원과 힘을 가진 이들의 지원을 필요로 하는 일인 것이다.

13

제타 숲에서

부처가 살고 가르쳤던 곳들을 사진으로 찍는다는 것은 어려운 일이다. 오늘날에는 그런 곳이 거의 다 똑같아 보이기 때문이다. 산들이 인상적으로 둥글게 둘러싼 라자가하를 제외하고 다른 장소들은 특색 없는 시골 평원에 자리하고 있고 사원 건물과 스투파 들의 벽돌 토대로 이뤄져 있는데, 대부분은 붓다 생존 시기 이후 수백 년이 지나도록 세워지지 않았던 것들이다. 이곳 대부분은 여가 시간에 아마추어 고고학자로 지냈던 영국 관리와 동인도회사 직원 들에 의해서 19세기나 되어서야 비로소 발견되었다. 이런 곳들은 800년 전 인도에서 불교가 사라지게 된 이후에는 더 이상 살아 있는 순례 중심지로서의 역할을 하지 않았다. 지금은 비종교기관인 인도고고학조사국(Archaeological

Survey of India)의 소유지로, 이 기관이 여기를 공원으로 관리하고 있으며 불교 순례자들을 환영한다기보다는 용인해주고 있다.

붓다가 전법륜을 행한 이시파타나(사르나트)의 녹야원은 지금 잔디, 꽃밭, 나무 등으로 잘 관리된 공원으로, 주변을 둘러싼 철책이 바깥의 먼지, 불구자, 행상인, 콧물 흘리는 아기를 들쳐 멘 여자 거지 들을 차단하고 있다. 한때 여기서 융성했던 사원 건물 단지의 잔해로 남은 것이라고는 바닥, 벽의 유적, 작은 스투파들의 중심부뿐으로, 모두 단조로운 적갈색 벽돌로 되어 있다.

녹야원에 우뚝 솟아 있는 것은 다메크 스투파로, 폭 약 27미터, 높이 약 30미터의 원통형 탑이 고타마가 사성제를 가르쳐 법륜을 돌게 했던 곳으로 추정되는 장소를 표시하고 있다. 한 무리의 젊은 티베트인들이 그 탑 앞의 잔디에 모였다. 붉은 장식용 수술을 머리와 함께 땋은 한 젊은이가 돌을 집어 들더니 공양물로 바치는 길고 하얀 스카프 끝에 단단히 묶는 모습이 보인다. 그가 스카프를 스투파 윗부분에 화려하게 장식된 자리 중 하나에 들어가게 하려고 끙끙거리며 위로 던진다. 스카프는 마치 비단 혜성처럼 호를 그리며 날아가 그 자리에 안착한다. 친구들이 기뻐서 와하는 함성을 지르며 그의 등을 때린다. 인도고고학조사국 직원들이 저 스카프를 어떻게 내릴지 궁금해진다.

이런 곳으로 여행을 하다보면 아주 훌륭한 사진을 찍을 기회가 생겨난다기보다 붓다 세계의 지리를 더 잘 알게 된다. 나는 사밧티, 라자가하, 베살리에 대해서 읽기는 많이 읽었지만 그런 곳들이 어디에 위치하고 서로 얼마나 떨어져 있는지 전혀 몰랐다. 나는 붓다의 사상에 대해서는 아주 잘 알고 있어도 그가 살았던 물리적 세계에 대한 감각은 갖고 있지 않았다. 이 물리적 세계가 더욱더 현실적으로 다가오면서 나는 그가 이동했던 사회적 · 정치적 세계를 점점 더 자각하게 되었다. 마을과 도시는 더 이상 단지 지도상의 점이 아니었다. 그곳은 야망과 두려움을 가지고 있었고, 서로 결혼하고 싸웠으며, 아이를 낳았고, 나이가 들면서 쇠약해진 사람들이 사는 권력과 투쟁의 중심지가 되었다. 사진촬영을 위해 떠난 여행은 역사적 붓다를 찾는 여행이 되었다. 싯닷타 고타마라는 사람이 천천히 초점에 들어오기 시작했다.

붓다는 우기 3개월 동안 바라나시 근처 이시파타나의 녹야원에서 다섯 명의 동반자와 함께 머물렀다. 이때 상당 시간은 그가 가르치던 사상이 함축하고 있는 것에 대해 이야기하며 보냈을 것이다. 그는 소수의 추종자들을 끌어모았는데, 대부분은 야사라고 하는 젊은 브라만 상인의 가족과 친구들이었다. 이제 제자들이 생긴 그는 어떻게 공동체를 세울 것인가 하는 문제에 직면했다. 그는 생활과 생존의 실질적인 문제들을 해결해야 했다. 그는 과연 자신의 생각이 당시의 경쟁적인 분위기 속에 뿌리내리고 그의 사후에도 살아남게 할 여건을 어떻게 만들 수 있을 것인가? 후원자들이 필요할 것이다. 그의 공동체를 보호할 만큼 힘이 있고 그 공동체가 필요로 하는 것을 제공할 수 있을 만큼 부유한 사람들이 모여야 할 것이다.

우기가 끝나자마자 고타마와 그를 따르는 무리는 녹야원을 떠나 갠지스 강을 건너고 우루벨라(보드가야)를 경유하여 동쪽을 향해 다시 라자가하로 갔다. 마가다의 수도인 그곳은 산으로 둘러싸여 있었고 빔비사라 왕이 있던 곳이었다. 고타마가 돌아온 것을 알게 된 빔비사라는 곧 고타마가 말하는 것을 들으러 갔다. 설법이 끝날 즈음 왕은 붓다가 가르친 것을 이해하는 데 '의심을 넘어서고 대담함을 얻었으며 독립적'이 되었고, 그럼으로써 중도의 흐름에 들어갔다. 빔비사라는 자신이 삶에서 가진 야망은 이제 충족되었다고 선언했다. 그는 라자가하 변두리의 온천 근처 대나무 숲(죽림)이라 부르는, 사용하지 않던 공원을 고타마에게 시주했고, 고타마는 그곳을 자신의 공동체의 근거지로 삼을 수 있었다. 곧 그 지역의 유명한 구루인 산자야의 주요 제자들인 사리풋타와 목갈라나가 연기에 대한 가르침을 요약한 것을 듣고 추종자가 되었다. 산자야의 나머지 학생들도 그들을 따라나서자 산자야는 '뜨거운 피를 토하게' 되었다.

이것은 경쟁 왕국 코살라의 시골 출신 서른다섯 살의 남자에게는 엄청난 성취였다. 고타마는 당대 가장 막강한 왕의 후원을 받았을 뿐 아니라 제자들 중에는 개종한 브라만 사제들도 있었는데, 그중 일부는 이미 혼자 힘으로 존경받는 스승이 된 이들이었다. 그러던 중 어느 날 사밧티 출신의 부유한 은행가 아나타핀디카가 사업차 라자가하에 왔다. 그는 고타마가 말하는 것에 즉각 깊은 인상을 받았고 제자가 되었다. 코살라로 돌아가기 전 그는 고타마에게 그와 그의 승려들이 사밧티에서 우기를 보낼 수 있도록 거처를 제공해도 되겠는지 물었다. 이 제안을 받아들임으로써 고타마는 고국으로 돌아가 파세나디 왕의 수도에 자신의 공동체를 위한 근거지를 세우기로 동의했다.

아나타핀디카의 열정과 부에도 불구하고 그가 붓다를 위해 적당한 근거지가 될 숲을 제공할 수 있게 되기까지 몇 해가 지나갔다. 한편 고타마는 카필라밧투로 돌아가 다시 가족을 받아들였다. 그의 아버지 숫도다나는 그의 사상에 귀의했고, 여덟 살 된 아들 라훌라는 사미승이 되었다. 그 다음 해 사키야의 몇몇 귀족들—그의 사촌 아난다, 아누룻다, 데바닷타를 포함하여—이 승단에 들어왔다. 이어진 고향 방문에서 그는 로히니 강물에 대한 접근을 놓고 일어난 분쟁을 해결하여 고타마 가문과 그의 사촌 데바닷타의 부족인 콜리야 사람들 사이에 적대행위가 일어나는 것을 막았다. 이때부터 그는 오류를 범하는 일이 있을 수 없었던 것으로 보인다.

수많은 사키야 사람들이 공동체에 들어가길 청했는데, 그중에는 그의 양어머니이자 이모인 파자파티도 들어 있었다. 그는 파자파티의 요청을 거절했지만 그녀는 계속 청했다. 파자파티는 머리를 깎고 노란 승복을 입었으며 사키야 출신의 다른 여성 몇 명과 함께 그를 따라 베살리로 갔고, 그곳에서 그에게 계를 내려달라고 다시 한 번 애원했다. 이번에는 그도 이를 받아들이고 비구니(여승) 승단을 세우기로 동의했다. 인도에서 여성이 남성 승려와 정신적으로 동등한 사람으로서 유행탁발승단에 받아들여진 것은 이때가 처음이었다. 그것은 위험한 조치였다. 그는 재가불자 후원자뿐 아니라 그의 승려 중 일부—특히 브라만 사제 계급 출신의 승려—를 멀어지게 만드는 위험을 감수했다.

숫도다나가 죽은 뒤 사키야를 통치—싯닷타가 집을 떠나지 않았다면 아마도 맡았을 역할—하는 일은 싯닷타 고타마의 사촌인 마하나마에게 넘겨졌다. 경전에서는 그를 정치사회적으로 야심만만한 사람으로 묘사하고 있다. 그는 자신의 어머니와 공모하여 형제인 아누룻다와 정적 밧디야로 하여금 승려가 되게 설득하여 라자가하에서 싯닷타와 함께 지내게 했다. 그렇게 함으로써 앞길에 장애가 없게 하고, 고타마 부족의 우두머리로서 태양의 자리에 앉아 카필라밧투 의회를 주재할 수 있게 했다. 내가 느끼기에 그는 약하고 허영심이 많은 사람으로, 자신의 목적을 위해 사촌의 명망을 이용했지만 치명적으로 자신의 대가족에게는 권위를 세우지 못했다.

아나타핀디카는 코살라의 수도 사밧티에 싯닷타 고타마를 위해 화려한 공원을 설계하는 데 지출을 아끼지 않았다. 그는 엄청난 액수를 들여 파세나디의 형제(혹은 사촌)인 제타 왕자에게서 시 외곽의 숲을 사들였다. 그는 나무가 우거져 이룬 덮개 아래 '승려들의 방, 공동 숙소, 집회장, 난방이 되는 큰 방, 창고, 화장실, 건물 외부 및 실내 도보구역, 우물, 욕실, 연못, 헛간'을 지었다. 아나타핀디카의 열의에 고무된 제타 왕자는 건물용 목재를 제공했고 아나타핀디카가 낸 돈을 정교하고 여러 층으로 된 공원 출입구를 만드는 데 모두 썼다. 건물을 바치는 화려한 축제가 몇 달이나 계속되었는데, 축제에 쓰인 경비가 공원 조성에 들어간 경비에 맞먹었다고 한다. 후하게 베푼 아나타핀디카는 결국 파산에 이르렀고 말년을 곤궁하게 보냈다.

제타 숲은 고타마의 근거지가 되었다. 그곳이 일단 완성되자 그는 그곳에서 다른 곳과는 비교할 수 없을 정도로 많은 총 19번의 우기를 보냈으며 844번의 설법을 했다. 승려들이 늙어가고 공동체가 커지면서 제타 숲은 단순히 우기 3개월 동안의 은거지라기보다는 거주사원이자 행정본부의 성격이 더 커지게 되었다. 고타마의 활동에서 길고 안정된 중간 시기는 사밧티에 있었던 시기와 겹치므로 제타 숲은 고타마의 생각을 정교하게 다듬고 조직화하고 기억시키고 공동으로 암송되고 그런 다음 널리 퍼뜨린 곳이었을 것이다. 그곳은 고타마 사단의 신경중추, 즉 그의 다른 숲과 계획을 잇는 중심지가 되었다.

싯닷타 고타마를 그렇게 성대하게, 심지어 호사스럽게 후원함으로써 파세나디 왕, 아나타핀디카, 그리고 사밧티의 다른 귀족, 상인, 군인 장교 들은 여러 면에서 볼 때 반역자인 스승에 대한 그들의 지지를 분명히 했다. 초월적 신이나 자아에 대한 모든 개념을 거부하고, 카스트 제도를 공공연히 비판하고, 브라만과 당시 다른 종교지도자들의 믿음을 조롱하고, 비구니를 비구와 동등하게 자신의 공동체로 받아들인 이가 바로 이 사람이었다. 부분적으로 고타마의 후원자들은 고타마가 '그들 중 하나', 즉, 코살라의 귀족이었기 때문에 그를 지원한 것일 수도 있으므로 그들은 그의 성취에 대해 대리만족의 자부심을 느꼈을 수도 있다. 하지만 오래도록 고타마에 헌신했다는 사실은 그들이 그의 가르침에 진지하게 자신을 맡겼다는 것을 암시한다.

사밧티에서 고타마가 하는 일의 성공 여부는 무례한 파세나디 왕과 화기애애한 관계를 유지하는 데 달려 있었다. 파세나디가 고타마에게 등을 돌리면 그의 계획 전체가 위험에 처하게 될 것이다. 그들 사이에 기록된 많은 대화를 보면 두 사람이 서로 잘 알고 있었다는 인상을 받는다. 그들의 교류는 솔직하고 격식을 차리지 않은 것이 특징이다. 왕은, 고타마를 시험하고 싶어서이긴 했지만, 때때로 그를 약 올리거나 도발했던 것으로 보인다. 그리고 고타마의 반응은, 마치 왕에 대한 공격으로 이해될 수도 있는 말은 경계하는 듯, 종종 조심스럽고 신중했던 것으로 보인다.

어느 부분에서 이 둘이 종교모임인 듯한 것을 지켜보는 모습이 발견된다. 파세나디는 그곳에 있는 일부 승려와 고행자를 가리키면서 고타마에게 그들이 '깨우쳤는지' 그렇지 않은지 어떻게 생각하느냐고 물었다. "말하기 어렵습니다." 고타마가 대답했다. "사람들과 오랜 시간 함께 있으면서 그들을 자세히 관찰해야 비로소 대답을 할 수 있을 정도로 그들을 잘 알게 될 수 있습니다. 누군가가 얼마나 강한 사람인지는 역경에 처한 그 사람을 관찰해야만 알게 됩니다. 그 사람과 말을 해봄으로써 그가 얼마나 현명한지 알 수 있는 것과 마찬가지입니다." 그의 대답은, 사람은 시간이 흐르면서 말과 행동의 연속체로부터 형성되며 '깨우쳤거나' 혹은 '깨우치지 않은' 고정된 '자아'로 환원될 수는 없다는 그의 생각과 일치했다.

"저들은 내 첩자들이오." 파세나디가 말했다. "나는 그들을 사방에 보내고 있소. 그들이 정보를 말하면 나는 그들에게 몸의 먼지와 때를 씻어내고 머리와 수염을 다듬은 뒤 좋은 옷을 입고 가서 즐기라고 한다오." 고타마는 왕을 비난하지 않았다. 그는 첩자를 승려로 위장시키는 것이 좋은 생각이 아닐 수도 있다고 암시하지도 않았다. 그는 단지 "비수련자들이 수련자로 위장하고 돌아다닌다"라고만 말했을 뿐이다. 시사하는 바는 분명하다. 파세나디는 고타마로 하여금 자신의 승려들 사이에 첩자가 있을 수 있다는 점을 알게 하려는 것이었다. 고타마는 말을 조심해야만 한다. 그는 누가 자신의 말을 듣고 있고 누구에게 보고할 수도 있는지 결코 확신할 수 없다.

파세나디 왕에게 가장 시급한 관심사는 후계자 아들이 필요하다는 것이었다. 그는 마가다의 빔비사라 왕의 누이와 결혼(아마도 파세나디 자신의 누이인 데비가 빔비사라와 결혼했을 때 마가다와의 상호동맹의 일부로)했지만 이 왕비나 그 결합에서 나온 자식에 대해서는 알려진 것이 하나도 없다. 그러던 어느 날 파세나디가 군사 원정에서 돌아오던 중 화환을 만드는 사람의 정원을 말을 타고 지나가다 담장 뒤로 젊은 여자의 노랫소리를 듣게 되었다. 그는 마당으로 들어갔다. 그러자 화환 만드는 사람의 딸 말리카가 노래를 멈추고 말의 고삐를 쥐더니 피곤한 왕에게 안으로 들어오라고 청했다. 왕은 그녀의 무릎에 머리를 대고 쉬면서 그곳에서 오후를 보냈다. 그는 말리카의 미모와 지성에 취해버렸다. 그날 저녁 그는 그녀에게 마차를 보내 궁으로 오게 했고 그녀를 자신의 왕비로 삼았다.

궁정의 많은 이들, 특히 브라만 사제들은 왕이 하급 카스트의 젊은 여자와 혼인하는 것에 충격을 받았다. 그들은 고타마의 카스트 거부가 영향을 주어 왕이 그런 부적절한 관계를 맺게 되었다고 비난했다. 조신들은 두 남녀의 별난 성적 행동에 관한 보고를 듣고는 훨씬 더 충격 받았을 것이다. 파세나디는 말리카가 목욕하는 모습을 몰래 감시하곤 했다. 어느 날 아침 그는 그녀의 개가 그녀에게 달려들어 비벼대는 것을 보았다. 개를 밀어내는 대신 말리카는 그 동물이 자신의 뒤로 올라타도록 내버려두었다. 파세나디가 따지자 말리카는 그것은 단지 빛의 장난이라고 설명했다. "왕께서 욕실에 들어가 보세요." 그녀가 말했다. "그러면 여기서 무엇이 보이는지 제가 말씀드리겠습니다." 왕은 시키는 대로 했다. "내가 보이오?" 그가 외쳤다. "예." 그녀가 대답했다. "그런데 왜 그 암염소와 성교를 하시나요?"

고타마도 성적으로 부적절한 행동을 했다는 혐의를 받았다. 순다리라는 여성 출가자가 저녁에 향료와 꽃을 들고 제타 숲으로 들어갔다가 새벽에 나오는 것이 목격되었는데, 얼마 후 그녀가 사라져버렸다. 그녀의 동료 출가자들은 고타마가 그녀와 잤을 뿐 아니라 그가 그녀를 살해한 뒤 시신을 제타 숲의 쓰레기더미 아래 숨겼다는 혐의를 제기했다. 파세나디 왕은 수색 명령을 내렸고, 고타마의 향실과 멀지 않은 곳에서 순다리의 시체가 발견되었다. 그러자 사람들은 시신을 들고 도시를 돌아다니며 이렇게 외쳤다. "사키야의 승려들이 한 짓을 보라!" 붓다의 시자였던 아난다는 이 일로 너무 괴로워진 나머지 고타마에게 사밧티를 즉시 떠나자고 제안했다. 고타마는 그에게 진정하라면서 며칠 시간이 지나면 문제가 해결될 것이라고 했다.

결국 아난다가 파세나디 왕에게 개인적으로 천명을 함으로써 왕은 고타마가 결백하다는 것을 납득하게 되었다. 아난다는 파세나디가 기꺼이 신뢰할 수 있는 유일한 사람이었던 것으로 보인다. 얼마 지나지 않아 왕의 첩자들은 살인자들이 술에 취해 자기들끼리 그 짓에 대해 말다툼을 하는 소리를 들었다. 그들은 체포되었고, 출가자들이 고타마에 대한 존경심을 떨어뜨리기 위해 자신들을 고용해 순다리를 죽였다고 자백했다.

나중에 말리카는 임신을 하게 되었고 딸을 낳았다. 파세나디는 향실로 고타마를 방문하던 중 이 소식을 들었다. 그는 자신이 가난한 집에서 데려와 아내로 삼은 이 여인이 그런 식으로 자신을 실망시킨 것에 몹시 화가 치밀었다. 고타마는 그를 위로하려고 했다. "여자가 남자보다 더 나을 수도 있습니다." 그가 말했다. "시어머니를 공경하는 현명하고 고결하며 헌신적인 아내가 될 수 있을 것입니다." 결국 파세나디는 자신의 딸 바지리를 아주 좋아하게 되었다. 나중에 그는 말리카에게 이렇게 고백했다. "만일 딸에게 무슨 일이 일어난다면 내 삶은 되돌릴 수 없을 정도로 바뀔 것이오. 슬픔과 한탄, 비통과 절망이 나를 압도하게 될 것이오." 하지만 그가 아무리 딸을 사랑했다 해도 왕에게 남자 후계자가 없다는 사실은 바뀌지 않았다. 말리카는 다시는 임신을 하지 못했다.

파세나디 왕은 또 다른 아내가 필요했다. 그는 이번에는 사키야 지방의 젊은 여자와 결혼하기로 결심했다. 아마도 그는 자신의 씨를 싯닷타 고타마의 친척 여인의 피와 섞으면 아들을 가질 가능성이 높아지리라고 생각했던 것 같다. 이유야 어떻든 코살라의 왕이 사키야 신부와 결혼하는 것은 고타마에게는 엄청난 영광이었다. 그리고 그가 선택한 여인—귀족 바사바—은 사키야의 태수이자 붓다의 사촌인 마하나마의 딸이었으므로 그 결혼은 고타마를 왕족의 일원으로 격상시켜주었다.

모든 것이 다 잘되었다. 바사바는 아들인 비두다바 왕자를 낳았다. 이제 고타마는 파세나디의 개인적인 스승이자 코살라 왕좌의 후계자와 혈연관계에 있게 되었다. 그러나 문제가 하나 있었다. 바사바는 사실 '귀족 신분'이 아니었다. 그녀는 마하나마가 나가문다라는 노예와의 사이에 낳은 사생아였다. 악명 높을 정도로 자부심에 가득 찬 사키야 사람들은 순수 혈통의 여자가 자기 부족 이외의 사람, 심지어 그가 사밧티의 권력자라 해도 그와 결혼하는 것을 허락하지 않았던 것이다. 마하나마는 자신이 아주 곤란한 상황에 빠진 것을 깨달았다. 그는 아내감을 달라는 왕의 요구를 거부할 수도 없었고, 자신의 공동체와 소원해지는 것을 감수하지 않고서는 그 요구를 허락할 수도 없었던 것이다. 어쩔 수 없이 그는 왕에게 젊은 여자 노예를 귀족 신분인 양 보내야 했다.

파세나디가 난폭하게 기분이 잘 변하고 첩자들의 연결망을 가지고 있었던 점을 고려할 때 이런 속임수는 위험하고 무모했다. 이런 계획의 비밀을 고타마에게까지 알리지는 않았을지 모르지만 일단 계획이 실현되면 그가 어떻게 그 사실을 계속 모를 수 있을지는 상상하기 어렵다. 그 역시 매우 곤란한 상황에 처했다. 속임수를 밝히면 그의 평생의 일이 위험에 처할 것이고, 밝히지 않는다면 공모한 것처럼 보일 것이다. 고타마 자신은 아무런 행위도 하지 않았는데 사키야에 있는 친척들의 야망과 거짓말, 자부심 때문에 사밧티에서 자신의 위치가 약해진 것을 깨달았다. 그는 제타 숲에서 지낼 수 있는 자신의 권리가 얼마나 위태로운지 매일 깨달았을 것이다. 그의 공동체의 생존은 그 젊은 여자 노예의 연기력에 달려 있었다.

나는 캄캄한 시간에 사밧티 유적에서 가장 가까운 우타르프라데시의 허름한 인도 마을 사헤트-마헤트에 도착한다. 무장 경비가 로터스 닛코 호텔의 무거운 철문을 활짝 열어준다. 보아하니 이 새 호텔은 점점 늘어나는 불교 순례자들을 이용해 돈을 벌려고 서둘러 지어진 건물인 것 같다. 칙칙거리는 발전기 소리가 뒤에서 들려온다. 건물의 전등은 그 소리에 맞춰 깜박거리는 것만 같다. 식당은 버스 한 대 인원의 둥근 얼굴의 한국인 여신도들로 가득하다. 뽀글뽀글 파마머리에, 유니폼 같은 회색의 풍성한 바지와 윗도리를 입은 그들은 식탁에 펼쳐놓은 플라스틱 그릇에서 꺼낸 네모난 김에 싼 밥과 김치를 열심히 먹으며 수다를 떨고 웃는다. 이를 빨며 쩝쩝거리고 인사가 이어지는 사이에 나는 이들이 내가 전에 몸담았던 송광사에서 온 사람들이라는 것을 알게 된다. 오랜 승려 도반이자 구산 스님의 제자인 현봉 스님이 이 보살님들을 이끌고 정신없이 빠른 한국의 속도로 '불교 순례'를 하고 있다.

다음날 아침 일찍 칸 씨가 차로 나를 오랫동안 버려졌던 도시터로 데려간다. 그곳은 조용하고 텅 비어 있다. 나는 가장 눈에 잘 띄는 벽돌 더미 위로 올라간다. 생각건대 그것은 한때 파세나디 왕의 궁궐이 있던 곳을 표시하는 것 같다. 나는 그곳에서 산더미들이 거의 둥그렇게 이어져 있는 것을 알아볼 수 있다. 그것은 한때 성곽이었을 것이다. 그 너머에 밭, 그리고 가끔은 나무들이 사방으로 펼쳐져 흐릿한 녹색 지평선까지 이어진다. 고타마의 시절에 이 도시를 융성한 항구로 만들어주었던 커다란 아치라바티 강의 흔적은 보이지 않는다. 코살라의 막강한 수도 흔적으로 남아 있는 것이라고는 자갈이 흩뿌려진, 발굴되지 않은 광활한 관목지뿐으로, 이곳은 가끔 찾아드는 자칼과 공작새 들의 집이다. 나는 망원렌즈를 통해 잔해 사이에 홀로 서 있는 판야나무에 앉아 있는 홍대머리황새 군집을 살짝 엿본다. 새들은 몇 분마다 한 마리씩 분홍색과 흰색의 작은 익룡처럼 힘겹게 하늘로 날아오른다.

제타 숲의 유적은 약 1.5킬로미터 멀리까지 펼쳐져 있다. 아나타핀디카의 호화로운 공원은 현재 훌륭하게 발굴된 고고학 유적지가 되어 단정한 잔디와 깔끔한 꽃밭 주변에 펼쳐져 있으며, 그곳을 둘러싼 철책은 우는 소리를 하는 거지들, 종교 장신구와 음료수를 파는 상인들이 밖에서부터 들어오지 못하게 차단하고 있다. 길은 꼬불꼬불 벽돌더미를 지나는데, 어떤 더미들은 다른 것보다 훨씬 더 크다. 그런 것들은 한때 사원이었던 건물의 바닥, 벽, 우물이었다. 공원 중간에 눈에 잘 띄고 바닥보다 올라간 구조물은 고타마의 향실이 있었던 곳으로 확인되었다. 여기가 순례자들이 중점을 두는 곳이다. 순례자들은 산들바람에 흔들리며 빛나는 작고 네모난 금박 벽돌을 쓰다듬는다. 흰 옷을 입은 한 무리의 스리랑카 사람들이 그 신성한 표면 위에 가부좌를 틀고 앉아 합장한 채 코맹맹이의 팔리어로 염불을 외고 있다. 그들은 그을린 달콤한 인도 향, 꽃잎, 초를 뒤에 남기고 떠나간다.

나는 금지표시를 무시하고 인도멀구슬나무 그늘 아래 잔디에 대나무 돗자리를 펴고 가부좌를 튼다. 몇 분이 지나지 않아 대여섯 마리의 수척하고 털이 거의 다 빠진 잡종개들이 내 앞에 앉아 조심스럽게 상처를 핥는다. 나는 들숨과 날숨에 집중하려는 것만큼이나 이 비참한 생물들을 보지 않으려고 눈을 감는다. 사밧티나 이곳 제타 숲의 유적에 고대의 스투파는 없다는 생각이 머리를 스친다. 이곳은 고타마가 많이 가르치고 수많은 우기를 보낸 곳이므로 사람들은 여기에 그의 속세의 유해가 모셔져 있으리라 생각했을 것이다. 고타마가 죽은 뒤 그의 추종자들이 유해의 일부를 요청한 곳이 여덟 군데 있었지만, 희한하게도 사밧티는 거기에 들어 있지 않다. 왜 그랬을까? 싯닷타 고타마의 생이 끝나갈 무렵 그에 대한 기억조차 기리지 않을 정도로 사밧티 사람들의 눈에는 그가 너무 타협적이었던 것일까?

14

아이러니한 무신론자

샤펌의 공동체에서 보내는 내내 글쓰기는 계속해서 나의 주된 활동이 되었다. 불교에 관한 글과 책이 더 널리 알려지면서 글쓰기는 점차 생계수단이 되기 시작했다. 1986년 나는 티베트 안내서 집필 의뢰를 받았다. 이 작업에는 티베트 중부의 주요 사원, 성지 및 기타 역사, 종교 유적지를 기록하고 촬영하기 위해 두 달간 라싸를 다시 방문하는 일이 포함되었다. 나는 이런 곳 중 대부분이 심하게 파손되었고 이제 겨우 복원작업이 시작되고 있다는 것을 알게 되었다. 『티베트 안내서(The Tibet Guide)』는 달라이 라마의 서문과 함께 1988년에 출판되었으며 그 해 토머스쿡 상을 수상했다. 2년 뒤에는 한국에서 보낸 승려 시절을 토대로 선에 대한 일련의 에세이 집 『의심하는 믿음(The Faith to

Doubt)』을 출간했다. 이어서 고대 그리스와 현대에 이르기까지 서구 문화와 불교 사이의 만남을 역사적으로 조사하여 글을 써달라는 의뢰를 받았고, 그것은 1994년 『서구의 깨달음(The Awakening of the West)』으로 나왔다.

1992년 나는 새로운 불교 잡지 《트라이시클(Tricycle)》 지의 집필 편집 위원이 되어달라는 요청을 받았는데, 이 잡지는 바로 전해 11월 뉴욕에서 창간호를 발간했다. 그때까지 영어로 된 불교 정기간행물은 특정 단체와 그 지도자들의 이해 증진을 위한 회보와 거의 다름없었다. 《트라이시클》은 이 모든 것을 바꿔놓았다. 《트라이시클》은 잡지 편집 방침이 엄격하게 비종파적이었을 뿐 아니라 높은 문학적 · 미학적 수준을 표방했다. 이것은 가판대와 서점에서 다른 잡지와 함께 나란히 등장한 최초의 불교 잡지였으며, 따라서 열성적인 신자보다는 일반 대중에게 불교 사상과 가치를 제시했다. 나는 《트라이시클》 창간자들의 통찰에 크게 공감했고, 이 잡지를 위해 정기적으로 글을 쓰기 시작했다.

1995년 편집자 헬렌 트워코브가 내게 새로운 트라이시클북스(Tricycle Books) 시리즈의 일환으로 불교 안내서 집필을 고려해보라는 요청을 했다. 그녀는 외래어나 전문용어를 사용하지 않고 일반 독자들에게 불교의 기본적인 사상과 수행을 제시해줄 누군가를 찾고 있었다. 나는 동의했다. 그 결과 나온 것이 1997년 3월 출판된 『붓다는 없다(Buddhism without Beliefs)』◆였다. 이 책은 애초에 생각했던 논쟁적이지

◆ 국내에서 2001년 번역출간되었다.

않은 불교 안내서가 되기는커녕 《타임》지가 그 다음 10월에 다룬 미국의 불교를 주제로 한 커버스토리에서 불교도들이 업과 환생을 믿어야 할 필요가 있는가에 대해서 이른바 '정중하지만 격렬함이 느껴지는 논쟁'을 촉발시켰다. 나는 그 책에서 이런 점들에 대해서 불가지론적인 입장을 취할 수 있다고, 즉 긍정이나 부인, 둘 중 하나를 택하지 않고 열린 마음을 유지할 수 있을 것이라고 제안한 바 있었다. 어쩌면 순진하게도 나는 이런 제안이 만들어낼 분노를 예측하지 못했다.

이어진 논란은, 신의 존재에 대한 확신과 관련하여 기독교와 이슬람교 신자들이 그러하듯 불교도들도 업과 환생에 대한 견해와 관련해서 열성적이고 비이성적일 수 있다는 것을 보여줬다. 어떤 서양인 개종자들에게 불교는 자신이 불교도가 되기 전 거부했던 종교만큼이나 모든 면에서 융통성과 관용이 없는 대체 종교가 되어버렸다. 나는 불교는 그렇게 교리에 얽매인 종교라기보다는, 그 역사 전체를 통해, 변하는 여건에 적응하는 놀라운 능력을 보여준 방대한 깨달음의 문화라고 주장했다. 한동안 나는 『붓다는 없다』가 불교도들 사이에 이런 주제를 놓고 더 많은 대중 토론과 질문을 끌어내게 되길 바랐지만 그런 일은 일어나지 않았다. 대신 서양의 신생 불교 공동체 내에 그런 교리가 협상 불가능한 진실인 전통주의자들과 그런 것들을 역사적 상황에 따라 생겨난 산물로 보는 경향을 가진 나 같은 진보주의자들 사이를 가르는 단층선만 드러내고 말았다.

무엇이 사람으로 하여금 증명할 수도, 반박할 수도 없는 형이상학적 실재의 존재를 열성적으로 주장하게 만드는 것일까? 나는 일부는 죽음의 두려움, 자신과 자신이 사랑하는 이들이 사라져 아무것도 아닌 게 될 것이라는 공포와 관련이 있다고 추측한다. 하지만 그런 사람들의 경우 그들의 감각과 이성에 제시되는 세상은 본질적으로 부적절해 보이며, 의미, 진실, 정의 혹은 선에 대한 그들의 아주 깊은 갈망을 충족시킬 수 없다. 신을 믿건 업과 환생을 믿건, 이 두 가지 경우의 사람들은 지상의 불안에 찌들고 짧기 그지없는 생을 설명해줄 수 있을 것처럼 보이는 더 높은 권력이나 법칙을 신뢰할 수 있다. 그들은 조건에 따라 일어나고 믿을 만하지 않는 일상의 경험 세계 표면 아래 깊은 곳에 숨겨진 힘이 존재한다고 추정한다. 많은 불교도들은, 업의 법칙—현실 자체의 구조 안에 불가사의하게 내재된 도덕적 장부 기록 체계—에 대한 믿음을 버린다는 것은 윤리의 기반을 제거하는 것에 버금가는 일이라고 주장할 것이다. 선행은 보상받지 못할 것이고 악행은 처벌되지 않을 것이다. 유신론자들은 신과 신의 심판에 대한 믿음을 버릴 경우 생기게 될 결과에 대해 정확하게 똑같은 말을 했다.

글을 통해 나는 서서히 불교의 '권위자'로 여겨지게 되었다. 그 결과 나는 종교간 세미나, BBC 라디오 패널 토론, 요즘의 시급한 문제에 불교적 시각을 필요로 하는 기타 언론 행사 등에 자주 초대 받았다. 일반적으로 나는 기독교 목사, 유대교 랍비, 이슬람교 이맘, 힌두교 스와미와 한 테이블에 빙 둘러앉곤 했다. 일단 서두의 진부한 이야기가 끝나면 토론은 거의 변함없이 신의 언어로 변한다. 그러면 나는 딜레마에 빠지게 된다. 종교간 화합을 위해 예의 바르게 이런 종류의 언어에 동조해야 하나? 아니면 결연한 태도를 취하고 "미안하지만 친구들, 여러분이 무슨 얘기를 하고 있는지 도무지 모르겠네요"라고 말해야 하나?

누군가 내게 신의 존재를 믿느냐는 질문을 할 때마다 나는 그야말로 그 질문이 무슨 뜻인지 모르겠다. 물어보는 이들은 교육 받고 지적인 사람이기 쉬우므로 나는 그들이 말하는 게 천상의 옥좌에 앉아 있는 수염 난 노인은 아니라는 것을 안다. 그렇다면 그들이 말하는 것은 무엇인가? 똑같은 확신을 갖고 이렇게 말하는 사람을 봐도 혼란스럽긴 마찬가지이다. "아니오, 나는 신의 존재를 믿지 않습니다." 그들이 그렇게 단호하게 믿지 않는 것은 무엇인가? 신이라는 단어는 뿌리 깊은 문화적 언어 습관이어서 영어가 모국어인 사람은 내가 그 용법을 알고 있다고 자동적으로 추정한다. "신에 대한 질문이 제기될 때면 나는 사실 무슨 말을 해야 할지 잘 모르겠습니다." 나나비라는 로버트 브래디에게 보내는 편지에서 이렇게 썼다. "내가 뭔가 말을 할 것(그것이 설사 그냥 잘 가라는 말이 되더라도)으로 기대되고 있다는 것을 느끼지만 나는 뭐라 할 말을 찾을 수가 없습니다."

나는 신의 의미를 설명하기 위해 최선을 다하는 두툼한 신학 서적들을 많이 읽었지만 아직도 그다지 더 현명해지지는 않았다. 신은 모든 것의 원천이자 근거라고 제시된다. 토마스 아퀴나스에게 신은 에세 입숨(esse ipsum), 즉 존재 그 자체(Being itself)이다. 하지만 '존재 그 자체'는 고사하고 '모든 것은 근원이며 바탕'이 존재한다는 것을 어떻게 믿나? 신약성서는 신은 사랑이고, 신은 그의 독생자를 세상에 보냈다고 말한다. 하지만 모든 것의 궁극적인 근원이자 바탕이 어떻게 '사랑' 같은 감정이나 '사람의 모습을 할' 의도를 가질 수 있단 말인가? 어떤 가능한 의미에서, 존재 그 자체를 사람으로 생각할 수 있는가? 이 지점에서 당신은, 신은 알 수 없으며 신에 대해 가질 수 있는 그 어떤 관념도 완전히 넘어선다고 배운다. 신에 대한 모든 묘사는 아주 불가사의하고 숭고하여 인간의 정신으로는 포착할 수 없는 뭔가를 표현하는데 필요한 불완전한 은유, 비유적 표현에 불과하다는 것이다. 나는 내가 빙빙 제자리로 돌려지고 있다는 이상야릇한 느낌이 들었다.

똑같은 종류의 아주 다루기 힘든 신학적 문제들이 인도의 종교사상에서도 나타난다. 박식한 현자와 신비주의자 들은, 알 수 없고 하나이며 초월적인 브라흐만—즉, 신—이 어떻게 이 알 수 있고 아주 잘 구별되며 완전히 구체적인 세계가 생기게 할 수 있는지 설명하려고 수세기 동안 애를 썼다. 그들은 연약한 인간의 정신이 이를 이해하는 것을 돕기 위해 정교한 요가와 명상 체계는 물론 복잡한 우주생성론과 철학을 만들어냈다. 『우파니샤드』는 브라흐만을 사람으로 말하는 대신 모든 것의 궁극적인 근원과 토대를 묘사하는 본질적으로 인간의 특성인 또 다른 것을 선호한다. 그것이 바로 의식이다. 그러나 신을 의식으로 묘사하는 것은 신을 사람으로 생각하는 것이므로 똑같은 의인화의 오류가 발생한다. 신에 대한 이 두 가지 이미지에는 그들의 창조자, 즉 의식이 있는 인간의 지워지지 않는 각인이 찍혀 있다.

어느 날 바셋타라는 젊은 브라만이 고타마를 보러 갔다. "이것이 유일하게 바른 길입니다." 그가 선언했다. "브라만 폭카라사티가 가르쳤듯이, 그 길을 따르는 자로 하여금 브라흐마와의 합일에 이르게 하는 구원의 길입니다!" 고타마는 브라흐마를 직접 대면한 적이 있는 브라만이 있냐고 물었다. 신은 보이지 않고 알 수 없으므로 바셋타는 이렇게 대답해야만 했다. "아니오." 고타마는, 그렇다면 브라흐마와 합일에 이르는 길이라는 주장은 근거가 없는 게 분명하다고 반박했다. "맹인들이 서로 붙어서 줄을 지어 가고 있는데, 첫 번째 사람은 아무것도 보지 못하고, 중간에 있는 사람도 아무것도 보지 못하고, 마지막에 있는 이도 아무것도 보지 못하듯이 이 브라만들의 말도 이와 같습니다. 그들의 말은 우스우며, 단지 공허하고 헛된 말에 불과합니다." 그런 다음 고타마는 열정적으로 신을 믿는 사람을, 세상에서 가장 아름다운 소녀를 사랑한다고 선언하지만 그녀가 어떻게 생겼냐는 질문에 한 번도 그녀를 본 적이 없다고 인정해야만 하는 사람에 비유했다.

고타마가 유행자 우다인에게 무슨 교리를 따르고 있냐고 질문하자 그는 이렇게 대답했다. "우리의 교리는 '이것이 완벽한 훌륭함이다. 이것이 완벽한 훌륭함이다!'라고 가르칩니다." "하지만 완벽한 훌륭함이란 무엇인가, 우다인?" 붓다가 물었다. "그 훌륭함은 그 어떤 더 높고 숭고한 훌륭함에도 뒤지지 않는 완벽한 훌륭함입니다."라고 우다인이 대답했다. 고타마가 그게 무슨 뜻인지 분명히 하라고 요구할 때마다 우다인은 그저 자신의 주장에 또 다른 최상급의 말을 갖다 붙일 뿐이었다. "우다인." 고타마가 말했다. "당신은 이런 식으로 아주 오랫동안 계속 할 수 있을 것이다." 바셋타와 우다인 모두에 대해서 고타마는 그들의 주장이 어리석다고 조롱하는 것을 즐겼다. 그는 알 수 없는 신에 대한 믿음은 경험이나 이성 그 어떤 것으로도 뒷받침되지 않으며 숭배심에서 반복하는 스승이나 경전의 주장에만 근거한 비이성적인 주장임을 밝혔다.

비슷한 맥락에서 붓다는 "네 가지 위대한 요소—흙, 물, 불, 공기—가 남는 것 없이 그치는 곳이 어디인가?"라는 형이상학적 질문에 대한 답을 알고 싶었던 어떤 승려의 이야기를 했다. 하급 신들로부터 답을 얻지 못한 승려는 가장 위대한 신, 브라흐마를 보러 갔다. 질문을 받자 브라흐마가 대답했다. "승려여, 나는 브라흐마, 위대한 브라흐마, 정복자, 정복되지 않는 자, 모든 것을 보는 자, 전능한 자, 주, 생성자이며 창조자, 지배자, 임명자이며 명령자, 지금까지 있었고 앞으로도 있게 될 모든 이의 아버지이다." 승려가 말했다. "하지만 제가 질문한 것은 그것이 아닙니다." 브라흐마는 승려의 팔을 잡아 옆으로 데리고 갔다. "이봐." 그가 말했다. "나를 보좌하는 신들은 내가 모르는 것은 없다고 믿는다. 그래서 그들 앞에서 말하지 않았다. 승려여, 나는 그 네 가지 위대한 요소들이 어디서 남는 것 없이 그치는지 알지 못한다."

이처럼 경전에서 고타마가 명백하게 신의 문제를 다룬 몇몇 경우에서 그는 아이러니한 무신론자(ironic atheist)로 그려진다. 신의 거부가 그의 가르침의 주축을 이루지는 않으며, 그것을 두고 흥분하지도 않았다. 그런 구절은 잠시 주의를 돌리는 정도, 가벼운 흥밋거리의 느낌이 드는 것으로, 그 속에서 인간의 비이성적인 생각을 살짝 조롱하고는 한쪽으로 제쳐두었다. 이런 접근은 서양에서 주기적으로 폭발하는 공격적인 무신론(atheism)과는 대조적이다. 그런 무신론의 옹호자들은 교육 받은 사람들이, 그들이 보기에 명백히 거짓이고 무서울 정도로 위험한 생각을 계속 붙들고 있겠다고 고집하는 것에 분노한다. 그들의 입장은 믿는 이들이 신의 존재를 확신하는 것만큼이나 열렬한 신의 부정을 전제로 한다. 이를 '반-유신론(anti-theism)'이라 부르는 게 더 적절할 것이다. 그렇게 한다면 '무신론(atheism)'은 단순히 '유신론이 아니다(not-theism)'라는 원래의 뜻을 회복할 수 있게 될 것이다. 고타마는 유신론자가 아니었지만 그렇다고 반-유신론자도 아니었다.

'신'은 단지 그의 어휘의 일부분이 아니었다. 그는 무신론이라는 용어가 문자 그대로 뜻하는 의미에서 '무신론자'였다.

싯닷타 고타마가 관심을 가지고 있던 것은 체계적으로 사람들의 주의를 '이 토대, 즉 이 조건성, 연기'로 돌리는 것이었다. 물론 어떤 이들에게 이것은 신을 찾는 것을 멈추는 일이 수반될 수도 있지만, 신의 습관을 가진 적이 없는 나 같은 사람들에게 유일한 과제는, 지금 여기에서 세상이 혼란과 모호함과 특수함으로 모습을 드러낼 때 그 고통 받는 세상에 흔들림 없이 집중하는 방법을 찾는 것이다. 고타마는 '의식'처럼 하나의 특별한 종교적 대상으로 주의를 좁히기보다는 복잡하고 많은 경험에 주의를 활짝 열 것을 강조했다. 알아차림 수행을 할 때 들숨과 날숨에 집중하여 일단 주의를 안정시키게 되면 주의를 확장시켜 몸의 감각, 느낌, 정신 상태, 그리고 마지막으로 주어진 시간에 당신의 지각의 마당에서 일어나는 모든 것을 포함시킨다. 이는 『우파니샤드』에서 가르치는 것과 정확하게 반대된다. 『우파니샤드』에서는 요가를, 절대자와 하나가 될 수 있도록 사람을 준비시키는 '무념(無念)'의 상태를 얻기 위해 '감각을 단단히 제어하는 것'으로 묘사한다.

알아차림 수행은 조건에 따라 일어나는 사건들—사람의 삶은 이런 사건들 사이에 박혀 있다—의 열린 장에 고요하고도 투명하게 관계하는 것을 목적으로 한다. 모든 사건은 존재론적으로 동등하다. 마음은 물질보다 더 '진짜'이지 않으며, 물질은 마음보다 더 '진짜'이지 않다. 자신의 승려 중 하나인 사티가 사람의 의식은 죽음에서 살아남아 또 다른 생으로 간다고 말했다는 것을 알게 된 고타마가 사티를 불러 말했다. "잘못 이해한 자여, 내가 언제 그렇게 가르치더냐? 의식은 조건에 의해 일어나는 것이라고 반복해서 말하지 않았더냐?"

의식은 유기체가 어떤 환경을 만났을 때 일어나는 것이다. 색을 띤 형상에서 반사된 빛이 눈을 때리면 시각 의식(안식〔眼識〕)이 일어난다. 그러나 물체가 시각의 장을 빠져나가거나 사람이 눈을 감으면 그 의식은 즉시 그치고 만다. 이것은 모든 종류의 의식에서 마찬가지이다. 고타마가 사티에게 설명했다. "불이 그 연소를 좌우하는 특정한 조건에 따라 간주—장작이 타는 불, 풀이 타는 불, 똥이 타는 불 등—되듯 의식도 그것이 일어나게 하는 특정한 조건에 따라 간주된다." 의식은 새로 나타나고 조건에 따라 발생하며 비영구적인 현상이다. 의식은 그것이 튀어나오는 사건들의 장으로부터 자유로워지는 마술 같은 능력이 없다.

이 복잡하고 유동적인 장에서 신과의 합일을 위해, 혹은 죽음 이후 다른 존재로 이동하기 위해 꿈틀거려 빠져나올 수 있는 웜홀은 없다. 이것은 행동하도록 도전받는 장이다. 당신을 규정하는 것은 오직 당신의 행동이다. 신성한 안내나 도움을 위해 기도하는 것은 아무 의미가 없다. 고타마가 바셋타에게 말했듯이 그것은 마치 저 멀리 강둑에 "강둑이여, 이리로 와라, 이리로 와!"라고 소리쳐서 아치라바티 강을 건너려 하는 사람과 같을 것이다. 아무리 많이 '부르고 애걸하고 요구하고 구슬려도' 효과는 전혀 없을 것이다.

나에게 불교는 행동과 책임의 철학이 되었다. 그것은 내가 삶에서 길을 만들어내고, 사람으로서 내 자신을 규정하고, 행동하고, 위험을 감수하고, 사물을 다른 식으로 상상하고, 예술을 하는 능력을 키워주는 가치, 생각, 실천의 틀을 제공한다. 인도 종교 사상의 모체에 깊이 자리했지만 그것으로부터 자유로워진 고타마의 가르침을 높이 평가하면 할수록, 붓다 자신의 삶이 그가 살았던 시대의 맥락에서 어떻게 펼쳐졌는지 더 많이 알게 되면 알수록 나는 지금 시대, 점점 더 세속화되고 세계화되는 이 세상에 적용할 수 있는 원형을 더 잘 분별하게 된다.

나는 내가 끌린 경전의 문구들이 세속의 서양인으로서 내가 갖고 있는 견해와 편견에 가장 잘 들어맞는 것이라는 점을 충분히 잘 알고 있다. 비평가들은 내가 불교 원전에서 '좋은 것만 골라 따고' 있고, 다른 모든 것은 무시하거나 해명해버리면서 내 주장을 뒷받침하는 인용문만 뽑아내고 있다고 비난했다. 이런 이의에 대해 내가 지적할 수 있는 것이라고는 늘 **그래왔다**는 것이다. 역사에서 등장한 모든 불교 종파도 정확하게 그렇게 했다. 중국의 불교도들은 중국인으로서 그들의 요구에 가장 잘 맞는 텍스트를 택했고, 티베트 불교도들도 그들의 수요에 가장 잘 맞는 것을 택했다. 불교가 당신에게 살아 있는 전통이라면, 즉 차갑고 비인격적인 사실이 아니라 지금 여기에서 어떻게 살 것인가에 대한 단서를 찾기 위해 당신이 의지하는 것이라면, 어떻게 그러지 않을 수 있겠는가? 이런 점에서, 고백하건대 내가 하고 있는 것은 불교에 대한 객관적인 연구가 아니라 내가 **신학**(theology)—비록 신이 없는 신학이지만—이라고밖에 부를 수 없는 그런 일이라는 것이다.

스위스에서 승려로 있던 시절부터 나는 줄곧 자유주의 개신교 신학자들의 저작에서 영감을 받았다. 폴 틸리히의 책—『존재의 용기(The

Courage to Be)』였던 것으로 생각된다—을 처음 읽는 순간 나는 그 어조와 문체에 강한 친밀감을 느꼈다. 나는 이게 바로 나도 쓰고 싶었던 방식이라는 것을 깨달았다. 내가 불교를 받아들이려는 시도를 하면서 직면했던 것과 같은 종류의 문제를 기독교 맥락에서 해결하려고 애쓰고 있는 사람이 여기 있었던 것이다. 내가 기독교 사상에 특별한 관심이 있어서 틸리히에 주의를 돌린 것은 아니었다. 내가 관심을 둔 것은 그의 신학적 **방법**, 특히 성서 텍스트를 새롭고 도발적으로 읽는 것을 명확히 설명하기 위해 현대 철학과 심리학을 이용한 방식이었다. 그의 저서는 추상적이거나 추측에 근거하지 않았고 개인적 헌신이 스며들어 있었다. 그가 쓰고 있었던 것들은 자신에게 중요했던 것들이었다. 내가 비로소 그에 상응하는 비판적인 엄격함과 실존주의적 열정의 종합을 성취한 불교도의 목소리를 발견한 것은 나나비라 테라의 저서를 만나고서였다.

1990년대 중반 나는 영국 성공회 신학자 돈 큐핏의 『지금(The Time Being)』이라는 책을 받은 적이 있다. 나는 그 글의 예리하고 흥미로우면서도 몹시 개인적인 특징에 금방 깊은 인상을 받았다. 또한 큐핏이 자신의 주장을 설명하기 위해 미안해하지도 않으면서 불교 자료, 특히 나가르주나(용수〔龍樹〕)와 도겐◆에 의지하는 것에 깜짝 놀랐다. 나는 큐핏이 기독교계에서 이단적이지는 않더라도 논란이 많은 인물이라는 것을 곧 알게 되었다. 1980년 그는 『떠나보낸 하느님(Taking Leave of God)』이라는 제목의 책을 냈다. 이 책에서 그는 인간의 생각과

◆ 道元, 13세기 일본의 선사.

언어 영역 바깥에 존재하는 형이상학적 실재로서의 신이라는 개념을 분명하게 거부했다. 그 후 그가 전통적인 종교적 믿음에서 마지막으로 남아 있는 위안을 가차 없이 벗겨내면서 그의 견해는 점점 더 극단적이 되었다. 나는 그의 작업의 열렬한 숭배자가 되었다. 나는 그 어떤 살아 있는 불교사상가보다도 돈 큐핏과 더욱 강한 친밀감을 느낀다.

큐핏은 『삶의 큰 질문들(The Great Questions of Life)』(2005)에서 이렇게 쓰고 있다. "우리의 오랜 종교적 · 도덕적 전통은 사라졌고, 그 무엇도 그것을 다시 소생시킬 수는 없다. 바로 이런 이유 때문에 우리들 중 극소수는 진보적이 아닌 급진적인 신학자이다. 새로운 문화는 과거에 존재했던 그 어떤 것과도 매우 달라서 종교를 완전히 다시 만들어내야 한다고 우리는 말한다. 불행히도 우리가 소개하려고 하는 새로운 양식의 종교적 사고는 너무나 기묘하고 새로워서 대부분의 사람들은 그것을 종교로 인식하는 데 큰 어려움을 겪는다."

싯닷타 고타마가 가르쳤던 것의 상당 부분은 그의 동시대 사람들에게 똑같이 '기묘'하고 '새롭다는' 인상을 주었다. 생의 마지막 해, 80세의 나이에 고타마는 한때 시자로서 그를 섬겼던 수낙캇타라는 전직 승려에 의해 베살리의 밧지 의회에 고발당했다. 수낙캇타는 이렇게 주장했다. "은둔자 고타마는 그 어떤 초인적 상태나 고귀한 사람다운 탁월한 지식과 통찰도 가지고 있지 않다. 은둔자 고타마는 그에게 떠오르는 질문에 따라 추리하여 만들어낸 담마를 가르치고 있으며, 그리고 이 담마를 누군가에게 가르칠 경우 가르침을 받은 이가 그것을 수행하여 이르게 되는 것은 고통의 끝에 불과하다." 이런 비난을 듣고 난 고타마가 말했다. "수낙캇타는 화가 나 있고, 그의 말은 홧김에 나온 것들이다. 나에 대한 존경심을 손상시키겠다는 생각을 하고 있지만 사실상 나를 칭찬하고 있다."

고타마가 말한 많은 것들은 그 당시 종래의 종교적 행동과 언어와는 너무 맞지 않아서 한때 그와 가까웠던 이도 혼란스럽게 만들었다. 신이 없는 종교라는 생각이 오늘날 많은 유신론자들에게 모순적이고 불쾌하게 느껴지듯이 고타마의 연기와 사성제에 대한 조리정연한 설명은 많은 동시대인들에게 너무나 희한하고, 심지어 '종교'라는 이름에 걸맞지 않은 것처럼 보였을 것이다.

15

비두다바의 복수

초목을 베어 길을 트며 정글을 지나가고 있다고 상상해보자. 당신은 오랫동안 버려졌던 절의 잔해를 우연히 발견한다. 구조물의 유일하게 남아 있는 부분에는 덩굴식물과 여러 가지 식물이 제멋대로 자라 있다. 돌, 작은 조각상, 기둥, 상인방◆ 들이 숲 바닥에 흩어져 있다. 어떤 것들은 아직 상태가 좋지만 발견되는 대부분의 것들은 이끼로 뒤덮인 조각이다. 그때 당신은 바깥벽 잔해에서 이미지들을 조각한 프리즈◆◆를 발견한다. 일부는 아직 손상되지 않아서 어떤 이야기의 장면처럼

◆ 문틀이나 창틀 윗부분의 가로대.

◆◆ 건축물 상부를 수평의 띠 모양으로 둘러싼 조각이나 그림 장식.

보이는 것을 구분해낼 수 있다. 당신은 떨어진 돌들 사이를 찾아본다. 비록 많은 것들이 파손되고 닳아서 해석해내기가 힘들지만 거기서도 프리즈에서 떨어져 나온 추가 장면의 돌들을 발견한다. 모든 것들이 뒤죽박죽이다. 게다가 그 프리즈가 무슨 이야기를 하려고 하는지 전혀 알 수가 없다.

인간 싯닷타 고타마를 알아내기 위해 팔리 경전을 읽는다는 것은 이와 같다. 교화적이고, 가끔은 멍해질 정도로 반복적인 설법의 페이지 사이에서 당신은 장애물을 제거하여 길을 트며 나아간다. 아주 가끔씩 지속적으로 이어진 전기 서술 부분을 만나게 된다. 훨씬 더 흔히 일어나는 일은 마치 깨진 돌에 조각된 장면처럼 따로 떨어진 문장이나 단락을 우연히 만나는 것으로, 그런 것들은 그의 세계를 잠깐, 감질나게 엿볼 수 있게 해준다. 그런 장면이 쉽게 이해할 수 있는 맥락에 놓여 있는 일은 드물다. 등장인물이 누구이고 묘사된 사건이 고타마의 생에서 어느 시기에 일어났는지는 좀처럼 설명되어 있지 않다. 이런 텍스트의 대상 독자 대부분처럼 당신이 담마에 더 관심을 가지고 있다면 그런 구절들은, 나쁘게 말하면 관계가 없어 보이고, 좋게 말하면 무대 장치처럼 보인다.

나는 이런 구절들이 충분히 말해지지 않은 이야기의 살아남은 조각들이라고 믿는다. 이 이야기는 왕국을 버리고, 깨달음을 실현하고, 자신의 교리와 공동체를 세운 뒤 죽은 왕자에 대한 신화 밑에 오랫동안 묻혀 있었다. 그 신화는 한 사람의 실존에 관한 투쟁이 심오한 깨달음을 통해 어떻게 해결되는지 보여준다. 그것은 모든 사람이 이해할 수 있는 극적인 차원으로 표현된 불교적 시각의 구원을 깔끔하게 요약하고 있다. 붓다가 젊은 시절에 직면했고 그로 하여금 가족을 버리게 했던 실존적 딜레마를 동감할 수 있다는 점에서 당신은 삶을 바꾸는 정신적 깨달음을 통해 딜레마를 해결할 가능성을 충분히 이해할 수 있다. 하지만 고무적인 이야기는 거기서 끝난다.

들려주지 않은 이야기는 깨달음과 함께 시작된다. 그 이야기는, 인간의 삶과 사회가 어떤 것일 수 있는지에 대해 급진적인 통찰을 가지고 있었고 그런 시각을 분명하게 설명하고 그의 사후에 그것을 유지시킬 공동체를 만들면서 나머지 45년을 보낸 사람에 대해 말해준다. 자신의 목적을 이루기 위해 그는 브라만 체제는 물론 비정통적인 다른 전통의 반대에 맞선다. 그는 자신의 노력에 대한 지지를 얻어내기 위해 파세나디 왕처럼 변덕스런 왕들을 설득해야만 했고, 데바닷타와 마하나마 같은 자신의 일가의 야심 많은 일원들이 저지른 행동이 낳은 결과를 처리해야만 했다. 신화와 달리 이 이야기는 기억할 만한 몇 줄 문구로 요약할 수 없다. 그것은 서로 얽히고설킨 수많은 실들로 이뤄지며, 많은 등장인물들이 관련되고, 대부분 오늘날에는 더 이상 존재하지 않는 머나먼 나라와 도시에서 일어난다.

스리랑카에서 처음으로 기록되기 전 거의 400년 동안 팔리 경전은 후대를 위해 붓다의 가르침을 보존하는 임무가 주어진 승려들의 기억을 통해 살아남았다. 이 초기 경전 편찬자들의 유일한 관심사는 붓다가 가르친 담마를 보존하는 일이었다. 그들은 고타마가 가르침을 전한 순서나 그가 살던 시기의 정치사회적 상황을 기록하는 일에는 관심이 없었던 것으로 보인다. 그들은 고타마의 설법을 그 길이가 긴지, 중간 정도인지, 주제별로 연결되는지, 혹은 번호가 매겨진 목록으로 주어졌는지에 따라 분류했다. 따라서 연대기나 배경에 대한 감각은 잃어버리고 말았다. 시간이 지나면서 어떤 세부 사항은 잊히고 빠져버리거나 뒤죽박죽이 되었고, 교리에 관한 문구들은 자세하게 설명되고 정교화되었다는 것은 의심의 여지가 없다.

그래도 경전에서 산산조각 나버린 이런 역사의 파편을 주워서 그것이 일어난 순서대로 다시 붙여놓으려고 하면 특별히 한결같고 일관된 것을 발견하게 된다. 나는 전체를 더 밝혀주지 않거나 다른 조각들과 현저하게 불일치하는 조각은 아직 발견하지 못했다. 각각의 깨지고 닳은 돌이 절을 둘러싼 벽의 프리즈에서 자기 자리를 찾게 되면서 깜짝 놀란 우리 눈앞에 싯닷타 고타마의 삶의 숭고한 비극이 펼쳐지기 시작한다.

그럼에도 불구하고 오래된 습관은 사라지기 힘들다. 역사적 붓다를 찾는 탐구에서 나는 완벽한 사람을 찾으려고 하는 자신을 계속 발견하게 된다. 오류를 범할 수 없는, 결코 틀리지 않은 이해에서 모든 생각과 말과 행동이 솟아나는 그런 사람을 찾고 있다. 하지만 고타마는 신이 아니므로 완벽할 수 없다. 그가 모든 것은 영원하지 않고 고통이며 믿을 수 없고 조건에 따라 일어난다고 말했을 때 자기 자신을 예외로 둔 것은 아니었다. 그는 당장의 상황에 가능한 한 가장 잘 반응하려고 했다. 내가 그의 현재 순간에 있다고 상상하려 한다면 나는 그의 시간과 나의 시간을 갈라놓는 수 세기 동안 일어났던 것에 대해 내가 알고 있는 모든 것들을 없애야 한다. 그는 자신이 죽은 뒤 불교가 전 세계로 퍼지게 되리라고는 짐작도 못했다. 그가 살았던 시대의 통제하기 힘든 환경에서 그는 자신이나 자신의 공동체, 혹은 그의 가르침이

하루라도 더 살아남을 수 있을지 알지 못했다.

파세나디 왕과 바사바의 아들 비두다바 왕자는 열여섯 살 때 처음으로 외가의 나라인 사키야를 방문했다. 이 코살라 왕좌의 후계자는 지위에 걸맞게 관리, 병사, 하인 들의 행렬 맨 앞쪽에서 코끼리를 타고 카필라밧투로 들어갔을 것이다. 어렸을 때부터 그는 바사바에게 사키야에 있는 할아버지 마하나마를 방문하도록 허락해달라고 졸랐다. 그는 사밧티에 있는 파세나디 궁정의 다른 아이들과 달리 자신은 왜 외할아버지로부터 한 번도 장난감 말이나 코끼리 선물을 받은 적이 없었는지 이해할 수 없었다. 바사바는 사키야가 너무 멀리 있어서 그렇다고 설명했지만, 사실 사키야는 동쪽으로 약 130킬로미터밖에 떨어져 있지 않았으며 북로로 연결되어 있었다. 요청이 반복되자 결국 그녀는 마음을 바꿔 비두다바의 방문을 허락했다.

카필라밧투에 도착하자마자 비두다바 일행은 붓다의 사촌인 마하나마의 따뜻한 환영을 받았고 왕실 영빈관에 묵게 되었다. 젊은 왕자는 왜 할아버지 외에 삼촌 한 명만이 자신을 마중 나왔는지 이해할 수 없었다. 그는 더 젊은 귀족들은 모두 시골에 갔다는 소리를 들었다. 그럼에도 불구하고 체류 기간 내내 그는 풍성한 접대를 받았고 크게 환대 받았다. 그와 그의 수행단이 그곳을 떠나고 바로 뒤 병사 한 명이 영빈관에 칼을 두고 온 것을 깨닫고는 칼을 찾아 되돌아갔다. 안으로 들어간 그는 한 여인이 비두다바가 앉았던 자리를 우유로 닦는 것을 발견했고 그녀가 경멸적으로 중얼거리는 소리를 들었다. "여기가 그 노예 바사바의 아들이 앉았던 자리야!" 병사가 자신이 들은 것을 군사령관 카라야나 장군에게 보고하자 대소동이 일어났다. 이런 폭로로 크게 모욕당하고 위태로워졌을 젊은 왕자는 그때 그곳에서 맹세를 했다. "이 사키야인들은 내가 앉았던 자리를 우유로 씻었다. 내가 왕위에 오르면 그 자리를 그들 목구멍의 피로 씻으리라!"

무슨 일이 일어났는지 알게 된 파세나디 왕은 사키야인들에게 격노했다. 그는 바사바와 비두다바의 왕족 지위를 박탈하고 머리를 아주 짧게 깎게 한 뒤 삼베옷을 입혀 노예 신분으로 되돌렸다. 파세나디가 아내와 아들을 어떻게 했는지 듣게 된 고타마는 즉시 궁으로 와서 그들 대신 탄원했다. 그는 사키야인들이 왕을 속이는 잘못된 짓을 저질렀다는 것을 인정했지만 왕비와 왕자의 경우 그들의 모계 쪽 지위는 관계가 없다고 주장했다. 그가 말했다. "사회적 지위의 진정한 척도가 되는 것은 아버지의 집안입니다." 바사바의 아버지는 귀족이자 태수인 마하나마이고, 비두다바의 아버지는 파세나디 자신이라는 사실이 중요했다. 감정적으로는 아내와 아들 모두에게 애착을 가졌던 왕은 이런 논리에 설득되었고 아내와 아들을 원래의 지위로 복귀시켰다.

이때 고타마와 파세나디는 70대였을 것이다. 왕이 비두다바 왕자를 권좌의 후계자로 회복시킬 권한을 여전히 갖고 있었지만 궁정의 다른 이들—특히 브라만 사제들의 방식에 충실한 이들—이 노예의 오염된 피가 정맥을 타고 흐르는 젊은이를 미래의 코살라 왕으로 받아들였는지는 의심스럽다. 파세나디는 이제 평화로운 승계를 확신하기가 거의 힘들다는 것을 깨달았을 것이다. 마하나마의 속임수가 밝혀지면서 사밧티에서 고타마의 위치 역시 심각하게 약화되었을 것이다. 그의 적들은 그와 그의 핵심 측근 인사들—마하나마의 형제들인 아난다와 아누룻다가 포함되었다—이 사키야인들의 배신행위에 관여했다고 여겼을 것이다. 제타 숲에서 고타마의 목가적인 생활은 그때 이후 끝난 것으로 보인다.

이어지는 사건들을 정확한 순서대로 정렬하기는 어렵지만 고타마는 의심을 받는 상태에서 사밧티를 떠나 라자가하로 돌아갔을 가능성이 높아 보인다. 그곳에서도 근래 들어 그의 운은 일련의 타격을 입었다. 고타마가 일흔두 살 때 그의 첫 번째 후원자였던 빔비사라 왕은 어쩔 수 없이 아들 아자타삿투에게 왕위를 넘겨줬다. 늙은 왕의 복귀를 막기 위해 아자타삿투는 아버지를 감옥에 가둬 굶겨 죽였다. 아자타삿투의 어머니이자 파세나디 왕의 누이였던 데비 왕비는 빔비사라에게 무슨 일이 일어났는지 알게 된 뒤 쓰러져서 다시는 일어나지 못했다. 동시에 싯닷타의 사촌으로 아자타삿투의 신뢰받는 조언자였던 데바닷타는 승가를 장악하려고 했다.

사촌인 고타마에게 고령을 이유로 은퇴를 하고 공동체의 지도자 지위를 자신에게 넘기도록 간청했지만 성공하지 못하자 데바닷타는 그를 설득하여 승려들에게 다섯 가지 추가 규칙을 부과하려 했다. 이것은 승려들로 하여금 (1) 숲에서 살되, (2) 나뭇가지로만 거처를 만들며, (3) 음식을 구하러 재가신자들의 집에 더 이상 들어가지 말며, (4) 그들로부터 옷 선물을 받지 않으며, (5) 채식만 하도록 하는 것이었다. 고타마는 이런 규칙 중 그 어느 것도 시행을 거부했다. 그런 것들은 승려들의 사회적 유동성을 크게 제한할 뿐 아니라 승가를 자이나교와 비슷한 고행 운동으로 바꿔놓을 것이었다. 그럼에도 불구하고 데바닷타는 자신이 직접 이런 규칙을 받아들이겠다고 선언하고 다른 이들도 그렇게 하도록 요청했다. 상당수의 젊은 승려들이 동참함으로써 공동체 내에 분열이 일어났다. 그러고 나서 데바닷타와 그의 추종자들은 그들의 엄격한 식사 규칙을 밀고나가기 위해 가야 외곽의 울창한 산으로 떠났다. 이 권력 투쟁 동안 데바닷타나 그를 지지하는 재가신자들이 고타마의 생명을 빼앗으려는 시도를 했을 가능성도 있다.

결국 분열은 고타마의 제자들인 사리풋타와 목갈라나에 의해 봉합되었다. 그들은 이탈했던 승려들을 설득하여 원래 공동체로 돌아오게 했다. 데바닷타가 권력을 차지하려다 실패한 뒤 어떻게 되었는지는 불확실하다. 그는 자신의 행동을 후회하고 고타마와 화해하려 했지만 제타 숲에 도착하기 전에 사망했던 것 같다. 이 사건은 고타마 추종자들의 핵심층 안의 긴장과 불일치를 드러낸다. 승가가 그 행동 면에서 충분히 금욕적이지 않다고 우려했던 원로 승려가 데바닷타뿐은 아니었을 수도 있다. 당시 고타마는 노인이었고, 그의 권위는 공공연히 도전받았다.

사밧티에서 기만행위가 드러난 뒤 고타마가 라자가하에 도착한 것은 아마도 그가 분열 이후 처음으로 마가다의 수도로 돌아간 때였을 수 있다. 그는 죽림에 머무는 대신 탁카실라에서 공부한 왕실 의사 지바카가 소유한 망고 숲의 원형 건물에서 승려 수행단과 함께 머물렀다. 이것은 아마도 그가 병이 들어 의사의 관리가 필요했다는 암시일 수도 있다. 그러던 중 보름달이 뜬 어느 날 밤 지바카의 제안으로 데바닷타의 전 후원자 아자타삿투가 고타마를 방문했다. 의사는 왕에게 '마음에 평화가 깃들 수 있도록' 고타마에게 말하라고 조언했다. 아자타삿투는 부모의 죽음에 대한 죄책감과 후회로 고통 받았던 것 같다.

고타마의 거처로 들어간 아자타삿투 왕은 고타마가 중앙 기둥을 뒤로 하고 앉아 있고 그 앞에 한 무리의 승려들이 있는 것을 발견했다. "질문이 있소." 왕이 말했다. "코끼리 조련사, 요리사, 군인, 이발사, 제빵사, 도공, 경리 등등 내가 고용한 장인들을 생각해보시오. 그들 모두가 자신이 행한 노동의 결실을 즐기고 있는 것을 지금 여기서 볼 수 있소. 그들은 자신의 기술로 보상을 받을 뿐 아니라 그 가족과 친구들도 그러하오. 그런데 집 없는 승려의 삶을 산 결과로 당신은 지금 여기서 무엇을 보여줄 수 있소?"

"왕께 노예가 한 명 있다고 가정해보십시오." 고타마가 말했다. "그 노예는 당신을 위해 새벽부터 황혼까지 몸을 사리지 않고 일을 합니다. 그러던 어느 날 그가 생각합니다. '이상하다. 아자타삿투 왕도 사람이고 나도 사람이다. 하지만 왕은 신처럼 살고 있고 나는 노예로 살고 있다. 내가 머리와 수염을 자르고 노란 승복을 입고, 집 없는 상태에 들어가면 어떨까?' 그래서 그는 그렇게 하고, 알아차린 상태로 작은 것에 만족하며 홀로 살고자 떠납니다. 누군가가 이 사실을 당신에게 보고했다면 당신은 '그 노예는 즉시 돌아와 전처럼 나를 위해 일해야 한다'라고 말씀하시겠습니까?"

"아니오." 왕이 말했다. "나는 그러지 않을 것이오. 그 사람을 존중하고 보호할 것이오. 그에게 옷과 음식, 숙소, 그 밖에 필요한 것들을 제공할 것이오."

"그렇다면 전하, 그것이야말로 집 없는 삶에 대한 보상, 지금 여기서 분명하게 볼 수 있는 보상이 아니겠습니까?"

싯닷타 고타마는 자신이 가르친 것의 가치를, 지금의 생이 되었건 미래의 생이 되었건, 눈에 보이지 않는 영적 보상에 제한된 것으로 여기지는 않았다. 그의 시각을 받아들임으로써 사람들도 노예 신분의 치욕으로부터 자유로워질 수 있으며 전에 그들이 섬겼던 이들의 존경과 지지를 받을 수 있었다. 그의 가르침은 분명한 사회적 영향을 가지고 있었다. 그는 자신의 공동체를 또 다른 종류의 사회의 소우주로 보았으며, 그 안에서 지위, 카스트, 성별은 더 이상 당신이 누구인지 규정하지 않았다. 그는 자신의 가르침과 수행을 강들이 합쳐지며 그들의 정체를 잃어버리는 바다에 비유했다. 그것을 택하자마자 당신은 특정한 사회계급에 속하는 자신의 정체를 잃게 된다. 대신 '소금 맛이 바다에 스며들 듯' 그의 공동체에는 '자유의 맛이 스며들었다'.

대화가 끝날 무렵 아자타삿투는 자신을 괴롭히고 있는 것을 고백하며 인정했다. "나는 왕좌를 위해서 나의 아버지, 훌륭한 사람이며 공정한 왕의 목숨을 빼앗았소." 고타마는 왕의 고백을 받아들이고 말했다. "자신의 죄를 인정하고 앞으로 더 잘하기 위해 그것을 고백하는 자는 고귀한 수련 속에서 성장할 것입니다." 용서는 이 비극적 사건을 통합하는 주제로 등장한다. 파세나디는 바사바와 비두다바를 용서했고, 아자타삿투는 가상의 달아난 노예를 용서했으며, 고타마는 존속을 살해한 왕을 용서했다. 고타마의 말로 짐을 덜고 크게 기뻐한 아자타삿투는 자리에서 일어나 고개 숙여 인사하고 떠났다. 우리가 아는 한 이 두 사람이 서로 얼굴을 마주하고 만난 것은 이때가 마지막이었다.

싯닷타 고타마와 파세나디 왕의 마지막 만남은—아마도 1년쯤 뒤에—메달룸파라고 하는 사키야의 도시에서 이뤄졌다. 파세나디 왕과 그의 군사령관 카라야나 장군이 근처 도시 나가라카에 머물고 있었는데, 그들은 그곳에서부터 고타마가 지내던 곳까지 의전 마차로 행진해 왔다. 그들은 마차 길이 끝나는 곳에서 내려 숲 속으로 이어지는 길을 따라 들어갔는데, 많은 승려들이 그곳을 천천히 지나다니고 있었다. 고타마를 어디서 찾을 수 있냐고 물어보자 한 승려가 대답했다. "저기가 그분의 거처입니다, 왕이시여. 문이 닫혀 있는 곳입니다. 조용히 올라가셔서 현관으로 들어가 헛기침을 하시고 판자를 두드리십시오. 그분께서 문을 열어드릴 것입니다." 파세나디는 자신의 칼과 터번, 부채, 양산, 샌들을 카라야나 장군에게 건네고 머리에 아무것도 쓰지 않고 무장하지 않은 채 홀로 오두막으로 향했다.

오두막에 들어서자마자 파세나디는 고타마의 발밑에 쓰러져 발에 입을 맞추고 부드럽게 쓰다듬으며 반복해서 말했다. "저는 코살라의 파세나디 왕입니다. 존경하는 이여, 제가 코살라의 파세나디 왕입니다." 고타마가 말했다. "그런데, 왕이시여, 왜 이렇게 저에게 경의를 표하십니까? 왜 이런 우의를 보이시는 것입니까?"

파세나디는 붓다와 그의 가르침, 그의 승려들에 대해서 장황하게 찬사를 쏟아내기 시작했다. 그는 권력을 잃고 더 이상 존경 받지 않는 굴욕적이고 끝장난 사람으로서 말을 했다. 그는, 자신은 왕으로서 신하들의 생사를 좌우하는 힘을 가지고 있어야만 하지만 요즘에는 의회에 앉아 있으면 자신의 말을 방해하는 사람들을 저지할 힘조차 가지고 있지 않다고 불평했다. 하지만 고타마가 수많은 군중에게 연설하는 것을 들으러 그가 와서 보니 고타마의 설법을 방해할까 두려워 기침이나 목을 가다듬는 소리를 내는 사람이 단 한 명도 없다는 것을 알게 되었다. 그는 슬픔에 잠겨 말했다. "모인 사람들을 힘이나 무기의 위협 없이도 어떻게 그렇게 잘 통솔할 수 있는지 정말 놀랍습니다." 마지막으로 그가 말했다. "그리고 내가 왜 그런 존경과 우의를 당신께 보이냐고 물으셨나요? 왜냐하면 당신도 귀족이고 나도 귀족이기 때문입니다. 당신도 코살라 사람이고 나도 코살라 사람이기 때문입니다. 당신도 여든 살이고 나도 여든 살이기 때문입니다. 그럼 이제 그만 가봐야겠습니다. 우리 모두 바쁘고 할 일이 많은 사람들입니다."

왕이 오두막을 나갔을 때 카라야나의 모습은 보이지 않았다. 여자 몸종 한 명과 말 한 필만이 그의 앞에 쓸쓸히 서 있었다. 그 여인은 카라야나가 파세나디 왕이 그에게 맡긴 칼과 터번, 그리고 다른 물건들—왕권의 상징적 표지—을 가지고 비두다바 왕자를 코살라의 왕위에 앉히기 위해 갔다고 왕에게 말했다. 파세나디가 방금 고타마에게 했던 말을 참작해보면, 이 노인은 자신의 장군과 아들 사이의 이런 음모에 전적으로 놀라지 않았을 수도 있다. 참을성 있게 몇 년을 기다린 카라야나는 자신의 삼촌 반둘라의 원수를 갚을 기회를 잡았던 것이다. 파세나디는 전 군사령관이자 대판관이었던 반둘라가 자신을 전복시킬 계획을 세우고 있다는 두려움 때문에 그를 살해한 바 있었다. 왕은 자신이 할 수 있는 유일한 선택은 라자가하—남쪽으로 약 320킬로미터 이상 떨어져 있다—로 가서 조카인 아자타삿투에게 보호를, 그리고 어쩌면 군사적 지원을 요청하는 것임을 깨달았다.

마하나마의 속임수에 보복하기 위해 카필라밧투 공격을 준비하며 코살라 군대가 이미 사키야 경계에 집결해 있을 가능성이 높았으므로 파세나디 왕과 카라야나 장군의 고타마 방문은 감상적이고 허약하고 늙은 군주를 없애버리기 위해 장군이 조종한 냉소적인 계략이었던 것처럼 보였다. 새로 왕위에 오른 비두다바 왕의 명령으로 첫 번째 부대가 경계 지역에 가까이 왔을 때 그들은 고타마가 작은 나무 그늘 아래 앉아 자신들을 기다리고 있다는 것을 알게 되었다. 처음에는 그의 존재와 권위가 비두다바를 저지하기에 충분했던 것으로 보였다. 비두다바는 병사들에게 물러서라고 명령했다. 그러나 그런 대치가 세 차례 있은 뒤 고타마는 곧 닥칠 일을 막을 힘이 자신에게는 없다는 것을 깨달았다. 그래서 비두다바의 군대가 '젖먹이 아이조차 남기지 말고' 눈에 띄는 모든 사키야 사람들을 죽이라는 명령을 받고 카필라밧투로 진군하도록 놓아둔 채 자신도 파세나디처럼 라자가하로 가기 위해 남쪽으로 향했다.

나는 파세나디가 낙심하여 말안장에 털썩 주저앉아 있고 그 옆에 여자 몸종이 따라 걸어가는 모습을 그려본다. 사키야를 벗어나 말라로 들어가자 우기가 시작되기 전의 태양이 무자비하게 그들을 내리쬐고, 사방에서 파리들이 윙윙 거리며 날아다니고, 한편으로는 뜨거운 바람이 그들의 땀난 얼굴에 북로의 먼지를 몰아친다. 칼, 터번, 부채, 양산, 샌들이 없는 파세나디는 연중 가장 나쁜 시기에 장거리 여행을 하는 또 한 명의 피곤에 지친 노인에 불과하다.

파세나디가 조카인 마가다의 아자타삿투 왕에게 자신을 기꺼이 맡기려고 한 것은 쫓겨난 군주의 절망을 분명하게 보여준다. 아자타삿투가 자신의 남편인 빔비사라를 굶겨 죽게 했다는 것을 알게 된 전 왕비이자 파세나디의 누이인 데비는 쓰러졌고 슬픔에 겨워 죽고 말았다. 그녀의 죽음에 대한 복수를 하려던 파세나디는 데비의 지참금으로 빔비사라에게 줬던 갠지스 북쪽 강둑에 있는 바라나시 근처의 전략적 마을들을 다시 차지하려고 아자타삿투에게 전쟁을 걸었다. 그러나 어느 쪽도 결정적인 승리를 차지하지는 못했다. 평화를 확보하기 위해 파세나디는 누이를 죽게 한 사람과 결혼을 시키기 위해 사랑스런 딸 바지리를 주어야만 했다. 파세나디는 이 세상에서 혼자였다. 첫째 왕비이자 바지리의 어머니인 말리카는 몇 년 전에 세상을 떴다. 그는, 연로한 친척을 돌보는 일에 관한 한 아주 형편없는 전력을 가지고 있는 사람의 손에 자신의 생존 희망을 맡기는 수밖에 달리 도리가 없었다. 유일한 한 줄기 빛은 딸을 다시 볼 가망이 있다는 것이었다. 그녀만이 아자타삿투를 설득하여 파세나디에게 자비를 베풀게 할지도 모르는 일이었다.

갠지스 강을 건넌 뒤 파세나디는 빔비사라가 파탈리 항구와 육지에 둘러싸인 수도 라자가하를 잇기 위해 만든 도로를 이용했을 것이다. 그는 밤이 되어서야 라자가하에 도착했다. 문들은 닫혀 있었고 보초들은 왕비의 아버지라 주장하는 이 지저분한 노인을 들여보내지 않았다. 여행으로 녹초가 된 파세나디는 도시 성벽 바깥의 주막에 방을 잡았다. 다음날 아침 여자 몸종은 그가 죽은 것을 발견했다. 이 소식을 들은 아자타삿투는 자신의 삼촌이자 장인을 위해 장례식을 치룰 것을 고집했다. 장례식은 위대한 군주, 코살라의 파세나디 왕을 추모하는 것에 걸맞게 매우 화려하고 장엄하게 치러졌다.

16

신들과 악마들

내 친구 프레드 발리는 1975년 4월 말인가 5월 초에 사망했다. 그 누구도 사망일을 확신하지 못했고 사망증명서는 결코 발급되지 않았다. 바로 일주일 전 맥그로드간즈에 있는 아찰라의 찻집에서 나와 함께 웃고 수다를 떨던 그는 랭커셔 출신의 건장한 스물다섯 청년이었다. 그 다음날 동이 트자마자 동료 승려 케빈 릭비와 나는 침묵 속에 숲을 지나 스위스병원으로 올라갔다. 그곳은 포사이드간즈와 맥그로드간즈 사이의 가파른 산사면에 깔끔한 건물들이 모여 있는 곳이었다. 심지어 그 시간에도 우기 시작 전 더위는 참을 수 없을 정도로 심해지고 있었다. 괴로워하며 안절부절못하는 젊은 의사가 양철 지붕의 불 꺼진 저장실로 우리를 안내했다. 로프로 만든 간단한 인도식 침대 챠포

이 위에 더러운 시트로 덮은 프레드의 시신이 있었다. 글렌 멀린이 시트를 잡아당기자 너무나 심한 악취가 내 코를 찔러 속이 뒤틀렸다. 프레드는 내가 마지막으로 봤을 때 입었던 바로 그 홈스펀 면 옷을 입고 있었다.

달라이 라마의 스승 티장 린포체가 모를 던졌는데(주사위로 점을 치는 방법) 프레드를 3일간 놓아두기보다는 즉시 화장시켜야 한다는 암시가 나왔다. 티베트 사람들은 의식이 몸을 떠나는 데 사흘이 걸린다고 믿는다. 그 전날 린포체는 게셰 다르계이를 병원에 보내 마지막 의식인 포와를 행하게 했다. 포와는 죽어가고 있거나 최근에 죽은 사람의 의식이 좋게 환생할 수 있도록 해주는 밀교 절차이다. 그는 또 화장할 때 프레드의 남성 친구 여섯 명이 그 자리에 함께하라고 구체적으로 요구했다. 이미 즉석으로 들것이 만들어져 차포이 옆 바닥에 놓여 있었다. 시신을 막 들어 올리려 하니 역겨운 썩는 냄새만 한 차례 더 풍겼다. 나는 밖으로 뛰쳐나가 구역질을 했다. 두 번째 시도에서 우리는 숨을 참고 겨우 시신을 들어 들것에 올려놓고 시트로 덮은 뒤 줄로 들것에 단단히 묶었다. 글렌과 다른 세 사람이 프레드의 무거운 시신을 어깨에 올렸고, 우리는 '옴마니팟메훔'—자비의 보살인 관세음보살의 진언—을 외며 산 아래 화장터로 향했다. 승려인 케빈과 나는 각각 하얀 비단 카탁에 싸여 타오르는 사향 냄새의 티베트 향 한 다발을 들고, 어깨에 들것을 멘 다른 네 명을 이끌었다.

티베트 사람들은 그해 여름 다람살라에 아주 나쁜 망령이 돌아다니고 있다고 확신했다. 나는 어떤 정부 관리가 이미 강첸키숑에서 식칼로 자해를 했고, 어떤 노파는 달라이 라마의 관저가 있는 산을 걸어서 돌다가 벌떼의 공격을 받았다는 소리를 들었다. 두 사람 모두 그 부상으로 사망했다. 그리고 이제 인지 한 명이 갑자기 병이 들어 심하게 미쳐버리더니 죽음까지 당했다. 사람들은 마음속으로 이런 죽음이 파괴적이지만 눈에 보이지 않는 어떤 존재의 작품이라는 것을 의심하지 않았다. 그 악령으로 하여금 방향을 틀게 하기 위해 사거리와 중요한 교차로에 '덫'—막대기를 교차시키고 밝은 색실의 마름모꼴로 장식된 것을 박아놓은 참파 반죽을 넣은 얄팍한 상자—이 설치되었다.

맥그로드간즈 중심가에 작은 먼지 회오리를 일으킨 후텁지근한 돌풍에도 심지어 뭔가 사악한 기운이 감돌았다. 티베트인들은 그 심각한 위협에 대해 차분하고도 단호한 확신에 사로잡혔다. 이 파괴적인 악귀는 마치 갑작스럽고 치명적인 공격을 가하기 위해 몰래 마을로 다가오는 몽골 기병 무리처럼 그들에게는 현실적인 것이었다. 눈에 보이지 않는다는 사실은 그것이 얼마나 강력하고 위험한지를 확인시켜줄 뿐이었다. 본능적으로 나는 이 집단 믿음의 전염성에 저항하는 것은 불가능한 일임을 알았다. 공감의 공포로 내 몸은 떨렸다. 동시에 내 안의 인류학자가 뒤로 물러서서 그때 일어나고 있던 일을 거리를 두고 호기심으로 관찰했다. 하지만 내 자신의 또 다른 부분은 훨씬 더 멀리 물러서서 내 마음의 갈등하는 부분들이 벌이는 줄다리기에 주목하고 있었다.

프레드를 화장시키고 며칠이 지난 뒤, 상밀원(上密院, Upper Tantric College) 규토 출신으로 이런 종류의 귀신을 쫓아내는 것을 전문으로 하는 승려들이 달하우지를 출발하여 다람살라에 도착했다. 그들은 세 대의 지프를 타고 왔는데, 지프에는 말아놓은 카펫, 주황색 천의 긴 경전 다발, 양단에 싸인 장비 들이 높이 쌓여 있었다. 그들은 은밀하게 의식을 거행했다. 우리가 들을 수 있었던 것이라고는 멀리서 나는 북소리, 심벌즈가 부딪치는 소리, 그리고 종소리뿐이었다. 그러다가 악귀를 삼각형 상자 안에 잡아넣었다는 발표를 들으며 나와 공동체는 확실한 안도감을 느꼈다. 그 상자는 바즈라로 밀봉하여 땅속 깊이 파묻었다. 의식이 거행된 곳 근처에 살았던 한 영국여성은 자신이 그 악귀가 마치 여러 갈래로 갈라지며 내리치는 번개처럼 상자 속으로 내려가는 것을 보았다고 말했다. 악귀가 격파되었다는 것을 확실히 알게 된 이 순간, 세상은 정상적인 일상으로 돌아갔다. 그리고 그 여름 끔찍한 죽음은 더 이상 일어나지 않았다.

아시아 전역의 불교도 대부분은 늘 다신교도들이었다. 그들은 우리의 세상과 교차되는 세상의 다양한 귀신과 신 들의 존재를 믿었다. 이런 실체가 단순히 상징적인 존재를 갖는 것은 아니다. 그들은 의식, 자치, 작용을 가진 실제 존재이며, 기쁘면 친절을 베풀고 불쾌하면 사정없이 파괴한다. 그들에게 계속 잘 보이는 것이 우리에게 아주 이롭다. 하지만 그들 중 많은 것들이 우리처럼 변덕스러운 존재여서 그들을 궁극적으로 신뢰할 수는 없다. 정식으로 불교도가 되면 불(붓다), 법(담마), 승(상가)에 즉시 '귀의'하게 되며, 그럼으로써 그런 존재에 의지하는 것은 그만두게 된다. 하지만 귀신과 신 들이 없어지는 것은 아니다. 단지 격하될 뿐이다. 그들은 사람들의 개인적 · 사회적 삶에서 계속 어떤 역할을 한다. 이것이 바로 팔리 경전 전체를 통해 만나게 되는 사고의 세계이다. 싯닷타 고타마는 신들의 존재를 거부하지 않았으며, 그들을 하찮은 존재로 만들어버렸다. 그들의 자만을 조롱했을지는 몰라도 그들의 존재는 인정한 것이다. 심지어 가끔 그들은 영감을 주는 목소리로 작용하여 고타마로 하여금 행동을 취하게 하기도 했다.

내가 아무리 신과 귀신 들의 존재를 시대에 뒤떨어진, 말도 안 되는 소리라고 일축해버리고 싶다 해도 나는 마찬가지로 보잘것없는 내 믿음의 토대에 대해서 잘 알고 있을 필요가 있다. 만약 도전을 받는다면, 나는 우주나 인간의 삶에 대한 견해가 이미 나와 같지 않은 사람으로 하여금 내가 믿고 있는 것이 진실이라고 믿게 할 수 없을 것이다. 한번은 두 시간 동안 학식 있고 지적인 티베트 라마에게 세계가 구의 형태라는 것을 납득시키려 했지만 거의 성공하지 못한 적이 있다. 내가 믿고 있는 다른 사실들, 즉 빅뱅, 자연선택에 의한 진화 혹은 의식의 신경 기반 등과 같은 것에 대해 납득시키려 했다면 더 성공하지 못했을 것이다. 나는 이런 것들을, 그가 육체가 없는 신들이나 귀신들을 믿는 근거와 거의 비슷한 근거에서 믿었다. 내가 저명한 과학자들의 권위를 아무 의문 없이 받아들인 것처럼 그도 저명한 불교 스승들의 권위를 받아들였던 것이다. 내가 과학자가 진실이라고 주장한 것이 관찰과 실험을 통해 뒷받침될 수 있다고 믿었듯이 그도 자신의 스승들이 진실이라고 주장한 것이 직접적인 명상 통찰에 의해 뒷받침될 수 있다고 믿었다. 나는 내가 진실이라고 하는 주장의 많은 것들이 그의 것보다 더 타당하지도, 덜 타당하지도 않다는 것을 인정해야 했다.

나는 확실함에 근접하는 것에 대해서는 아는 게 별로 없다. 나는 내가 태어났고, 존재하고, 죽게 되리라는 것을 안다. 대부분의 경우 나는 내 감각에 제시된 자료를 내 뇌가 해석한 것을 신뢰할 수 있다. 이것은 장미, 저것은 자동차, 그녀는 나의 아내 등과 같은 것들이다. 나는 이런 것들에 대한 반응으로 내가 경험하는 생각, 감정, 충동의 현실을 의심하지 않는다. 굴뚝에서 연기가 나오고 있다면 그것을 만들어낸 불이 있으리라는 것을 나는 안다. 그리고 나는 사실과 숫자에 대한 잡동사니 기억을 가지고 있다. 보로부두르◆가 자바에 있고, 물은 섭씨 100도(해수면 기준)에서 끓는다는 것과 같은 것들이다. 하지만 이런 일차적인 인식, 직관, 추론, 그리고 약간의 정보 외에 내게 정말 중요한 것들—의미, 진실, 행복, 선, 아름다움—에 대해 내가 가지고 있는 견해는 믿음과 생각이 미세하게 엮인 덩어리이다. 이런 견해는 나의 평범한 세계 속에서 내가 그럭저럭 살아갈 수 있게 해주지만, 그것에 공감하지 않는 누군가의 철저한 정밀조사를 버텨내지는 못할 것이다. 그런 견해가 나의 진실성과 신뢰성에 얼마나 중대한 것인가에 따라 나는 그 중 일부는 다른 것보다 더 큰 힘과 열정으로 방어할 준비가 되어 있다. 나는 나와 같은 종류의 문화에 속한 사람들과 공유하는 파생적인 믿음의 물결 속의 삶에서 떠다니고 헤엄친다.

이 글을 쓰고 있을 때 어느 불교 출판사의 계간지 뉴스레터가 내 책상에 도착했다. 첫장에는 카르마 링파—14세기에 『티베트 사자의 서』를 찾아낸 인물—가 쓴 텍스트에서 발췌한 글이 번역되어 실려 있었는데, 우연히도 번역자는 내 친구 글렌 멀린이었다. 그 글은 대담하게도 이렇게 선언한다. "죽을 때 손이 앞뒤로 흔들리거나 무의미하게 횡설수설한다면, 그리고 몸의 온기가 가장 먼저 떨어지는 곳이 오른쪽

◆ 9세기에 건축된 불교 사원. 인도네시아 중부 자바의 마겔랑에 있다.

겨드랑이 밑이라면, 이는 아수라로 다시 태어난다는 것을 시사한다.”(환생을 믿는 이에게 이것은 전적으로 타당한 주장이다. 의식이 몸을 ‘떠난다면’ 어딘가로부터 떠나야 하기 때문이다.) 이런 정보가 세상에서 일어나는 뭔가에 대한 사실적인 묘사를 통해 제시되고 있는 것이다. 비꼬는 듯한 반어적인 기미는 조금도 없다. 그것을 읽어나가면서 나는 몸이 이질적인 조직을 거부하는 것처럼 내 자신이 이를 자연스럽게 거부하는 것을 느꼈다. 어떻게 그런 주장이 옳다고 혹은 틀렸다고 입증될 수 있겠는가? 내가 그것을 거부하는 이유는 그것이 ‘틀리거나’ ‘맞지 않기’ 때문이 아니라(어떻게 알 수 있겠는가?) 내가 가치 있다고 생각하는 세계관과 완전히 모순되기 때문이다.

윌리엄 제임스, 존 듀이, 리처드 로티를 본받아 나는 ‘진실한’ 믿음은 어딘가의 현실 속, 혹은 그 너머 ‘저 멀리’에 존재하는 뭔가에 해당하는 것이라는 생각을 버렸다. 이들과 같은 실용주의 철학자들에게 믿음은, 그것이 유용하기 때문에, 제대로 작용하기 때문에, 인간과 기타 생물에게 유형의 혜택을 주기 때문에 가치가 있다고 여겨진다. 싯닷타 고타마의 사성제가 ‘진실’인 이유는 그것이 어딘가에 있는 진짜인 뭔가에 해당하기 때문이 아니라 그것이 실행되면 당신의 삶의 질을 향상시킬 수 있기 때문이다. 중세 티베트의 세계관과 정치사회적 구조의 맥락에서 귀신에 대한 믿음은 효과가 있어서 그것으로 자연현상을 설명할 정도였다. 그것은 또한 귀신이 야기하는 뒤이은 문제들을 때로는 해결하는 것처럼 보이는 행위를 가능하게 하는 ‘효력을 발휘’하기도 했다. 그것은 당시 주변에 있는 더 나은 이론 중 하나였을 수 있다. 21세기 유럽과 미국의 세속 세계에서 그런 믿음은 추종자들을 끌어들이거나 효과적일 가능성이 적다. 왜냐하면 그런 믿음은 사람들의 삶에서 바람직한 결과를 만들어내는 놀라운 능력을 보여준 다른 믿음들로 이뤄진 세계관에 들어맞기가 점점 더 힘들기 때문이다.

신, 귀신, 밀교 점에 반대하는 가장 강력한 주장은 전력망, 뇌수술, 인권선언 등의 존재에서 발견된다. 뉴턴이나 볼테르의 진실 주장이 현실과 일치하는가를 보여줄 수 있는지 여부와 상관없이 그런 것들은 수많은 혜택과 자유에 이르게 해준 인간과 세상에 대한 이해의 일부분이 되었으며, 우선 나 자신도 그런 이해를 전근대 불교사회의 삶과 바꾸려 하지는 않을 것이다. 근대자유민주주의 사회가 완벽하다고 말하려는 것이 아니다. 그것과는 거리가 멀다. 붓다가 전법륜에서 설법했던 근본적인 인간의 고통은 2,500년 전이나 오늘날이나 다르지 않다. 나를 불교로 끌어당긴 것은 그것이 다른 종교보다 현실의 본질을 더 설득력 있게 설명하고 있어서가 아니라 괴로움의 문제를 다루는 데 실질적으로 효과적일 수 있는 방법을 제공하기 때문이다.

1975년 가을 나는 다람살라를 떠나 스위스로 향했다. 그때 프레드의 유골을 아물◆ 분유통에 넣어 티베트 탕카(두루마리 그림◆◆)와 함께 가지고 가서 무슨 일이 일어났는지 이해하지 못하는 비통한 그의 아버지에게 전했다. 이 겸손한 사람을 위로해보려고 그의 아들이 택한 불교 신앙을 일부 설명했지만 나는 그런 말이 얼마나 이질적이고 공

◆ 인도의 유제품 브랜드.

◆◆ 탱화. 불교의 여러 존상이나 경전 내용을 비단과 같은 천에 그려 걸어두는 불화의 일종.

허한 것인지 알고 있었다. 발리 씨에게 유일하게 위로가 된 것은 프레드가 그에게 손자를 남겼다는 사실을 알게 된 것이었다. 프레드가 죽었을 당시 그와 사이가 멀어진 상태였던 여자 친구는 그의 아이를 임신하여 5개월째 접어들고 있었다. 아이는 내가 인도를 떠나기 바로 전인 8월 19일에 태어났다. 그 후 18년간 나는 다람살라를 다시 보지 못했다.

1993년 3월 12일 나는 서양의 불교지도자들이 달라이 라마와 만나는 4일간의 회의에 참석하기 위해 맥그로드간즈로 돌아왔다. 나는 서른아홉 살이었고 샤펌에서 살고 있었다. 우리는 총 22명으로, 티베트 불교, 선불교, 테라바다 불교를 대표했다. 우리 중 일부는 승려이거나 일종의 종교 직함을 가지고 있었고, 또 다른 이들은 마르틴과 나 같은 재가자였다. 우리를 함께 묶은 것은 모두가 유럽이나 미국에서 풀타임으로 불교를 가르치고 있다는 것이었다. 일부는 책을 냈고, 일부는 불교 센터와 공동체를 세웠거나 이끌고 있었다. 그럼에도 불구하고 그것은 희한한 표본이었다. 널리 추종되고 있는 수많은 불교 종파들이 전혀 대표되지 않았던 것이다. 달라이 라마 쪽에서도 몇몇 저명한 티베트 라마들을 초대했지만 비교적 잘 알려지지 않은 인물 세 명만이 나타났다.

내가 마지막으로 맥그로드간즈에 있었던 이후로 많은 것이 변했다. 그곳은 인도 전원의 산간 마을에서 혼잡하고 오염된 작은 도시(어느 현지 인도인의 재치 있는 말에 의하면 '머클로드간즈(Muck Load Ganj)'◆로

◆ 거름 더미의 마을이라는 뜻.

바뀌어 있었다. 넓은 중심가는 티베트 장신구를 파는 가게들로 양분되어 있었고, 이 때문에 지프, 트럭, 마루티스즈키 택시, 오토바이, 보행자들은 양쪽의 좁은 길을 간신히 지나가야만 했다. 우리는 사업에 적극적인 인도사람들이 운영하는 호텔, 마을 가장자리 산비탈에 위태롭게 앉아 있는 수랴 리조트라고 하는 다층의 콘크리트 호텔에 묵었다. 내가 마지막으로 있었던 시절 이후 인도에서 비닐봉지와 병이 널리 퍼지게 되었고 이제는 그런 것들이 산비탈 아래 슬러리◆ 같은 상태로 놓여 있었다.

달라이 라마는 쉰여덟이었다. 1989년 노벨상 수상 이후 그는 빠른 속도로 세계적인 영적 슈퍼스타가 되고 있었다. 이는 그가 전 세계를 여행하면서 불교를 가르치고 티베트에 있는 그의 국민들이 더 큰 자유와 정의를 누릴 수 있도록 끊임없이 활동을 펼침에 따라 다람살라에서 보내는 시간은 점점 더 줄어들었다는 것을 의미했다. 중국 당국은 언제나처럼 완강했다. 서양 매체에서 달라이 라마가 중요시되고 있고 세계 지도자들이 가끔씩 그의 대의에 공감 어린 관심을 표명했어도 티베트 상황에는 확실한 효과가 없었다.

맥그로드간즈로 돌아오자마자 나는 불교 역시 왠지 그 순수함을 잃어버렸다는 느낌을 받았다. 내가 20년 전 처음 이곳에 온 이후 불교 센터, 공동체, 출판사 등이 유럽, 미국, 오스트레일리아 전역에 생겨나 확산되었다. 이것은 주로 아시아에서 공부를 하고 귀국한 뒤 불교 스승들을 초청하여 센터를 세우게 한 서양인들의 노력 덕분이었다. 불

◆ 진흙, 동물 배설물, 시멘트 등이 섞인 걸쭉한 물질.

교의 인기는 하늘로 치솟았다. 그것은 더 이상 늙어가는 히피들의 진기한 영적 취미로만 여겨지지 않았으며, 서양 문화의 주류에 열광적으로 흡수되고 있었다. 불교는 또한 불가피하게 점점 더 제도화되고 있었다. 아주 짧은 시간에 불교 단체들은 많은 부동산과 부유한 후원자들을 확보했다. '깨달은 스승들', 헌신적인 학생들, 그리고 거창한 영적 야심이 의기양양하게 합쳐지면 분파주의와 권력남용으로 쉽게 이어질 수 있다. 이런 것들이 22명의 우리가 다람살라에 와서 달라이 라마와 직접 만나 토론할 주요 논제들이었다.

이틀간의 준비가 끝나고 우리는 달라이 라마와 두 시간씩 총 여덟 번 함께할 회합의 첫 모임을 위해 천장이 높고 서늘한 방으로 안내되었다. 우리는 많은 주제를 준비했다. 불교가 서양에 적응하는 문제, 전통 대 문화, 분파주의, 심리치료, 승려와 일반 신도, 그리고 계속 머리를 쳐드는 괴물인 스승과 제자 간의 성적 관계 등이 그것이었다.

토론은 처음에 어색하게 진행되었다. 그 누구도 우리가 어디로 향하고 있는지, 혹은 무엇을 기대해야 하는지 잘 알지 못했다. 우리의 짧은 발표를 들으면서 달라이 라마는 내면으로 진지한 숙고를 하다가 힘도 들이지 않고 태도를 바꿔 웃음을 터뜨리면서 거의 좀처럼 가만히 있지 않는 에너지를 발산했다. 그의 얼굴은 당신이 눈을 뗄 수 없는 그런 따뜻함과 열린 마음의 시선을 한가득 당신에게 보냈다. 흥분되면 그의 목소리는 비명에 가까운 상태까지 높아졌고, 스타카토로 내뱉는 영어 음절은 갑자기 티베트어로 바뀌어 쏟아지기 시작했으며, 그의 손은 확신으로 공기를 갈랐다. 그러다가 멈추고—침묵—소리 내어 웃고, 소리 없이 활짝 웃고, 대화 상대에게 미소를 짓곤 했다. "그래요? 좋아요. 다음?"

내 차례가 되자 나는 달라이 라마에게 불교가 아시아의 서로 다른 문화의 요구에 대해 오랜 시간에 걸쳐 어떻게 반응했으며, 그 과정에서 그런 만남에 의해 어떻게 변했는지를 보여주는 방법의 하나로서 간략한 불교사를 이야기했다. 내게는 이것이 너무나 자명했기 때문에 나는 내 발표가 너무 단순한 것일지도 모른다는 걱정을 했다. 그러나 놀랍게도 달라이 라마는 그런 생각이 마치 새롭고 다소 미심쩍다는 듯 약간 어리둥절해하는 얼굴로 발표를 들었다. 그는 확실한 예를 들어달라고 요청했다. 나는 일본의 불상이 일본 사람처럼 생겼으며, 반면 티베트에서는 티베트 사람 같아 보인다는 점을 생각해보라고 제안했다. 그는 몸을 돌리더니 그의 뒤에 있는 티베트 탕카를 가리켰다. "하지만 이 붓다를 보세요. 인도사람이네요." 무슨 말을 해야 할지 몰랐다. 그가 가리킨 그림은 나중에 마르틴이 표현했듯이, "우리 메메—보르도에 있는 그녀의 여든넷 된 할머니—만큼이나 전혀 인도사람 같지 않았다."

다시 한 번 나는 대화 상대가 아무리 지적인 사람이라 해도 그의 세계관은 완전히 다른 전제에 기초하고 있을 수 있다는 점을 인정해야만 했다. 현대의 서양인인 나에게 명백해 보이는 것이 티베트 라마—다른 많은 면에서는 현대 세계를 포용하고 이해하고 있는 것처럼 보이는 사람일지라도—에게는 전혀 명백하지 않을 수도 있다. 그리고 나는 역사 공부가 무상과 연기에 대한 불교의 가르침을 생생하게 보여준다는 것을 발견했지만 이것이 달라이 라마에게는 특별히 중요해 보이지 않는 것 같았다. 나는 내가 그렇게 당연하게 여기는 '역사의식'

이 내 자신의 양육과 훈련의 특성임을 충격적으로 깨달았다. 이렇게 서로 나눈 대화가 시사하듯 다른 배경을 가진 누군가는 똑같은 감각 자료를 꽤 다르게 인지할 수도 있다.

1980년대에 서양의 불교계에서는 불미스런 사건들이 많이 터졌는데, 대개는 스승과 제자 사이의 성적 관계와 관련된 것이었다. 달라이 라마는 불교 스승이 '나쁜 업을 정화시킬 것'이라는 이유로 억지로 성관계를 강요했다고 주장하는 몇 통의 편지를 서양 여성들로부터 받았다고 우리에게 말했다. 그는 이런 이야기를 듣고 심기가 매우 불편했다. 그는 언론매체가 그런 사건에 주목하는 것이 불교의 명성을 해치고 세계에서 평화와 선의 힘으로서 불교가 갖는 잠재력을 약화시킨다고 걱정했다. 토론 도중 그는 이 주제로 다시 돌아오곤 했다. 그가 그렇게 자신의 시간을 아낌없이 내준 이유 중 하나가 그가 이 문제를 효과적으로 해결할 수 있도록 우리가 도와주길 원해서라는 것이 곧 분명해졌다.

토론이 끝나가자 그는 우리가 회의에서 도출한 결론 중 일부를 요약하는 '공개서한'을 작성할 것을 제안했다. 내가 서기로 선출되었다. 몇 번의 초안 작업을 거친 뒤 내가 그 서한을 달라이 라마에게 소리 내어 읽어주었다. 그는 집중해서 들었고, 계속해서 표현과 강조할 부분의 수정을 제안했다. 나는 예리하게 연마된 그의 정치적 지성이 작동되는 모습을 처음으로 목격했다. 우리는 스승들의 윤리에 관한 매우 중요한 문단에서 이렇게 썼다. "행동 면에서 비윤리적인 스승에 맞서 책임 있는 조치를 취할 수 있도록 모든 학생들에게 용기를 북돋아주어야만 한다. 스승이 개선의 조짐을 보이지 않는다면 학생들은 반박할 수 없는 증거가 있는 비윤리적 행동을 알리는 것을 주저해서는 안 된다." 달라이 라마가 가장 전달하고 싶은 요점이 바로 이것이었다. 그는 그런 공개적인 노출을 통해 희생자들의 소리를 듣고 악한들을 수치스럽게 만들 수 있길 바랐다.

달라이 라마의 개인 사무실에서 그 문건을 비준하는 데에는 몇 주가 걸렸다. 그리고 마침내 발표할 수 있도록 우리에게 돌아온 그 문건은 한 가지만 제외하고는 바뀌지 않았다. 달라이 라마가 친히 지지했다는 문장이 삭제되어 있었던 것이다. 그의 지지가 없는 공개서한은 스스로 선발한 22명의 서양인 스승들이 독자적으로 불교계 전체에 칙령을 내리는 듯한 인상을 주었다. 달라이 라마가 처음에 공개서한을 쓸 것을 제안한 순간부터 나는 내가 달라이 라마에 의해 발표될 합동 선언문의 초안을 작성하고 있다고 추정했다. 나는 우리가 발표한 서한의 내용에 전적으로 동의했다. 하지만 이 모든 경험은 이용된 듯한, 약간 불쾌한 맛을 남겼다. 달라이 라마는 성공적으로 자신의 우려를 전달하고 해결책을 제안했지만 그 서한에서 지지를 철회함으로써 그의 스태프들은 그가 그 서한 내용에 대해 어떤 책임도 질 필요가 없도록 확실히 했다. 나는 표면적으로 티베트인들과 서양인들이 공유하는 대의처럼 보이는 것이 상충되는 의제와 기대를 숨기고 있을 수도 있다는 것을 다시 한 번 깨닫게 되었다.

티베트와 1960년대의 만남은 상충된 두 욕망이 공중에서 충돌한 것과 같았다. 우리는 모두 반대 방향에서 도망쳐온 망명객들이었다. 티베트인들은 중국 공산주의로부터 탈출했고, 우리는 무너진 가정,

냉전, 군산복합체로부터 달아났다. 우리는 가속기의 입자들처럼 인도 위에서 서로 부딪쳤다. 그 어느 쪽도 다른 쪽이 필요로 하는 것을 진정으로 이해하거나 인식하지도 못했다. 나는 티베트인들에게서 나의 존재적 불안을 해소하는 데 도움을 줄 불교의 고상한 통찰을 기대했고, 그들은 이해할 수 없고 적대적인 세상에서 난민으로 생존하는 데 필요한 지지를 내게 기대했다. 내가 이해하게 되었듯이, 게셰 랍텐과 나의 고통스런 투쟁은 특히 이 문제를 둘러싸고 전적으로 맴돌았는데, 보호신 도르제 슉덴에 대한 충성을 두고 계속 끓어올랐던 위기에서도 그것은 끝까지 작용했다.

내가 1985년 이 문제에 대해 달라이 라마의 자문을 구했을 때 그는 개인비서를 통해 그것은 티베트 내부의 문제이며 서구 매체에 방송될 필요가 없다고 내게 말했다. 그때 이후 그 논쟁은 꾸준히 가열되었다. 달라이 라마는 이 보호신을 위험한 악령으로 맹렬히 비난하는 공개성명을 발표하는 일을 고집스럽게 계속했다. 그는 티베트인들이 도르제 슉덴 수행을 버리고 전통적으로 국가신탁을 통해 정부에 자문을 하는 도르제 닥덴이라는 또 다른 보호신을 따르도록 장려했다. 그는 도르제 슉덴의 상을 사원과 절에서 없애도록 명령했다. 그는 그 수행을 전면적으로 금하려고까지 하지는 않았지만 이를 계속하는 이들이 자신의 가르침과 입문식에 참석하는 것은 금했다. 티베트 망명정부에 고용된 이들은 이 신에 대한 충성을 포기한다는 선언에 서명해야만 한다는 주장도 있었다.

대부분의 티베트인들은 달라이 라마의 지시를 따른 것처럼 보였지만 게셰 랍텐을 포함하여 겔룩파의 많은 원로 라마들은 그렇게 하기를 거부했다. 달라이 라마의 스승이자 그 수행을 지지하는 주요 인물인 티장 린포체의 측근 제자들은 어쨌든 달라이 라마의 멘토였던 스승에 대한 충성심을 손상시키기를 꺼렸다. 그들에게 티장의 권위는 그들이 그 제자로 여기는 사람의 권위보다 더 중요했다. 그 갈등은 티장과 그 추종자들로 대표되는 옛 티베트의 구체제와 달라이 라마가 1959년 이후 티베트인 디아스포라 공동체에 세우려고 한 새로운 질서 사이의 긴장을 반영했다. 달라이 라마는 도르제 슉덴 문제에서 이렇게 자신의 조언에 따르길 거부하는 것은 자신의 티베트 망명 리더십을 거부하는 것이고, 따라서 티베트의 자유를 확보하려는 자신의 노력에 대한 배신이라고 느꼈다.

양 진영 사이의 균열 조짐이 처음으로 가시화된 것은 우리가 다람살라에서 회의를 열기 2년 전인 1991년에 나타났다. 내가 잉글랜드로 처음 돌아왔던 1978년 한 달 동안 문수보살연구소에서 함께 일했던 라마인 게셰 켈상 갸초가 신카담파 전통(New Kadampa Tradition〔NKT〕)의 설립을 발표했던 것이다. 이것은 겔룩파 내에 실질적으로 균열을 만들어내긴 했지만, 인도 망명 티베트인들 사이에 일어난 것이 아니라 구불구불한 쿰브리아 산등성이에서 일어난 일이었다. 게셰 켈상 외에 이 새로운 종파의 구성원은 모두 서양인들이었다. 모든 NKT 센터에서 달라이 라마의 상은 금지되었고 그의 책들은 도서관에서 없어졌다. 그러나 NKT는 불만을 품은 자들의 극단적인 분파로서 흐지부지된 것이 아니라 번창했다. 이 조직은 현재 전 세계에 1,100개 이상의 센터가 있다고 주장하고 있다. 1996년 설법 순방차 잉글랜드에 도착한 달라이 라마는 "Your Smiles Charm—Your Actions Harm(당신의 미소는 매력적이지만 당신의 행동은 해를 끼칩니다.)"과 같은 플래카드를 들고 있는 적갈색 승복의 서양인 비구와 비구니 무리와 마주치게 되었다. 그들은 그가 종교의 자유를 억누르고 자신의 동포들의 인권을 침해한 무자비한 독재자라며 맹비난의 소리를 외쳐댔다.

인도 경찰에 의하면 1997년 1월 31일 저녁 티베트 젊은이 여섯 명이 택시를 타고 뉴델리를 떠났다. 그들은 밤새 북쪽으로 향해 캉그라라는 도시에 도착했고, 그곳의 그랜드호텔에서 3일간 묵었다. 2월 4일 밤 그 젊은이들 중 일부 혹은 전부는 근거리에 위치한 다람살라로 갔다. 그들은 달라이 라마의 궁으로부터 약 180미터 떨어진 곳에 위치한 불교변증연구소(Institute of Buddhist Dialectics)로 향했다. 일단 그곳에 도착하자 그들은 상근 교수인 겐 롭상 갸초의 거처에 난입했는데, 당시 그는 젊은 승려 두 명과 함께 자신의 방에 앉아 있었다. 젊은이들은 광란에 휩싸여 칼로 승려 세 명을 반복적으로 공격했는데 주로 목을 찔렀다. 롭상 갸초는 몸부림을 치다가 공격자 중 한 사람의 아디다스 배낭을 힘겹게 빼앗았는데, 나중에 그랜드호텔 직원은 그것이 그 젊은이들의 것임을 확인했다. 그 가방에는 습격자 중 두 명의 신원을 확인하는 데 도움을 준 문서들과 도르제 슉덴 수행을 지지하는 문건이 들어 있었다.

2월 17일 런던의 《인디펜던트》지는 "히말라야에 있는 티베트 망명정부의 수도 다람살라에서 발생한 3인 살해 사건의 주요 용의자는 분노의 신"이라고 밝혔다. 이 이야기가 매체를 통해 널리 보도됨으로써 달라이 라마가 티베트 내부 문제로 봤던 문제는, 이해하지 못하는 전 세계 대중의 관심을 받게 되었다. 용의자인 25세 텐진 최진과 22세 롭상 최닥을 체포하려는 인도 경찰의 노력은 실패로 돌아갔다. 두 젊은이 모두 도르제 슉덴을 따른다고 알려진 티베트 지역인 챠텡 출신이었다. 그들은 남인도의 티베트 사원에서 승려가 되기 위해 몇 년 전 인도로 왔으며, 아마도 네팔을 거쳐 다시 티베트로 몰래 들어갔을 것으로 여겨졌다. 그들의 사진이 공개되었고 인터폴에 경계조치가 취해졌지만 두 사람은 아직도 잡히지 않고 있다.

나는 겐 롭상 갸초를 잘 몰랐지만 1970년대에 다람살라에서 살 때 몇 번 만난 적이 있었고, 나중에는 그가 쓴 불교심리학 교재의 일부분을 번역하기도 했다. 나는 그가 친절하고 학식 있는 사람이라는 인상을 받았다. 물론 나는 도르제 슉덴을 둘러싼 논란에서 그가 달라이 라마의 가장 거침없는 협력자가 되었다는 것을 알고 있었다. 하지만 과연 그를 살해했다고 하는 텐진 최진과 롭상 최닥은 누구였나? 티베트 망명정부가 의심하는 것처럼 달라이 라마의 정책에 항의하기 위해 1996년 6월 델리에서 설립된 도르제슉덴협회(Dorje Shugden Society)가 보낸 청부살인자들이었나? 불의의 감정에 휩싸인 광적이고 성급한 떠돌이 승려들이었나? 아니면 티베트의 해외공동체를 갈라놓고 있던 논쟁에 불을 지피기 위해 인도로 파견된 중국의 첩자들이었을 수도 있을까? 아마 우리는 결코 알지 못할 것이다. 도르제슉덴협회와 NKT 모두 그 살인을 강력하게 비난했으며 자신들은 연루되지 않았다고 주장했다.

그해 10월 나는 『티베트 안내서』 재판 작업을 위해 다시 티베트로 갔다. 옛 도시 라싸의 중심부에 있는 작은 광장에서 나는 최근에 다시 문을 연 토데 캉사르라는 신전을 발견했는데, 놀랍게도 그곳은 도르제 슉덴에 바쳐진 곳이었다. 제단 위의 주요 상은 겔룩파의 창시자 총카파의 상이었다. 그의 왼편에 달라이 라마의 스승인 티장 린포체의 새로운 상이 있었고 방 오른쪽 진열장에는 숭앙받는 슉덴의 상이 있었다(나는 거기서 남쪽으로 한 블록 떨어진 곳에서 티장 라브랑을 발견했는데, 티장 린포체가 전에 거처했던 그곳은 아파트와 사무실로 개조되어 있었다.). 좀 더 최근에 티베트 관측가들은 중국이 후원하는 판첸 라마의 공식 사진에서 이 젊은이의 뒤에 도르제 슉덴의 대형 상이 있는 것을 목격했다. 공산정권이 달라이 라마가 "티베트의 대의에 크나큰 해를 끼치고, 달라이 라마의 생명을 위험하게 만든다"고 믿는 신의 숭배를 열심히 장려하고 있다는 사실은 놀랄 일이 아니다.

내가 다람살라를 떠나기 바로 전에 잉글랜드인 비구니인 아니 잠파가 달라이 라마의 스승인 링 린포체와의 인터뷰 통역을 부탁했다. 그녀는 린포체에게 자신이 곧 인도를 떠나 아시아의 다른 나라들을 방문할 예정이라고 설명하고는 해로운 악령의 영향을 떨쳐버리도록 숭두(sung-du)—보호의 매듭끈—를 줄 수 있겠냐고 물었다. 링 린포체는 웃으면서 그녀에게 필요한 것은 붓다(불), 다르마(법), 상가(승)에 귀의하는 것뿐이라고 말했다. 그녀가 진심으로 이 세 가지 길잡이의 원리, 모든 불교도들에게 공통되는 이 약속에 자신을 맡긴다면 그녀가 만날지도 모르는 그 어떤 해로운 영향력으로부터 그녀를 충분히 보호해줄 것이다. 나는 이 간단한 대답에서 깊은 인상을 받았다. 그것은 티베트 공동체에 그렇게 생기를 불어넣었던 귀신과 보호신에 대한 온갖 난리와는 대조적으로 너무나 간단명료해 보였다. 돌이켜보니, 이 조언은 도르제 슉덴을 둘러싼 싸움에 관여하지 않았던 링 린포체를 특징짓는 것이었음을 잘 알 수 있다.

이 논란은 티베트 국가의 붕괴와 분열의 또 다른 단계를 나타낸다. 신들은 더 이상 효력을 발휘하지 않는다. 아무리 해명을 한다 해도 티베트의 구체제는 정부로서의 일차적인 의무, 즉 국가의 온전함을 보장하고 국민의 안전을 확실히 하는 의무를 해내는 데 실패했다. 라마들은 강력하고 눈에 보이지 않는 보호신들이 적으로부터 티베트를 지켜준다고 확신했다. 게셰 다르계이는 1970년대 초 티베트도서관 수업에서 보호신들이 라싸에 있는 중국의 점령군 내에 이질을 발병시켜 점령군을 거의 패배시킬 뻔했다고 말했다. 그러나 실제로 티베트인들의 초자연적 방어막은 인민해방군의 총과 변증법적 물질주의에 아무런 쓸모가 없었다. 거의 예외 없이 티베트의 통치자들은 20세기가 전개되면서 중앙아시아의 지정학적 본질이 어떻게 근본적으로 바뀌었는지 이해하지 못했다. 50년이 지난 지금, 망명 공동체—열렬한 서양 불교도들의 지지를 받는—는 어떤 보호신의 영향력이 가장 강력한가를 놓고 여전히 티격태격 싸우고 있다.

1999년 8월 26일 나는 게셰가 1986년 사망한 이후 처음으로 나의 옛 사원 타르파칠링(지금은 랍텐칠링이라 부른다.)에 다시 갔다. 향수와 두려움이 뒤섞인 상태로 나는 제네바 호숫가에서 선홍색의 케이블카를 타고 르몽펠르랭의 급경사면을 올라갔다. 게셰가 1977년에 세운 이 사원은 결국 조용히 달라이 라마와의 관계를 끊었고 게셰의 뿌리 스승인 티장 린포체에 대한 충성을 확실히 했다. 센터는 게셰 켈상의

NKT나 다른 친숙덴 분파와 동조하지 않고 독자적인 상태를 유지했다. 그러나 달라이 라마의 노선을 따르기를 거부했기 때문에 스위스와 기타 지역의 티베트 공동체들은 대체로 이곳을 회피했다.

곤사르 린포체가 나를 따뜻하게 맞이해주었다. 나는 게셰의 후임자이자 센터의 장인 그를 다람살라 초기 시절부터 알고 있었다. 달라이 라마의 사진은 여전히 벽에 걸려 있었고 서점에는 그의 저서들이 있었다. 그에 대한 개인적 반감은 없어 보였다. 그때 나는 게셰의 환생으로 확인된 어린 티베트 소년을 소개 받았다. 랍텐 툴쿠 린포체는 사랑스럽게 수줍음을 타는 열한 살짜리였는데, 나만큼이나 이 만남에 대해 호기심이 있으면서도 어색해했다. 나는 나의 예전 스승이라고 여겨야 하는 이 총명하고 미소 짓는 아이에게 어떻게 말해야 할지 몰랐다. 그럴 의도는 없었지만, 나는 그 소년의 눈에서 서로를 알아보는 희미한 표시를 계속 찾고 있었다. 하지만 자꾸 끊어지는 대화 속에서 그는 내가 누구인지 아는 것 같은 기미는 전혀 보이지 않았다.

뒤쪽의 창문 밖으로 톱니모양의 당뒤미디 봉우리들이 보이는 곳에서 나는 곤사르와 함께 끝없이 차를 마시고 티베트 과자를 먹으며 두 시간 동안 이야기를 나누며 웃었다. 우리가 과거를 회상하고 그가 사원이 지금 얼마나 잘 되고 있는지 설명하는 동안 나는 우리 두 사람 모두 언급하지 않으려고 아주 조심하고 있던 문제를 절실하게 의식했다.

나는 게셰 랍텐을 정말 얼마나 잘 알고 있었나? 우리 사이에 일어난 일을 돌이켜보고 재구성해보려 하자 당시에는 내가 이해하지 못했던 것들이 더 잘 이해되기 시작했다. 게셰는 프레드 발리가 죽은 1975년 가을 인도를 떠나 스위스로 왔다. 그 해는 다람살라에서 도르제 슉덴을 둘러싼 위기가 처음으로 발생한 해이기도 했다. 게셰가 서양으로 온 것은 이미 달라이 라마와 거리를 둘 필요가 있었기 때문일지도 모른다는 생각이 지금에서야 든다. 1979년 내가 준비를 도왔던 달라이 라마의 방문시 게셰가 자신의 서양인 학생들이 달라이 라마에게 너무 가까이 가는 것을 원치 않았을 수 있는 또 다른 이유도 알 수 있다. 그는 우리 중 하나가 달라이 라마에게 순진하게 도르제 슉덴 문제를 꺼냄으로써, 겔룩파를 갈기갈기 찢어놓을 조짐은 보였지만 아직 공개되지는 않았던 균열을 어쩔 수 없이 내보일지도 모른다고 우려했을 수도 있다. 그러나 더 괴로운 것은 게셰 랍텐이 나를 진정으로 신뢰하지 않았다는 사실을 깨닫기 시작했다는 것이다.

1978년 여름 게셰는 위스콘신 주 매디슨에 초대를 받아 미국에서 처음(그리고 유일하게)으로 가르치러 가게 되었다. 그는 서양인 승려 세 명에게 동반해주기를 요청했고 나는 스위스에 남아서 그가 없는 동안 사원 운영을 돕게 했다. 매디슨에 있는 동안 그는 저명한 겔룩파 라마인 송 린포체가 그들 셋을 도르제 슉덴 수행에 입문시키게 했다. 입문 이후 그는 그들 중 하나인 헬무트 스님에게 설명했다. "붓다의 이 현현에 필적하는 것은 아무것도 없다. 네가 마음을 다스리고자 한다면 그분은 너를 돕기 위해 자신의 심장까지도 내어주실 것이다." 게셰는 내가 그를 위해 일하는 것에 의지하기는 했어도 내 앞에서 도르제 슉덴을 언급한 적은 단 한 번도 없었다. 이는 그가 나를 그 수행에 적합한 그릇으로 여기지 않았음을 시사한다. 그는 내가 생각했던 것보다 나를 훨씬 더 잘 알았던 것 같다.

랍텐 툴쿠와 곤사르 린포체가 르몽펠르랭에 외롭게 떨어져 지내며 겪는 역경에 대해 내가 아무리 공감을 한다 해도 뚫고 들어갈 수 없는 그들의 신들과 악마들의 세계는 내가 돌아갈 수 있는 곳이 아니다. 그 후 나는 달라이 라마와 더 이상 접촉하지 않았으며, 티베트에도 다시 돌아가지 않았다.

17

조심스럽게 길을 가다

나는 알지 못했지만, 싯닷타 고타마의 삶의 복잡한 특징들을 풀어낼 열쇠는 어떤 책 속에 숨어 있었다. 그것은 내가 오랫동안 들어보기는 했지만 165달러나 되는 돈을 써가며 살 만한 타당한 이유를 알 수 없었던 책이었다. 그 책의 제목은 『팔리어 고유명사사전(A Dictionary of Pali Proper Names〔DPPN〕)』이고, 저자는 스리랑카의 학자이자 외교관인 G. P. 말랄라세케라 박사로, 영국 통치 당국의 후원 하에 1938년에 처음 출판되었다. 내가 그것을 처음 본 것은 매사추세츠의 내 동료 앤디 올렌즈키가 붓다의 생에 관한 세부 사항을 대조검토하려고 자기 뒤의 서가에서 책을 꺼낸 2004년이었다.

『팔리어 고유명사사전』은 결코 일개 사전이 아니다. 그것은 1,370

쪽의 빽빽하게 인쇄된 세 권짜리 백과사전으로, 팔리어 문헌에 나오는 모든 고유명사(즉 사람, 장소 혹은 텍스트)를 표제어로 하고 있다. 예를 들어 파세나디를 찾아보면 6쪽에 걸쳐 이 왕의 전기가 나오는데, 경전에서 그가 거론된 경우가 모두 다 언급되어 있으며 그와 관계가 있고 이 '사전'에서 표제어로 등재된 다른 모든 인물은 굵은 활자로 강조되어 있다. 이 귀중한 자료집 덕분에 나는 엄청나게 많은 시간을 절약할 수 있었다. 내가 찾는 인물들—마하나마, 말리카, 반둘라 등—중 하나가 언급되어 있는 것을 찾기 위해 수많은 설법을 다 훑는 대신 나는 그저 DPPN에서 그 사람을 찾은 다음 관련된 경전 텍스트로 곧장 가기만 하면 되었다. 그러나 이렇게 엄청나게 풍부한 자료를 축적했음에도 불구하고 말랄라세케라는 그것을 정리하여 붓다의 삶을 하나의 연대기로 설명하는 데에는 관심이 없었던 것으로 보인다. 따라서 내가 한 일은 주로 말랄라세케라가 찍은 점들을 잇는 작업이었다.

팔리 경전에 등장하는 이 사람, 싯닷타 고타마의 이미지에는 일관성이 없다. 가장 초기 경전 구절의 일부에서 사람들은 고타마가 갠지스 평원의 외딴 숲을 '무소처럼' 혼자 떠돌아다니는 고독한 인물이었다는 인상을 받는다. 다른 텍스트에서 그는 왕과 왕비의 존경을 받고, 은행가들의 재정적인 후원을 받으며, 헌신적인 추종자들과 승려들로 이뤄진 엄청난 규모의 청중을 대상으로 설법하고, 그의 모든 말은 막대한 권위를 지니는 영웅적인 공인으로 표현된다. 또는 최고로 정제된 선정 상태에 마음대로 들어갈 수 있는 최고 수준의 명상가로 묘사된다. 그는 벽을 통과하고 새처럼 하늘을 날아다니는 것처럼 비범한 능력을 가진, 기적을 행하는 자로도 나타난다. 또 다른 곳에서는 초인적인 신체 특징—머리 위로 자라난 살(육계), 손바닥과 발바닥의 법륜, 양쪽 귀를 핥을 수 있는 혀, 골반 속으로 들어갈 수 있는 성기 등—을 지닌, 세상을 구원하는 '위대한 자'로 제시된다. 그러나 다른 구절에서는 가족의 야망에 괴롭힘을 당하고 추종자들 사이의 분쟁으로 괴로워하며, 자신의 메시지를 전하고 자신의 공동체가 분열되는 것을 막으려고 지칠 줄 모르고 북로를 오르락내리락 거리며 시간을 보낸 평범한 모습의 승려로 그려진다.

고타마는 유머 감각도 있었다. 탁실라 출신의 전 귀족이었던 푹쿠사티라는 승려가 어느 날 라자가하에 당도하여 도공의 공방에 묵게 되었다. 그날 저녁 또 다른 승려가 나타나서 그와 함께 공방을 써도 반대하지 않을지 물어봤다. 푹쿠사티는 그를 환영했고 두 사람은 그날 밤 상당 시간 동안 명상을 하며 보냈다. 다음 날 아침 그 승려가 푹쿠사티에게 그의 스승이 누구인지 물었다. 푹쿠사티는, 싯닷타 고타마를 직접 만날 정도의 행운은 아직 없었지만 그를 따르고 있노라고 대답했다. "그렇다면 이 고타마는 지금 어디에서 살고 있습니까?" 그가 물었다. "북쪽에 있는 사밧티라는 도시에 있습니다." 푹쿠사티가 대답했다. 그제야 다른 승려는 자신이 푹쿠사티를 놀리고 있었음을 밝혔다. 이 승려가 바로 싯닷타 고타마였던 것이다. 그리고서 고타마는 깜짝 놀란 푹쿠사티에게 존재의 요소에 대해 설법했다.

마지막으로 그의 고국 사키야를 떠난 노쇠한 싯닷타 고타마는 친구이자 후원자인 코살라의 파세나디 왕의 뒤를 따라 라자가하를 향해 남쪽으로 갔다. 그의 수제자인 사리풋타가 밧지의 수도 베살리에서 그를 기다리고 있었던 것으로 보인다. 고타마의 전 시자이자 승단을 떠났던 베살리의 귀족 수낙캇타가 밧지 의회에서 고타마는 '초인적인 상태에 있지 않으며', 그가 가르치는 교리는 '그에게 떠오르는 질문에 따라 추리하여 만들어낸 것으로', 그 유일한 결과는 그것이 갈망을 멈추도록 인도한다는 것이라고 비난했던 때가 바로 이 시기였다. 고타마는 "수낙캇타가 화가 났다"고 사리풋타에게 말했다. "나에 대한 존경심을 손상시키겠다는 생각을 하고 있지만 사실상 나를 칭찬하고 있다." 그러나 그 다음에 일어난 일들을 보면 수낙캇타가 의회에서 그를 비난하려고 장황하게 말을 하는 바람에 고타마가 베살리에서 그의 위치와 후원을 잃는 결정적 계기가 되었던 것으로 보인다.

고타마와 그의 추종자들은 베살리와 공화정의 나라 밧지를 떠나기로 결심했다. 남쪽으로 향한 그들은 나룻배로 갠지스 강을 건너 마가다로 간 뒤 북로를 따라 그 끝에 있는 라자가하까지 갔다. 우기 시작 전 무더운 날씨에 사키야에서 베살리를 거쳐 라자가하까지 그렇게 먼 길을 걸어가는 데 최소한 한 달은 걸렸을 것이다. 마가다의 수도에 도착하자마자 그들은 영축산의 동굴에 머물기로 결정했다. 그곳은 숨 막힐 듯한 더위로부터 한숨 돌릴 수 있게 해주었을 것이다.

아난다가 싯닷타의 뒤에 서서 부채질을 해주던 어느 날 아침, 그들은 저 아래 길에 왕실 마차가 다가오고 있는 것을 보았다. 한 남자가 내리더니 산을 오르기 시작했다. 그가 점점 더 가까이 오자 그들은 그가 아자타삿투 왕의 최고대신인 브라만 밧사카라라는 것을 알게 되었다. 그는 절을 하고 고타마의 발에 이마를 댄 뒤 한쪽에 앉더니 말했다. "왕께서 너무 강력하고 막강해진 밧지인들을 쳐부수려 한다는 것을 당신께 알리고 싶어하십니다. 왕께서는 그들을 파멸시키고자 하십니다. 저는 이 사실을 당신께 알려드리고 당신의 반응을 듣고 왕께 돌아가려고 합니다. 왕께서는 깨달은 자는 거짓말을 할 수 없다고 믿으십니다."

아자타삿투는 고타마나 사면초가에 빠진 사키야인들에게 도움을 주기보다 자신이 하는 전쟁 준비에서 그 반응을 시험해보는 대상으로 붓다를 이용하고자 대신을 보냈던 것이다. 밧지인들—베살리에 있는 그들의 의회는 바로 얼마 전 고타마를 조롱했다—을 공격할 계획을 밝힘으로써 아자타삿투는 자신이 갠지스를 건너 밧지 영토로 쳐들어가겠다는 선언을 하고 있었다. 고타마는 고국의 격렬한 충돌에서 도망쳐 나왔건만 곧 발발할 또 다른 충돌에 직면하게 되었다. 그는 최고 대신을 무시하면서 자신의 시자를 향했다. "아난다, 밧지인들이 수시로, 그리고 정기적으로 회합을 한다고 듣지 않았더냐? 그들이 이렇게 하면서 계속 일을 조화롭게 실행하고 그들의 오랜 전통을 고수하며 연장자를 존경하고 성인을 공경하며 다른 이의 아내와 아이를 납치하지 않는다면 쇠퇴하지 않고 번창하리라 기대할 수 있을 것이다."

주의 깊게 듣고 있던 브라만 밧사카라가 말했다. "그것은 사실입니다. 밧지인들이 그런 원칙을 지킨다면 계속 강하게 있을 것입니다. 그럴 경우에는 무기의 힘으로 정복하는 것이 아니라 오로지 선전활동을 하고 그들을 서로 반목하게 함으로써 정복할 것입니다." 그는 자리에서 일어나 절을 하고 다시 산을 내려가 마차로 갔다.

고타마가 라자가하로 오면서 동정과 지원에 대해서 그 어떤 실낱같은 희망을 품었건 간에 처음엔 파세나디의 사망 소식을 듣고, 그 다음

엔 최고대신이 그에게 가한 냉소적인 대우를 받으며 그런 희망은 산산조각이 났을 것이다. 그는 아난다에게 라자가하에 있는 나머지 모든 승려들을 영축산으로 모이게 하라고 요청했다. 그곳에서 그는 마지막이 될 설법을 그들에게 했다. 그는 화합을 유지하고 공동체의 연장자들을 공경하기 위해 밧지 의회를 본보기 삼아 승려들도 정기적인 회합을 갖도록 촉구했다. 또한 그들은 숲에 거주하며 홀로 지내는 것을 소중히 여기고 항상 알아차림의 상태를 유지해야 했고 서로에게 친절하고 자애로워야 했으며 자기가 받은 보시를 함께 나누고 팔정도를 추구해야 했다. 그런 다음 그는 자신은 라자가하를 떠나 인근 도시인 날란다로 갈 것이라고 선언했다. 거기서 그와 아난다는 얼마 전에 그들이 걸어왔던 그 덥고 먼지 나는 길을 따라 다시 갠지스 강으로 향했다.

이때 즈음하여 두 수제자 사리풋타와 목갈라나가 사망하게 되자 고타마의 패배감은 더욱 심해졌을 것이다. 연로한 사리풋타는 고타마와 함께 베살리에서 돌아온 뒤 라자가하 근처 자신의 출생지 날라카에서 병으로 죽었는데, 자신이 태어났던 바로 그 방에서 세상을 떠났다. 2주 뒤 목갈라나는 라자가하를 에워싼 산들 중 하나인 이시길리 근처 검은 바위에서 혼자 지내다 산적들에게 맞아 죽었다. 아난다는 공동체의 이 두 지도적인 인물들을 잃게 되어 제정신이 아니었지만 고타마는 영원하지 않은 것에 대한 자신의 가르침을 마음에 새기지 않았다고 아난다를 질책하며 그들의 죽음을 거대한 나무에서 떨어지는 큰 가지로 비유했다.

고타마와 아난다가 파탈리 항구에 도착할 즈음 우기의 첫 구름이 모여들기 시작하면서 열과 습기는 거의 참을 수 없을 정도가 되었다. 그들은 이 도시에 사는 재가신자들의 숙소에서 밤을 보냈다. 다음날 아침 일찍 고타마는 강기슭을 따라 방어 요새가 세워지고 있다는 것을 알게 되었다. 그는 밧사카라 최고대신이 밧지인들에 대항하여 도시를 보호하기 위한 요새 건축 작업을 감독하고 있다는 소리를 들었다. 고타마는 새로운 도시가 세워지고 있음을 깨달았다. 그때 밧사카라가 승려들을 직접 방문하여 그 다음날 식사에 그들을 초대했다. 승려들을 초대한 밧사카라는 연회를 마치면서 고타마가 파탈리를 떠나며 통과한 문을 '고타마 문'이라 명명하겠다고 선언했다.

도시의 문에 자신의 이름을 붙이는 것에 반대하지 않음으로써 고타마는 이 새롭게 등장하는 도시가 그가 말했던 '공원과 숲, 호수, 성곽, 쾌적한 장소'가 있고, 왕이 새롭게 고치기만 하면 '다시 한 번 성공을 거두고 번영을 누리며, 사람들로 가득 차게' 될 '숲 속의 옛 도시'일 수도 있음을 암묵적으로 인정한 것일까? 파탈리는 남쪽에서 흘러오는 손 강과 북쪽에서 흘러오는 간다크 강이 갠지스 강과 합쳐지는 합류 지점에 위치하고 있어 상업, 군사정벌, 제국의 운영에 이상적으로 들어맞는 곳이었다. 그 도시는 곧 마가다의 수도로서 산악 요새 라자가하를 대체하게 된다. 150년 뒤 그곳은 아소카 황제 치하에서 통일 인도 최초의 수도 파탈리푸트라(파탈리의 아들)가 된다.

그러나 그 모든 것은 미래의 일이었다. 고타마의 당면 관심사는 고국 사키야로 돌아가는 여행을 계속하기에 앞서 갠지스 강을 건너 베살리로 돌아가 우기를 보내는 일이었다.

칸 씨와 내가 바이샬리(산스크리트어화된 베살리의 현재 이름)의 PWD 인스펙션 방갈로 구역으로 들어갈 때 길가의 커다란 사각 인공 저수지의 물에 비친 눈부신 분홍빛 공 모양의 해가 나무 지평선 너머로 지고 있다. 손님이 온다는 이야기에 놀라 당황한 차우키다르—관리인—가 비틀거리며 건물 밖으로 나와 서둘러 방을 준비하며 되풀이해 말한다. "라지브 간디가 여기서 묵었습니다, 선생님." 그는 마치 이 만트라가 전기도 수도도 없는 그 어둡고 습한 곳에 대해 내가 가지고 있을지도 모를 불안을 쫓아버리기라도 할 것처럼 반복해댄다. 나는 밖으로 나간다. 순례 산업과 거기에 따라다니는 행상인과 거지 들은 아직 바이샬리까지 도착하지 않았다. 놀랄 정도로 조용하다. 물 건너편 일본평화탑(Japanese Peace Pagoda)—이 지역에서 유일한 절—의 승려가 저수지 주위를 홀로 걸어가면서 목탁을 두들기고 염불을 왼다. "남-묘-호-렝-게-교!" 마치 탄식처럼 들린다.

고타마 시절의 거대한 3중 벽 도시의 흔적은 남아 있지 않다. 현대의 바이샬리는 몇 안 되는 농촌 마을과 논밭으로만 이뤄져 있다. 발굴 작업을 통해 내가 파트나박물관에서 봤던 유골함이 발견된 원시 스투파는 물론 밧지 의회로 생각되는 터가 발견되었다. 근처에는 잔디와 꽃밭으로 관리가 잘 된, 인도고고학조사국 소유의 또 다른 공원이 있다. 좀 더 작은 사각형 저수지와 크기가 다른 수많은 스투파 벽돌 중심부들이 철책으로 둘러싸여 있다. 이 잔해의 중앙에 온전한 아소카 석주가 솟아 있는데, 그 위에는 멋진 사자석상이 웅크리고 있다. 그 토대 부분에 서보니 내 머리에서 몇 피트 위의 표면에 'H.W. Finch'(H.W. 핀치)라는 이름이 새겨진 것을 알아볼 수 있다. 영국인들이 처음 이곳에 왔을 때 그 저수지와 스투파들은 모두 파묻혀 있었고 단지 석주의 윗부분만 노출되어 있었는데, 아마도 무료한 회사 간부들이나 군인들이 거기에 자신의 이름을 긁어 새겼을 것이다.

고타마가 갠지스 북쪽 강변에서 베살리까지 걸어서 오는 데에는 3일이 걸렸을 것이다. 그가 곧 베살리에 도착한다는 소식이 그를 앞질러 전해졌다. 그가 코티 마을에 이르렀다는 사실을 알게 되자마자 창녀 암바팔리는 화려한 마차를 타고 그를 맞이하러 왔다. 한때 빔비사라 왕의 정부였고 그의 아들을 낳았던 그 대단한 부인은 고타마에게 베살리에 있는 자신의 망고 숲에 머물며 식사를 하라고 초대했다. 그녀가 막 떠나려고 할 때 한 무리의 젊은 귀족들이 마차를 타고 코티로 들어왔다. 그들은 암바팔리와 무슨 복잡한, 아마도 성적인 놀이를 하고 있었던 것 같았다. 각각의 젊은이들은 서로 다른 색깔의 옷과 화장, 장식을 하고 있었다. 어떤 이들은 모두 녹색, 어떤 이들은 전부 노란색, 어떤 이들은 완전히 빨간색, 또 어떤 이들은 온통 흰색 차림이었다. "저들을 좀 봐라." 고타마가 승려들에게 말했다. "신들이 당도하셨구나." 그들도 고타마에게 그 다음날 베살리에 도착하면 자신들과 함께 식사를 하자고 청했다. "하지만 나는 암바팔리와 식사를 하기로 약속했소." 그가 대답했다. 젊은이들은 일제히 손가락으로 딱 소리를 내면서 노래를 불렀다. "망고 여인한테 졌구나! 망고 여인한테 속았어!" 그러더니 다시 도시로 돌아갔다.

막강한 적의 군대가 강 건너에 모여 전쟁 준비를 하고 있는 상황에서 이 사회는 퇴폐와 경박함으로 빠져들고 있었다. 색깔로 표시를 한 이 멋쟁이들은 '너무 강력하고 막강해져서' 아자타삿투 왕과 그의 최고대신이 공격하여 파괴시키겠다고 한 밧지인들을 놀림감으로 만들었다. 암바팔리의 초대는 고타마가 베살리에 있는 후원자들에게도 눈밖에 났다는 것을 시사했는데, 이는 그가 의회에서 수낙캇타의 비난을 받은 결과였을 수도 있다. 고타마는 베살리에서 평소 이용했던 거처—숲에 있는 박공지붕 집—로 가기보다 상류 매춘부의 망고 숲에 머물라는 초대를 받아들였다. 우기가 시작되자 고타마는 그 시간을 성벽 바깥의 벨루바라는 마을에서 혼자 보내기로 하고 승려들에게 말했다. "베살리에서 너희들의 친구나 지인, 후원자가 있는 곳이면 어디든 가서 그곳에서 우기를 보내도록 하여라."

이 우기 동안 싯닷타 고타마는 "마치 금방이라도 죽을 것처럼 심한 통증을 동반한 중병에 걸렸다." 그는 회복되었지만 매우 쇠약해졌다. "나는 너무 지쳤다." 그가 아난다에게 말했다. "내 몸은 오래된 수레처럼 줄에 묶여 그냥 가고 있을 뿐이다." 아난다는 승단에 대해 마지막 말을 해줄 것을 간청했다. "승단이 내게 기대하는 것이 무엇이냐?" 그가 반박했다. "나는 '외부'의 가르침과 '내부'의 가르침을 구분하지 않고 담마를 가르쳤다. 나는 가르침과 관련해서 손에 감춰둔 것이 있는 그런 사람이 아니다. '승단을 책임지겠다'라고 생각하는 사람이 있다면 말을 하라고 해라. 나는 그런 식으로는 생각하지 않는다. 아난다, 너는 네 자신에게 섬이 되어 살아야 한다. 자신만의 귀의처가 되고, 다른 이를 너의 귀의처로 삼지 않고, 담마를 섬으로 삼고, 담마를 너의 귀의처로 삼고, 다른 그 어떤 귀의처는 없어야 한다."

다시 말하자면, 어떤 어려운 상황이 닥쳤을 때 유일하게 의지할 수 있는 것은 당신이 용케 자신의 삶의 일부분이 되게 만든 가치와 수행이라는 것이다. 붓다나 상가(공동체), 그 어느 것도 도움이 되지는 않을 것이다. 당신은 혼자다.

우기가 끝나자 고타마는 아난다에게 베살리에 있는 모든 승려들을 박공지붕 집으로 부르라고 했다. 그곳에서 작별을 고하려는 것이었다. 그는 그들에게 자신이 발견한 팔정도를 "알고 수행하고 함양하라"고 격려하면서 그렇게 함으로써 "세상에 대한 자비심으로, 이런 삶의 방식이 오랫동안 지속되고 많은 이들에게 행복과 득이 되게 하라"고 했다. 그는 자신이 몇 달밖에 살지 못할 것으로 예상한다며 이야기를 마쳤다.

고타마가 베살리를 떠날 때 그의 사키야 사촌들인 아난다와 아누룻다—사리풋타의 동생인 '큰' 춘다—그리고 우파바나라고 하는 코살라인 승려만이 그와 동행했다. 붓다의 병세가 위중했기 때문에 가마를 들기 위해 좀 더 젊은 승려 몇몇이 함께 갔을 가능성이 있다. 그들은 북로를 따라 사키야 방향으로 북서쪽을 향해, 반다, 핫티, 암바, 잠부, 보가나가라 등의 마을을 지나갔는데, 오늘날 그 어느 곳도 확인 가능하지는 않다. 그들이 파바라는 도시로 들어가서야 비로소 우리는 그들을 현대의 지도에 표시할 수 있는데, 그곳은 바로 바이샬리 북서쪽으로 약 130킬로미터 되는 파질나가르이다.

파질나가르는 황폐한 콘크리트 건물들이 들어선 매력 없는 인도 도시로, 길 하나에 신부 장신구에서 트랙터 부품에 이르기까지 온갖 것을 파는 가게와 축 처진 가판대가 늘어서 있다. 나는 중심가에서 떨어진 어두운 골목을 따라 가다가 커다란 흙더미가 높이 솟아 있는 탁 트인 장소에 도달한다. 흙이 무너져 내린 곳에 벽돌 부분이 보인다. 물소 한 마리가 표지판에 목을 긁어대고 있는데, 그 구부러지고 낡은 표지판은 이 흙더미가 '국가보호기념비'라는 것을 알려주고 있다. 쓸모없는 기둥과 울타리 잔해들이 여기저기 보인다. 야외 화장실 역할도 하는 이 흙더미에 누더기 옷의 아이들이 무리 지어 있고 염소와 개 들은 쓰레기를 먹고 있다. 그 기슭에 민트그린 색깔의 이슬람 신전이 있고, 그 앞에 여자 셋이 무릎을 꿇고 울부짖으며 길고 검은 머리를 위아래로 흔들고 있는데, 환희나 참을 수 없는 슬픔일 수도 있을 그 어떤 것 때문에 온 몸을 비틀고 있다.

이 흙더미 안쪽에 고타마가 금속세공인 춘다라고 하는 남자의 집에서 연하게 만든 돼지고기로 된 마지막 식사를 받은 장소를 표시하는 스투파가 있다. 그 음식이 그에게 바쳐지는 순간부터 고타마는 음식에 뭔가가 잘못됐다고 의심했던 것 같다. 그가 집주인에게 말했다. "돼지고기는 나에게 주고 나머지 음식은 다른 승려에게 주거라." 식사가 끝나자 그는 춘다에게 말했다. "이제 남은 돼지고기는 모두 구덩이에 버려야 한다." 그런 다음 그는 "피가 섞인 설사를 하는 중병에 들었지만, 그 어떤 불평도 없이 정신을 집중하며 참아냈다." 그의 유일한 반응은 아난다에게 이렇게 말한 것뿐이었다. "쿠시나라로 가자." 이 말은 상황에 따라서는 이곳을 벗어나자라는 것처럼 들리기도 한다.

누군가가 고타마에게 독을 먹이려 했을까? 만약 그랬다면 누가? 그리고 왜? 그에게는 적지 않게 적이 있었다. 파바는 사키야에 인접한 코살라 지방인 말라의 두 주요 도시 중 하나였다. 지금 사키야를 파괴하고 있는 코살라 군대의 장군 카라야나가 말라 출신이었다. 아마도 파바 출신이었을 수도 있다. 파바는 또한 자이나교의 금욕적인 창시자 마하비라가 몇 년 앞서 죽은 곳이라고 한다. 마하비라가 죽은 뒤 그의 추종자들은 "두 파벌로 나뉘어 서로 다투고, 논쟁하고, 싸우고 공격했다." 이를 들은 고타마는 마하비라의 가르침을 "그 주창자가 완전히 깨닫지 못했기 때문에 잘못 퍼뜨려졌고, 볼썽사납게 모습을 드러냈으며, 마음을 차분하게 하는 데 비효과적"이라고 일축해버렸다. 라자가하에서 고타마의 원로 제자 목갈라나를 살해한 산적들이 체포되었을 때 그들은 마하비라의 추종자 일부가 그들을 고용하여 그 노승을 죽이라고 했다고 자백했다. 병든 고타마가 그의 마지막 여행 중 파바에 도착했을 때 그는 이미 자신의 주요한 적수의 신전이 되어버린 곳으로 들어간 셈이 되었다.

하지만 이미 죽어가고 있는 노인에게 독을 먹여서 무엇을 얻을 수 있단 말인가? 그의 유산을 미래세대로 짊어지고 갈 사람들에게 독을 먹이는 것이 좀 더 그럴듯한 이유가 되었을 것이다. 고타마가 그의 사촌 마하나마가 파세나디 왕에게 노예를 신부로 바쳐 속인 일에 공모한 것처럼 보이는 것과 관련하여 누군가가 그를 벌주려 했건, 붓다의 사상이 살아남아 그들의 스승의 교리와 경쟁하는 일이 일어나지 않게 하고 싶었건 간에 가장 효과적인 방법은 고타마가 가르친 모든 것을 기억하고 있던 충실한 시자 아난다를 죽이는 일이었을 것이다. 자기 혼자만 돼지고기를 먹게 하고 나머지는 파묻으라고 고집함으로써 고타마는 아난다가 그것을 먹지 못하게 막았다. 따라서 자신의 가르침이 살아남게 하기 위해 자신의 죽음을 앞당긴 것일 수도 있다.

내가 미처 알아차리기도 전에 멍하고 순진한 눈으로 웃으며 쳐다보는 50~60명의 소년들이 흙더미 꼭대기의 내 주변으로 몰려들었다. 소년들의 무리는 눈도 깜박이지 않고 단체로 나를 뚫어지게 바라보며 내가 움직일 때마다 거기에 맞춰 호의적으로 움직인다. 그들은 마치 품안에 다정하지만 조심스럽게 들고 있는 미지의 생물을 조사하는 거대한 유기체 같다. 마침내 내가 떠나기로 결심하자 그 원에 나를 위한 통로가 열리고 나는 골목길로 돌아간다. 어수선한 한 무리의 용기 있는 아이들이 나를 따라오면서 교대로 펜과 루피를 달라고 조른다.

농가 마당과 논밭이 펼쳐지는 파질나가르 외곽에서 나는 24 티르탄카르 1008 바그완 마하비르지(24th TIRTHANKAR 1008 BHAGWAN MAHAVIRJI)라고 새겨진 인상적인 하얀 대리석판을 발견한다. 그 아래에는 영어로 이런 설명이 있다. "이곳은 역사가들과 학자들이 마하비르 님의 열반 장소로 결론 내린 곳이다. 이에 근거하여 디감바르 자이나 협회는 여기에 웅장한 사원을 지었다." 이곳이 바로 고타마와 동시대인이자 그의 적수였던 마하비라가 사망했다고 여겨지는—최소한 자이나교의 엄격한 디감바라 분파의 일원들에 의해—장소이다.

나는 비문에 언급된 '웅장한 사원'을 찾아 둘러보다가 다시 한 번 한 무리의 마을 아이들에게 둘러싸인다. 나는 그 사원이 대리석판 옆의 높은 벽돌담 뒤에 있는 것이 틀림없다고 생각한다. 벽을 따라 걷다 문을 발견하지만 빗장으로 잠겨 있다. 나는 위에서 살짝 엿보기 위해 간신히 몸을 높이—아주 즐거워하는 환호성과 웃음소리의 합창 속에서—들어올린다. 한쪽에 자리한 다소 적막한 건물 한 채를 제외하면 그곳은 텅 비어 있다. 건축 자재처럼 보이는 것들이 흩어져 있고 풀과 잡초들이 무성하다.

오늘날에는 약 15킬로미터의 훌륭한 도로가 파질나가르(파바)와 쿠시나가르(쿠시나라)를 가르고 있다. 고타마는 너무 아파서 가마로 운반되어야 했을 것이다. 소수의 승려들로 꾸려진 그의 일행은 카쿳타 강에서 목욕을 하기 위해 멈췄다. 그리고 큰 춘다는 고타마를 위해 강둑에 승복을 펼쳐서 그가 누워 쉴 수 있게 했다. 아마도 그곳에서 밤을 보냈을 것이다. 자, 보라. 쿠시나가르로 가는 길 중간쯤에서 칸 씨와 내가 어떤 강에 다다른다. 지금은 콘크리트 다리가 강을 가로지르고 있고 폭 넓은 풀밭 강둑에는 나무 그림자가 드리워져 있다. 하지만 나는 충적평야 위의 강들에 대해 의심을 품게 되었고, 이 강이 카쿳타 강이 틀림없고 저기 강둑에 죽어가는 고타마가 한때 누워 있었다는 추론은 반대한다.

나는 과연 이 사람, 싯닷타 고타마에게 좀 더 가까이 다가갔는가? 이런 고고학적 장소들을 돌아다니고, 비하르와 우타르프라데시를 가로지르는 그의 여정을 추적하고, 그의 유골이 들어 있다고 하는 동석함을 바라보면서 뭔가를 얻었던가? 영축산에 오르거나 파질나가르의 흙더미 위에 섰을 때 처음에는 연상되는 어떤 것들이 잠시 아주 신나게 몰려드는 것을 경험했다. 감질 나는 약간의 순간 동안 안간힘을 쓰는 내 손가락 끝에 고타마가 거의 닿을 것만 같은 느낌이 들었다. 하지만 그 짜릿함이 사라지자마자 돌아온 것은 가벼운 무관심, 심지어 낙담이었다. 나는 그런 장소들을 그 모습 그대로 인정해야만 했다. 그것은 그냥 또 다른 벽돌더미, 또 다른 산, 또 다른 흙더미였다.

우리는 쿠시나가르의 로터스닛코 호텔의 넓은 앞마당으로 들어선다. 칸 씨는 엔진을 끄고, 흰옷의 종업원은 문을 열어주고, 공기는 날카로운 매미 소리로 폭발한다. 남은 것은 이것이다. 매미, 다람쥐, 소, 까마귀, 잉꼬, 피부병 걸린 개, 인도멀구슬나무, 선명한 색깔의 사리를 입은 여자와 소녀 들이 웅크리고 고생스럽게 일하고 있는 푸르고 노란 겨자밭. 살아남은 것이라고는 살아서 번식하고 있는 이들 나무, 새, 동물, 인간이다. 고타마가 봤던 것을 나는 절대 보지 못하겠지만 그 오래전 쿠시나라에서 밤이 되면 그가 들었을 바로 그 매미들의 후손이 내는 소리를 들을 수는 있다.

쿠시나라에 도착하자마자 고타마는 아난다에게 도시 외곽 현지 말라인들의 사라수 숲으로 자신을 데려가라고 말했다. 그곳에 가게 되자 그는 아난다에게 두 그루의 사라수 사이에 침상을 준비해달라고 요청했다. 자신이 오래 살지 못하리라는 것을 안 고타마는 자신을 어떻게 화장하고 유해로 무엇을 해야 하는지 설명했다. 이것은 아난다에게는 너무 힘든 일이었고, 결국 그는 울음을 터뜨렸다. "울고불고 하지 마라." 고타마가 말했다. "즐겁고 기쁜 모든 것은 변하게 되어 있다고 말하지 않았더냐? 혼합되어 합쳐진 것이 어떻게 죽지 않을 수 있단 말이냐?"

아난다를 달랠 수는 없었다. "여기서 돌아가시지 마십시오." 그가 애원했다. "이 비참하고 작은 초벽의 마을, 이 외진 정글에서는 돌아가시지 마십시오. 라자가하나 사밧티, 바라나시 같은 도시까지 갈 수 있다면 그곳의 지지자들이 스승님을 위해 제대로 된 장례식을 치러줄 것입니다." 나는 피곤한 듯 손을 저으며 말도 되지 않는 이 제안을 일축하는 고타마의 모습을 그려본다.

쿠시나라 도시인들이 마지막으로 존경을 표하기 위해 사라수 숲에 다녀간 뒤 수밧다라고 하는 유행자가 나타나 아난다에게 고타마를 볼 수 있는지 물었다. 아난다는 거절했다. 그러나 고타마는 그들이 하는 소리를 듣고 수밧다에게 자신이 있는 곳으로 오라고 했다. 수밧다가 말했다. "우리 시대의 스승들 중에 누가 진실을 깨달았는지 말씀해주십시오." 고타마는 그 질문을 일축했다. "그들 모두가, 혹은 아무도, 혹은 일부가 진실을 깨달았는지 깨닫지 못했는지는 신경 쓰지 마라. 내가 너에게 담마를 가르쳐주겠다." 그는 팔정도—정견, 정사유, 정정, 정념, 정어, 정업, 정명, 정정진—가 발견되는 곳에서 깨달음의 단계를 알아차린 사람들을 발견할 것이라고 설명했다. 그런 다음 그는 아난다에게 수밧다를 승가에 받아들이라고 지시했다.

늦은 밤이었다. 아마도 청명한 가을 달이 사라수 잎 사이로 반짝였을 것이다. 고타마는 그 자리에 있던 소수의 승려들에게로 몸을 돌려 말했다. "내가 가르친 것에 대해 확실하게 의심이 가는 것이 있다면 지금이 바로 물어볼 시간이다." 승려들은 침묵했다. "나에 대한 존경심으로 침묵한다면 최소한 서로에게 물어보거라." 그래도 아무도 말하지 않았다. 고타마가 말했다. "그렇다면 너희들은 모두 깨우친 것이 분명하다. 잘 들어라. 조건 지어진 것들은 부서진다. 조심스럽게 길을 가라!" 그리고서는 그도 조용해졌다. 그것이 그의 마지막 말이었다.

다음날 아침 고타마가 죽은 곳을 나타내는 쿠시나가르의 열반당을 방문하면서 나는 이상하게도 너무나 행복한 느낌이 들었다. 노란 가사를 걸치고 비스듬히 누운 붓다의 검은 석상이 어두침침한 방의 길이를 따라 놓여 있다. 1956년에 지어진 기능성 위주의 콘크리트 건물이 나무와 꽃밭, 발굴된 사원과 스투파 벽돌 중심부 토대 등으로 이뤄진 잘 관리된 또 다른 공원의 한복판을 장식하고 있다. 여기가 바로 고타마가 사라수 사이에 누워 수밧다의 방문을 받고 그의 마지막 말을 했을 곳이다. 그리고 바로 이곳이 아직 마음의 자유를 얻지 못한 이들이 "울고, 머리를 쥐어뜯고, 팔을 들어올리고, 쓰러지고, 뒤틀며 '너무 이르도다! 너무 이르도다! 붓다께서 돌아가셨다!'라고 울부짖었고 또 어떤 이들은 집중하여 알아차리며 참아내고 '만물은 영원하지 않다. 이 모든 수선을 피우는 게 도대체 무슨 소용이란 말인가?'라고 말했던 곳이다."

18

세속불자

1996년 나는 인터넷을 발견했다. 나는 신설된 샤펌불교대학(Sharpham College for Buddhist Studies and Contemporary Enquiry)의 디렉터로 일하고 있었는데, 이 학교는 최대 12명의 학생을 대상으로 1년간의 기숙 프로그램을 이제 막 운영하기 시작하던 참이었다. 전에 컴퓨터업계에서 일한 적이 있던 한 학생이 내게 인터넷을 연구도구로 이용하는 법을 보여주었다. 호기심이 발동한 나는 아내와 의사직을 버리고 배우와 예술가의 직업을 찾아 미국으로 떠난 우리 집안의 말썽꾼, 나의 작은 외할아버지 레너드 크레이스크를 쳐보았다.

검색해보니 많은 참고자료가 나왔는데, 대부분은 매사추세츠 글로스터 시 해변의 어부상과 연결되어 있었다. '타륜을 잡은 남자(The

Man at the Wheel)'라고 알려진 그 어부상은 레너드의 가장 유명한 조각 작품인 것으로 드러났다. 1623년에 세워진 글로스터 시가 300주년 되는 해를 기념하여 시 당국이 의뢰했던 그 청동상은 1925년 8월 23일 공개되어 헌정되었으며, 약 3미터 높이의 어부가 방수복 차림으로 배의 타륜을 잡고 북대서양의 폭풍우 속을 뚫고 지나가는 모습을 묘사하고 있다. 그러나 불교도인 나의 눈에는 영웅적인 미국의 개인주의를 기리는 이 기념비가 여덟 갈래 바퀴살의 담마 바퀴(법륜)를 쥐고 있는 남자로 보였다. 대구를 찾아 나선 사람이, 위험한 삼사라(윤회)의 바다에서 팔정도를 도구로 하여 자신의 귀중한 인체의 배를 이끌며 깨달음을 찾아 나선 보살로 탈바꿈한 것이다.

엘리스아일랜드◆ 기록에 의하면 레너드는 1913년 서른넷의 나이에 뉴욕에 도착했다. 그는 조각가라는 직업을 갖기 전 제1차 세계대전 중에는 보스턴의 코플리 극장에서 배우 생활을 하기도 했다. 보스턴의 백베이에 살며 일했던 그는 글로스터에서 케이프앤 반도로 몇 마일 올라간 록키넥에 자리한 예술가 마을에 여름 스튜디오를 갖고 있었다. 그는 "때 이른 흰머리와 불그레한 안색으로 쉽게 알아볼 수 있었다." 그는 재혼하지 않았고 혼자 살았던 것으로 보인다. 케이프앤 역사협회 문서보관소의 사진에서 멋지게 치장한 그의 모습을 보건대 그가 혹시 동성애자가 아니었을까 하는 생각이 든다. 1920년대 말부터 레너드는 컬러 사진에 관심을 보였으며 컬러 필름으로 작업한 최초의 비상업 사진작가 중 하나였다. 그는 1950년 보스턴에서 사망했다. 내

◆ 19세기 말과 20세기 초 미국 이민자들이 입국수속을 받던 곳.

가 태어나기 2년 반 전이었다. "돈은 내게 그리 큰 의미가 없다." 그는 이렇게 말했던 것으로 《보스턴헤럴드》지에 실린 부고난에 인용되었다. "나는 내가 하고 싶은 것이면 무엇이든 한다. 그래서 삶에 대해 제대로 된 설계를 하는 대부분의 사람들의 유형에 거스르는 것 같다. 개인적으로 나는 대부분의 사람들이 괴짜이지 내가 그런 것은 아니라고 생각한다. 사람들은 무리를 따른다. 나는 그러지 않는다. 그런 적도 없고 절대 그러지도 않을 것이다."

작은 외할아버지 레너드처럼 나는 뭔가 만들어야만 하는 사람들 중 하나다. 나는 뭔가를 만들어내는 일에 적극 관련되어 있지 않으면 가만히 있지를 못하고 쉽게 짜증을 낸다. 1995년부터 나는 길에 떨어져 있거나 생울타리 안으로 날아 들어왔거나 쓰레기통에 던져진 폐기물—종이, 천, 플라스틱—을 가지고 콜라주를 만들고 있다. 나는 이 쓸모없고 원치 않는 것들을 엄격한 양식 원칙에 따라 칼로 자르고 다시 붙여 복잡하고 대칭적인 모자이크로 만든다. 내가 왜 이러는지는 나도 모르겠다. 증명해야 할 미학 이론을 가지고 있는 것도 아니고 판매용 상품을 만들어야 하는 것도 아니다. 나는 나를 움직이게 하는 조용한 직관을 자유롭게 따른다. 나는 적합한 재료를 구하여 콜라주로 만들어내는 데 몇 달을 보내기도 한다. 이런 쓰레기 조각들을, 각각의 작은 조각이 갖는 한계는 초월하지만 각각의 다른 조각이 없다면 존재할 수 없는 작품으로 탈바꿈시키는 일은 엄청난 만족감을 준다.

나는 책도 이런 식으로 쓴다. 각각의 책은 콜라주이다. 나는 왠지 나의 관심을 끄는 생각과 문구, 이미지, 소품 글 등을 갈까마귀처럼 주워 고른다. 불경에서 찾아내는 것만큼이나 우연히 들은 대화의 조각

속에서도 그런 것들을 찾아낼 공산이 크다. 나는 체계적으로 일하지 않는다. 때때로 마치 꿈을 꾸듯 무작위로 책을 펼쳐 그 페이지에서 질문에 대한 답으로 뛰어 오르는 문장과 우연히 마주침으로써 내가 찾고 있던 것을 찾아내기도 한다. 체계적인 기록을 하지 않기 때문에 나는 잃어버린 참고자료를 다시 찾아내려고 하면서 몇 시간씩 소비한다. 그런 다음에는 이 모든 작은 조각들을 모아 깔끔하게 정리된 장으로 만들어야 한다. 그리고 처음부터 말하고 싶은 것이 무엇이고 어떻게 말할 것인지 알고 있는 자신 있는 서술자의 환상을 유지시켜야 한다. 나는 콜라주를 만들 때처럼 양식 원칙과 임의의 내용물 사이에서 똑같은 긴장을 경험한다.

『붓다는 없다(Buddhism without Belief)』 이후 나는 불교에 대해 불가지론적으로 접근하려는 생각을 좀 더 발전시키는 책을 쓰기로 출판사와 계약했다. 평소처럼 나는 메모를 하고, 생각을 모아 분석하고, 인용구를 수집하고, 관련 책과 기사를 읽고, 책의 장을 어떻게 구성할지 계획하고, 제목과 씨름하고, 대체적으로 주제를 두고 마음이 가는 대로 놓아두었다. 그런 다음 쓰기 시작했다. 일주일도 지나기 전에 나는 계획했던 모든 것을 버렸다. 쓴다는 행동이 그 자체의 헤아리기 힘든 논리를 따라 그 책의 주제, 즉 악마로 나를 인도했다. 엄청나게 많은 메모 어디에서도 나는 악마, 혹은 불교에서 말하는 '마라(Mara)'를 언급하지 않았다. 하지만 그때 나는 책 전체의 싹이 바로 그 하나의 생각에 들어 있다는 것을 알았다.

나는 그 다음 3년을 『선과 악의 얼굴(Living with the Devil)』◆을 쓰면서 보냈다. 이것은 또 다른 생각의 가닥으로 나를 인도했다. 그 가닥은 팔리 경전을 관통하는 것이지만 불교 정설의 상당 부분에 거스르는 것이었다. 전통적인 불교도들에게 붓다는 완벽한 사람으로 보이게 되었다. 그는 인간이 팔정도를 걸음으로써 궁극적으로 될 수 있는 것의 표본이다. 붓다는 마음에서 탐욕, 증오, 혼란의 마지막 흔적까지 제거하여 그런 것들이 "뿌리에서 잘리고, 종려나무 그루터기처럼 되어 다시는 자라나지 못할 것"이라고 말해진다. 동시에 붓다는 무결점의 지혜와 무한한 자비를 얻었다고 여겨진다. 그는 모든 것을 다 알고 있으며 한 치의 어김없이 다정하다. 그는 신이 된 것이다.

그러나 팔리 경전에서 붓다와 마라와의 관계를 묘사하는 많은 부분들은 다른 그림을 그리고 있다. 우루벨라에서 깨달음을 얻는 즉시 싯닷타 고타마가 문자 그대로 파괴해버린다는 의미에서 마라를 '정복'한 것은 아니었다. 왜냐하면 마라는 깨달음 뒤에도 계속 고타마 앞에 자신을 드러내기 때문이다. 그는 붓다가 쿠시나라에서 죽기 바로 전까지 다른 위장을 하고 계속 다시 나타난다. 이는 고타마의 존재로부터 갈망과 또 다른 '마라의 군대'가 문자 그대로 삭제되지 않았음을 암시한다. 오히려 그는 마라와 함께 살면서 이 악마의 힘을 빼앗을 수 있는 방식을 찾아냈다. 마라에 의해 더 이상 조종되지 않는다는 것은 그로부터 자유롭다는 것과 같다. 붓다의 자유는 탐욕과 증오를 부수는 데서 발견되는 것이 아니라 그것에 매달리고 동일시하지 않는 이상 저절로 사라져버릴 일시적이고 무상한 감정으로 이해하는 데서 발견된다.

◆ 국내에서는 2012년에 번역출간되었다.

팔리어로 마라는 '살인자'라는 뜻이다. 악마는 인간으로서 그 잠재력을 실현하는 데 제한을 가하는 그 모든 것을 신화적으로 이야기하는 방식이다. 신체적 죽음은 물론 마라는 당신을 약하게 만들거나 당신의 생명을 단축시키거나 엉망이 되게 하고 혹은 좌절시키는 모든 것을 말한다. 갈망은 안전하고 익숙한 것에 매달려 바른 길의 흐름 속으로 들어설 수 있는 능력을 막으므로 일종의 내적 죽음이다. 그러나 사회적 압력, 정치적 박해, 종교적 무관용, 전쟁, 기근, 지진 등에 의해 다른 종류의 '죽음'도 가해질 수 있다. 마라는 우리가 목표를 이루고 성취하고자 고군분투하는 세상의 구조 속으로 파고든다. 싯닷타 고타마는 다른 사람들이 그러지 못한 것처럼 이런 제약에서 면제되지 않았다.

마라가 죽음의 은유라면, 그렇다면 그 쌍둥이로서 붓다는 삶의 은유이다. 둘은 분리될 수 없다. 죽음 없이 삶이 있을 수 없듯이 마라 없이 붓다가 있을 수는 없다. 이것은 내가 『선과 악의 얼굴』을 쓰면서 얻은 통찰이다. 완벽이나 초월 대신 고타마의 담마의 목표는 고통을 겪는 이 세계를, 그 뒤를 따라오는 공포나 애착, 갈망이나 증오, 혼란이나 자만에 압도되지 않고 받아들이는 것이었다.

어떻게 이것을 이룰 수 있을 것인가에 대한 단서는 뗏목의 우화에서 발견된다. 고타마는 담마를 물에 떠서 흘러가는 나무 조각, 떨어진 가지, 잡동사니 조각 등을 모아 만든 뗏목에 비유한다. 당신이 가는 길에 놓인 강을 그 뗏목을 써서 일단 건너면 당신은 다른 사람이 쓸 수 있게 뗏목을 강둑에 놓아두고 자신의 길을 간다. 담마는 일시적인 방편이다. 그것을 공경의 대상으로 여기는 것은 더 이상 필요 없는 뗏목을 등에 지고 가는 것처럼 어리석은 일이다. 담마를 수행하는 것은 콜라주를 만드는 것과 비슷하다. 불교의 여기저기에서 발견한 생각과 이미지, 통찰, 철학적 양식, 명상법, 윤리적 가치 등을 모아 함께 단단히 묶은 뒤 당신의 삶의 강에 그 뗏목을 띄운다. 가라앉거나 해체되지 않고 강의 저편으로 당신을 데려갈 수 있는 한 그것은 효과를 발휘한다. 그게 중요한 것이다. 그것이 '불교'가 무엇이고 무엇이어야 한다는 다른 사람의 생각에 부합되어야 필요는 없다.

붓다는 사촌이자 같은 사키야 사람인 아난다와 아누룻다가 함께하는 가운데 지치고 병들어 죽었다. 그들은 북쪽으로 약 120킬로미터 떨어져 있는 고국에 다다르지 못했다. 사망 당시 싯닷타 고타마는 코살라 군대의 손에 의해 자신의 동포들에게 어떤 운명이 닥쳤는지 알지 못했을 수 있다. 그가 몸져누워 죽은 쿠시나라의 도시 말라에는 최소한 그의 지지자들이 일부 있었다. 그중 주요 인물은 수년 전 파세나디 왕에 의해 살해된 군사령관이자 대판관이었던 반둘라의 나이 든 미망인 말리카였을 것이다. 붓다의 사망 소식을 듣자마자 말라 사람들은 사라수 숲으로 돌아와 경의를 표했다. 그들은 화환과 향수를 가져오고 연주가들을 모이게 했으며 최고로 좋은 옷을 입었고 말리카가 보석이 박힌 가장 좋은 자신의 망토를 덮어씌운 고타마의 시신 앞에서 7일 동안 춤추고 노래하고 음악을 연주했다.

화장 장작더미에 불이 붙여지기 바로 전에 수많은 승려들이 파바 방향으로부터 서둘러 도착했다. 그 선두에 대(大)캇사파(대가섭)라는 승려가 있었는데, 그는 자신이 고타마의 발에 이마를 대고 마지막 경의를 표할 때까지 화장을 시작하지 말라고 우겼다. 캇사파와 그의 일행은 죽어가는 고타마와 그의 소규모 일행 뒤에 며칠 정도 뒤떨어져서 움직이고 있었다. 그들은 베살리에서 고타마의 중병 소식을 듣자마자 우기가 끝난 뒤 라자가하를 떠났던 것 같다.

캇사파는 마가다 출신의 브라만이었는데, 고타마 말년에 늦은 나이에 승려가 되었다. 그는 자신과 고타마의 관계가 특별하다고 주장했다. 그들이 날란다로 가는 길의 바니안나무 아래서 처음 만난 뒤 고타마는 캇사파가 준 좋은 천의 옷에 대한 답례로 자신의 '낡은 삼베옷'을 그에게 주었다. 이 사건은 권위의 전승으로 비춰지게 되었다. 사리풋타와 목갈라나의 죽음 이후 캇사파는 스스로를 고타마를 뒤를 잇고 승단을 이끌어가는 데 가장 적격인 사람으로 여겼던 것으로 보인다. 선 전통에서 그는 '초조(初祖)'로 간주된다. 그는 붓다가 꽃을 들고 있을 때 미소를 지었고, 그럼으로써 말과 개념을 초월하는 '마음에서 마음으로' 전승된 것을 받았다고 말해지는 사람이다.

몸져누워 죽어가던 고타마는 아난다에게 말했다. "내가 죽은 뒤 너는 네게 스승이 없으리라고 생각할지도 모르겠다. 그렇게 봐서는 안 된다, 아난다. 왜냐하면 내가 담마와 수행으로서 네게 가르치고 설명한 것이 내가 죽으면 너의 스승이 될 것이기 때문이다." 데바닷타가 승단의 통제권을 차지하려고 하자 고타마는 자신의 사촌에게 말했다. "나는 너 같은 아첨꾼은 고사하고 사리풋타와 목갈라나에게조차도 이 공동체를 이끌라고 부탁하지 않을 것이다." 고타마는 그 누구라도 자신의 뒤를 잇는 것은 의도하지 않았다. 그는 자신이 죽은 뒤 깨달은 승려보다는 특정 개인과 상관없는 생각과 수행의 기구가 공동체를 다스리는 것을 구상했다. 그는 마가다와 코살라에서 만연하는 독재적인 왕권 같은 것이 아니라 아직도 베살리에 살아남은 의회 통치 체제를 본보기로 삼았다.

캇사파가 붓다의 장례식에 도착한 것은 권력 투쟁의 시작을 나타낸다. 한쪽에는 캇사파가 있다. 그는 신비주의자이고 고행자이며 엄격하고 나이 지긋한 브라만으로, 영적 권위가 구루에서 제자로 전해지는 불교 이전 『우파니샤드』에서 가르치는 대로의 인도 전통 사상을 고수한다. 다른 쪽에는 아난다가 있다. 그는 충직한 시자이자 비서이며 기억력이 뛰어나고, 고타마와 세상 사이의 중재자이며 여성들의 옹호자로, 바른 길의 흐름에 들기는 했지만 윤회에서 해방되지는 않았다. 그들은 고타마의 유산이 될 수도 있는 무언가 서로 상충되는 두 시각을 구체적으로 표현한다. 그것은 바로 사제들이 통제하는 또 다른 인도의 종교이거나 혹은 또 다른 종류의 문명을 만들어낼 수도 있는 깨달음의 문화인 것이다.

일단 고타마의 재와 유골을 북인도의 서로 다른 곳(주목할 만한 것은 사밧티가 제외되었다는 점이다.)에 있는 추종자들에게 나눠주자 승려들은 고타마의 가르침을 정식으로 확립하기 위해 회의를 열자는 캇사파의 제안에 동의했다. 캇사파는 참석할 만한 자격이 있다고 여겨지는 원로들을 뽑아달라는 부탁을 받았다. 그가 작성한 유자격 후보 목록에 아난다는 포함되지 않았는데, 그 이유는 그가 '완전히 해방'되지 않은 '배우는 자'에 불과하기 때문이라는 것이었다. 다른 원로들이 압력을 가하자 비로소 그는 마음을 누그러뜨리고 아난다의 참석을 허락했다. 그들은 다음 우기에 라자가하에서 결집하기로 결정했다. 그들은 캇사파가 지명한 이들 외에 다른 승려들이 그때 라자가하에 머무는 것을 허용하지 않는다는 데 동의했다.

그래서 그들은 왔던 길을 되돌아가 다시 남쪽으로 향했다. 약 240킬로미터의 먼짓길과 갠지스 강이 쿠시나라와 라자가하 사이에 놓여 있었다. 때는 겨울이었다. 그들은 아침 내내 어른거리기도 하는 차가운 땅안개를 견뎌내야 했을 것이다. 이것은 아난다가 그 전해에 사키야를 떠나온 이후 해야만 했던 세 번째 여행이었다. 그는 무거운 마음으로 길을 떠났을 것이다. 자신의 모든 것이었던 사람이 죽었다. 그리고 이제 그는 이 비교적 신참자인 캇사파의 권위에 복종해야만 했다. 그가 이런 시를 지은 것은 바로 이 즈음이었을 수 있다.

> 옛 사람들은 세상을 떠났고,
> 새로운 사람들은 나와 전혀 맞지 않는다.
> 오늘 이 아이는 혼자 생각에 잠겨 앉아 있다,
> 비가 내릴 때 둥지에 든 새처럼.

아난다는 우기의 첫 번째 폭우가 내리기 시작하자 둥지에 버려진 어린 새처럼 상실감을 느꼈다. 그의 세계는 산산조각이 났다. 그는 공통점이라고는 거의 없는 한 무리의 승려들에 의해 선출되었다. 붓다의 유골처럼 그는 남은 잔재였다. 그는 자신이 기억하는 것을 암송하도록 라자가하로 호송된 정보의 보고였다.

어느 시점에 일행은 비구니 사원에 도착했고, 비구니들은 캇사파에게 담마에 관한 설법을 부탁했다. 캇사파는 아난다를 설득하여 이 일을 하게 하려 했으나 아난다는 그들이 듣고 싶어 하는 사람은 캇사파라고 주장했다. 다음날 아침 캇사파가 아난다의 시중을 받으며 여승들의 처소로 가서 강연으로 그들을 '가르치고, 훈계하고, 영감을 불어넣고, 기쁘게' 했다. 떠나려던 차에 그는 팃사라는 여승이 하는 소리를 들었다. "캇사파는 어떻게 아난다 앞에서 담마에 대해 이야기할 생각을 할 수 있단 말인가? 이것은 마치 바늘장사가 바늘 만드는 사람에게 바늘을 팔 수 있다고 생각하는 것과 같구나!"

캇사파는 아난다를 한쪽으로 데려가 자신이 들은 것을 그에게 말했다. "그렇다면, 친구 아난다여, 내가 바늘장사이고 자네가 바늘 만드는 사람인가, 아니면 내가 바늘 만드는 사람이고 자네가 바늘장사인가?" 아난다는 대화를 가볍게 넘기려고 했다. "참으십시오, 캇사파여." 그가 말했다. "여자들이 얼마나 어리석은지 잘 아시잖습니까." 캇사파는 아난다의 반응에 화가 났다. 캇사파에게는 그것이 아난다가 여승의 말을 비난하기보다는 정당화시키고, 그럼으로써 자기보다는 그 여승의 편을 드는 것처럼 들렸다. "조심하게. 아난다." 그가 말했다. "승단이 자네를 더 조사해야 할 일은 만들지 말게." 이렇게 말함으로써 그는 아난다가 어쩌면 그 여승과 애정 관계로 얽혀 있어서 그녀의 편에 섰으리라는 암시를 했다.

일행이 라자가하에 도착하자마자 아난다는 일부 추종자들과 함께 남부 구릉지대라고 불리는 지역을 걸어서 돌아보기로 했다. 이때 즈음하여 푸라나라고 하는 승려가 남부 구릉지대를 걸어서 지나가고 있었다는 이야기도 들린다. 우리가 푸라나에 대해서 알고 있는 유일한 것은 결집이 끝난 뒤 그가 라자가하로 왔고 원로들로부터 고타마의 가르침에 대한 그들의 권위 있는 기록에 '복종'하라는 소리를 들었다는 것이다. 하지만 푸라나는 거부했다. 그는 말했다. "나는 내가 붓다로부터 직접 들은 가르침만 마음에 새길 것입니다."

캇사파는 라자가하로 돌아온 아난다를 호출했다. 캇사파는 아난다가 남부 구릉지대에 있는 동안 그와 동행했던 30명의 젊은 승려들이 승복을 벗고 재가자의 삶으로 돌아갔다는 것을 알게 되었다. "자네의 수행단이 와해되고 있네, 아난다." 그가 말했다. "자네의 젊은 추종자들이 빠져나가고 있단 말이네. 자신의 한계를 모르는구나, 아이야."

"내 머리에 자라는 것은 흰머리가 아니란 말입니까?" 아난다가 반박했다. "나를 '아이'라 부를 권리는 없으십니다."

여승 난다가 이 대화를 듣고는 아난다 편을 들게 되었다. 그녀가 물었다. "전에 다른 종파의 일원이었던 캇사파가 어떻게 아난다를 '아이'라 부르며 폄하할 생각을 할 수 있습니까?"

그러자 캇사파는 자기 자신을 상세하게 정당화시킬 필요성을 느꼈다. 그는 날란다로 가던 길에 붓다를 만났고, 붓다로부터 훌륭한 제자라는 칭찬을 받았으며, 그런 다음 붓다의 오래되어 닳고 기운 옷을 받은 이야기를 했다. 그는 주장했다. "누군가 자신이 붓다의 가슴으로 태어났고, 그의 입에서 태어났으며, 담마로부터 태어났고, 담마의 후계자이며, 낡은 삼베 누더기를 받은 자라고 말할 수 있는 이가 있다면, 이것을 마땅히 말할 수 있는 사람은 바로 나다……나는 바로 지금 생에서 결점 하나 없는 마음의 해방에 들어가 머물고 있다. 나의 직접적인 지혜를 가릴 수 있다고 생각하느니 차라리 수컷 코끼리를 야자수 잎으로 가릴 수 있다고 생각하는 게 나을 것이다." 상황은 종료되었다. 대담하게 캇사파에 맞섰던 여승 난다는 승복을 벗고 재가자의 삶으로 돌아갔다.

고타마 추종자들 사이의 긴장은 아자타삿투 왕의 궁정에서 관리와 대신 들 사이에서 문제를 일으키고 있었다. 결집이 시작되길 기다리는 동안 아난다는 고파카라는 브라만의 집무실을 방문했는데, 그곳에서 밧사카라 최고대신을 봤다. 두 사람은 아난다에게 승가 안에 싯닷타 고타마와 똑같은 자질을 가진 승려가 있는지 물었다. 아난다는 말했다. "아니오." "그렇다면 고타마 스승께서 후계자로 임명한 유일한 승려가 있습니까?" "아니오." "그렇다면 승가와 원로들이 고타마 스승의 후계자로 임명한 승려가 있습니까?" "아니오." "귀의할 수 있는 승려가 하나도 없다면 어떻게 승가에서 화합을 이루길 바랄 수 있단 말입니까?" 아난다가 말했다. "우리에겐 귀의할 곳이 있습니다, 브라만이여. 우리는 담마를 귀의처로 갖고 있습니다."

고파카의 집무실에 있는 동안 아난다는 서쪽에 있는 아반티 왕국의 지배자 팟조타 왕의 군대가 라자가하 요새를 공격할 것에 대비하여 라자가하의 방어시설들을 강화시키고 있다는 것을 알게 되었다. 아자타삿투가 갠지스 강 건너 밧지인들을 공격하기 위해 군대를 파탈리푸트라에 집중시키고 있을 때 팟조타는 그 기회를 이용하여 수비가 형편없는 라자가하에 대한 공격을 개시하려는 것으로 보였는데, 알려지기로는 빔비사라 왕의 죽음에 대한 복수를 위해서라고 했다. 사키야에서 마가다까지 아난다가 알고 있는 전 세계가 전쟁의 소용돌이에 휩싸이기 직전이었다.

결집은 라자가하 위의 산에 있는 칠엽굴(七葉窟)에서 이루어졌다.

그때처럼 지금도 그 동굴로 가는 길은 대나무 숲으로 이어지는 길 건너편 온천 입구에서부터 시작된다. 고대의 석관에서 쏟아져 나오는 따뜻한 물을 요란스럽게 즐기며 몸을 씻는 이들의 반짝이는 몸으로 가득 찬 못을 지나 가파른 계단을 올라간다. 여기서부터 길은 라자가하를 둥그렇게 에워싼 산등성이로 당신을 데려간다. 약 1킬로미터가 지나면 산길의 오른쪽 아래는 끊기고 크고 편평한 바위턱이 등장한다. 아래쪽 평원으로 거의 완전히 깎아 지르는 형세이다. 칠엽굴은 뒤의 절벽으로 약 15미터 정도 뻗어 있는 연장된 열린 틈에 불과하다.

바로 여기에서, 이 동굴 안이나 바위턱에 세운 차양 밑에 한 무리의 나이 지긋한 승려들이 모여 휘몰아치는 비바람을 맞으며 캇사파가 아난다에게 고타마로부터 들은 모든 것을 기억해내 암송하라고 하는 것을 귀 기울여 들었다.

이렇게 해서 불교는 기원전 400년경 라자가하의 칠엽굴에서 열린, 오늘날 '제1차 결집'이라고 부르는 모임에서 조직화된 종교로서의 삶을 시작했다. 그 후 1,500년에 걸쳐 담마는 인도에서 나머지 아시아 전역으로 퍼져 수많은 운동과 종파를 낳았고 수많은 지지자를 얻다가 11세기 이후 이슬람교도의 인도 아대륙 침략의 여파로 그 기원지에서는 자취를 감췄다. 서양에서 처음으로 불교를 제대로 설명하기 시작한 것은 학자들이 고전 경전에 접근할 수 있게 되고 그것들을 해독하기 시작한 19세기 중엽의 일이다. 1881년 T.W. 리스 데이비즈가 런던에 팔리경전협회(Pali Text Society)를 세워 팔리어로 보존된 싯닷타 고타마의 설법과 글들을 체계적으로 영역하기 시작했는데, 이런 노력은 오늘날까지 계속되고 있다.

최초의 유럽인들이 미얀마로 여행하여 불교 승려의 계를 받은 것은 겨우 20세기 초의 일이다. 1960년대까지는 서양인 승려가 몇 명 되지 않았는데, 일부는 아시아에서 승려로 있었고 다른 이들은 유럽과 미국에서 소규모의 재가자 불교계의 일원으로 있었다. 그러다가 1959년 달라이 라마와 그의 추종자들이 티베트를 탈출하게 되었다. 곧이어 1960년대의 문화적 대변동이 일어나면서 기독교와 유대교에 대한 믿음을 거의 상실한 여유로운 젊은 세대가 아시아—인도, 네팔, 태국, 미얀마, 스리랑카, 일본, 한국—로 여행하여 그들의 부모는 생각조차 하지 못했을 새로운 종교적 가능성을 찾게 되었다. 그때 이후 불교에 매료된 서양의 관심은 조금도 수그러들지 않고 계속되었다.

1929년 별의 교단(Oder of the Star)을 해체하면서 젊은 지두 크리슈나무르티는 3천 명의 추종자들에게 말했다. "여러분은 어쩌면 악마와 그의 친구가 함께 길을 걷다가 그들 앞에서 어떤 사람이 몸을 굽혀 땅에서 뭔가를 주워 살펴보더니 자기 호주머니에 넣는 것을 보고 뭐라고 말했다는 이야기를 기억하고 있을지도 모르겠습니다. 친구가 악마에게 말했습니다. '저 사람이 주운 게 뭐야?' '한 조각의 진리를 주웠지'라고 악마가 말했습니다. 그의 친구는 '그렇다면 너한테는 아주 나쁜 일이군'이라고 말했습니다. '오, 전혀.' 악마는 대답했습니다. '나는 그가 그것을 체계화해서 조직하도록 놓아두려고 해.'"

"나는 비구와 비구니 들에 둘러싸여 살고 있다." 어느 날 싯닷타 고타마는 코삼비 근처 고시타 사원에서 이렇게 생각했다. "나는 왕과 대신들, 각 종파의 스승들과 그 추종자들에 둘러싸여 살고 있다. 나는 불편하게 살고 있고 편하지가 않다. 만약 군중과 떨어져서 혼자 산다면?" 그래서 그는 보시 일과에서 돌아온 뒤 자신의 거처를 깨끗이 치우고 사발과 옷을 들고 아무에게도 말하지 않은 채 동반자도 없이 파릴레이야카로 떠나 그곳 숲의 사라수 아래 혼자 머물렀다. 붓다조차도 자신의 가르침을 지지하고 전파시키기 위해 자신이 만든 조직으로부터 압박감을 받았던 것처럼 보일 것이다.

하지만 그의 생각이 정설과 제도로 조직화되지 않았더라면 과연 살아남을 수 있었을까? 내가 아난다와 캇사파의 싸움에서 아무리 아난다를 지지한다 해도 그렇게 불안정한 때에 캇사파처럼 공격적인 지도력을 가진 이가 없었다면 고타마 사후 약 한 세대도 지나지 않아 담마는 잊혔을 수도 있다는 점을 인정하지 않을 수 없다. 세라 사원과 송광사가 각각 불교 전통의 요새로 수 세기 동안 존재하지 않았다면 과연 나는 지금 이렇게 불교 관련 글을 쓸 수 있는 토대가 되어준 교육과 훈련을 받을 수 있었을까? 그건 아주 의심스럽다. 내가 좋아하건 좋아하지 않건 간에 종교적 삶의 생기와 그 형식적인 조직은—붓다와 마라처럼—서로 불가분하게 얽혀 있는 것으로 보인다.

조직화된 종교를 거부하고 모호하고 절충적인 '영성(spirituality)'을 택하는 것 역시 만족스런 해결책은 아니다. 위가 음식을 소화시키는 것을 멈출 수 없듯이 언어사용자로서 우리는 일관된 이론과 믿음을 만들어내려는 시도를 멈출 수 없다. 사회적 동물로서 우리는 변함없이 우리 스스로를 무리와 공동체로 조직한다. 엄격하고 자기 비판적인 담론이 없다면 종교에 대한 상투적인 이야기와 검토되지 않은 일반화에 빠질 위험이 있다. 그리고 일종의 사회적 화합이 없다면 어떤 이의 훌륭한 생각은 소멸되기 쉽다. 요점은 모든 제도와 신조를 버리는 것이 아니라 좀 더 역설적으로 그것과 함께 살고, 그것을 무자비하게 방어하거나 억지로 강요해야 하는 변치 않는 실체로보다는 그 자체로 인식—끊임없이 연관성과 의미를 찾는 인간의 마음 작용—하는 법을 찾는 것에 있다.

돈 큐핏은 말한다. "오늘날의 종교는 믿음이 없는(beliefless) 것이 되어야 한다. 거기에 믿거나 바랄 것은 아무것도 없다. 따라서 종교는 당신 자신을 전반적인 삶, 특히 당신 자신의 삶에 결부시키는, 즉각적이고도 깊이 느껴지는 방식이 되어야 한다." 나는 바로 이런 정신으로, 그 오래전에 붓다가 말하고 있었던 것을 이해하려고 노력했다. 고타마의 인간성을 되찾고 그가 살았던 시대의 압도적인 의견으로부터 그의 생각을 구분해내는 시도를 하면서 나는 이와 비슷한 관점이 그에게도 생기를 불어넣었을지도 모른다고 생각하고 싶다. 당신이 내가 만들어낸 콜라주가 그의 모습과 생각으로 설득력이 있다고 생각하건 혹은 그렇게 생각하지 않건, 그것은 오늘날의 세계에서 재가자인 나에게 전통적인 불교가 제시하는 그 어떤 대안들보다 더 효과가 있다.

다른 것과 구별되는 고타마 자신만의 특징적인 가르침은 무엇이었나? 그가 살았던 당시 인도 문화에서는 파생될 수 없는 담마의 네 가지 핵심 요소가 있다. 그것은 다음과 같다.

1. '이 조건성, 연기'의 **원리**

2. 사성제의 **과정**

3. 알아차림의 수행

4. 자립의 힘

이 네 가지 자명한 이치가 고타마가 예측했던 윤리적으로 헌신적이고, 실질적으로 실현되고, 지적으로 일관된 삶의 방식에 충분한 토대를 제공한다. 그것은 그가 내다본 새로운 종류의 문화, 사회, 공동체(civitas)를 만들어내는 모체이다.

그러나 고타마의 담마는 일련의 자명한 이치 그 이상이다. 그것은 단순히 채택되고 믿어지는 것이라기보다는 살아져야 하는 것이다. 거기에는 이 모든 모호함과 단점을 가지고 있고 이 모든 연기성과 특수성을 지닌 세상을 포용하는 것이 수반된다. 그것은 자신에 대해 수그러들지 않는 솔직함과 자신의 아주 깊은 두려움과 갈망을 기꺼이 대면하는 것, 자신의 '자리'가 준다고 상상하는 안전함으로 도망치는 것에 저항하는 용기를 필요로 한다. 불화와 혼란의 한가운데에서 그것은 당신으로 하여금 무슨 일이 일어나고 있는지 정확하게 주의를 기울이고, 습관적인 반응 유형을 따르려는 충동에 저항하고, 자신의 '토대'가 가진 고요하고 온전한 시각으로 반응하게 한다.

고타마의 담마는 다른 사람과의 관계에 스며들어 변화시키는 감성을 필요로 한다. 그는 말했다. "누구든지 나를 보살피려는 이라면 아픈 사람들을 보살펴야 한다." 고통을 받아들이라는 명령에 주의를 기울이는 것은 다른 이들의 곤경을 공감하며 동일시하는 것으로 이어진다. 그들의 고통이 자기 자신의 고통으로 느껴지게 된다. 제1차 결집 이후 1,000년이 지난 뒤 글을 썼던 샨티데바는 『입보리행론』에서 이것을 더욱 확장시키고 있다. 자비로운 붓다가 다른 사람들을 자기 자신으로 여긴다면, 그렇다면 이 세상에 고통이 있는 한 붓다 역시 고통을 겪는다고 샨티데바는 주장한다. 붓다를 '보살핀다'는 것은 다른 이의 얼굴과 눈에서 조용히 발산되는 '부름(call)'(내가 수년 전 프리부르에서 만난 철학자 에마뉘엘 레비나스가 이렇게 표현한 것처럼)에 주의를 기울이는 것을 필요로 한다. 그들이 내뱉는 무언의 첫 음절들은 바로 이런 것들이다. "나를 죽이지 마세요."

샤펌에서 살고 일한 지 15년이 지난 2000년 마르틴과 나는 잉글랜드를 떠나 프랑스 남서부로 이사했다. 그보다 앞서 4년 전 우리는 보르도 근처 중세 마을에 있는 마르틴 가족의 집을 사서 개조하기 시작했다. 우리는 선택을 해야만 했다. 샤펌트러스트는, 내가 디렉터로 마르틴은 코디네이터로 일하던 샤펌칼리지가 영국의 대학과 공식적인 관계를 맺을 필요가 있다는 결정을 내렸다. 그 목적은 강의를 듣는 학생들에게 학위를 받을 수 있는 학점을 주기 위해서였다. 우리는 샤펌칼리지를 이런 방향으로 끌고 가는 데에는 관심이 없었고 그렇게 하기 위한 학위도 없었기 때문에 데번을 떠나 프랑스에 있는 우리 집에 정착하기로 결정했다. 그곳에서 우리는 더 자유롭게 글을 쓰고 공부를 할 수 있을 것이고, 또 전 세계에서 점점 더 많아지고 있는 명상 수행 지도와 불교 철학 강의 요청을 수락할 수 있을 것이다.

프랑스에서의 삶은 곧 자리를 잡아 규칙적으로 움직이기 시작했다. 지금 우리는 매년 총 6개월 정도는 유럽, 미국, 그리고 가끔은 멕시코, 오스트레일리아, 남아프리카에서 수행 지도와 강의를 하면서 보낸다.

나머지 시간은 조용히 집에서 글을 쓰고, 집과 정원을 돌보며, 마르틴의 대가족이 만들어내는 극적인 사건들 속에 빠져서 보낸다. 우리는 우리가 사는 곳과 가까운 곳에는 일부러 명상 그룹이나 불교학 센터를 조성하지 않았다. 30년도 넘는 시간이 지나고 난 뒤 처음으로 우리는 '불교도'로서의 역할로 규정되지 않은 평범한 삶을 즐길 수 있게 되었다. 그것은 희한하게도 우리를 해방시켜준다.

나의 어머니는 아흔여섯이고, 슈롭셔의 양로원에서 지내고 있다. 세월이 흐르면서 내가 하는 일에 대한 어머니의 의구심은, 나의 일이 어머니의 성공 척도—여행 안내서를 펴내 상을 받고, 라디오 프로그램에 참여하며, 가끔씩 TV에 출연하고—에 어느 정도 부합하면서 그에 준하여 줄어들었다. 달라이 라마가 국제적인 종교적 슈퍼스타가 되자 어머니는 자신의 아들이 달라이 라마가 비교적 잘 알려지지 않았던 망명자로 인도에 있을 때 그를 알았다는 사실을 더 자랑스러워했다. 어머니는 내 책을 몇 쪽 이상 읽는 데에는 결코 성공하지 못했지만("내가 읽기에는 너무 뛰어나구나, 얘야.") 어머니가 유일하게 친밀감을 느끼는 종교가 있다면 그것은 불교라고 말하는 것을 들은 적이 있다. 동생 데이비드와의 극심한 사상적 차이는 오래전에 사라졌다. 그는 지금 런던에서 예술가 겸 작가로 살고 있다. 그는 2000년에 『크로모포비아(Chromophobia)』라는 책을 냈는데, 이 책은 컬트 분야의 베스트셀러가 되기도 했다. 그의 작품은 전 세계 수집가들이 구입했으며, 공공건물 설치용으로 의뢰를 받기도 하고 유럽, 아시아, 미주 전역에서 전시된 적도 있다.

담마에 대한 생각과 수행에 대한 지속적인 열정에도 불구하고 나는 내 스스로를 '종교적인(religious)' 사람으로 묘사하는 것에 상반된 감정을 갖는다. 금박을 입힌 붓다상 앞에 엎드리거나 경건하게 합장하고 반야심경을 읊조린다든지 신실한 불교도 군중 사이에서 '옴마니팟메훔' 진언을 중얼거릴 때 나는 약간 사기꾼 같은 느낌이 든다. 하지만 나는 고대의 스투파를 돌거나 한때 붓다와 그의 추종자들이 섰던 땅을 밟는 일, 혹은 오래된 절이나 신전에 조용히 앉아 밖의 나무가 바스락거리는 소리를 들으며 나의 들숨과 날숨을 관찰하는 것을 좋아한다. 만약 '세속 종교(secular religion)'가 용어상 모순으로 여겨지지 않는다면 나는 그런 개념을 기꺼이 지지할 것이다.

나는 더 이상 불교 수행을, 명상을 능숙하게 하고 '영적' 성취를 얻는 차원에서만 생각하지 않는다. 고타마의 팔정도라는 도전은, 내가 이해하는 바로는, 자신의 존재의 모든 측면, 즉, 보기, 생각하기, 말하기, 행동하기, 일하기 등이 잘 발전할 수 있게 해주는 방식으로 이 세상을 사는 것이다. 삶의 각 분야는 담마 수행의 특정한 방식을 요구한다. 명상과 알아차림만으로는 충분하지 않다. 내가 신문을 펼칠 때마다 마주치는 고통에 반응해야 하는 과제를 생각해보면, 지금의 생이 요구하는 것이 사후 존재(혹은 비존재)를 위해 자신을 준비시키는 '좀 더 높은 차원'의 일보다 덜 중요하다고 밀쳐놓는 것은 비도덕적이라는 생각이 든다. 나는 내 자신을 이 시대(사이쿨룸, saeculum)의 요구와 전적으로 관련이 있는 세속불자로 여긴다. 이런 요구에 대한 나의 반응이 아무리 부적절하고 하찮다 할지라도 말이다. 그리고 어딘가에 천국이나 니르바나가 있다는 것이 마침내 밝혀진다 해도 그것에 대비하는 더 나은 길이 내게는 보이지 않는다.

부록

부록 I

팔리 경전

'팔리 경전(Pāli Canon)'은 싯닷타 고타마가 했던 말로 보이는 텍스트로서, 팔리어로 보존되어 있다. 팔리어는 『베다』, 『마하바라타』, 『우파니샤드』와 같이 브라만 문명의 고전 작품들을 기록한 언어인 산스크리트어의 속어 형태(프라크리트〔prakrit〕)로, 팔리어와 산스크리트어의 관계는 구어체 이탈리아어와 라틴어의 관계와 비슷하다. 그러나 오늘날 우리에게까지 전해진 팔리어 형태가 붓다가 말했던 언어인 것은 아니다. 고타마는 어디에서 누구를 대상으로 가르치고 있느냐에 따라 자신이 익숙했던 수많은 프라크리트—산스크리트어에 기초한 방언—를 사용했을 것 같다. 단순히 '텍스트'를 뜻하는 팔리는 이런 방언들의 좀 더 문학적인 형태로서, 붓다 입적 이후 수 세기 동안 발전되면서 인도의 서로 다른 지역의 승려들이 담마를 암송하고 그럼으로써 기억하는 공통의 언어로 이용되었다.

팔리 경전은 처음으로 스리랑카에서 글로 기록되기 전 3~4세기 동안 승려 집단에 의해 공동으로 암송된 구전 전통으로 살아남았다. 팔리 경전 텍스트가 글로 기록된 곳에서는 어디서나 그 나라의 특정한 문자로 전사되었다. 스리랑카에서는 싱할라어로, 미얀마에서는 미얀마어로 경전이 기록되었던 것이다. 마찬가지로 서구에서 경전이 연구되면서 경전은 팔리경전협회에 의해 로마자로 전사되고 출판되었다.

팔리 경전에서 발견되는 설법은 다른 불교 전통의 경전 문헌에도 보존되어 있다. 그런 설법의 가장 완전한 모음집이, 지금은 잃어버린 산스크리트어 판본의 경전을 한문으로 번역한 것에서 발견된다. 아가마(아함경)라고 알려진 이 판본은 내용과 구성 면에서 팔리어로 보존된 판본과 아주 가깝다. 팔리 경전과 아가마의 텍스트가 단어 하나하나 모두 다 동일한 것은 아니지만 서로 비교해보면 동일한 1차 자료의 교정본임을 보여준다. 이는 공통된 초기 불교 텍스트가 있었다는 것을 가리키며, 그중 하나가 팔리어로 보존되어 결국에는 스리랑카에 남게 되었고, 또 하나는 북인도에서 쓰던 불교 '혼성(하이브리드〔hybrid〕)' 산스크리트어로 보존되었다. 신자들이 수 세기 동안 물리적으로 서로 떨어져 있었음에도 불구하고 이 두 종류의 텍스트가 아주 비슷하다는 사실은 말로 전하는 구전이 글자로 기록하는 문화에서 자란 이들이 기대하는 것보다 더 믿을 만하다는 것을 시사한다.

초기 불경의 완전한 판본이 한문으로는 번역되었지만 티베트어로는 번역되지 않았다. 티베트 불교 경전(칸규르)은 팔리 경전과 아가마에서 발견되는 설법 중 비교적 적은 수만을 포함하고 있다. 그러나 승가 수련 텍스트(비나야)를 티베트어로 번역한 것이 포함되어 있는데, 이는 팔리 경전에서 발견되는 것과 대략 비슷하다.

팔리 경전은 '세 개의 바구니'(티피타카〔Tipitaka〕, 삼장)로 나뉜다. 이 세 가지는 (1) 숫타(Sutta, 경), 즉 붓다의 설법, (2) 비나야(Vinaya, 율), 즉 승가 수련 텍스트, 그리고 (3) 아비담마(Abhidhamma, 논), 즉 설법을 체계화하고 분명히 하려는 주해서이다. 전통적으로 세 '바구니' 모두 붓다의 말씀으로 받아들여졌다. 오늘날 학자들은 아비담마를 나중에 추가된 것으로 여기고 있다.

팔리 경전에서 발견되는 설법(경)은, 싯닷타 고타마, 그리고 가끔은 그의 뛰어난 제자들 중 일부가 붓다 생존 당시 북인도 전역 여러 곳에서 말했던 것으로 믿어진다. 현대 학자들은 이 모든 설법의 오래된 정도가 다 똑같지는 않다는 점을 인정하고 있는데, 경전에서 서로 다른 층의 텍스트의 연대를 결정하는 일은 여전히 해결되어야 할 문제이다.

팔리 경전의 경장은 다섯 가지 '모음집'(니카야〔Nikāya〕)으로 나뉜다.

1. 중부(中部〔중간 길이의 경〕, 맛지마니카야 Majjhima Nikāya〕)
2. 장부(長部〔길이가 긴 경〕, 디가니카야 Dīgha Nikāya〕)
3. 상응부(相應部〔연관된 경〕, 상윳타니카야 Saṃyutta Nikāya〕)
4. 승지부(增支部〔숫자에 따른 경〕, 앙굿타라니카야〔Aṅguttara Nikāya〕)
5. 소부(小部〔짧은 경〕, 쿳다카니카야〔Khuddaka Nikāya〕) - 이 모음집에는 담마파다(Dhammapada, 법구경), 우다나(Udāna, 자설경), 숫타니파타(Sutta Nipāta, 경집), 장로들의 게송(테라가타〔Theragāthā〕, 장로게와 테리

가타〔Therīgāthā〕, 장로니게]) 등이 포함된다.

팔리경전협회가 1881년 설립된 이후 이 모든 경이 최소한 한 번, 어떤 경우에서 서너 차례 영어로 번역되었으며, 새로운 번역이 계속 나오고 있다. 경전 규모가 어느 정도인지 감을 잡을 수 있게 하자면, 이 모든 경의 영역본은 거의 5,500쪽에 달한다. 하지만 여기에는 반복되는 부분이 상당량 포함된다.

팔리 경전의 율(비나야)은 수적인 면에서 경장만큼 아주 많지는 않다. 각각 승가 규율에 대한 이유를 열거하고 설명하는 숫타비방가(Suttavibhanga, 경분별〔經分別〕) 외에 두 개의 주요 모음집이 있는데, 마하박가(Mahāvagga, 대품〔大品〕)와 출라박가(Cūlavagga, 소품〔小品〕)가 그것이다. 이 두 가지에는 승가 생활, 붓다의 활동 중 일어난 주요 사건에 대한 이야기, 몇몇 설법과 훈계, 고타마가 제자와 지지자 들을 만난 이야기, 그리고 기원전 5세기 북인도의 일상생활에 대한 많은 정보 등이 들어 있다. 모두 합해서 율장 텍스트는 영역본으로 약 1,000쪽에 달한다.

내가 이 책의 2부에서 붓다의 가르침을 설명하는 데 이용한 유일한 원전은 바로 팔리 경전의 경장과 율장의 텍스트이다.

내가 붓다의 삶을 재구성한 것 역시 기본적으로 이들 텍스트에 근거하고 있다. 하지만 어떤 사건들—특히 사키야의 몰락에 이르는 사건들—을 위해서는 팔리어로 된 『법구경 주석서(담마파닷타카타 Dhammapadāṭṭhakathā)』를 인용해야만 했다. 이 특이한 텍스트는 법구경—팔리 경전에서 가장 사랑받는 소부 경전 중 하나—의 운문 423편을 가져와 각각에 대해 산문 '주석'을 제시하고 있는데, 운문의 의미와는 기껏해야 미미한 관련을 가지고 있을 뿐이다. 많은 승려들이 암기했을 텍스트인 법구경이 여기서는 기억을 돕는 도구로 이용되고 있는 듯한데, 각각의 운문은 대략 연관된 산문의 판을 걸어놓는 '못'의 역할을 한다. 다른 암기 체계와 마찬가지로 운문의 암송은 산문 구절을 떠올리는 '신호'로 작용할 것이다. 이런 구절 중 일부는 운문이 전해진 상황을 설명한다고 알려진 정교한 전설인 한편, 다른 구절은 고타마의 생에서 나온 사건들을 묘사하고 있는데, 이런 것은 경장과 율장 텍스트에서는 부분적으로 발견되거나 존재하지 않는 것들이다. 『법구경 주석서』에 나오는 그런 사건들은 팔리 경전에 산재해 있는 나머지 전기 자료와 일치하므로 그런 것들은 원래의 동일한 이야기를 언급하는 것일 가능성이 높으며 시간이 흐르면서 해체되고 숨겨지거나 잊혔다.

경과 율, 그리고 『법구경 주석서』에 걸쳐 발견되는 전기 일화의 일관성을 보며 나는 팔리 경전을 붓다와 그의 가르침에 대한 역사적 정보의 출처로 더욱 강하게 믿게 되었다. 그런 일관성에 대한 가장 경제적인 설명은 이런 구절들이 역사적인 인물과 사건 들을 언급한다는 것이다. 반면에 만일 그런 구절들이 만들어진 것이고 나중에 경전에 추가된 것이라면 다음과 같은 질문에 대답을 해야만 할 것이다.

1. 붓다를 초인적인 특징을 지닌 완벽한 인물로 표현하려는 경향—이미 일부 경에서 이런 조짐이 명백했다—이 만연한 상황에서 붓다의 삶에 그토록 인간적이고 비극적인 이야기를 첨가하는 것은 누구에게 득이 되는 일이었나?

2. 그리고 과연 누가 어떻게 이 이야기의 세부사항들을 수천 쪽의 텍스트에 걸쳐 무차별적으로 끼워 넣을 수 있었단 말인가?

나중에 불교도들은 경을 짓고 그것을 싯닷타 고타마의 것이라고 말하게 되는데, 그들이 만들어낸 텍스트(즉 대승경전)에는 역사적 · 사회적 혹은 지리적 현실감이 결여되어 있다. 게다가 이런 설법을 하는 것으로 제시되는 붓다는 그 완벽함으로 인해 마치 신과도 같으며, 따라서 독자들은 그가 갈등과 불확실의 세상을 사는 인간이라는 느낌은 잃게 된다.

팔리 경전의 경장과 율장이 불교에서 차지하는 의미는 기독교에서 신약이, 그리고 이슬람교에서 쿠란과 하디스가 차지하는 의미와 같다. 팔리 경전의 이런 부분을 붓다의 말을 그대로 전사한 것으로 여긴다면 순진한 일이겠지만 그럼에도 불구하고 그것은 싯닷타 고타마가 살았고 가르친 세계에 우리가 갈 수 있는 한 최대한 가까이 가게 해주는 자료를 제공한다.

팔리 경전과 그 형성에 관한 더 자세한 정보는 리처드 곰브리치의 『붓다의 생각(What the Buddha Thought)』과 K. P. 노먼의 『불교에 대한 문헌학적 접근(A Philological Approach to Buddhism)』을 보기 바란다. 팔리 경전의 많은 설법을 www.accesstoinsight.org에서 무료 영역본으로 볼 수 있으며, 팔리경전협회의 출판물은 www.palitext.com에서 찾아볼 수 있다.

부록 II

싯닷타 고타마는 탁실라에 있었나?

싯닷타 고타마는 어떻게 그만의 독특한 어조와 교리를 갖게 되었을까? 이런 것들은 전부터 존재하던 인도 문화, 예를 들어 『우파니샤드』에서 발견되는 어조와 교리와는 다르다. 35세 때부터 가르치기 시작한 고타마는 당시 브라만이나 기타 신앙과는 이미 박식하면서도 비판적이며 확실하고 냉소적인 거리를 두고 있었다. 처음부터 그는 갠지스 평원에서 발견되는 전통에서는 전례가 없어 보이는 개념(예를 들어, 연기, 염(念), 사성제)을 소개했다.

팔리 경전은 이 질문에 대해서 별로 밝혀주는 것이 없다. 고타마가 29세의 나이에 출가하기 전 어떤 종류의 교육을 받았고, 어떤 일이나 임무를 맡았으며, 어떤 문제와 관심사가 그를 고무시켰는지 언급하고 있지 않다. 이야기에 큰 구멍이 나 있는 것이다. 우리는 그가 형성기에 무엇을 했는지 그야말로 아무것도 듣지 못하고 있다. 그리고 집을 떠나 깨달음을 얻기까지 6년 동안, 우리가 아는 것이라고는, 그가 두 명의 스승에게 배웠고, 그들은 그에게 각각 '무소유처정(無所有處定, nothingness)'과 '비상비비상처정(非想非非想處定, neither-perception-nor-non-perception)'(즉, 제7, 제8 선정〔자나, jhana〕)을 가르쳤으며, 불특정한 기간 동안 고행을 하며 보냈는데 그는 이 모든 고행을 부적절하다고 거부했다는 것이다. 고행으로 자신의 딜레마를 해결하지 못하자 절망에 빠진 그는 자신의 '사키야인 아버지가 일에 몰두하고 있는' 동안 자신이 '염부수의 시원한 그늘에' 앉아 있던 중 '겨냥하는 마음(尋)과 고찰하고 지속시키는 마음(伺)'이 수반되고 은둔으로부터 생겨난 희열(喜)과 즐거움(樂)의 첫 번째 선정(初禪定)에 들어가 머물렀던' 때를 회상한다(M.36, i.246, p.340). 이 기억으로 그는 그런 방식이 깨달음에 이르는 길임을 믿게 된다(그럼에도 불구하고 헷갈리는 점은 제7, 제8선정에 통달한 이가 초선정에 익숙하지 않았다는 것이다.).

경전의 이야기가 우리로 하여금 믿게 하고자 하는 것은 고타마가 깨달음을 얻기 전에 했던 일은 당시의 두 가지 규범적인 종교 수행—무색정과 고행—에 통달했다가 이를 거부했다는 것이다. 그것은 그가 동료 고행자들과 논했을 철학적 · 종교적 주제에 중점을 두지 않고 있어서 그가 자신의 생각을 어떻게 발전시켰는지에 대해서는 아무런 이해를 제공하지 않는다. 그 이야기는 붓다의 깨달음이 기본적으로 사적인 영적 성취의 문제이며 『우파니샤드』 전통을 넘어서는 것이지만, 그럼에도 불구하고 그 핵심에 있는 것은 신비한 내적 경험이라고 주장하는 이들의 이해에 부합한다. 그러나 신비로운 통찰만으로는 그의 독특한 어조와 교리를 설명하기에 충분해 보이지 않는다. 전통적으로 불교도들은 보살이 완전한 깨달음을 찾으면서 수많은 생을 거쳤고, 붓다가 되는 마지막 장애물을 극복하는 것은 시간문제라고 믿는다. 그러나 환생을 거부하거나 그것에 대해 불가지론적 입장을 가진 이들에게는 이것 역시 만족스러운 답이 아니다. 차라리 그의 깨달음이 신의 은총의 결과라고 말하는 편이 나을 것이며, 이런 이론은 아마도 동일한 설명력을 발휘할 것이다.

이런 전통적인 이야기를 받아들이지 않는다면 싯닷타 고타마의 독특한 어조와 교리를 어떻게 설명할 수 있을까? 한 가지 가설은 깨달음을 얻기 전 몇 년 동안 그가 전적으로 브라만교가 아닌 높은 수준의 문화에 노출되었다는 것일 것이다. 그가 살았던 시기에 그런 노출이 가능했을 만한 유일한 곳은 탁실라(팔리어로는 탁카실라)라는 도시이다. 하지만 과연 팔리 경전에 이런 주장을 뒷받침하는 증거가 있나?

탁실라

기원전 5세기 탁실라는 간다라의 수도였다. 탁실라는 당시 세계 최강국으로 그 영토가 멀리 서쪽으로 이집트까지 뻗어 있던 페르시아 아케메네스 제국에서 가장 동쪽의 사트라피(주〔州〕)였다. 이 도시는 붓다가 태어난 카필라밧투로부터 대상 행렬이 두 달 걸려 이동하는 거리인 약 1,130킬로미터 떨어져 있었다. 아시아의 주요 교역로의 교차로 지점에 위치한 탁실라에는 페르시아인과 그리스인을 비롯하여 다양한 아케메네스 제국의 사람들이 살고 있었을 것이다. 이 국제적인 도시는 마가다 왕국의 수도인 라자가하의 갠지스 강 남쪽에서 출발하여 베살리, 쿠시나라, 카필라밧투, 사밧티를 거쳐 페르시아 제국 국경에 이르는 북로의 서쪽 종착지였다. 붓다가 태어난 시기(기원전 약 480년)를 즈음하여 간다라 출신의 인도 병사들은 아테네 북서부 테르모필레 전투에서 페르시아 군대의 일원으로 싸우고 있었다. 원시적인 수송체계에도 불구하고 사람들은 엄청난 거리를 이동할 수 있었고 또 기꺼이 이동했다.

탁실라는 그곳의 대학으로도 유명했으며, 이로 인해 탁실라는 그 지역에서 가장 큰 학문의 중심지가 되었다. 18가지 '학문'(빗자〔vijja〕)은 물론 『베다』 전승 지식도 탁실라에서 가르쳤다고 알려져 있지만 그중 경전에 언급된 것은 군사기술, 의학, 외과술, 마술뿐이다. 대학에 입학하면 학생들은 스승에게 수업료를 지불하고 그의 집으로 들어갔다. 그들은 스승으로부터 받는 가르침에 대한 답례로 스승을 위해 잡다한 일을 할 것을 요구받았다. 하지만 부유한 학생들은 하인들이 동행했을 가능성이 높다.

싯닷타 고타마의 삶에서 중요한 인물 중 일부는 탁실라에서 수학했던 것으로 알려져 있다. 여기에는 세 명의 동시대인들이 포함되는데, 싯닷타의 친구이자 주요 후원자였으며 사촌 마하나마의 딸과 결혼한 코살라의 파세나디 왕, 사키야 남쪽에 위치한 말라의 쿠시나라 출신 귀족으로 파세나디 군대의 사령관이 되었으나 결국 왕에게 살해당하는 반둘라(쿠시나라는 붓다가 입적한 곳이기도 하다.), 그리고 베살리 출신의 릿차비 족 왕자로 마가다의 빔비사라 왕에게 붓다를 베살리로 초청하라고 설득한 마할리가 그들이다. 붓다 주변 인물로 탁실라에서 교육 받았다고 잘 알려진 또 다른 두 명으로 앙굴리말라와 지바카가 있다. 앙굴리말라는 사밧티의 브라만 사제의 아들로, 탁실라에서 '흑마술'을 배운 뒤 그곳의 스승에게 빚을 갚기 위해 1,000명을 살해하려고 했다. 라자가하 궁정의 지바카는 탁실라에서 의학을 공부했으며 고타마가 아팠을 때 그를 치료했고 고타마 말년에 그를 자신의 망고 숲에 머물게 했다.

부록 IV의 지도를 보면 갠지스 평원 북부의 북로를 따라 주요 도시 중 한 곳만 제외하고 모든 도시(사밧티, 쿠시나라, 베살리)의 젊은 주요 귀족들을 탁실라대학에 보냈다는 점이 눈에 띈다. 귀족을 보내지 않은 유일한 주요 도시는 바로 고타마의 고향 카필라밧투로, 그곳은 사밧티와 쿠시나라의 중간 지점에 위치한다. 붓다의 아버지 숫도다나가 자신의 재능있는 아들이자 후계자를 탁실라에 보내는 것을 고려하지 않았다고는 상상하기 힘들다. 보냈다면 고타마는 그곳에서 교육뿐 아니라 코살라국에서 권력의 자리를 차지할 또래들(파세나디와 반둘라)과 함께 교육을 받았을 것이기 때문이다. 솔직하고 친밀한 대화 어조에서 분명하게 나타나는 고타마와 파세나디 사이의 친근함은 두 사람이 젊은 나이 때부터 알고 있었다는 것—아마도 탁실라에서 같이 수학했던—으로 설명될 수 있을 것이다. 고타마가 탁실라에 발을 디딘 적이 결코 없다 하더라도 탁실라에 있었던 이들과 함께 시간을 보냈을 것이고, 따라서 갠지스 분지 너머에서 온 사상을 접했을 것이다.

앗살라야나

또한 우리는 브라만 학자 앗살라야나(M. 93, ii 149, pp. 764~5)와의 대화에서 고타마가 간다라 지역과 그 사회 풍습에 익숙하다는 것을 알고 있다. 이 경에서 우리는 고타마가 브라만이 가장 높은 카스트라는 브라만들의 주장을 놓고 앗살라야나와 논쟁을 벌이는 것을 발견한다. "어떻게 생각하나요, 앗살라야나." 고타마가 말한다. "요나와 캄보자, 그리고 다른 변방국에서는 주인과 노예, 두 가지 카스트만 있다는 소리를 들어본 적이 있나요?" '요나'는 '이오나', 즉 그리스 소아시아(지금의 터키)를 팔리어로 말하는 것으로, 여기서는 알렉산더 대왕에 앞서 이주한 그리스 공동체들이 있었던 탁실라 근처 지방을 말한다(이들은 디오니소스 신을 섬기는 망명객들이었을 수 있다.). 마찬가지로 캄보자도 같은 인도 북서부 지역, 아마도 지금의 아프가니스탄인 박트리아에 있었을 것이다. 앗살라야나처럼 고타마도 이런 곳들에 대해 단순히 듣기만 했을 수 있다. 하지만 그들의 관습은 박식한 토론에서 하나의 예로 쓸 수 있을 정도로 잘 알려져 있었던 것이 틀림없다. 그러나 그가 탁실라에 있었던 적이 있고 직접 이런 곳들을 방문한 적이 있다면 신이 카스트를 허용한다고 추정하지 않는 사회에 대해 직접적인 지식을 얻었을 것이며, 이는 그가 카스트 제도를 거부하는 강력한 경험적 근거가 되었을 것이다.

도시

경전의 다른 구절(S.II, 105~7, pp. 603~4)에서 고타마가 말한다. "비구들이여, 숲을 헤매던 어떤 남자가 옛 길, 과거에 사람들이 걸어 다녔던 옛 길을 보게 되었다고 가정해보자. 그는 그 길을 따라가 옛 도시를 보게 될 것이다. 그곳은 공원, 숲, 연못과 성곽이 있던 쾌적한 곳으로 과거에 사람들이 살았던 옛 수도이다." 우화는 계속된다. 그 남자는 그 지역의 지배자를 찾아가 자신이 숲에서 발견한 옛 도시를 새롭게 단장할 것을 제안한다. 왕은 이 제안을 받아들이고 그 도시를 재건하여 그곳은 다시 한 번 "성공적이고 번영을 이루며, 사람들이 많이 살고 성장과 확장을 이룩하는 도시가 된다."

은유의 교훈적 가치는, 확실하고 익숙한 것의 예를 제시하여 비유를 통해 덜 확실하고 덜 익숙한 것을 설명하는 것이다. 이 구절은 붓다의 설법 대부분과 마찬가지로 사밧티, 즉 갠지스 평원 북부에서 가르친 것이다. 그러나 당시에는 갠지스 분지의 숲에 고타마의 청중들에게 익숙했을, 폐허가 된 길과 도시는 없었다. 이 지역에서 가장 최초로 등장한 도시들은 지난 몇십 년 사이에 지어진 것들, 즉 사밧티와 베살리 등이었기 때문이다. 게다가 이들 도시는 파손되기 쉬운 자재(햇볕에 구운 벽돌과 나무)로 지어졌는데, 이런 것들은 그리 오래 견뎌내지 못하고 분해되어 흙이 되었을 것이다. 그렇다면 고타마의 이야기를 듣는 사람들은 어디서, 그리고 어떻게 숲에 숨어 있는 인상적인 옛 길과 도시의 잔해라는 생각에 친숙하게 될 수 있었을까? 가능한 답은 하나뿐이다. 그곳은 탁실라에서 그리 멀지 않은 간다라로, 인더스 계곡 문명의 버려진 도시들이 발견되는 곳이다. 이 문명은 기원전 2600년에서 기원전 1900년 사이에 융성했다. 하라파의 일부 지역에서는 기원전 900년, 즉 붓다가 태어나기 400년 전까지도 여전히 사람들이 살기는 했지만 말이다. 갠지스 분지의 건물들과 달리 이 고대 도시들은 가마에서 구운 벽돌로 지어졌는데, 이 기술은 그 후 인도에서 사라졌고 붓다 입적 후 한 세기가 지나 마우리아 시대가 될 때까지 다시 발견되지는 않았다.

고타마가 이런 은유를 썼다 해서 그 자신이나 그의 말을 듣는 사람들이 직접 이런 잔해를 보았다는 것은 아니다. 하지만 카스트에 대해서 앗살라야나와 나눈 대화에서처럼, 그것은 폐허가 된 도시들이 교훈적 은유에 쓰일 정도로 교육받은 대중에게 잘 알려져 있었던 것이 틀림없다는 사실을 암시한다. 그것은 갠지스 평원에서 흙벽으로 허술하게 지은 도시에서 살고 있는 이들이, 매번 우기가 와도 침식되지 않던, 희한할 정도로 견고한 재료로 도시를 세웠던 서쪽의 사라진 위대한 문명에 대해 알고 있었음을 시사한다. 이 잃어버린 문명을 떠올리게 하고 자신을 왕의 도움을 받아 그것을 복구하려는 사람에 비유함으로써 붓다는 자신의 팔정도를 공동의 과업으로 암시하고 있다. 만일 실행된다면 도시, 즉 폐허로 남아 있는 인더스 계곡 문명에 견줄 만한 문명을 다시 새롭게 세울 수 있는 공동의 과업인 것이다.

만약 고타마가 정말 탁실라에서 몇 년을 보냈다면, 그는 자신이 직접 경험했던 것을 회상하면서 이런 은유를 꺼냈을 가능성이 있다. 아마도 친구인 파세나디와 반둘라와 함께 숲으로 사냥을 갔다가 폐허가 된 길을 우연히 발견하고 그 길을 따라가다 버려진 도시를 발견하게 되었을 수 있다. 이것이 이 젊은이에게 그토록 오래가고 강한 인상을 남겨 나중에 그 기억을 수사적 도구로 이용, 추종자들을 고무하여 자신의 담마가 언젠가는 인도하게 되기를 희망하는 '성공적이고 번영을 이루며, 사람들이 많이 사는' 문명과 같은 종류의 것을 실현시키게 했을 수도 있다.

마라

붓다의 가르침 안에 고전 인도 사상 이외의 것에서 기원했을 가능성이 있는 특정한 교리가 있나? 만일 그런 것이 있고, 특히 그 교리의 기원이 서쪽에 있다면 그것은 그가 탁실라에 간 적이 있을 수 있다는 것뿐 아니라 그곳에서 인도 사상이 아닌 다른 것을 접하고 영향을 받았을 수도 있다는 점을 시사하는 것일 수 있다.

팔리 경전에서 아주 초기에 만들어진 것 중 하나인 숫타니파타에서 이미 발견되는 마라(악마)의 교리가 그런 가능성을 가지고 있다. 경전에서 마라를 협잡꾼처럼 의인화된 악으로 묘사한 것은 인도 전통에서는 전례가 없는 일이었다. 마라는 인도의 수많은 신들에 포함되지 않는다. 불교에서만 이런 인물이 발견되는데, 전형적으로 그는 깨달은 사람인 붓다에 대한 부정적인 반대 이미지로 등장한다. 고타마의 삶 전체를 통해 마라는 붓다를 계속 쫓아다니는 일종의 그림자로 나타난다. 경전 도처에서 붓다와 마라 사이의 수많은 대화가 나타나는데, 대부분의 경우 붓다는 마라를 그 자체로 인식하고(즉, 자기 자신의 마음이나 세계가 악마처럼 장난을 치는 것으로), 그 결과 마라가 사라지는 것으로 결론을 맺는다. 고타마가 깨달음을 얻으면서 마라를 극복했다고 말해지지만 붓다가 죽을 때까지 마라는 계속 그와 서로 작용하고 있다. 이 두 인물은 함께 추는 춤에 뒤얽혀 있는 것처럼 보이며, 선악의 힘 사이에서 일어나는 거의 영구적인 투쟁을 상징한다.

기독교의 사탄 개념과 불교의 마라 개념 사이의 유사점이 종종 언급된다. 두 전통 모두 그보다 앞서 있었던 공통의 기원, 다시 말해 조로아스터교(배화교)에서 이런 생각을 도출했을 가능성이 있다. 조로아스터교는 차라투스트라가 세운 종교로, 페르시아 아케메네스 제국 시기에 두각을 나타내게 되었다. 차라투스트라는 오르마즈드(신)가 어떻게 쌍둥이를 낳았는지 가르쳤다. 쌍둥이 중 하나는 진실을 따르기로 선택한 반면 또 다른 하나—아리만(악마)—는 거짓을 따르기로 선택했다. 조로아스터 텍스트는 아리만을 '파괴자……온통 사악함뿐이고 죽음으로 가득 찬 저주 받은 파괴적인 악령, 거짓말쟁이, 사기꾼'으로 묘사한다(마라라는 단어는 문자 그대로 '살인자'를 뜻한다.). 아리만이 오르마즈드에 반기를 들고 있기 때문에 인간의 존재는 서로 반대되는 선과 악의 힘 사이의 원초적 긴장에 뿌리박고 있다고 한다. 이런 종류의 말은 『우파니샤드』 철학에는 완전히 이질적이지만 붓다와 마라라는 양극단의 인물이 묘사되는 방식과는 놀랄 정도로 비슷하다. 고타마가 자신의 가르침에서 그런 생각의 영향을 받았다면 그는 과연 그런 것들을 어디서 접할 수 있었을까? 그가 살았던 시대에 이르러 조로아스터교는 페르시아 황제들의 궁에서 믿는 종교가 되었으므로 그가 탁실라에 있을 때 알았던 이들이나 그곳에서 자신이 직접 만난 스승들로부터 그런 생각을 취했을 가능성이 있다.

결론

이중 그 어느 것도 싯닷타 고타마가 탁실라에 갔다는 것을 결정적으로 밝혀주기에 충분한 증거를 제공하는 것은 아니다. 동시대 자료가 없다는 것을 감안하면 내가 인용한 경의 구절들이 훗날, 어쩌면 나중에 불교가 번성했다고 알려진 간다라 지역에서 온 승려들에 의해, 경전에 추가되었을 가능성을 배제할 수도 없다. 그럼에도 불구하고 경전에서 나온 이런 증거의 조각들이 붓다가 살았던 시기나 바로 그 직후로 거슬러 올라간다고 추정하고 종합해보면 그것은 고타마가 형성기에 탁실라로 가서 공부했을 가능성을 나타낸다.

어쩌면 탁실라에서 몇 년간 공부를 하고, 이어서 코살라국을 위해 군사 혹은 행정 관련 일을 한 것이 고타마가 20대 내내 고국 사키야에 없었던 것처럼 보이는 이유를 설명해 줄 수도 있을 것이다. 경전은 그가 28세가 되어서야 비로소 첫 번째이자 유일한 아이를 낳고 아버지가 되었다고 암시하는데, 이는 귀족이 10대에 결혼하던 사회의 기준에 비교하면 아주 늦은 일이었다. 내 가설이 맞는다면 그것은 붓다가 29세의 나이에 사키야를 떠난 것(경전상에서 강력한 권위를 자랑하는 몇 안 되는 사실 중 하나: D. 16, ii 151, p. 268)에 대해 또 다른 실마리를 제공한다. 고타마가 탁실라에서 페르시아 제국이라는 더 넓은 세계에 노출된 것이 그로 하여금 사키야에서 알았을 것들보다 더 넓은 차원에서 인간의 삶과 사회에 대한 문제를 제기하게 하는 촉발제가 되었을 수도 있다. 그가 사키야로 돌아온 것은 단지 후계자를 만들어냄으로써 가족에 대한 임무를 충족시키기 위한 것이었을 수 있다. 왜냐하면 아들이 태어나자 곧바로 브라만과 갠지스 심장부의 비정통적인 인도 스승들의 영적 전통을 찾아 다시 떠났기—비록 이번에는 북서쪽이 아니라 남동쪽으로 떠나긴 했지만—때문이다. 따라서 그의 깨달음은, 뜬금없이 갑자기 나타난 것처럼 보이는 영원하고 신비로운 통찰이 아니라 최소한 15년의 여행과 공부, 성찰, 토론, 명상, 고행의 정점이었을 수 있다.

부록 III

이 부록은 붓다의 첫 번째 설법(초전법륜)을 필자가 번역한 것으로, 이에 대한 현대적인 해설은 〈12장 고통을 끌어안다〉에 나와 있다.

담마의 바퀴를 돌리다

이것은 내가 들은 것이다. 그는 바라나시 이시파타나의 녹야원에 머물고 있었다. 그가 다섯 명의 무리에게 말했다.

"출가한 사람은 두 개의 막다른 길을 추구하지 않는다. 어떤 두 가지인가? 쾌락에 탐닉하는 것, 그것은 저속하고 미개하며 무의미하다. 그리고 고행, 그것은 고통스럽고 미개하고 무의미하다.

"나는 막다른 길로 이르게 하지 않는 가운데 길을 깨달았다. 그것은 선견과 자각을 일으키는 길이다. 그것은 평온, 통찰, 깨달음, 해방에 이르게 한다. 거기에는 여덟 갈래의 가지가 있다. 바른 견해, 바른 생각, 바른 말, 바른 행위, 바른 생계, 바른 노력, 바른 알아차림, 바른 집중이 그것이다.

“이것은 고통이다. 태어나는 것은 고통스럽고, 나이 드는 것은 고통스럽고, 아픈 것은 고통스럽고, 죽는 것은 고통스럽고, 사랑하지 않는 것과 만나는 것은 고통스럽고, 사랑하는 것과 헤어지는 것은 고통스럽고, 원하는 것을 얻지 못하는 것은 고통스럽다. 이런 심신 상태는 고통스럽다.

“이것은 갈망이다. 갈망은 반복적이다. 그것은 애착과 탐욕에서 뒹굴며, 강박적으로 이것저것, 즉 자극에 대한 갈망, 존재에 대한 갈망, 비존재에 대한 갈망에 흠뻑 빠져든다.

“이것은 그침이다. 그런 갈망이 흔적 없이 사라져버리고 그치는 것, 그것을 놓아주고 버리는 것, 그것으로부터 자유로워지고 독립하는 것이다.

“그리고 이것은 길이다. 바른 견해, 바른 생각, 바른 말, 바른 행위, 바른 생계, 바른 노력, 바른 알아차림, 바른 집중의 여덟 갈래 길이다.

“‘그러한 것이 고통이다. 그것은 충분히 알 수 있고, 충분히 알아졌다.’

“‘그러한 것이 갈망이다. 그것은 놓아질 수 있고, 놓아졌다.’

“‘그러한 것이 그침이다. 그것은 경험될 수 있고, 경험되어졌다.’

“‘그러한 것이 길이다. 그것은 닦여질 수 있고, 닦여졌다.’

“그리하여 전에 알려지지 않은 것들에 대한 빛이 내 안에서 일어났다.

“나의 지식과 선견이 이 네 가지 고귀한 진리의 열두 측면에 대해 완전히 명확하지 않았을 때에는 내가 인간과 천상의 존재, 신과 악마,

고행자와 사제 들이 있는 이 세상에서 비할 데 없는 깨달음을 얻었다고 주장하지 않았다.

"'내 마음의 자유는 흔들리지 않는다. 더 이상 반복되는 존재는 없을 것이다.'"

이것이 그가 말한 것이다. 고취된 다섯 사람은 그의 말에서 큰 기쁨을 얻었다. 그가 말하는 동안, 감정에 좌우되지 않는 무결점의 담마의 눈이 콘단냐에게 생겨났다. "시작된 모든 것은 멈출 수 있다."

전통에 의하면 싯닷타 고타마는 우루벨라(보드가야)에서 깨달음을 얻고 몇 주 뒤 예전에 함께 고행 수행을 했던 다섯 명의 동료를 대상으로 바라나시 근처 이시파타나(사르나트)에서 첫 번째 설법을 행했다. 이 설법에 대해 약 17가지의 판본이 팔리어, 산스크리트어, 한문, 티베트어로 발견되었다. 위의 초전법륜 번역은 팔리 경전 율장(비나야)의 대품(마하박가)에서 발견되는 것을 기초로 하고 있다(Mv. I, 9~10, pp. 15~17; cf. S. V, 420~4, pp. 1844~5).

나는 이 책에서 그 개요를 설명한 원리에 따라 초전법륜을 번역했다. 붓다의 가르침에서 독특한 것이 무엇인지 밝히려는 시도에서 나는 여러 개의 삶을 믿는 고대 인도의 세계관을 상정하는 구절은 모두 없앴다. 삭제한 것 중 가장 두드러진 것은 네 가지 진리에 대한 고전적인 명칭이다. 즉, '고통의 고귀한 진리'(고성제〔苦聖諦〕), '고통의 근원에 관한 고귀한 진리'(집성제〔集聖諦), '고통의 그침에 관한 고귀한 진리'(멸성제〔滅聖諦), '고통의 그침에 이르게 하는 고귀한 진리'(도성제〔道聖諦)이다. 대신 나는 각각의 진리를 가장 즉각적으로 관련이 있는 차원으로 제시한다. (1) 고통, (2) 갈망, (3) 그침, (4) 길이 그것이다. 텍스트의 끝에 가서 붓다는 이렇게 말하면서 결론을 내린다. "내 마음의 자유는 흔들리지 않는다. 이번이 마지막 출생이다. 더 이상 반복되는 존재는 없을 것이다." 나는 번역을 하면서 "이번이 마지막 출생이다." 라는 구절을 없앴다.

부록 IV

다음에 나오는 지도는 기원전 480년경에서 기원전 400년경까지 붓다가 활동했던 북인도의 약 121,200제곱킬로미터의 면적을 보여준다. 지금은 인도 비하르 주와 우타르프라데시 주로 나뉜 이 지역은 그 크기가 미국의 펜실베이니아 주(약 119,290제곱킬로미터) 만하며 잉글랜드(약 130,370제곱킬로미터)—영국이 아니라—보다는 약간 작다. 히말라야의 봉우리들이 카필라밧투 북쪽으로 약 130킬로미터 되는 곳에 놓여 있다. 경전은 붓다가 때때로 멀리 서쪽 도시 코삼비와 멀리 동쪽 도시 참파까지 가서 머물렀다고 알려주는데, 이들 도시는 이 지도의 경계를 넘어선다. 붓다는 또한 웃제니라는 도시에 승려 마하캇차나가 이끄는 추종자들로 이뤄진 소규모 공동체를 가지고 있었지만 그곳에 직접 갔다는 기록은 없다. 경전의 몇몇 인물들은 북서쪽의 탁카실라에서 공부를 했거나 그곳으로부터 붓다를 보러 왔다고 한다(부록 II를 볼 것). 숫타니파타(v. 977)는 브라만 바바리의 제자 16명이 붓다를 보기 위해 남인도(지금의 안드라프라데시)의 고다바리 강에서부터 어떻게 약 1,600킬로미터를 여행했는지 이야기하고 있다.

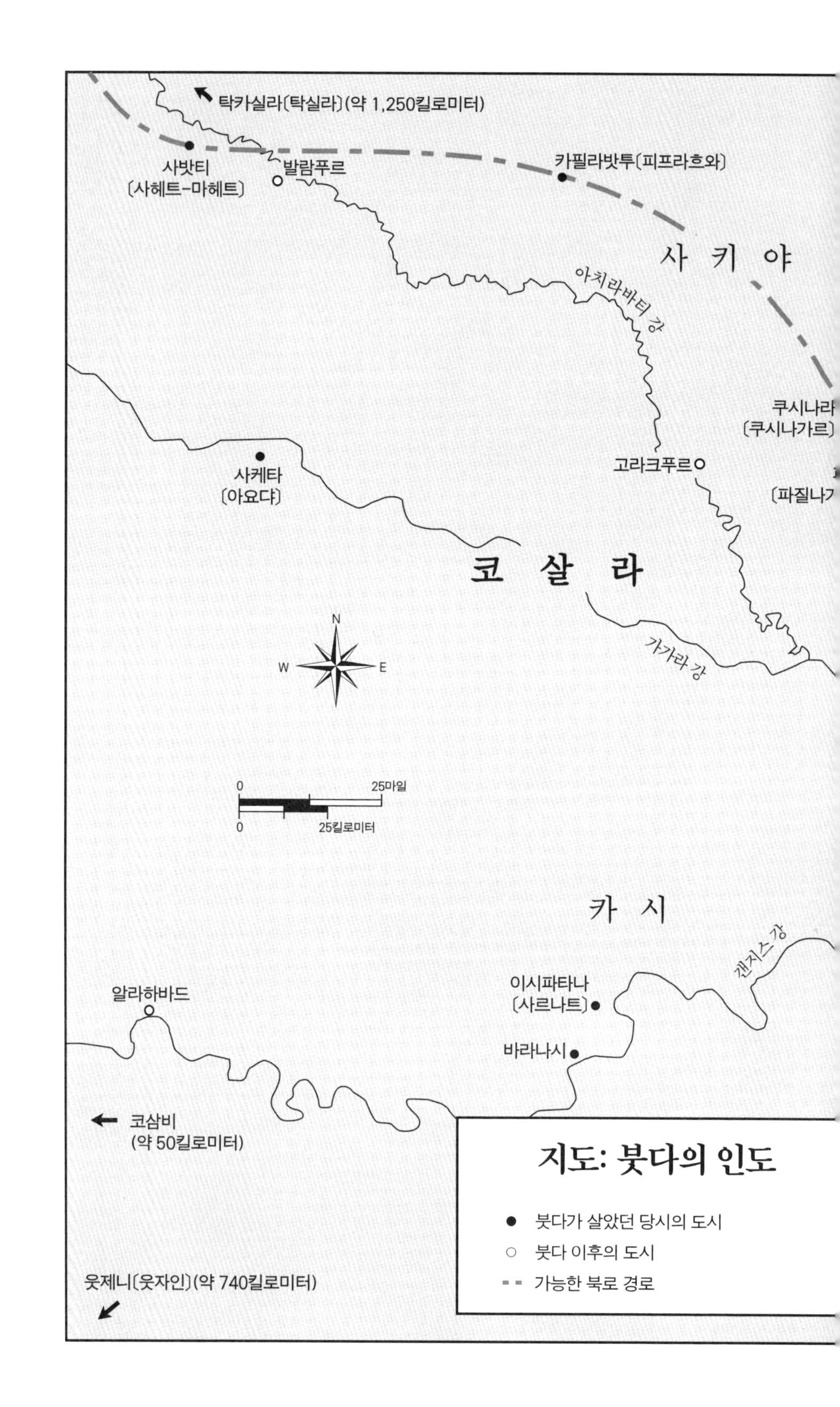

탁카실라〔탁실라〕(약 1,250킬로미터)
사밧티
〔사헤트-마헤트〕
발람푸르
카필라밧투〔피프라흐와〕
사 키 야
아치라바티 강
쿠시나라
〔쿠시나가르〕
고라크푸르
〔파질나가
사케타
〔아요댜〕
코 살 라
가가라 강
N
W
E
0
25마일
0
25킬로미터
카 시
갠지스 강
이시파타나
〔사르나트〕
바라나시
알라하바드
코삼비
(약 50킬로미터)
웃제니〔웃자인〕(약 740킬로미터)
지도: 붓다의 인도
붓다가 살았던 당시의 도시
붓다 이후의 도시
가능한 북로 경로

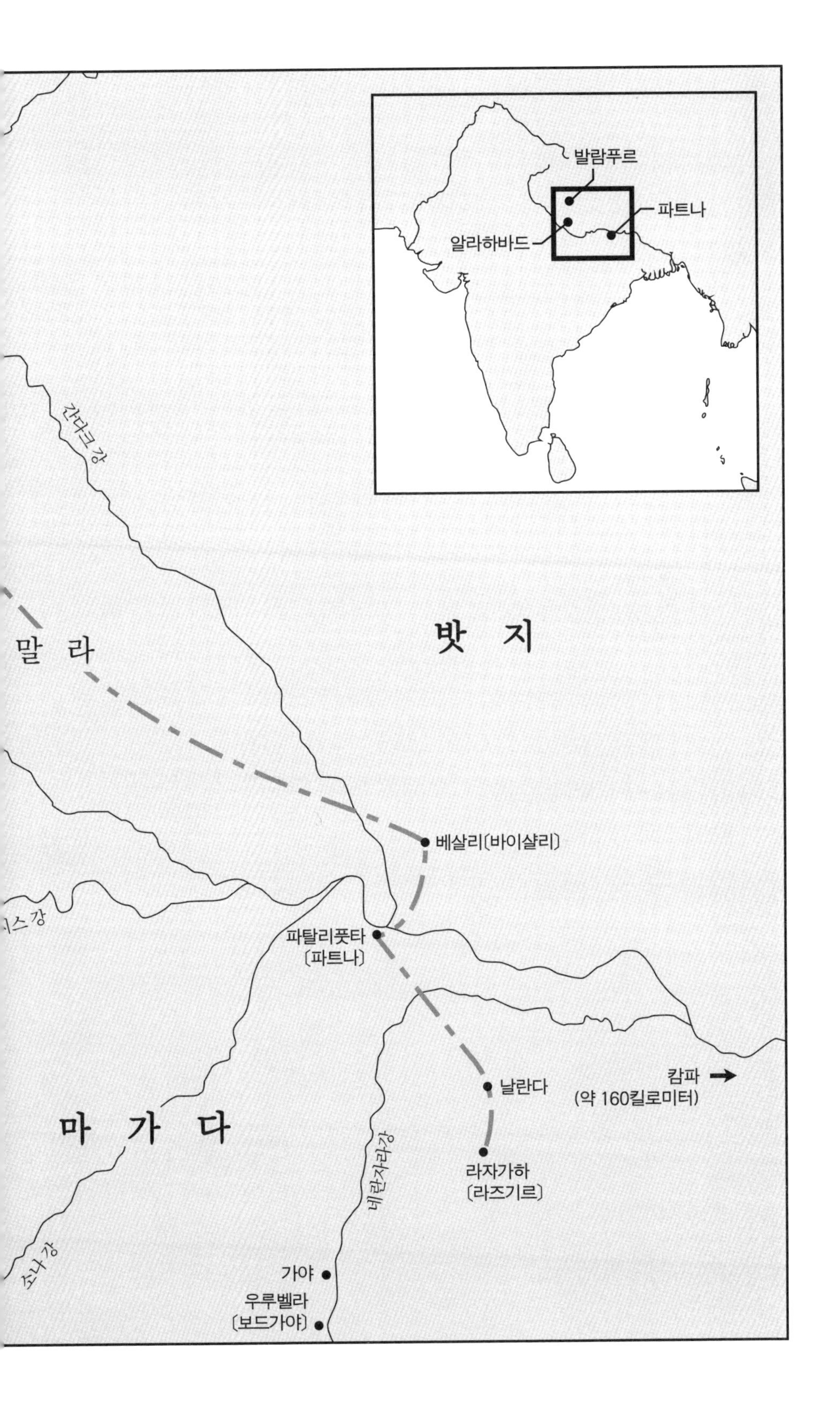
발람푸르
파트나
알라하바드
간다크 강
밧 지
말 라
베살리(바이샬리)
파탈리풋타
(파트나)
날란다
캄파
(약 160킬로미터)
라자가하
(라즈기르)
마 가 다
네란자라 강
소나 강
가야
우루벨라
(보드가야)

❘ 주 ❘

팔리 경전 텍스트 약자

맨 처음에 등장하는 글자와 숫자(예. M. 10, i. 56-63)는 팔리어 PTS판 숫타(경〔經〕)의 번호와 쪽 번호를 나타내며, 아래 열거된 영역판의 쪽 번호가 그 뒤에 이어진다(예. p. 145). 용어의 일치와 문체의 일관성을 위해 종종 영역 출판본을 수정했음을 밝혀둔다. 팔리 경전에 대한 더 자세한 사항은 부록 I을 참고하기 바란다.

A	앙굿타라니카야(증지부) Aṅguttara Nikāya (냐나포니카/보디 역, 1999)
Cv	출라박가(소품) Cūlavagga (호너 역, 1952)
D	디가니카야(장부) Dīgha Nikāya (월시 역, 1995)
Dh	담마파다(법구경) Dhammapada (프론스달 역, 2005)
DhA	담마파닷타카타(법구경 주석서) Dhammapadāṭṭhakathā (벌링게임 역, 1921)
M	맛지마니카야(중부) Majjhima Nikāya (나나몰리/보디 역, 1995)
Mv	마하박가(대품) Mahāvagga (호너 역, 1951)
S	상윳타니카야(상응부) Saṃyutta Nikāya (보디 역, 2000)
Sn	숫타니파타 Sutta Nipāta (노먼 역, 2001)
Thag	테라가타(장로게) Theragāthā (리스 데이비즈 역, 1909)
Ud	우다나(자설경) Udāna (아일랜드 역, 1997)

서두 인용문

5쪽 제자들이여… M. 73, i. 491, p. 597.

이야기들은 불가능한 것이지만… 빔 벤더스, 이미지의 논리(The Logic of Images), p.59.

2. 길 위에서

22쪽 나는 수 세기 전 사암 절벽을… 바미안의 두 붓다 입상은 2001년 3월 탈레반에 의해 파괴되었다.

36쪽 티베트도서관(Library of Tibetan Works and Archives) www.ltwa.net

3. 불교를 공부하다

40쪽 나는 사람으로 생을 받는다는 것이… 이것과 뒤에 이어지는 생각은 티베트 람림(lam rim〔길의 단계〕) 문헌의 특징이다. 게셰 다르계이의 *Tibetan Tradition of Mental Development*(Dhargyey 1978)를 참조하기 바란다. 이 책은 1970년대 초 티베트도서관에서 행해진 강연을 기록하여 편집한 내용으로 이뤄져 있다. 그의 가르침의 상당 부분은 파봉카 린포체의 *Liberation in the Palm of Your Hand*(Pabongka 1991)에 기초했을 것이다. 게셰 다르계이는 감포파의 *Jewel Ornament of Liberation*(Guenther 1970)도 가르쳤다. 내가 다람살라에 있을 때 게셰 다르계이와 게셰 랍텐이 어떤 것을 가르쳤는지 알려주는 예는 Geshe Rabten & Geshe Ngawang Dhargey, *Advice from a Spiritual Friend*를 보기 바란다.

49쪽 염처경 M. 10, i 56-63, p. 145 이하. S. N. 고엔카와 그의 일에 관한 정보는 www.dhamma.org를 볼 것.

56쪽 라마 예셰 라마 툽텐 예셰(1935~1984)와 라마 툽텐 조파(1946~)는 카트만두 근처 코판 사원에서 서양인들에게 처음으로 불교 강의를 실시했으며 지금은 전 세계에 센터를 둔 국제적인 단체가 된 대승전통보존재단(Foundation for the Preservation of the Mahayana Tradition [FPMT])을 설립했다. 라마 예셰 사후 오셀 히타(1985~)가 그의 환생으로 인정되어 남인도 세라 사원에서 교육을 받았다. 오셀은 승단을 떠났으며 현재 마드리드에서 영화 공부를 하고 있다. www.fpmt.org

4. 뱀장어의 꿈틀거림

58쪽 "금을 다루는 이가…" 자주 인용되는 이 운문의 경전 출처는 알려져 있지 않다.

59쪽 타르파첼링 사원 타르파첼링은 게셰 랍텐이 스위스에 도착하고 2년이 지난 뒤인 1977년에 설립되었다. 다람살라를 떠난 후 그의 직위는 스위스 독일어권의 빈터투어 근처 리콘의 티베트연구소 소장이었다. 타르파첼링은 1986년 게셰의 사망 이후 랍텐첼링으로 재명명되었다. 그 후 몇몇 다른 '랍텐' 센터가 유럽에 설립된 바 있다. www.rabten.at/index_en.htm

다르마키르티의 철학 다르마키르티의 이야기와 그의 철학에 관한 최고의 영어 책은 조르주 드레퓌스의 *Recognizing Reality*이다. 스위스에서 게셰 랍텐이 가르친 대로 설명된 다르마키르티의 인식론은 랍텐의 *The Mind and Its Functions*(pp. 19~95)을 볼 것.

63쪽 이런 위기가 터진 것은… 환생의 증거에 대한 달라이 라마의 견해는 Dalai Lama,

The Universe in a Single Atom, pp.131~3 참조. 다라마키르티의 증거도 여기에 언급되어 있다.
67쪽 게셰 랍텐은 우리가 공부한 텍스트를… 겔룩 학문에서 비평적 탐구의 역할에 대한 또 다른 견해는 Dreyfus, *The Sound of Two Hands Clapping*, p.267 이하 참조.
69쪽 "뱀장어의 꿈틀거림" 범망경(브라흐마잘라숫타〔Brahmajāla Sutta〕)에 나열된 잘못된 견해 중 하나. "승려, 고행자, 브라만 중에는 뱀장어처럼 꿈틀거리는 자들이 있다. 이런 저런 것에 대해 질문을 받으면 그들은 불명확하고 얼버무리는 답에 의지한다. 그들은 뱀장어처럼 꿈틀거리며 빠져나간다…" D. 1, i. 26, p. 80.
70쪽 게셰 켈상 갸초 게셰 켈상 갸초(1931-)는 1976년 라마 예셰로부터 만수보살연구소에서 상임교수로 일해달라는 초청을 받았다. 1991년 그는 신카담파전통(New Kadampa Tradition[NKT])을 세웠으며, 그 후 NKT는 국제적인 티베트 불교 조직이 되었다. 16장 '신들과 악마들'을 볼 것. www.kadampa.org

5. 세계-내-존재

77쪽 도라 칼프 Dora M. Kalff, 1904~1990. 칼프 여사의 모래놀이 치료법에 대한 설명은 칼프의 *Sandplay: A Psychotherapeutic Approach to the Psyche*를 볼 것. 모래놀이 치료를 하는 동안 나는 근처 퀴스나흐트의 C.G. 융 연구소에서 강의도 듣고 융의 저작도 공부했다. 이 방면으로 읽은 책 중에서 내 상황에 직접적으로 와 닿은 것은 마리-루이제 폰 프란츠의 *Puer Aeternus*였다.
88쪽 〈마음을 다스리는 여덟 편의 시(The Eight Verses of Training the Mind)〉 티베트 불교 카담파 종파의 잘 알려진 로종(마음수행) 텍스트로, 게셰 랑리 탐파(1054~1123)가 지었다. 번역본과 주석은 www.buddhadharma.org/EightVerses를 볼 것.
90쪽 "진리는 길이 없는 곳" 이 말과 이어진 인용문은 크리슈나무르티의 『해단 선언문(Dissolution Speech)』을 볼 것. http://bernie.cncfamly.com/k_pathless.htm
92쪽 게셰 툽텐 응아왕 게셰 툽텐 응아왕(1932~2003)과 함부르크 티베트센터에서 그의 활동에 대한 정보는 www.tibet.de(독일어 사이트)를 볼 것.

6. 큰 의심

내가 티베트 불교에서 한국 불교로 옮겨간 것에 대해서는 *The Faith to Doubt*, pp. 7~26에 쓴 바 있다. 간략한 한국불교사, 송광사 생활에 대한 단상, 구산스님의 전기에 대해서는 *The Way of Korean Zen*, pp. 3-51을 참조할 것. 한국의 선을 수행하는 승가 생활에 대한 자세한 연구는 버스웰의 *The Zen Monastic Experience*(국내 출판 도서명 『파란 눈 스님의 한국 선 수행기』—옮긴이)에 들어 있다.
99쪽 칼루 린포체 칼루 린포체(1905~1989)는 인도, 유럽, 미국의 서양인들에게 불교를 소개한 카규파의 주요한 라마 중 하나였다. 샤토드플레그에 있는 수련센터는 지금 다샹카규링(Dashang Kagyu Ling)이라고 한다. www.mille-bouddhas.com
106쪽 "묻는다는 것은 사유의 경건함" Martin Heidegger, "The Question Concerning Technology," *Basic Writings*, p. 317

107쪽 "선 명상의 목적은…" Kusan Sunim, The Way of Korean Zen, p.317

제2부 재가자

7. 불교의 실패자(II)

135쪽 위파사나 수련 센터인 가이아 하우스 www.gaiahouse.co.uk. 샤펌트러스트는 www.sharphamtrust.org, 그린걸치팜은 www.sfzc.org/ggf/를 볼 것.

139쪽 현대성의 압력이 불교에서… 전통적인 사원생활의 부활에 결정적인 것은 동남아시아와 티베트에서 비구니(여승)계를 회복하는 것일 것이다. 현재 여성들은 한국, 중국, 대만에서만 완전한 구족계를 받을 수 있다. 최근 스리랑카에 비구니계가 다시 도입되었지만 아직 고위 승려층이 이를 완전히 받아들이고 있지는 않다. Bodhi, *The Revival of Bhikkhuni Ordination in the Theravada Tradition* 참조.

140쪽 칼라차크라(시간의 바퀴) 탄트라 칼라차크라 탄트라, 샴발라 왕국과 칼라차크라 입문에 대한 자세한 사항은 http://kalachakranet.org/을 볼 것.

142쪽 달라이 라마의 『친절, 명료, 그리고 통찰(Kindess, Clarity, and Insight)』에 대한 서평 *The Middle Way: Journal of Buddhist Society* [London], Vol. 60, no. 1, 1985.5, pp. 46~7

143쪽 족첸(위대한 완성)은 티베트 불교의 닝마파에서… 최근 딜고 켄체 린포체, 우르겐 툴쿠, 남카이 노르부 린포체와 같은 권위자들이 집필한 족첸에 관한 책이 영어로 많이 출판되었다. 고전적인 족첸 텍스트에 대한 종합적인 소개와 번역은 키스 다우맨의 *The Flight of the Garuda*을 볼 것.

144쪽 딜고 켄체 린포체 딜고 켄체 린포체(1910~1991)는 매우 뛰어난 닝마파 라마 중 하나로, 1959년 티베트를 탈출했다. 망명 중 그와 그의 가족은 부탄을 근거지로 삼았다. 그는 널리 아시아, 유럽, 미국 전역에서 가르쳤으며, 1987년 닝마파의 수장으로 임명되어 사망할 때까지 그 자리를 맡았다.

144쪽 실제로 그의 책 『친절, 명료, 그리고 통찰』의 마지막 장에서… 이 장의 제목은 'Union of the Old and New Translation Schools(구번역파와 신번역파의 결합)'이다. Dalai Lama, *Kindness, Clarity, and Insight*, pp. 200~24

8. 싯닷타 고타마

147쪽 "칼라마 인들이여…" A. III, 65, p. 65

148쪽 "내세가 없고…" A. III, 65, p. 67

149쪽 우주는 영원한가 영원하지 않은가? "공언되지 않은" 질문들(또는 답해지지 않은 질문이라고도 함.—옮긴이)과 화살에 부상당한 사람의 우화는 M. 64, i. 432-7, p. 537 이하에 나온다.

죽음 뒤에 계속해서 존재하는가, 그렇지 않은가? 이 질문을 문자 그대로 읽으면 "타타가타는 죽은 뒤에 계속 존재하는가 그렇지 않은가"이기 때문에 고타마가, 평범하고 깨달음을 얻지 못한 사람이 아니라 깨달은 자가 육체적 죽음 뒤에 계속 존재하는지 여부에 대해서만 추측하길 거부한 것에 대한 언급으로 이해되는 경향이 있다. 이 해석에 대해서는 몇 가지 문제가 있다. (1) 타타가타(Tathāgata〔여래如來〕)라는 용어는 고타마가 자신을 언급할 때 종종 쓰는 단어이기 때문에 단지 '나(I)' 혹은 '사람(one)'을 뜻하는 것일 수 있다. (2) 전법륜을 비롯해 다른 곳에서 고타마는 자신의 깨달음의 효과를 이런 말로 묘사한다. "이번이 마지막 생이다." 즉 아라한이 되었으므로 죽음 뒤에 존재하지 않을 것이다—그럼으로써 그 질문에 단호하게 대답하고 있다. (3) 어떤 구절, 즉 Ud. 6.4에서 불교도가 아닌 '브라만과 고행자' 들이 '죽음 이후에 타타가타는 계속 존재하는가 그렇지 않은가?'와 같은 문제를 두고 토론하며 시간을 보내는 것이 발견된다. 붓다의 추종자들이 아닌 그들이 왜 깨달음을 얻은 이가 죽음 뒤에 존재하는지 여부를 놓고 토론을 하겠는가? (4) 이 구절(Ud. 6.4)의 경우를 포함해 다른 곳에서 팔리 주석서 자체는 '타타가타'를 단지 앗타(atta), 즉 '자신(self)' 혹은 '사람(one)'을 뜻한다고 말하고 있다. (5) 고타마가 대답하기를 거부한 다른 질문들—"우주는 영원한가, 영원하지 않은가?" "마음은 몸과 같은가 다른가?" 등—의 맥락은 그가 불교 신학(Buddhist theology)의 구체적인 쟁점이 아니라 모든 인간을 괴롭히는, 헤아리기 힘든 큰 문제를 다루고 있다는 것을 암시한다.

왕에게 불려간 한 무리의 눈 먼 사람들… Ud. 6.4, p. 86 이하

153쪽 그의 사촌 데바닷타를 '아첨꾼'이라고 부른 것과 같은… Cv. VII, 187, p. 264. 호너는 팔리어 켈라시카(khelḷāsika)를 '침처럼 뱉은(vomited like spittle)'으로 번역하고 있으며, 나나몰리는 '침 덩어리(a gob of spit)'라고 옮기고 있고, K. R. 노먼은 그 용어가 '아첨꾼(lick-spittle)'을 뜻한다고 주장한다. Norman, *A Philological Approach to Buddhism*, p. 207.

155쪽 "사키야 인들은 코살라 왕의 신하" D. 27, iii. 83, p. 409.

고타마가 생로병사 네 가지를 본 것에 대한 이야기를… D. 14, ii. 21~30, pp. 207~10.

157쪽 "울부짖는 노예, 시종, 일꾼 들…" S. I, 75, p. 171.

158쪽 "그런데, 고타마 스승님, 아직 너무 젊고…" S. I., 68~70, pp. 164~6.

159쪽 "양동이 분량의 밥과 커리" S. I, 81~2, pp. 176~7.

160쪽 "내가 재판정에 앉아 있을 때…" S. I, 74. p. 170.

162쪽 "옛 사람들이 지나다닌 옛 길" S. II, 105~7, pp. 603~4.

9. 북로

165쪽 "명상과 사진 활동을 하는 것은…" 그리고 뒤에 이어지는 인용문: Stephen Batchelor, "Photographer's Note," in Martine Batchelor, *Meditation for Life*, pp. 159~60.

168쪽 당시 인도에는 가마에 구운 벽돌이 없었다. 그 이전 간다라 시대에 인더스 계곡 문명에서는 가마에 구운 벽돌이 널리 사용되었지만 붓다의 시기에 이르러 그 기술은 없어졌다. 약 100년 뒤인 마우리아 시대까지 인도에 그런 기술은 다시 도입되지 않았다.

169쪽 "단단한 바위덩어리가…"와 그 뒤에 이어지는 인용문: Charles Allen, *The Buddha and the Sahibs*, pp. 274-5.

170쪽 고타마가 태어났을 때(기원전 약 480년)… 전통적으로 붓다의 연대는 기원전

563-483년으로 주어진다. 특히 하인츠 베허트와 리처드 곰브리치 등 현대의 학자들은 지금은 좀 더 뒤의 연대인 기원전 약 480~400년에 동의하고 있다. Norman, *A Philological Approach to Buddhism*, pp. 50-1 참조. F. R. 올친은 그런 연대가 "고고학적 기록의 모든 측면에 더 잘 들어맞는다"고 주장한다. Allchin, *The Archaeology of Early Historic South Asia*, p. 105 참조.

172쪽 그가 자신의 어린 시절에 대해서 말한… M. 36, i 246, p. 340.

174쪽 "굴레에서 벗어나…" M. 26, i. 163, p. 256

"어머니와 아버지께서는 다른 것을 원하셨고…" Ibid.

175쪽 "집에서의 삶은 먼지 가득한…" Sn. III, v. 406, p. 50

180쪽 "당신은 젊고 여리며…"와 뒤에 이어지는 인용문: Sn. III, v. 420~4, p. 51

우리가 알고 있는 것이라고는… 고타마가 이 스승들과 지낸 일은 M. 26, i. 163~6, pp. 256~9에 나온다.

181쪽 "나는 음식을 아주 조금 먹었다"와 이어지는 인용문: M. 36, i. 245~7, pp. 339~42.

186쪽 "내가 도달한 이 담마…" M. 26, i. 167, p. 260.

190쪽 "승려가 숨을 길게 내뱉을 때…" M. 10, i. 56~7, pp. 145~7.

191쪽 "자신의 자리로부터 큰 기쁨을…" M. 26, i. 167, p. 260.

"연기를 보는 이는…" M. 28, i. 191, p. 283.

192쪽 "과거를 그냥 내버려두라." M. 79, ii. 32, pp. 655~6.

194쪽 "무지한 이는 외적인 즐거움을 찾으며…" 카타우파니샤드 2.1. 2. Max Müller, *The Thirteen Principal Upanishads*, p. 11 참조.

195쪽 "따라서 우리가 사는 동안…" Plato, *Phaedo*, 67 a, p. 13.

"흐름에 거스르는…" M. 26, i. 168, p. 260.

196쪽 그는 명상하는 이를 능숙하게 목재를 다루는 이… M. 10, i. 169, pp. 146~8.

197쪽 "눈에 티끌이 거의 없는 이들…" M. 26, i. 169, p. 261.

11. 길을 치우다

나나비라 테라가 쓴 것으로 알려진 글 전부를 포함하여 그에 관한 광범위한 자료는 www.nanavira.org에서 찾아볼 수 있다. 나나비라의 삶과 저서에 대해 내가 전에 쓴 *Existence, Enlightenment and Suicide: The Dilemma of Nanavira Thera*(처음 출판된 것은 Tadeusz Skorupski [ed.], The Buddhist Forum Volume IV. London: School of Oriental and African Studies, 1996)도 이 사이트에 올려져 있다.

- 주의. 아래 주에서 *Clearing the Path*는 CTP로 약칭해서 표기했다. 'L. 134' 등은 편지 번호(Letter number) 134라는 뜻이다.

198쪽 "붓다의 가르침은 가끔…"과 이어지는 인용문: CTP, L. 134, p. 458.

199쪽 "나는 우리가 '신의 경험'을…" CTP, L. 135, p. 459.

201쪽 "유럽의 신앙에 영향을…" Evola, *The Doctrine of Awakening*, p. 17.

202쪽 "흔히 인간 활동을 끌어들이는…"과 이어지는 인용문: Evola, *Le Chemin du Cinabre*, pp. 12-13.

"누구든, '소멸은 나의 것이다'라고…" Ibid., pp. 13~14. '소멸(extinction)'은 에볼라가 '니르바나'를 번역한 말이다. 출처는 M. 1, i. 4, p. 87.

"갑자기 빛이 비추는…" Ibid., p. 14.

203쪽 "원래 형태 그대로의 불교…" Ibid., p. ix.

"…불교 관련 전문 서적 중 최고…"와 이어지는 인용문은 나나몰리가 수전 히버트에게 보낸 서신에서 나온 것으로, Maurice Cardiff, *A Sketch of the Life of Ňāṇamoli Thera*(Osbert Moore)에 인용되어 있다.
http://pathpress.wordpress.com/other/a-sketch-of-the-life-of-nanamoli-thera-osbert-moore/.

204쪽 "확실하고 비신비적인 형태의 수행에 대한 욕구" CTP, L. 91, p. 368.

205쪽 "붓다의 가르침은 유럽 전통에 매우 생경…" CTP, L. 101, p. 390.

"고통으로 [자신의] 침대에서…" Maugham, *Search for Nirvana*, p. 198.

나나비라의 생각에 전환점을… 붓다와 시바카의 대화는 S. IV, 229~31, pp. 1278-9에서 찾아볼 수 있다.

206쪽 "약간 충격…" CTP, L. 149, p. 486.

"그 외의 다른 팔리어 책은…" CTP, Preface, fn. a, p. 5.

207쪽 "훌륭하시고 완전히 깨달으신…" CTP, note to L. 1, p. 495.

"담마에 관하여 과거…" CTP, L. 99, p. 386.

208쪽 "약간 불쾌한 느낌이…" CTP, L. 42, fn. a, p. 255

"사람들의 구미에 영합하기 위해…" CTP, L. 70, p. 323.

"언젠가 벌떡 일어나…" CTP, L. 131, p. 452.

209쪽 "전문적인 학자의 흥미를 끄는 것…" CTP, Preface, p. 5.

"처음에 자기 자신과 세계의 존재에…" CTP, Preface, p. 11.

210쪽 "나는 그 어떤 조직이나 대의에…" CTP, L. 62, p. 310.

211쪽 "이 고통 속에서…" CTP, L. 19, p. 216.

"이 생에서 내 자신을 위해…" CTP, L. 32, pp. 240~1.

212쪽 "내가 숫타(경)에 대해 가지고 있었고…" CTP, L. 60, p. 305.

"빠져나갈 길이 있다." CTP, L. 128, p. 444.

213쪽 "내가 자살을 칭찬할 만한…" CTP, L. 49, p. 279.

214쪽 "도티를 입은 에드워드 시대의…" 피터 매덕의 2009. 4. 21일자 개인 서한.

215쪽 "사람은 자신의 한계를…" 로버트 브래디가 캐서린 드러버네이에게 보낸 1965. 11. 11일자 편지. 이 편지의 전문은 www.nanavira.org에서 볼 수 있다.

216쪽 "'무미건조하고' 지적인 길"과 이어지는 인용문: Julius Evola, *Le Chemin du Cinabre*, pp. 142~3.

12. 고통을 끌어안다

219쪽 "농부가 논에 물을 대듯…" Dh. v. 80, p. 21.

220쪽 "행위로 인해 그 사람은 농부이고" Sn. v., 651-3, p. 84. 이것은 나나비라 테라의 번역이다.
221쪽 "사람이 행할 궁극적인 과제"와 '이상한 나라의 앨리스'의 예: Ñāṇavīra Thera, *Clearing the Path*, letter 42, pp. 258~9.
223쪽 최후로 한 말이었다. D. 15, ii. 151, p. 268.
224쪽 "수련을 가장 중요한 본질로…" Ud. 6.8, p. 92.
225쪽 니체가 주장했듯 "인간의 위대함에 대한 나의 공식은 아모르파티(amor fati, 운명애)이다. 그것은 앞으로도, 뒤로도, 영원토록 아무것도 다르지 않기를 원하는 것이다. 단지 필요한 것을 참으면서도 그것을 덜 숨길—모든 이상주의는 필요한 것 앞에선 진실하지 않다—뿐 아니라 그것을 사랑하라." Friedrich Nietzsche, *Ecce Homo: How One Becomes What One Is*, section 10.
227쪽 "너희를 돌봐줄 아버지도, 어머니도 없다면…" Mv. VIII, 301, p. 432
232쪽 싯닷타 고타마는 자기 자신을… S. II. 105~7, pp. 603~4.

13. 제타 숲에서

237쪽 "의심을 넘어서고…" Mv. I, 36, p. 49. 빔비사라의 초기 열정과 관대함이 불교 원전에서 많이 칭송되고 있기는 하지만 그가 라자가하에 숲과 수련장을 가졌던 다른 스승들보다 고타마에게 특히 더 호의를 베풀었다고 보이지는 않는다. 그는 고타마와 동시대인이자 적수였으며 자이나교의 금욕적인 창시자였던 나타풋타(마하비라)도 똑같이 지지했던 것으로 보인다(오늘날 현대적인 도시 라자가하—라즈기르라고 불린다—는 자이나교도들의 순례지이다). 코살라의 파세나디 왕과는 달리 경전상에 빔비사라와 고타마 사이에 기록된 대화는 없다. 또한 빔비사라는 고타마가 설법의 형태로 답할 수 있도록 도덕적 혹은 철학적 질문을 한 적도 없다. 빔비사라 왕이 경전에 등장한 유일한 경우는 고타마에게 그의 공동체에 관리나 전에 감옥에 수감되었던 자를 받아들이지 말고, 승려들이 매달 정해진 시간에 공식 모임을 가질 것을 요청할 때이다. 고타마는 이의를 제기하지 않고 이 모든 요구에 동의한다. 빔비사라는 자신의 후원을 받는 공동체들이 일을 어떻게 처리할 것인가에 대해 결정을 내릴 권리를 당연하게 여기는 사람이다.

"뜨거운 피를 토하게…" Mv. I, 41, p. 55.

그러던 중 어느날 사밧티 출신의… 아나타핀디카와 제타 숲을 세우는 이야기는 Cv. VI, 154~8, pp. 216~23에 나온다.

한편 고타마는 카필라밧투로 돌아가… 붓다가 고국에 돌아가 가족을 받아들이는 것은 Mv. I, 54, pp. 103~4에 나온다.

238쪽 그 다음 해 사키야의 몇몇 귀족들… 이 일화는 Cv. VII, 181~3, pp. 256~9에 나온다.

이어진 고향 방문에서… DhA., iii. 254~6, vol. 3, pp. 70~2. 이때 붓다가 말했다고 하는 운문도 볼 것: Sn. IV, v. 935~9, p. 122.

수많은 사키야 사람들이… 파자파티와 최초의 여승들이 계를 받는 이야기는 Cv. X, 252~5, pp. 352~6에서 발견된다.

숫도다나가 죽은 뒤… 이에 대한 경전상의 증거는 M. 53, i. 354, p. 461에 나온다.

238쪽 그는 자신의 어머니와 공모하여… Cv. VII, 179~81, pp. 253~6.
239쪽 승려들의 방… Cv. VI, 158, p. 223.
241쪽 어느 부분에서 이 둘이 종교모임인 듯한… S. I, 77~9, pp. 173~4.
242쪽 파세나디는 말리카가 목욕하는… DhA., iii. 119~20, vol. 3, p. 340. 혼동하기 쉽게도 두 명의 말리카가 있다. 또 다른 말리카는 반둘라의 아내이다. 반둘라는 파세나디 군대의 장군으로, 대판관으로 승진되었다가 쿠데타 모의 혐의를 받고 살해되었다.
고타마도 성적으로 부적절한… Ud. 4.8, pp. 61~3.
243쪽 결국 아난다가 파세나디 왕에게… M. 88, ii. 112~4, pp. 723~4.
나중에 말리카는 임신을… S. I, 86, p. 179.
244쪽 "만일 딸에게 무슨 일이…" M. 87, ii. 110, p. 721.
파세나디 왕은 또 다른 아내가 필요… 파세나디가 바사바와 결혼하고 그녀의 아들이 태어난 이야기는 DhA., i. 344~6, vol. II, pp. 36~7에 나온다.

14. 아이러니한 무신론자

250쪽 "정중하지만 격렬함이 느껴지는 논쟁" *Time* magazine, 1997.10.13, pp. 80~1.
252쪽 "신에 대한 질문이 제기될 때면…" Ñāṇavīra Thera, *Clearing the Path*, letter 144, p. 475.
253쪽 "이것이 유일하게 바른 길입니다"와 이어지는 인용문: D. 13, i. 235~44, pp. 187~90.
254쪽 "우리의 교리는…"과 이어지는 인용문: M. 79, ii. 32~5, pp. 654~6, 바셋타와 우다인은 카타우파니샤드 2.3. 12를 반복하고 있는데, 이 구절은 신에 대해 이렇게 말한다. "말이나 마음, 혹은 눈으로는 그에게 도달할 수 없다. '그는 이러하다'라고 말하는 이에 의해서가 아니고서는 어떻게 그를 이해할 수 있겠는가?" Max Müller, *The Thirteen Principal Upanishads*, p. 15 참조.
255쪽 비슷한 맥락에서… D. 11, i. 211~22, pp. 175~9.
256쪽 '감각을 단단히 제어하는 것' *Katha Upanishad*, 2.3. 11. Max Müller, *The Thirteen Principal Upanishads*, p. 14 참조.
257쪽 "잘못 이해한 자여…"와 이어지는 인용문: M. 38, i. 250~60, pp. 349~51.
"강둑이여, 이리로 와라…" D. 13, i. 244, p. 190.
260쪽 "우리의 오랜 종교적 · 도덕적 전통은…" Don Cupitt, *The Great Questions of Life*, pp. 11~12.
"은둔자 고타마는…" M. 12, i. 68~9, p. 164.

15. 비두다바와 복수

266쪽 파세나디 왕과 바사바의 아들… 이어지는 비두다바의 굴욕에 관한 이야기는 DhA., i. 347~9, vol. II, pp. 37~9에서 찾아볼 수 있다.
268쪽 고타마가 일흔두 살 때… 빔비사라가 퇴위한 상황에 대해서는 Cv. VII, 189~90, pp. 267~8에 나온다. 빔비사라의 죽음에 관한 이야기는 나중에 나온 팔리어 주석서에서만 발견된다.

동시에 싯닷타의 사촌으로… 승단을 장악하려는 데바닷타의 시도는 Cv. VII, 187~8, p. 264와 Cv. VII, 196~7, pp. 276~9에서 발견된다.

269쪽 사밧티에서 기만행위가 드러난 뒤… 고타마와 아자타삿투의 만남은 D. 2, i. 47~86, pp.91~109에서 발견된다.

270쪽 "코끼리 조련사, 요리사…" D. 2, i. 51, p. 93.

"왕께 노예가 한 명 있다고…" D. 2, i. 61~2, pp. 98~9.

271쪽 그는 자신의 가르침과 수행을… Ud. 5.5, pp. 71~4.

"나는 왕좌를 위해서…" D. 2, i. 85, p. 108~9.

싯닷타 고타마와 파세나디 왕의 마지막 만남… 이것은 M. 89, ii. 118~25, pp. 728~33에 묘사되어 있다.

273쪽 왕이 오두막을 나갔을 때… 이어지는 사건들은 DhA., i. 356~9, vol. 2, pp. 42~5에 설명되어 있다.

274쪽 "젖먹이 아이조차 남기지 말고" DhA., i. 358, vol. 2, p. 44.

275쪽 그녀의 죽음에 대한 복수… S. I, 82~5, pp. 177~8.

다음날 아침… DhA., i. 356, vol. 2, p. 43.

16. 신들과 악마들

276쪽 내 친구 프레드 발리… 마이크 H.는 프레드 발리가 토모리에서 사망한 이야기를 A Season in Heaven, pp. 67~8에서 들려주고 있다.

281쪽 "죽을 때 손이 앞뒤로…" *Snow Lion: Buddhist News and Catalog*, vol. 22, no. 4, Fall 2008, p. 1.

284쪽 1993년 3월 12일 나는… 달라이 라마와의 만남에 관한 또 다른 이야기는 내가 쓴 에세이 〈The Future Is in Our Hands(미래는 우리의 손에 있다)〉에서 찾아볼 수 있다. www.stephenbatchelor.org/future.html

288쪽 토론이 끝나가자… 공개편지가 발표된 것은 *Tricycle: The Buddhist Review*, vol. 3, no. 1, Fall 1993, pp. 80~1이다.

290쪽 보호신 도르제 슉덴에 대한 충성 도르제 슉덴 위기의 배경에 관해서는 www.tibet.com/dholgyal/shugden-orgins.html에 올린 조르주 드레퓌스의 "The Suk-den Affair: Origins of a Controversy"과 내가 《트라이시클》 지에 쓴 "Letting Daylight into Magic"(*Tricycle: the Buddhist Review*, vol. 7, no. 3, Spring 1998)을 볼 것.

293쪽 나는 겐 롭상 갸초를 잘 몰랐지만… 그가 쓴 불교심리학 교재는 *Rigs lam che ba blo rigs kyi rnam gzhag nye mkho kun btus*(Dharamsala, 1975)이다. 롭상 갸초가 이 책에서 설명한 '마음과 정신작용(mind and mental events)'은 게셰 랍텐의 *The Mind and Its Functions*(스티븐 배철러 역) 제2부의 토대가 되었다.

그 해 10월… 내가 토데 캉사르에 대해 쓴 것은 *The Tibet Guide*, 2nd ed., pp. 74~5를 볼 것.

297쪽 "붓다의 이 현현에 필적하는 것은…" www.dorjeshugden.com/articles/HelmutGassner01.pdf

17. 조심스럽게 길을 가다

300쪽 '무소처럼' 혼자 떠돌아 다니는… Sn. I, 3, v. 35~75를 볼 것.

비범한 능력을 가진, 기적을 행하는 자… 이것을 묘사하고 있는 팔리 경전의 판에 박힌 텍스트는 이렇게 말한다. "하나였던 그는 많은 것이 되며, 많은 것이었던 그는 하나가 된다. 그는 나타나고 사라진다. 그는 마치 공간을 통과하듯 아무런 방해를 받지 않고 벽을 통과한다. 그는 마치 물을 지나듯 땅으로 들어갔다 나온다. 그는 마치 땅인 양 가라앉지 않고 물 위를 걷는다. 가부좌를 틀고 앉아 새처럼 공간을 지나간다. 너무나 강하고 힘센 달과 해를 만지고 쓰다듬는다. 그는 멀리 브라흐마의 세계에 다다를 정도로 몸을 자유롭게 행사한다." 예를 들어, M. 12, i. 69, p. 165를 볼 것.

초인적인 신체 특징… 대인의 32상은 경전 전체에 걸쳐 서술된다. 예를 들어 D. 14, ii. 16~19, pp. 205~6을 볼 것.

301쪽 푹쿠사티라는 승려… 이 일화는 M. 140, iii. 237~9, pp. 1087~8에 나온다.

사리풋타가 밧지의 수도 베살리에서… 수낙카타의 비난에 관한 일화는 설법 끝에 나오는 다음의 서술로 보아 붓다가 살았던 마지막 해에 일어난 일로 그 연대를 추정할 수 있다. "이제 나는 늙고 나이 들고 세월의 짐을 지고 있으며, 삶이 많이 지났고 마지막 단계에 있다. 내 나이 80이 되었다." M. 12, i 82, p. 177.

302쪽 "수낙캇타가 화가 났다." M. 12, i 68, p. 164. 텍스트의 나머지는 실제로 붓다가 이 세상에서 어떻게 그 모든 초인적 힘을 가지고 있는지 길게 보여주고 있다.

아난다가 싯닷타의 뒤에 서서… 이것은 D. 16—대반열반경(Mahāparinibbāna Sutta)—의 시작 구절로, 붓다의 생에서 마지막 몇 달을 시간 순서대로 이야기하고 있다.

"왕께서 너무 강력하고 막강해진…" D. 16, ii 72, p. 231.

303쪽 "아난다, 밧지인들이…" D. 16, ii 72~5, p. 231~2.

"그것은 사실입니다…" D. 16, ii 75~6, p. 232.

304쪽 밧지 의회를 본보기 삼아… D. 16, ii 76~81, p. 233~4.

고타마의 패배감… 사리풋타의 죽음은 S. V, 161-2, pp. 1642-4에 나온다. 경전상의 이야기에 의하면 사리풋타가 죽었을 때 붓다는 제타 숲에 머물고 있었다고 한다. 그러나 맥락을 살펴보면 이는 잘못된 것이 틀림없다. 목갈라나의 죽음은 DhA., iii. 65~6, vol. 2, pp. 304-5에 나온다.

그들의 죽음을 거대한 나무에서 떨어지는 큰 가지로 비유… S. V, 164, p. 1645.

고타마와 아난다가 파탈리 항구에 도착… 이 일화는 D. 16, ii. 87~8, pp. 237~8에 나온다.

305쪽 "숲 속의 옛 도시" S. II, 105~7, 00. 603~4.

파탈리는 남쪽에서 흘러오는 손 강과… 붓다가 살았던 시대 이후 손(소나) 강의 경로는 서쪽으로 약 40킬로미터 움직였다.

307쪽 그가 코티 마을에 이르렀다는… Mv. VI, 29-30, pp. 315-8. 나는 암바팔리와 릿차비 족 젊은이들이 만난 이야기를 율장에 나온 판본에서 취했는데, 대반열반경(D. 16, ii. 95~7, pp. 242~3)에 나오는 것과 비교하면 그 사건이 일어난 장소만 다르다. D. 16

에서는 암바팔리와 릿차비 족 젊은이들이 만난 곳은 베살리이다.

308쪽 "…베살리에서 너희들의 친구나…" D. 16, ii. 99, p. 244.

"…중병에 걸렸다"와 이어지는 인용문: D. 16, ii. 99~101, pp. 244~5.

309쪽 "알고 수행하고 함양하라." D. 16, ii. 119~20, p. 253.

310쪽 "돼지고기는 나에게 주고…" D. 16, ii. 119~20, p. 253. '돼지 백정'인 또 다른(아니면 동일한 인물일 수도?) 춘다와 그가 돼지고기를 연하게 만드는 방법에 대해 이야기하고 있는 DhA., i. 125~6, vol. 1, pp. 255~6을 볼 것. 현대의 어떤 주석가들(예를 들어 모리스 월시, D. 16, n. 417, p. 571)은 붓다의 마지막 식사가 돼지고기라기보다는 버섯 혹은 송로로 차려졌다는 해석을 선호했다. 팔리어 단어 수카라-맛다바(sūkara-maddava)는 문자 그대로 '부드러운'(맛다바) '돼지'(수카라)를 뜻한다. 경전을 보면 붓다가 채식주의자가 아니었다는 것이 분명하다. 그는 사촌인 데바닷타가 채식만 하는 것을 승가의 규율로 삼자고 한 제안을 거부했다. 그는 자신의 승려들이 고기를 먹는 것에 반대하지 않았는데, 단 그 동물이 특별히 그들을 위해 살생되는 것을 '보거나, 듣거나, 의심되지' 않는 경우에 한해서였다(Cv. VII, 196, p. 277).

311쪽 "두 파벌로 나뉘어…" D. 29, iii. 117~8, p. 427. M. 104, ii. 243~5, p. 853~4도 참조할 것. 두 텍스트 모두 이 일이 일어났을 때 붓다가 사키야에 머물고 있었던 것으로 나온다.

…산적들이 체포되었을 때… DhA., iii. 66~7, vol. 2, p. 305.

312쪽 파질나가르 외곽에서… 그러나 대부분의 자이나교도들은 날란다와 라즈기르에서 멀지 않은 비하르의 바와푸르를 그들의 창시자 스승 마하비라가 사망한 곳으로 여긴다. 오늘날 바와푸르는 자이나교의 중요한 순례지로, 관리가 잘 되어 있다. 파와푸르(Pawapur)라는 단어는 '파와-도시'를 뜻한다. 파와는 팔리어 파바(Pava)의 변형어로 보인다.

313쪽 소수의 승려들로 꾸려진 그의 일행… D. 16, ii. 134, pp. 260~1.

314쪽 "울고불고 하지 마라." D. 16, ii. 144, p. 265.

"여기서 돌아가시지 마십시오." D. 16, ii. 146, p. 266.

315쪽 "우리 시대의 스승들 중에…" D. 16, ii. 150~1, p. 268.

"내가 가르친 것에 대해 확실하게 의심이…" D. 16, ii. 154~5, p. 270.

"…조건 지어진 것들은 부서진다. 조심스럽게 길을 가라." D. 16, ii. 156, p. 270.

316쪽 "울고, 머리를 쥐어뜯고…" D. 16, ii. 157~8, p. 272.

18. 세속불자

317쪽 검색해보니 많은 참고자료가… '타륜을 잡은 남자'는 조지 클루니 주연의 영화 〈퍼펙트스톰(The Perfect Storm)〉(2000)에 등장했다. 이 영화는 세바스찬 정거가 쓴 동명의 책을 기반으로 하고 있는데, 이 책은 1991년 10월 북대서양의 폭풍우 속에 침몰한 글로스터의 어선 안드레아게일 호의 마지막 여행에 관한 극적인 이야기를 담고 있다.

318쪽 "때 이른 흰머리와…" 1971. 7. 31일자 《글로스터데일리타임스》지에 실린 제임스 시어의 기사 "Fisherman's wife statue—idea hailed then spurned(어부의 아내상—환

영 받다 거절된 아이디어)"에서.

1920년대 말부터 레너드는… Ibid. 시아는 크레이스크가 "케이프앤을 포함하여 다른 곳의 장면을 담은 놀라운 컬러 슬라이드들을 가지고 있다."고 말한다. 나는 그런 것들을 추적해 찾아내지 못했다.

321쪽 "뿌리에서 잘리고…" 경전 전반에 걸쳐 발견되는 흔한 은유. 예를 들어 M. 36, i. 250, p. 343을 볼 것.

'마라의 군대' 이것은 감각적 쾌락, 불만, 배고픔과 갈증, 갈망, 나태와 무기력, 두려움, 의심, 위선과 고집, 이득, 명성, 명예와 명성, 자신을 격찬하고 남을 폄하하기 등이다.

322쪽 어떻게 이것을 이룰 수 있을 것인가… 붓다의 뗏목 우화는 M. 22, i. 134~5, pp. 228~9에서 발견된다.

323쪽 붓다는 사촌이자 사키야 사람인 아난다와… 붓다의 나머지 가족과 관련, 아들인 라훌라는 경전에서 몇 차례 언급되고 있지만 주요 인물은 아니다. 그가 어떻게 되었는지는 알려지지 않고 있다. 아내인 밧다캇차나는 여승이 된 것으로 전해지지만 더 자세한 것은 경전에 나와 있지 않다. 사키야 인들의 지도자였던 사촌 마하나마는 손자인 비두다바 왕이 명령한 사키야 인종청소에서 살아남아 붙잡혔다. 사밧티로 끌려가던 도중(재판을 받기 위해?) 그는 목욕을 할 수 있게 해달라고 요청했다. 이 소원은 허락되었고, 마하나마는 스스로 물에 빠져 자살했다. 비두다바는 자신의 군대와 함께 사밧티로 돌아갔다. 사밧티에 도착하기 전 그와 그의 군대는 아치라바티의 마른 강바닥에 야영을 했다. 그러나 갑작스런 홍수로 그도 물에 빠져버렸다(DhA., i. 357~60, vol. 2, pp. 44~5 참조). 비두다바의 어머니이자 마하나마가 노예와의 사이에서 낳은 딸인 바사바의 운명에 대해서는 알려진 것이 없다. 우리가 아는 한, 붓다의 사촌 아난다와 아누룻다는 여생을 승려로 보냈다.

그가 몸져누워 죽은… D. 16, ii. 159~61, pp. 273~4. 말리카가 보석으로 장식된 망토를 붓다의 시신 위에 펼쳤다는 이야기는 경전에서 발견되지 않는다. 이것은 붓다고사가 쓴 장부(디가니카야) ii. 597에 대한 주석서인 수만갈라빌라시니(Sumangalavilasini)에 나온다.

화장 장작더미에 불이… 대가섭(마하캇사파)과 그의 추종자들의 도착: D. 16, ii. 162, p. 274.

324쪽 캇사파는 마가다 출신의 브라만… 캇사파와 관련된 일련의 설법은 S. V, 194~225, pp. 662-81에서 발견된다.

"내가 죽은 뒤…" D. 16, ii. 154, pp. 269~70.

"나는 너 같은 아첨꾼은 고사하고…" Cv. VII, 187, p. 264. 하지만 Sn. III, v. 556~7은 붓다가 가르치기 시작한 처음 단계에서는 사리풋타를 자신의 후계자로 여겼을지도 모른다는 것을 암시하고 있다.

325쪽 일단 고타마의 재와 유골을… D. 16, ii. 164~6, pp. 275~7.

캇사파는 참석할 만한 자격이 있다고… Cv. XI, 284, pp. 394~5.

326쪽 옛 사람들은 세상을 떠났고… Thag., v. 1036. 장로게송에 대한 주석서는 아난다가 사리풋타의 사망 소식을 듣고 이 운문을 지었다고 설명하고 있다.

어느 시점에 일행은… 이 일화는 S. II, 214~7, pp. 674~6에서 발견된다. 이 텍스트는 이 일이 사밧티의 제타 숲에서 일어났다고 주장하고 있지만, 맥락을 고려하면 가능성이 없어 보인다.

327쪽 "캇사파는 어떻게…"와 이어지는 대화: S. II, 215~7, pp. 675~6.

일행이 라자가하에 도착하자마자… S. II, 217, p. 676.

이때 즈음하여 푸라나라고 하는… Cv. XI, 288~9, pp. 401~2.

328쪽 "자네의 젊은 추종자들이…"와 이어지는 대화: S. II, 218~9, pp. 677~9.

329쪽 고타마 추종자들 사이의 긴장… 고파카의 집무실 일화는 M. 108, iii. 7~10, pp. 880-2에 나온다.

330쪽 팔리경전협회 www.palitext.com.

331쪽 최초의 유럽인들이… 잉글랜드인 앨런 베넷은 1901년 랑군에서 계를 받고 안난다 멧테이야 스님이 되었으며, 이어 1904년 독일인 안톤 구에트가 계를 받아 나나틸로카 스님이 되었다. 나나틸로카는 스리랑카의 아일랜드허미티지의 설립자이자 해럴드 머선(나나비라)과 오스버트 무어(나나몰리)의 스승이었다. 내가 쓴 *The Awakening of the West*, pp. 307~8을 볼 것.

"여러분은 어쩌면…" 크리슈나무르티, 해단 선언문: http://bernie.cncfamily.com/k_pathless.htm.

"나는 비구와 비구니 들에 둘러싸여 살고 있다." Ud. 4.5, pp. 58~59.

333쪽 "오늘날의 종교는…" Don Cupitt, *The Great Questions of Life*, p. 18.

334쪽 "누구든지 나를 보살피려는 이라면…" Mv. VIII, 301, p. 432.

335쪽 자비로운 붓다가… Shantideva, *A Guide to the Bodhisattva's Way of Life*, VI: 126. 나는 그것을 역사적 붓다로만 언급함으로써 이 텍스트를 단순화했지만 샨티데바는 '자비로운 이들'과 '붓다들'이라고 복수형으로 이야기하고 있다.

"나를 죽이지 마세요." Emmanuel Levinas, Ethics and Infinity, pp. 85~92의 "The Face" 장을 볼 것.

ˡ용어설명ˡ

간다라(팔리어)
붓다 생존 당시 인도 아대륙의 서쪽에 있던 나라로 페르시아 제국의 일부분이었다. 수도는 탁카실라. 영토상으로 현대 파키스탄의 상당 부분에 해당한다.

겔룩(티베트어)
14세기에 총카파가 세운 티베트 불교 종파. 달라이 라마가 수련 받은 종파.

고(부탄어/티베트어)
부탄에서 남자들이 입는 무릎길이의 전통 의상.

관세음보살(아발로키테스바라〔산스크리트어〕)
대승불교에서 자비의 보살.

니르바나(산스크리트어/팔리어=닙바나)
탐욕, 증오, 망상의 불이 꺼지는 것.

닝마(티베트어)
티베트에 불교가 전파되던 첫 단계인 8세기에 세워진 고대 티베트 불교 종파.

다나(팔리어)
문자 그대로의 의미는 '공양' 혹은 '선물'. 전통적으로 재가불자들이 승려들에게 주는 음식, 옷, 기타 필수품 등을 말한다(보시).

다르마키르티(산스크리트어)
7세기경 인도의 승려이자 학자로, 논리학과 인식론의 토대가 되는 저작으로 유명하다(법칭〔法稱〕).

다코이트(힌디어)
강도나 도적 무리의 일원.

담마(팔리어/산스크리트어=다르마)
붓다의 가르침. 붓다의 가르침이 나타내는 진리와 수행.

데바(팔리어)
신. 현세적인 의미로는 좀 더 높은 영역의 삼사라 중 하나에 거주하는 천상의 존재를 말하며, 초현세적인 의미로는 대승 불교와 금강승 불교(탄트라 불교)에서 신의 모습을 한 붓다.

데바닷타(팔리어)
붓다의 (이종) 사촌. 승단의 수장인 붓다를 교체하려 했다.

도르제 슉덴(티베트어)
티베트 불교 겔룩파의 논란 많은 보호신.

라자가하(팔리어)
마가다의 수도. 오늘날의 라즈기르.

마가다(팔리어)
붓다 생존 당시 갠지스 강 남쪽에 자리했던 인도 왕국. 수도는 라자가하였으며, 빔비사라와 그 뒤를 이어 아자타삿투가 왕으로 있었다.

마댜마카(산스크리트어)
2세기 나가르주나(용수)가 세운 공(空)의 '중도(中道)' 불교철학. 샨티데바와 총카파도 이 철학을 따랐다(중관[中觀]).

마라(팔리어)
불교에서 악마. 문자 그대로의 의미는 '살인자', 즉 깨달음에 이르는 길을 가로막는 모든 것.

마하나마(팔리어)
붓다의 (고종) 사촌. 아난다, 아누룻다와 형제 사이로, 사키야의 통치자가 되었다. 바사바의 아버지.

마하야나(산스크리트어)
불교의 '큰 수레(대승[大乘])'. 모든 이들을 위해 성불하려는 보살의 열망을 고무시킨다. 히나야나(소승)에 대비되는 논쟁적인 용어.

말라(팔리어)
사키야 남쪽 코살라 왕국의 동부 지방. 주요 도시는 쿠시나가라와 파바였다.

말리카(팔리어)
1. 코살라의 파세나디 왕의 첫째 부인. 아자타삿투와 결혼한 바지리의 어머니. 2. 반둘라의 아내.

목갈라나(팔리어)
사리풋타와 함께 붓다의 상수 제자 두 명 중 하나. 마가다 출신의 브라만이었으며 명상력과 초능력으로 유명해졌다(목건련, 목련).

목탁(한국어)
손으로 쥐는 작은 나무 통으로, 짧은 막대기로 친다. 염불을 하고 불교 의식을 거행할 때 시간을 맞추는 데 종종 사용된다.

무드라(산스크리트어)
성상과 그림에 묘사된 붓다와 같은 인물들의 상징적인 손짓(수인〔手印〕).

문수보살(만주스리〔산스크리트어〕)
대승불교에서 지혜의 보살.

바사바(팔리어)
혹은 바사바캇티야. 마하나마와 여종 나가문다 사이의 딸. 파세나디의 두 번째 부인. 비두다바의 어머니.

바즈라(산스크리트어)
탄트라 의식에서 사용되는 다섯 혹은 아홉 갈래의 홀(금강저〔金剛杵〕).

바즈라야나(산스크리트어)
'금강 수레'. 3세기경 인도에서 등장한 탄트라 불교의 길. 만트라(진언)의 사용, 시각화(관상〔觀想〕), 요가 수행이 수반된다. 티베트 불교의 모든 종파에서 널리 행해진다(금강승).

반둘라(팔리어)
쿠시나라 출신의 귀족. 파세나디 왕이 거느린 군대의 장군. 코살라의 대판관. 아들들과 함께 파세나디에게 살해당한다.

밧지(팔리어)
붓다 생존 당시 마지막까지 남아 있던 공화정의 나라로, 갠지스 강의 북쪽, 말라의 남쪽에 위치했다. 수도는 베살리였다.

베다(산스크리트어)
주로 신들에 대한 찬가로 이뤄진 브라만, 비불교 종교 문학 부류. 『우파니샤드』보다 앞서는 인도 아리안 문화의 가장 초기 표현물.

베살리(팔리어)
밧지의 수도. 지금의 바이샬리.

보디삿트바(산스크리트어 / 팔리어=보디삿타)
중생들을 위해 깨달음을 얻겠다고 맹세한 자. 성불하기를 갈망하는 자(보살).

보살님(한국어)
불교 여신도.

브라흐만(산스크리트어)
인도의 베다 및 『우파니샤드』 전통의 초월적인 비인격신. 세계의 창조적 근원이자 가장 내면에 있는 자아의 기본적인 본성(아트만).

비나야(팔리어)
문자 그대로의 뜻은 '규율'. 승려들의 도덕 규칙과 행동 수칙. 팔리 경전에서 승원의 삶과 수행을 묘사한 문헌(율[律]).

비두다바(팔리어)
파세나디 왕과 바사바의 아들. 파세나디를 무너뜨린 뒤 코살라의 왕으로 잠깐 통치했다.

비파사나(팔리어)
문자 그대로의 의미는 '통찰'. 사마타(고요함)에 반대되는, 즉 하나의 사물에 대한 집중을 통해 마음을 고요하게 하는 것에 반대되는 경험의 본성을 파헤치는 것과 관련된 불교 명상.

비하라(팔리어)
비구 혹은 비구니 들의 사원. 승원.

빔비사라(팔리어)
마가다의 왕. 데비(파세나디의 누이)의 남편. 아자타삿투의 아버지. 라자가하의 대나무 숲(죽림)을 붓다에게 바쳤다.

사다나(산스크리트어)
바즈라야나(금강승) 불교의 수행으로, 탄트라 신과 관련된 의식의 텍스트를 매일 암송하는 일이 수반된다.

사리(사리라〔팔리어〕)
뛰어난 불교 스승의 신체적 유물. 흔히 화장한 시체에서 작은 결정체 방울의 형태로 발견된다.

사리풋타(팔리어)
목갈라나와 함께 붓다의 두 상수 제자 중 하나. 마가다 출신의 브라만이었으며 지성과 지혜로 유명했다(사리불 혹은 사리자).

사밧티(팔리어)
코살라 왕국의 수도. 제타 숲이 근처에 있었다. 지금의 사헤트-마헤트/스라바스티.

사키야(팔리어)
붓다가 태어난 코살라 왕국의 동부 지방. 수도는 카필라밧투.

삼사라(팔리어)
죽음과 환생의 고통스럽고 반복적인 순환(윤회).

샨티데바(산스크리트어)
8세기 인도 대승불교 승려. 『입보리행론(入菩提行論)』의 저자.

선방(한국어)
명상을 하는 방.

숫도다나(팔리어)
붓다의 아버지.

숫타(팔리어)
붓다 혹은 어떤 경우에는 붓다의 주요 제자가 행한 설법(경〔經〕).

스님(한국어)
승려. 수도승에 대한 존칭어로 쓰인다.

스투파(산스크리트어)
화장한 승려의 유골을 안치했던 무덤. 나중에 불교의 뛰어난 건축 상징물로 발전했다.

싯닷타 고타마(팔리어)
붓다의 이름. '깨달은 자'.

아나타핀디카(팔리어)
사밧티 출신의 부유한 상인으로, 제타 숲을 붓다에게 바쳤다.

아난다(팔리어)
붓다의 (고종) 사촌. 마하나마와 아누룻다와 형제 사이. 붓다의 마지막 25년 동안 그의 시자였다. 붓다가 가르쳤던 모든 것을 기억했다고 일컬어지는 승려.

아누룻다(팔리어)
붓다의 (고종) 사촌. 마하나마, 아난다와 형제 사이.

아르한트(팔리어)
'가치 있는 이'. 죽음과 환생의 순환인 윤회로부터 완전히 해방된 불교 성자(아라한).

아자타삿투(팔리어)
마가다의 빔비사라 왕과 데비 왕비(파세나디의 누이)의 아들. 빔비사라가 그를 위해 퇴위한 뒤 마가다의 왕이 되었다. 데바닷타의 제자.

아치라바티(팔리어)
붓다가 살아 있을 당시의 강. 그 기슭에 사밧티라는 도시가 있었다.

아트만(산스크리트어)
문자 그대로의 의미는 '자아(self)'. 비불교 브라만 전통에서 아트만은 진정한 자아의 핵심인 순수한 의식을 말한다. 브라흐만(신)과 사실상 동일.

야만타카(산스크리트어)
분노에 차 있고, 황소의 머리와 여러 개의 팔다리를 가진 금강승 불교의 신.

우루벨라(팔리어)
붓다가 깨달음을 얻은 마가다의 장소. 오늘날에는 보드가야로 알려져 있다.

우파니샤드(산스크리트어)
브라흐만(신)과 하나가 되는 방법을 파헤치는 비불교 종교철학적 문학 부류. 베단타,

즉 베다의 '끝' 혹은 '정점'이라고도 알려져 있다.

인지(티베트어)
'서양사람'을 뜻하는 속어. '잉글리시(English)'가 변형된 말.

입승 스님(한국어)
선방의 대표로 임명된 승려로, 시간을 계측하고 기강을 세우는 책임을 맡는다.

자나(팔리어)
명상 몰입. 전통적으로 여덟 가지의 자나가 있다. 처음 네 가지는 형상을 가진(색〔色〕) 대상에 집중함으로써 얻어지며, 나머지 네 가지는 형상이 없는(무색〔無色〕) 대상에 집중함으로써 얻어진다(선〔禪〕, 선정〔禪定〕).

족첸(티베트어)
문자 그대로의 의미는 '위대한 완성'. 티베트 불교 닝마파에서 가르치는 청정한 깨달음의 무색계 선정 수행(대구경〔大究境〕, 대원만〔大圓滿〕, 대성취〔大成就〕).

죽비(한국어)
한국의 선불교 사원에서 시간을 맞추는 데 사용하는 나무 도구.

참파(티베트어)
보리를 볶아 가루로 만든 티베트의 전통적인 주식.

총카파(티베트어)
티베트 불교의 겔룩 종파를 세운 티베트의 승려, 학자, 요기(1357~1410).

추바(티베트어)
기다란 정장 또는 가운.

카규(티베트어)
11세기에 마르파, 밀라레파, 곰포파와 그들의 추종자들이 세운 티베트 불교 종파.

카탁 (티베트어)
존경을 담은 인사로서 공양되는 흰색의 실크 스카프.

카필라밧투(팔리어)
사키야의 코살라 지방의 중심 도시로, 붓다는 어린 시절 이곳에서 자랐다. 지금의 피프라흐와.

칸규르(티베트어)
문자 그대로의 뜻은 '말의 해석'. 티베트 불교 경전에서 붓다가 한 것으로 여겨지는 설법을 담고 있는 부분.

칼라차크라(산스크리트어)
문자 그대로의 뜻은 '시간의 바퀴'. 여러 개의 팔을 가진 금강승의 신으로, 신비한 샴발라 왕국과 관련되어 있다.

캇사파(팔리어)
마하캇사파로도 알려져 있다. 붓다의 유명한 제자로, 고타마 사후 제1차 결집을 소집했다(가섭, 대가섭).

코살라(팔리어)
붓다 생존 당시 갠지스 강 북쪽의 인도 왕국. 수도는 사밧티, 왕은 파세나디였다.

쿠시나라(팔리어)
말라의 두 주요 도시 중 하나(다른 하나는 파바). 반둘라의 영지. 붓다가 사망한 곳. 지금은 쿠시나가르라고 한다.

키라(부탄어/티베트어)
부탄에서 여자들이 입는 발목길이의 전통 의상.

탁카실라(팔리어)
탁실라. 붓다 생존 당시 간다라의 수도이자 학문의 중심지.

테라바다(팔리어)
문자 그대로의 의미는 '원로들의 가르침'. 오늘날 스리랑카와 동남아시아에서 발견되는 불교 종파로, 팔리 경전과 붓다고사의 주석에 토대를 두고 있다(상좌부〔上座部〕).

텐규르(티베트어)
문자 그대로의 의미는 '주석의 번역'. 즉, 칸규르에서 발견되는 붓다의 가르침에 대한 해설을 담고 있는 티베트 불교 경전.

파바(팔리어)
말라의 두 주요 도시 중 하나(다른 하나는 쿠시나라). 붓다가 마지막 식사를 했던 곳. 또한 자이나교의 창시자 마하비라가 사망한 곳으로 여겨지는 곳이기도 하다. 지금의 파질나가르.

파세나디(팔리어)
붓다 생존 당시 코살라의 왕.

파탈리(풋타)(팔리어)
마가다에 있던 갠지스 강 남쪽 강변의 항구. 붓다 생전 말년에 이르러서는 요새 도시로 발전했으며, 추후 아소카 황제가 수도로 삼게 된다. 지금의 파트나 시.

팔리(팔리어)
테라바다(상좌부) 종파의 경전에서 발견되는 붓다의 가르침을 기록하는 데 사용된 중세 인도-아리아어.

푸자(산스크리트어)
문자 그대로의 의미는 '공양'. 암송을 하면서 종종 집단으로 행해지는 종교 행사.

히나야나(산스크리트어)
불교의 '작은 수레(소승〔小乘〕)'. 마하야나 불교도들이 보살의 이타적인 길과 대조되는 아르한트(아라한)의 이기적인 길을 묘사하기 위해 만들어낸 경멸조의 용어.

| 참고문헌 |

Allchin, F. R. *The Archaeology of Early Historic South Asia. The Emergence of Cities and States.* Cambridge: Cambridge University Press, 1995.

Allen, Charles. *The Buddha and the Sahibs:The Men Who Discovered India's Lost Religion.* London: John Murray, 2003.

Bailey, Greg, and Ian Mabbett. *The Sociology of Early Buddhism.* Cambridge: Cambridge University Press, 2003.

Batchelor, David. *Chromophobia.* London: Reaktion Books, 2000.

Batchelor, Martine. *Meditation for Life.* London: Frances Lincoln, 2001.

______ and Son'gyong Sunim. *Women in Korean Zen: Lives and Practices.* Syracuse, N. Y.: Syracuse University Press, 2006.

Batchelor, Stephen. *Alone with Others: An Existential Approach to Buddhism.* New York: Grove, 1983.

______. *The Tibet Guide.* London: Wisdom Publications, 1988.

______. *The Faith to Doubt: Glimpses of Buddhism Uncertainty.* Berkeley, Calif.: Parallax, 1990.

______. *The Awakening of the West: The Encounter of Buddhism and Western Culture.* London: Aquarian, 1994.

______. *Buddhism Without Beliefs: A Contemporary Guide to Awakening.* New York: Riverhead, 1997.

______. *Living with the Devil: A Meditation on Good and Evil.* New York: Riverhead, 1997.

Bodhi, Bhikkhu, trans. *The Connected Discourses of the Buddha(Samyutta Nikāya).* Somerville, Mass.: Wisdom Publications, 2000.

______. *The Revival of Bhikkhunī Ordination in the Therāvada Tradition.* Penang, Malaysia: Inward Path, 2009.

Buber, Martin. *I and Thou.* Translated by Walter Kaufmann. Edinburgh: T. T. Clark, 1979.

Burlingame, Eugene Watson, trans. *Buddhist Legends (Dhammapada Commentary).* 3 vols. Oxford: Pali Text Society, 1995. [First published in 1921.]

Buswell, Robert E. *The Korean Approach to Zen: The Collected Works of Chinul.* Honolulu: University of Hawaii Press, 1983.

______. *The Zen Monastic Experience.* Princeton: Princeton University Press, 1992.

Cupitt, Don. The *Time Being*. London. SCM Press, 1992.

______. *The Great Questions of Life.* Santa Rosa, Calif.: Polebridge Press, 2005.

Dalai Lama. *Kindness, Clarity, and Insight.* Ithaca, N.Y.: Snow Lion, 1984.

______. *Freedom in Exile: The Autobiography of the Dalai Lama of Tibet.* London: Hodder and Stoughton, 1990.

______. *The Universe in a Single Atom: The Convergence of Science and Spirituality.* New York: Morgan Road Books, 2005.

Dawkins, Richard. *The God Delusion*, London: Bantam, 2006.

Dhargyey, Geshe. *The Tibetan Tradition of Mental Development.* Dharamsala, India: Library of Tibetan Works and Archives, 1978.

Dowman, Keith, trans. and compiler. *The Flight of the Garuda.* Boston: Wisdom Publications, 1994.

Dreyfus, Georges B. J. *Recognizing Reality: Dharmakīrti's Philosophy and Its Tibetan Interpreters.* Albany: State University of New York Press, 1997.

______. *The Sound of Two Hands Clapping: The Education of a Tibetan Buddhist Monk.* Berkeley and Los Angeles: University of California Press, 2003.

Evola, Julius. *The Doctrine of Awakening: A Study on the Buddhist Ascesis.* Translated by H. E. Musson. London: Luzac, 1951. [Republished by Inner Traditions, Rochester, Vermont, in 1996.]

______. *Le Chemin du Cinabre.* Milan: Arche-Arktos, 1982. [First published in Italian in 1972. An English translation, *The Path of Cinnabar: An Intellectual Autobiography*, was published in 2009 by Integral Tradition Publishing, London.]

Fronsdal, Gil, trans. The Dhammapada. Boston and London: Shambhala, 2005.

Gombrich, Richard F. How Buddhism Began: The Conditioned Genesis of the Early Teachings. London: Athlone, 1996.

______. *What the Buddha Thought.* London/Oakville, Conn.: Equinox, 2009.

Grimmett, Richard, and Tim Inskipp. *Birds of Narth India.* Princeton and Oxford: Princeton University Press, 2003.

Guenther, Herbert V., trans. *Jewel Ornament of Liberation.* London: Rider, 1970.

Harris, Sam. *The End of Faith: Religion, Terror and the Future of Reason.* New York: Norton, 2004.

Heidegger, Martion, *Being and Time.* Translated by John Macquarrie and Ed-ward Robinson. Oxford: Blackwell, 1962.

______. *Basic Writings.* Edited by David Farrell Krell. London: Routledge, Kegan and Paul, 1978.

Horner, I. B., trans. *The Book of Discipline, Vol. IV (Mahāvagga).* Oxford: Pali Text Society, 1951.

______, trans. *The Book of Discipline, Vol. V (Cūlavagga).* Oxford: Pali Text Society, 1952.

Ireland, John D., trans. *The Udāna and the Itivuttaka.* Kandy, Sri Lanka: Buddhist Publication Society, 1997.

Junger, Sebastian. *The Perfect Storm: A True Story of Man Against the Sea.* London: Fourth Estate, 1997.

Kalff, Dora. *Sandplay: A Psychotherapeutic Approach to the Psyche.* Santa Monica, Calif.: Sigo Press,

1980.
Kusan Sunim. *Nine Mountains: Dharma-Lectures of the Korean Meditation Master Ku San.* Seung Ju Kun, Korea: Songgwangsa Monastery, 1976.
______, *The Way of Korean Zen.* Boston and London: Weatherhill, 2009. [First published in 1985.]
Levinas, Emmanuel. *Ethics and Infinity.* Translated by Richard A. Cohen. Pittsburgh: Duquesne University Press, 1985.
Ling, Trevor. *The Buddha: Buddhist Civilization in India an Ceylon.* London: Temple Smith, 1973.
Macquarrie, John. *An Existentialist Theology.* London: Pelican, 1973.
Malalasekera, G. P. *Dictionary of Pāli Proper Names.* 3 vols. Oxford: Pali Text Society, 1997. [First published in 1938.]
Marcel, Gabriel. *Being and Having: An Existentialist Diary.* Translated by Katherine Farrer. Gloucester, Mass.: Peter Smith, 1976.
Maugham, Robin. *Search for Nirvana.* London: Allen and Unwin, 1975.
McEvilley, Thomas, *The Shape of Ancient Thought: Comparative Studies in Treek and Indian Philosophies.* New York: Allworth Press, 2002.
Müller, F. Max, trans. *The Thirteen Principal Upanishads.* Revised by Suren Navlakha. Ware, U.K.: Wordsworth, 2000.
Nakamura, Hajime. *Gotama Buddha: A Biography Based on the Most Reliable Texts.* 2 vols. Tokyo: Kosei Publishing, 2000 and 2005.
Ñāṇamoli, Bhikkhu. *The Life of the Buddha.* Kandy, Sri Lanka: Buddhist Publication Society, 1978.
Ñāṇamoli, Bhikkhu, and Bhikkhu Bodhi, trans. *The Middle Length Disourses of the Buddha (Majjhima Nikāya).* Boston: Wisdom Publications, 1995.
Ñāṇavīra Thera. *Clearing the Path: Writings of Ñāṇavīra Thera (1960-1965).* Colombo, Sri Lanka: Path Press, 1987.
______, *Notes on Dhamma (1960-1965).* Nieuwerkerk a/d Yssel, Holland: Path Press Publications, 2009.
Norman, K. R., trans. *The Group of Discourses (Sutta-Nipāta).* Oxford: Pali Text Society, 2001.
______. *A Philological Approach to Buddhism.* Lancaster, U.K.: Pali Text Society, 2006.
Nyanaponika Thera. *Great Disciples of the Buddha: Their Lives, Their Works, Their Legacy.* Edited by Hellmuth Hecker and Bhikkhu Bodhi. Somerville, Mass.: Wisdom Publications, 2003.
Nyanaponika Thera and Bhikkhu Bodhi, trans. *Numerical Discourses of the Buddha: An Anthology of Suttas from the Anguttara Nikāya.* Walnut Greek, Calif.: Alta Mira Press, 1999.
Pabongka Rinpoche. *Liberation in the Palm of Your Hand.* Edited by Trijang Rinpoche. Translated by Michael Richards. Boston: Wisdom Publications, 1991.
Plato. *Phaedo.* Translated by David Gallop. Oxford: Oxford University Press, 1999.
Rabten, Geshe. *The Life and Teaching of Geshe Rabten.* Translated and edited by B. Alan Wallace. London: Allen and Unwin 1980.

______. *Echoes of Voidness*. Translated by Stephen Batchelor. London: Wisdom Publixations, 1989.

______. *The Song of the Profound View*. Translated by Stephen Batchelor. London: Wisdom Publications, 1989.

______. *The Mind and Its Functions*. Translated and edited by Stephen Batchelor. Le Mont-Pèlerin: Editions Rabten Choeling, 1992. [First published in 1978.]

______. and Geshe Ngawang Dhargyey. *Advice from a Spiritual Friend*. Translated and edited by Brian Beresford with Gonsar Tulku and Sharpa Tulku. Somerville, Mass.: Wisdom Publications, 1996. [First published in 1977.]

Rhys Davids, Caroline A. F. *Psalms of the Early Buddhists*. Oxford: Pali Text Society, 1980. [*Theragāthā* was first published in 1909; *Therīgāthā* in 1937.]

Schettini, Stephen. *The Novice: Why I Became a Buddhist Monk, Why I Quit and What I Learned*. Austin, Tex.: Greenleaf Book Press, 2009.

Schumann, H. W. *The Historical Buddha: The Times, Life and Teachings of the Founder of Buddhism*. Translated by Maurice Walshe, London: Arkana, 1989.

Shāntideva. I. *A Guide to the Bodhisanttva's Way of Life*. Translated from Tibetan by Stephen Batchelor. Dharamsala, India: Library of Tibetan Works and Archives, 1979. 2. *The Bodhicaryāvatāra*. Translated from Sanskrit by Kate Crosby and Andrew Skilton. Oxford and New York: Oxford University Press, 1996. 3. *A Guide to the Bodhisattva's Way of Life*. Translated by Vesna Wallace and B. Alan Wallace from Sanskrit and Tibetan. Ithaca, N.Y.: Snow Lion, 1997.

Thomas, Edward J. *The Life of the Buddha as Legend and History*. London: 1927.

Tillich, paul. *The Dynamics of Faith*. New York: Harper and Row, 1958.

______. *The Courage to Be*. London: Fontana, 1962.

______. *Systematic Theology*. 3 vols. in 1. Chicago: University of Chicago Press, 1967.

Tomory, David. *A Season in Heaven: True Tales from the Road to Kathmandu*. London: Thorsons, 1996.

Von Franz, Marie-Louise. *Puer Aeternus*. Santa Monica, Calif.: Sigo Press, 1970.

Walshe, Maurice, trans. *The Long Discourses of the Buddha (Dīgha Nikāya)*. Boston: Wisdom Publications, 1995.

Wenders, Wim. *The Logic of Images*. London: Faber, 1991.

감사의 말씀

앞에서 언급되었거나 암시된 과거, 현재의 모든 이들에게 감사드린다. 그들이 없었다면 『어느 불교무신론자의 고백』은 쓰지 못했을 것이다. 이 책을 원고 상태에서 꼼꼼히 읽고 유익한 제안을 많이 해준 더라이어스 커플린스커스, 크리스 데서, 안토니아 마카로, 존 피콕, 마저리 실버맨, 마크 버논, 게이 왓슨, 붓다의 인도를 내게 보여준 앨런 헌트 배디너와 샌텀 세스, 팔리어의 신비 속으로 나를 입문시켜준 리처드 곰브리치, 자서전이라는 새로운 시도를 독려해준 스티븐 세티니, 나나비라 테라를 회상해준 피터 매덕, 프레드 발리를 기억해준 일로나 윌, 과외로 아침 식사까지 준비해준 앤 에이머스와 마이크 스미스, 처음부터 이 책에 열의를 보인 에이전트 앤 에델스타인, 그리고 멋진 책으로 탄생할 수 있게 해준 편집자 신디 스피겔에게 감사드린다.

옮긴이의 말

가끔 생각나는 키워드들을 인터넷에서 검색하며 시간을 보낼 때가 있는데 2010년 어느 여름날에도 그랬던 것 같다. 그날 인터넷 서점 사이트에서 내가 친 단어는 'Buddhism'이었는데 검색 결과가 내놓은 여러 도서명 중 'Confession of a Buddhist Atheist'가 눈에 들어왔다. 참 흥미로운 단어들의 조합이었다. 게다가 저자 스티븐 배철러는 한때 승려였다가 환속한 서양인이란다. 나의 얄팍한 호기심이 발동하여 즉각 구매 버튼을 눌렀고, 이렇게 해서 이 책과 나의 인연이 시작되었다.

이 책은 10대의 영국 청년이 집을 떠나 유럽 대륙과 중동을 거쳐 아시아로 들어가 인도 다람살라에서 불교를 접하고 승려가 되어 티베트 불교, 그리고 이어서 한국의 선불교 전통에서 수행을 하다 환속한 뒤 재가자로서 계속 불교를 공부하고 가르치는 삶에 대해 들려준다. 또 그 이야기 속에서 붓다가 살고 가르쳤던 곳들을 찾아다니며 신격화된 모습이 아니라 당시의 정치, 사회, 문화적 환경 속에서 역사적 인간 붓다의 삶을 그려내고 있다. 한 서양인 불교도의 자서전이면서 그가 재구성해낸 붓다의 이야기인 것이다.

처음엔 그저 특이한 이력의 서양인 불교도라는 점에 호기심이 생겨 읽기 시작했지만 그가 불교 공부와 수행을 하면서 불교 교리 중 받아들이기 힘든 것들을 놓고 고민했던 모습이나 역사적 붓다를 찾아 나서고 당시 인도 전통에서 나온 것이 아닌 붓다 고유의 생각을 찾아내려는 노력, 그리고 이를 통해 기원전 5~6세기 인도와는 다른 환경과 경험, 지식을 갖고 사는 현대인들에게 불교에 대한 새로운 접근법을 제시한 점이 내게 크게 와닿았다.

저자 스티븐 배철러의 말을 빌면 그는 불교무신론자로서 기독교무신론자가 초월적인 신의 존재에 대한 믿음을 거부하듯 환생과 업의 교리를 거부한다. 그는 또한 자신을 '세속불교도(secular Buddhist)'라 부르며 이렇게 말한다. "세속불교도로서 나의 수행은, 지금 우리 자신을 발견할 수 있고 나중에 미래 세대들이 그들 자신을 발견하게 될 이 세상, 이 시대에서 삶의 고통에 최대한 진실되고 긴급하게 반응하는 것과 관련이 있다. 나는 불교 수행의 목적이 니르바나를 얻는 것이라기보다는 이곳 지상에서 팔정도라는 윤리적 틀 안에서 매순간 인간의 삶을 풍요롭게 발전시키는 것이라고 본다."

환생과 업에 대한 저자의 생각, 신격화되지 않은 인간 붓다의 삶을 재구성해낸 저자의 노력은 내가 그의 말에 더욱 큰 신뢰를 보낼 수 있게 해주었지만, 바로 그 똑같은 요소들이 어떤 이들에게는 너무나 파격적이고 도발적이어서 받아들이기 어려울 수도 있을 것이라는 생각이 든다.

몇 해 전 소위 '영적' 체험이나 신비 체험을 뇌과학적 측면에서 접근한 연구서를 읽고 호기심이 발동하여 어느 선원이 주최한 약 5일간의 명상수련회에 참가한 적이 있다. 들숨과 날숨에 집중하는 법에 대한 설명을 간단히 듣고 아침부터 저녁까지 하루 종일 드넓은 강당에서 명상을 했다. 뒤쪽에 자리를 잡고 앉아 숨에 집중하다 잠깐 다른 생각에 빠져 헤매고, 그러다 아예 졸다 깨서 다시 집중하기를 반복하다 문득 눈을 떴다. 내 앞에 100여 명의 사람들이 허리를 곧게 펴고 앉아 집중하고 있는 모습이 눈에 들어왔는데, 그 광경에 새삼스럽게 깜짝 놀랐다. 뭔가 한 단계 더 높은 정신 상태에 들어가고자 애쓰는 사람들이 이렇게 많구나 하는 생각이 들었기 때문이었다. 명상 프로그램이나 템플스테이와 같이 불교의 가르침과 수행법에 토대를 둔 심리치료나 소위 '힐링' 프로그램이 인기인 것을 보면 복잡다단한 오늘을 사는 고단한 현대인들에게 불교가 여전히 큰 역할을 할 수 있을 것이라는 생각이 든다. 그 과정에서 과연 이전과 다른 환경과 경험 속에서 지금 여기에 살고 있는 우리들에게 불교에 대한 어떤 시각과 해석이 더 설득력 있게 받아들여질지 자못 궁금하다.

1980년대 초 한국에서 구산 스님의 제자로 수행했던 저자는 지난 2013년 10월 '구산 스님의 생애와 한국선의 세계화'라는 주제로 서울에서 열린 구산 스님 열반 30주기 국제학술대회에 발표자로 참석하기 위해 부인 마르틴 배철러와 함께 한국을 방문했다. 그때 잠깐 만날 기회가 있었는데 그는 이 책의 출간은 물론 자신의 일부 책들(『붓다는 없다(Buddhism without Beliefs)』, 『선과 악의 얼굴(Living with the Devil)』)이 한국에서 이미 번역 출판되었다는 사실에 무척 기뻐했으며, '세속

불교'에 대한 그의 생각이 집약된 논문 「A Secular Buddhism」(Journal of Global Buddhism 13 [2012]) 등 자신의 글이 많이 번역되어 한국 독자들에게 널리 읽히길 바라는 희망을 피력했다. 스티븐 배철러의 활동과 저서에 대한 더 많은 정보는 그의 홈페이지 www.stephenbatchelor.org에서 찾아볼 수 있다.

처음 이 책을 읽을 때만 해도 내가 직접 번역을 하게 되리라는 생각은 하지 못했다. 불교 전문가가 번역을 했더라면 더 많은 배경지식을 제공하고 더 훌륭한 번역을 했을 것이라는 생각이 들어 저자에게 송구스러운 마음뿐이다. 이 책을 번역하는 데 직간접적으로 도움을 준 많은 분들과 저자의 글이 한국 독자들에게 알려지는 데 일조할 수 있게 해준 궁리출판에 감사드린다.

2014년 1월

김옥진

찾아보기

ㄱ
가사(승복) 16, 98, 315
가이아하우스 135, 146, 198
간다라(페르시아 제국) 157, 170~172, 349~350, 352~353, 356
갈망 21, 24, 37, 41, 47, 68, 73, 79, 191, 196, 221~222, 225~226, 228~232, 251, 302, 321~322, 334, 359, 361
개성화 80~81
겔룩파(티베트 불교 참조) 19, 81, 92, 98, 111, 133, 143~144, 290~291, 294, 297
계보 전승자 85
고엔카, S. N. 47~50, 55, 135, 185
고타마, 싯닷타 5, 7~8, 69, 146~147, 150~163, 165~173, 175~180, 182~183, 186, 188~192, 194~196, 199, 201, 205, 210, 212, 219~225, 227, 230, 232, 235~247, 253~258, 260~261, 263~265, 267~274, 279~280, 282, 299~316, 321~325, 327, 329~334, 337, 341, 343~357, 360, 370~371, 386
고통 8, 20, 28, 34, 36, 40, 42~43, 52~53, 60, 96, 115, 131, 145, 148, 190, 196, 205~206, 211, 217, 222, 225, 227~229, 256, 260, 265, 270, 283, 290, 322, 334~335, 337, 358~361
고파카 329
곤사르 린포체 296~297
곰브리치, 리처드 346, 372, 394
공(空) 54~55, 59~62, 73, 107, 109, 141, 144
공감 53, 80, 91, 196, 227, 231~232, 249, 278, 281, 285, 298, 334
관세음보살 116, 277, 381
『구산(Nine Mountains)』 99
구산 스님 99, 100~102, 104~108, 110, 112, 115~118, 120~121, 246
그린걸치팜 136, 370
금강승(바즈라야나 또는 탄트라 불교) 43, 49, 99, 140, 382~383, 385~386, 388
금속세공인 춘다 310
기독교 94~95, 138, 154, 250, 259, 331, 346, 355
『길을 치우다』(Clearing the Path) 198, 200, 208, 211, 216
김대중 115
깨달음 21, 35, 38, 40, 42, 44~46, 59, 65, 89, 104, 111, 154~155, 183, 189, 191, 196, 201~203, 213, 215, 221, 227, 250, 263~264, 315, 318, 321,

325, 348~349, 355, 357~358, 360, 370~371, 382, 384, 386~387

ㄴ
나가르주나(용수) 259, 382
나가문다 244, 383
나나몰리 테라(오스버트 버티 무어) 152~153, 211
나나비라 테라(해럴드 머선) 198, 200, 204, 208, 215, 259, 372, 373, 394
남걀 다창 사원 47
남카이 노르부 린포체 370
냐나틸로카 마하테라(안톤 구에트) 205
노먼, K. R. 346, 371
니르바나(열반) 41, 71, 191~192, 222, 231, 337, 373, 381, 396
니체, 프리드리히 225, 374
닉슨, 리처드 50
님 카롤리 바바 30

ㄷ
다나(보시) 139
다다이즘 202
다르계이, 게셰 19, 36~37, 39~40, 42~44, 46, 48, 50~51, 185, 277, 295, 368
다르마(담마) 36, 40, 45~46, 52, 58, 68, 75, 109, 111, 138, 144, 163, 294, 382
다르마키르티 59~63, 65, 368, 381
다우맨, 키스 370
달라이 라마, 14대(텐진 갸초) 7, 15~17, 19, 34~35, 37, 39, 44~45, 47~48, 50~51, 53, 58, 65, 77~78, 84, 88~89, 91, 131~132, 134, 140~145, 184~186, 201, 213, 248, 277, 284~298, 331, 336, 368, 370, 376, 381
담마(다르마 참조) 186, 191~192, 200, 207~208, 210, 260, 263~264, 279, 308, 315, 318, 322~324, 326~330, 332~334, 336~337, 342~343, 354, 358, 360, 372~373, 382
「담마에 관한 주석」(Notes on Dhamma) 208, 214, 216
대승전통보존재단 368
대자비 19
대캇사파(대가섭) 323
《더미들웨이》(The Middle Way) 142, 145
데바닷타 153, 173, 238, 264, 268~269, 324, 371, 376, 378, 382, 386
데바(하급신) 19, 382
데비 왕비 268, 386
데카르트, 르네 65
도겐 259
『도덕경』 27
도르제 닥덴 290
도르제 슉덴 142~145, 290~297, 376, 382
도르제슉덴협회 293
독신 46, 99, 137~139, 224
듀이, 존 282
드레퓌스, 조르주 368, 376
딜고 켄체 린포체 144, 370
『따로 또 같이: 불교에 대한 실존적 접근』(Alone with Others: An Existential Approach to Buddhism) 95

ㄹ
라훌라(싯닷타 고타마의 아들) 173~174, 238, 379
람 다스(리처드 앨퍼트) 30
랍텐, 게셰 55~59, 62, 64, 67, 69~70, 75, 77~78, 80~81, 84, 88, 91~92, 95, 100, 105~106, 119~120, 132~133, 135, 140~141, 143, 145, 152, 290, 295~297, 368~369, 376

랍텐 툴쿠 린포체 296
랑리 탐파, 게셰 369
랑야오 스님 128
런던불교협회 142
레비나스, 에마뉘엘 85~87, 92, 335
로티, 리처드 282
롭상 갸초, 겐 292~293, 376
롭상 최닥 293
료칸 98
리스 데이비즈, T. W. 330, 367
리어리, 티머시 30
릭비, 케빈 276
릭파 143~144
링 린포체 294~295
링, 트레버 152~153

ㅁ

마댜마카(중도) 382
마라(악마) 321~322, 332, 355~356
마루 97
마르셀, 가브리엘 94
마오쩌둥 128, 130~131
마하나마(싯닷타 고타마의 사촌) 238, 244, 264, 266~267, 273, 300, 311, 350, 379, 382~383, 386
마하비라(자이나교 창시자) 311~312, 374, 378, 388
마하야나(대승) 불교 42
마할리 172, 350
막다른 길 223~224, 358
만다라 43~44, 48, 89
만물의 무한함 54~55
말랄라세케라, G. P. 8, 299~300
말리카(반둘라의 아내) 157, 160~161, 323, 375
말리카(파세나디의 아내) 242~244, 275, 375
매덕, 피터 214, 373, 394
매쿼리, 존 73, 94
맥도널드, 래리 115
멀린, 글렌 277, 281
명상 9, 19, 40~41, 46, 48~50, 53~55, 59~60, 64, 78~80, 82, 84, 86, 89, 91~92, 98~99, 101~103, 107, 109, 111, 114, 119~120, 135~137, 140~141, 143, 154, 165, 175, 179, 181, 195~196, 198~199, 203, 205, 208, 211~212, 214, 217, 223, 226, 230, 253, 280, 300~301, 323, 335~337, 357, 370~372, 383~385, 387
목갈라나 237, 269, 304, 311, 324, 377, 383, 385
목탁 97, 306, 383
몸, 로빈 214
무드라 16, 383
무상 48, 55, 66, 189, 287, 321
문수보살 44, 98, 291, 383
문수보살연구소, 잉글랜드 70~71, 142, 291
미얀마 48~49, 184~185, 331, 342
믿음 18, 21, 49, 52, 59, 62, 64, 66~67, 69, 79, 95, 103~104, 112, 140~141, 148, 150, 162, 188, 190, 192, 195~196, 213, 218, 240, 251, 254, 260, 278, 280~283, 331~333, 396

ㅂ

『바가바드기타』 27
바미안의 붓다 218
바사바 244, 266~267, 271, 375, 379, 382~384
바쇼 98
바즈라야나 불교 전통 43, 383, 385
바즈라요기니 79, 90, 93
바지리 244, 275, 383
박정희 114

반둘라 157, 160~161, 172, 273, 300, 323, 350~351, 354, 375, 383, 388
발리, 프레드 276, 284, 296, 376, 394
밧다캇차나 혹은 빔바(싯닷타 고타마의 아내) 173, 379
배디너, 앨런 헌트 164, 394
배철러, 데이비드 24, 73, 336
배철러, 마르틴(성일) 397
배철러, 스티븐 376, 395~396, 398
뱀장어의 꿈틀거림 69, 368, 369
법구경 주석서 344~345, 367
법정 스님 114
베다 151, 341, 350, 384, 387
베허트, 하인츠 372
벤더스, 빔 5, 367
보디삿트바(보살) 384
보리달마 129
부버, 마르틴 94
불가지론 69, 105, 250, 320, 349
불교의 형이상학적 혹은 초월적 믿음 53, 66, 107, 149, 190, 250, 254, 260
불트만, 루돌프 94
붓다고사 206, 210, 379, 388
『붓다는 없다』(Buddhism without Beliefs) 249~250, 320, 397
붓다의 마음 143
『붓다의 생애』(The Life of the Buddha) 152
『붓다: 인도와 실론의 불교 문명』(The Buddha: Buddhist Civilization in India and Ceylon) 152
브라만 밧사카라 302~303
브라흐만(신) 180, 192, 253, 384, 386
브래디, 로버트 198~199, 215, 252, 373
비구와 비구니 9, 99, 118, 137, 139, 157, 163, 292, 331, 380
비나야(율. 팔리 경전 참조) 206, 343~344, 360, 384
비두다바 왕자 244, 266~267, 273
비파사나 48, 384
빔비사라 왕 237, 241, 268, 307, 329, 350, 374, 386

ㅅ

사다나(암송) 90, 385
〈사랑과 영혼〉(영화) 65
사르트르, 장-폴 73, 199, 209
사리라 385
사리풋타 237, 269, 301~302, 304, 309, 324, 377, 379, 380, 383, 385
사성제 221~222, 224, 232~233, 235, 261, 282, 333, 347
사키야(싯닷타 고타마의 고국) 153~155, 161, 168~175, 180, 197, 238, 243~245, 266~268, 272~274, 301~303, 305, 309~310, 323, 326, 329, 344, 348, 350, 357, 364, 371, 374, 378~379, 382~383, 385, 387
사티 190
『삶을 위한 명상』(Meditation for Life) 165
『삶의 큰 질문들』(The Great Questions of Life) 260
삼예 사원 95
샤토드플레그, 프랑스 99, 369
샤펌칼리지 335
샤펌하우스, 데번, 잉글랜드 119, 135~136, 335
샨티데바 51~54, 70, 72, 91, 334~335, 380, 382, 385
섀퍼, 에른스트 201
『서구의 깨달음』(The Awakening of the West) 249
선방 101, 127, 385, 387
선불교 89, 108, 111, 146, 284, 387, 391
『선의 길』(The Way of Zen) 27, 98
세계-내-존재 75, 82~83, 86, 369

세라 사원, 남인도 368
세라 사원, 티베트 58, 70, 133, 145, 332
세라제 사원, 티베트 58
세르콩 린포체, 첸샵 44~45
소크라테스 195
송광사 99~101, 109, 112, 114, 117~118, 126, 139, 246, 332, 369
수낙카타 377
수밧다 223, 315~316
숫도다나(싯다르타 고타마의 아버지) 154, 170~171, 238, 351, 374, 385
숫타(팔리 경전 참조) 206, 209, 212, 343, 367, 373, 385
숭두(보호매듭끈) 294
스넬링, 존 142
스리랑카 49, 112, 146~147, 152, 186, 198, 200, 247, 264, 299, 331, 342, 370, 388
스즈키 다이세쓰 78, 285
스투파 35, 168~169, 176, 234~235, 247, 306~307, 310, 316, 337, 386
신비주의(자) 59, 64, 90, 162, 204, 212, 253, 325
신지학회 90
신카담파전통(NKT) 369
스리랑카 152, 169, 186, 204~206, 211, 214, 380
실존주의 82, 94, 105, 209, 259
『싯다르타』 27

ㅇ
아가마(아함경) 342
아나가리카 다르마팔라 186
아나타핀디카 237, 239~240, 246, 374, 386
아난다 227, 238, 243, 267, 302~304, 308~311, 314~315, 323~330, 332, 375, 377, 379, 382, 386
아누룻다 238, 267, 309, 323, 379, 382, 386
아니 잠파 294
아르키메데스 83
아르한트(아라한) 386, 389
아소카 황제 170, 305, 389
아일랜드허미티지 205~206, 211, 380
아자타삿투 왕 270, 274, 302, 307, 329
아치라바티 강 156, 246, 257, 364
아퀴나스, 토마스 252
아티샤 58
아프가니스탄 23, 31, 352
악마(마라 참조) 276, 298, 320~322, 331, 355~356, 359, 369, 376, 382
안난다 멧테이야(앨런 베넷) 380
알라라 칼라마 180
알아차림(염念) 49~50, 59, 82, 106, 185, 189~190, 196, 207, 219, 223, 225~226, 231, 256, 304, 334, 337, 358~359
암바팔리 307~308, 377~378
앗살라야나 351~352, 354
앙굴리말라 172, 351
애시, 모리스&루스 119, 136
애착 187, 189, 224, 230, 267, 322, 359
야만타카 44, 90, 93, 386
야사 236
에볼라, 율리우스 201~204, 215~216, 373
연기 144, 187, 189, 191, 220~221, 223~224, 227~228, 237, 256, 261, 287, 333, 347, 372
『염처경』(사티팟타나숫타) 49
영혼 37, 65~66, 83, 192, 194, 195
『영혼의 죽음』 73
예셰 도르제 17, 19, 142
예셰, 라마 툽텐 56, 72, 368
오셀 히타 368

올렌즈키, 앤디 299
요가 30, 44, 182, 253, 383
용서 271
우르겐 툴쿠 370
우 바 킨 48
『우파니샤드』 151, 253, 256, 325, 341, 347~348, 356, 384
우파바나 309
운문(雲門) 120, 127, 344~345, 368, 374, 380
웃다카 라마풋타 180
워츠, 앨런 27, 98
윌리스, 앨런 106
유리알 유희』 27
윤리 59, 113~114, 251, 288
융 분석 77
융, 엠마 77
융, 카를 77~78
응아왕, 게셰 툽텐 92, 369
『의심하는 믿음』(The Faith to Doubt) 111, 248
인도 7, 204, 212~213, 216~217, 234, 238, 245, 247, 253, 258, 284~285, 291~294, 296, 305, 309, 325, 330~331, 333, 336, 341, 347, 350, 352~355, 360, 362, 369, 371, 381~385, 388~389
일각 스님 118
일본 78, 89, 92, 99, 115, 138, 178, 184, 287, 331
『입보리행론』 51, 52, 54, 91, 334, 385
입승 스님 98, 387

ㅈ

자나(선정) 205, 348, 387
자두가르 박물관 176
자립 76, 148, 334
자살 202, 211~215, 372~373, 379
자아 44, 53, 60, 62, 65, 81, 108, 143~144, 159, 187, 192~194, 196, 199, 219, 220, 222, 226~227, 240~241, 384, 386
자이나교 268, 311~312, 374, 378~388
자줄라 32, 34
잘못된 견해(사견) 76, 369
잠파 켈상 96
저우언라이 131
전두환 114~115
정거, 세바스찬 378
제논의 역설 55
제임스, 레이 37
제임스, 윌리엄 282
조로아스터교 355~356
조파, 라마 툽텐 368
족첸(위대한 완성) 89, 92, 143~144, 370, 387
『존재와 시간』 82, 209
종교 7, 9, 20, 24, 26, 30, 36, 44, 59, 78, 81, 86, 90~91, 93~95, 104, 109, 115, 121, 131, 136, 139, 142, 149~150, 153, 157, 162~163, 173, 182, 185~187, 197, 199, 208~210, 213, 218, 224, 230, 234, 240~241, 247~248, 250~251, 253, 256, 258, 260, 261, 283~284, 292, 322, 325, 330~333, 336~337, 348, 356, 375, 380, 384, 386, 389
죽비 98, 387
죽음 41~42, 44, 65~66, 68, 83, 87, 105, 117, 149, 161, 194~196, 204, 215, 222~223, 250, 256~257, 270, 275, 278~279, 304, 311, 322, 324, 329, 356, 370~371, 375~377, 385~386
중국 50~51, 95, 126, 128~132, 138~139, 201, 217, 258, 285, 289, 293, 294~295, 370
중도(마댜마카, 팔정도 참조) 59, 109,

163, 223~224, 237, 382
즈누, 샤를 84, 99
『지금 여기에 살라』(Be Here Now) 30
지눌 101
지바카 172, 269, 351
『진사(辰沙)의 길』(Il cammino del cinabro) 215

ㅊ

차라, 트리스탕 202
청정도론(붓다고사, 나나몰리 역) 206
총카파 75, 133, 143, 294, 381~382, 387
추바(가운) 16, 387
칠엽굴 329~330

ㅋ

카라야나 장군 267, 272, 274
카르마 링파 281
카르마(업) 58, 205
카뮈, 알베르 73
카타우파니샤드 194, 372, 375
카탁(의식용 스카프) 185, 277, 387
카터, 지미 51
카프카 84
카피리스탄 32
칸규르와 텐규르(티베트 불교 경전) 20
칼라마숫타 147~148, 150
칼라차크라(시간의 바퀴) 탄트라 140, 370
칼루 린포체 99, 369
칼프, 도라 77~80, 369
켈상 갸초, 게셰 70, 72, 142, 291, 369
코판 사원 368
큐핏, 돈 259~260, 333
크레이스크, 레너드 25, 317, 379
크레이스크, 메이블 24
크레이스크, 소피 25
크레이스크, 앨프레드 24~25
크리슈나무르티, 지두 90~91, 331, 369, 380
큰 의심 99, 104, 369
큰 춘다 313
키르케고르, 쇠렌 209

ㅌ

타르파췰링 59, 68, 77, 79, 85, 106, 119~120, 141, 295, 368
탁실라(탁카실라 참조) 157, 172, 301, 347, 349~357, 364, 388
탁카실라(탁실라) 157, 171~173, 269, 349, 363~364, 381, 388
탄트라 21, 43~44, 46, 76, 79~80, 93, 99, 138, 140, 216, 370, 382~383, 385
테라바다 불교 전통 146
텐진 최진 293
토트네스, 잉글랜드 119, 135
튀코브, 헬렌 249
《트라이시클(Tricycle)》 249, 376
티베트 15~16, 20~21, 35, 50~51, 53, 58, 65, 75, 88, 95, 99, 101, 105, 108~109, 126, 130~132, 134, 138, 140, 142~143, 145, 179, 184, 201, 213, 217~218, 248, 285, 287, 289, 290~295, 298, 331, 370, 387
티베트 라마 18, 78, 79, 209, 280, 284, 287
티베트 불교 7, 16, 18~20, 45, 49, 58, 67~68, 70, 73, 79, 89, 93, 95, 98, 100, 104~105, 110, 121, 142~144, 146, 206, 258, 284, 342, 369~370, 381, 382~383, 387~388, 391
『티베트 사자의 서』 27, 281
『티베트 안내서』(The Tibet Guide) 248, 293
티베트어 16, 40, 51, 54, 56, 58, 70, 76~77, 84, 121, 151, 286, 342~343,

360, 381~382, 387, 388
티베트연구소, 리콘 368
티베티셰스첸트룸(티베트 센터) 92
티장 린포체 45, 141, 143~145, 277, 291, 294~295
티트머스, 크리스토퍼 135
틸리히, 폴 94, 258, 259

ㅍ

파세나디 왕 155~157, 163, 170, 237, 240~241, 243~244, 246, 264, 266~268, 271~275, 301, 311, 323, 350, 374~376, 383~384
『파이돈』 195
파자파티(싯닷타 고타마의 계모/이모) 170, 238, 374
파키스탄 32, 170, 381
팔리 경전 8, 49, 147, 149~155, 159, 163, 166, 172, 180, 199, 201~202, 206~207, 210, 212, 263~264, 279, 300, 321, 341~347, 349, 355, 360, 367, 377, 384, 388
팔리경전협회 330, 342, 344, 346, 380
『팔리어 고유명사사전(Dictionary of Pali Proper Names)』 8, 299
팔정도 221, 223, 225, 230~232, 304, 309, 315, 318, 321, 337, 354, 392
팟조타 왕 329
『페스트』 73
페페, 윌리엄 169
펠드먼, 크리스티나 135
포위안 스님 128
푸라나 327~328, 380
푸자 90, 389
푹쿠사티 301, 377
플라톤 81, 84

ㅎ

하이데거, 마르틴 82~87, 92, 106, 209
한국 95, 99~102, 104~107, 109~111, 113~115, 119~121, 127, 138, 164, 246, 248, 331, 370
한국 불교 101, 369
향실 157, 243, 247
헉슬리, 올더스 27
헤세, 헤르만 27
헬무트 스님 120, 297
현상학 82, 85, 87, 94, 209
혜능 127
호샹(마하연 화상) 95
환생 7, 58, 63~65, 67, 69, 75, 87, 148, 150, 212, 214, 250~251, 277, 282, 296, 349, 368, 385~386, 392
『황야의 이리』 27
후설, 에드문트 85~87
휠러, 로저 119
히나야나(소승) 42, 382, 389
힌두교 30, 40, 150, 186, 251

어느 불교무신론자의 고백

1판 1쇄 찍음 2014년 1월 10일
1판 1쇄 펴냄 2014년 1월 20일

지은이 스티븐 배철러
옮긴이 김옥진

주간 김현숙
편집 변효현, 김주희
디자인 이현정, 전미혜
영업 백국현, 도진호
관리 김옥연

펴낸곳 궁리출판
펴낸이 이갑수

등록 1999. 3. 29. 제300-2004-162호
주소 110-043 서울시 종로구 통인동 31-4 우남빌딩 2층
전화 02-734-6591~3
팩스 02-734-6554
이메일 kungree@kungree.com
홈페이지 www.kungree.com

ISBN 978-89-5820-266-0 03220

값 18,000원